Die *500* besten
GARTENPFLANZEN
vom Fachmann empfohlen

Die *500* besten GARTENPFLANZEN *vom Fachmann empfohlen*

Herausgegeben von
Annette Timmermann

Die Deutsche Bibliothek – CIP-Einheitsaufnahme

Die 500 besten Gartenpflanzen vom Fachmann empfohlen. – Köln: DuMont, 2001
(Monte von DuMont)
ISBN 3-7701-8646-X

Herausgegeben von Annette Timmermann mit Texten von:
Angelika Franz (Sträucher), Christian Heße (Kräuter), Brigitte Lotz (Kletterpflanzen, Zwiebel- & Knollenpflanzen), Andrea Rausch (Einjährige, Zwiebel- & Knollenpflanzen, Schädlinge und Krankheiten), Kerstin Walter (Stauden), Werkstatt München/Karen Dengler (Rosen)

Wir danken allen Fotografen, die uns Abbildungen zur Verfügung gestellt haben:
© Baumschule Rohwer: S. 302 (unten), 305, 307, 314 (unten), 317, 325, 340, 342, 343, 344, 345, 347, 348, 350, 354, 355, 357, 360, 362, 365, 382 (unten), 385, 258
© Ellen Fischer: S. 12, 154, 176, 335, 382 (oben)
© Florastar-Bildarchiv: S. 36 (Kreusch), 38, 256 (Güse), 260 (Güse), 364 (Seibold), 370 (Kreusch)
© laif/ P.S. Kristensen: S. 44
© Reinhard Lintelmann: S. 90, 298, 362, 365, 384, 387
© Kerstin Walter: S. 127, 130, 143, 160, 185, 194, 206, 213, 219, 222, 224
© für alle übrigen Abbildungen: Annette Timmermann, Stolpe

Umschlaggestaltung: BOROS, Wuppertal
Druck und buchbinderische Verarbeitung: APPL, Wemding

Originalausgabe
Alle Rechte vorbehalten
© 2001 DuMont Buchverlag, Köln
(monte von DuMont)

Printed in Germany
ISBN 3-7701-8646-X

Inhalt

Vorwort 6

Zwiebel- & Knollenpflanzen 8

Einjährige 78

Stauden 118

Kräuter 230

Rosen 264

Sträucher 298

Kletterpflanzen 362

Krankheiten 388

Literatur- und Adressenangaben 392

Glossar 393

Register 403

Vorwort

Wenn die Tage länger werden und die ersten Knospen ans Frühlingslicht drängen, ist es wieder Zeit, sich der Pflege unserer Pflanzen im Garten, auf der Terrasse oder dem Balkon zu widmen. Wer spielt da nicht mit dem Gedanken, einmal neue Farbakzente an ungewohnter Stelle zu setzen, bei der Zusammenstellung von Pflanzen zu experimentieren, eine neue Gattung auszuprobieren? In der nächstgelegenen Gärtnerei oder einem der zahlreichen Garten-Center finden Sie ein reichhaltiges Angebot an Pflanzen, die unter unseren Klimaverhältnissen gedeihen.

Wir stellen Ihnen in ausführlichen Porträts 500 beliebte Gartenpflanzen vor, die Sie im gut sortierten Garten-Center und Fachhandel problemlos finden, denn es handelt sich um die am häufigsten verkauften Pflanzen. Für die Auswahl, die wir daraus getroffen haben, ist die Frosthärte eines der wichtigsten Kriterien, das sich jedoch nicht für alle Pflanzen anwenden lässt, denn: Ohne den einen oder anderen blüh- und duftfreudigen Exoten würde das Gärtnern doch nur halb so viel Freude machen. Sie werden daher auch einige nur bedingt winterfeste Pflanzen in diesem Buch finden. Andere Kriterien sind: Widerstandsfähigkeit gegen Krankheiten und Schädlinge, problemlose Zusammenstellungen mit Nachbarpflanzen, Duft-, Blüh- und Farbenfreude.

Unsere Herausgeberin, Annette Timmermann, ist gelernte Gartenbauingeneurin und arbeitet für einen Pflanzengroßhandel in Norddeutschland. Sie hat die 500 Pflanzen für Sie zusammengestellt und einen Großteil davon in brillanten Farbfotografien abgebildet. Die Texte wurden von Fachautoren geschrieben und so gegliedert, dass Sie sich schnell und fundiert darüber informieren können, ob eine Pflanze Ihren Vorstellungen entspricht.

Wir haben dieses Buch nach gängigen Pflanzengruppen unterteilt, innerhalb derer die Pflanzen nach ihren botanischen Namen alphabetisch geordnet sind.

Die gängigsten deutschen Bezeichnung(en) für eine Pflanze haben wir in die Überschrift genommen, in Fällen, in denen es regional bedingt mehrere Bezeichnungen gibt, haben wir versucht, diese möglichst vollständig im Text aufzuführen.

Der Text, der die Pflanze porträtiert, gibt Ihnen Informationen zu Herkunft, Wuchs, Blüte, Vermehrung und Pflegehinweise. Ist eine Pflanze als Heilkraut bekannt, lockt sie Schmetterlinge oder Bienen an oder gegen bestimmte Krankheiten besonders empfindlich, haben wir auch dies möglichst erwähnt. Wie Sie ohne den Einsatz chemischer Mittel gegen Krankheiten und Schädlinge vorgehen können, haben wir übrigens ab Seite 388 beschreiben.

In unserem ausführlichen Glossar finden Sie Erklärungen zu den in diesem Buch verwendeten Fachausdrücken. Es wird Ihnen auch darüber hinaus beim Entschlüsseln von Gärtnerlatein eine Hilfe sein.

Kleine gelbe Kästen neben den Texten führen die wichtigsten Informationen zu einer Pflanze übersichtlich zusammen. Die hier verwendeten Symbole haben folgende Bedeutung:

○	sonniger Standort
◑	halbschattiger Standort
●	schattiger Standort
❄	Frostempfindlich (bis 0 °C)
❄ ❄	Halbwinterfest (bis -5 °C)
❄ ❄ ❄	vollständig winterhart (bis -15°C)
◌	bevorzugt gut durchlässige Böden
◗	bevorzugt feuchte Böden
●	bevorzugt nasse Böden
✖	giftig
❀	Duftpflanze

Außerdem finden Sie hier Informationen zum Blütezeitraum sowie zu Wuchsbreite und -höhe.

Bitte beachten Sie:
Ein Teil der in diesem Buch genannten Pflanzen ist giftig! Dies wurde durch den ✖-Vermerk kenntlich gemacht, und wird in den meisten Fällen auch im Text erwähnt. Bitte denken Sie daran, dass insbesondere Kinder von der Farbpracht der Blüten und Früchte angezogen werden. Wenn Sie Kinder haben, sollten Sie daher unbedingt auf diesen Hinweis achten und möglichst auf den Einsatz dieser Pflanzen verzichten.

Außerdem besteht bei einigen Pflanzen die Gefahr allergischer Reaktionen. Menschen mit Neigungen zu Allergien und Allergiker sollten die Hinweise in den Texten ernst nehmen und von der Anschaffung solcher Pflanzen absehen.

Zwiebel- & Knollenpflanzen

Zwiebelgewächse sind einfach unverzichtbar – ob als erste Farbtupfer im Frühling, als Sommerblüher oder als Begleiter bis in den Herbst hinein. Sie verschönern nicht nur Beete und Rabatten, die meisten von ihnen sind auch hübsche Schnittblumen. Zierliche, winterharte Arten passen sehr gut in Steingärten, andere lassen sich hervorragend auf der Fensterbank vortreiben. Die Zwiebeln und Knollen speichern über die Blätter die notwendigen Nährstoffe für die Blütenbildung. Aus diesem Grund sollte das Laub auch nicht entfernt werden. Während es sich bei den »echten« Zwiebeln um gestauchte Sprosse mit fleischigen, schuppenförmigen Blättern handelt, entwickeln sich Knollen aus verschiedenen Teilen der Pflanze, z.B. aus Spross oder Wurzel. Schneller als die Aussaat ist eine Vermehrung über Tochter- oder Brutzwiebeln, bei Knollen auch über Teilstücke mit mindestens einem Auge. Viele der im Sommer blühenden Arten sind nicht frosthart und dürfen deshalb erst nach Mitte Mai ins Freie. Ihre Speicherorgane werden im Herbst ausgegraben, von Erde befreit, aber nicht gewaschen und anschließend frostfrei, trocken und luftig gelagert. Die Pflanzzeit der winterharten, meist im Frühjahr oder Herbst blühenden Arten erstreckt sich je nach Blühzeitpunkt vom Spätsommer bis zum Herbst. Als Faustregel gilt: Die Pflanztiefe sollte drei- bis viermal tiefer sein als die Zwiebel bzw. Knolle groß ist. Der Boden wird vor der Pflanzung etwa 20 cm tief gelockert und von »Unkraut« befreit. Tipp: Bei Verwendung von Gittertöpfen muss man sich nicht über gefräßige Wühlmäuse ärgern. Ein normaler, wasserdurchlässiger Gartenboden ist für die meisten Arten ausreichend, zusätzliche Wassergaben brauchen sie höchstens während der Wachstumszeit. Der Standort kann je nach Art sonnig bis schattig sein.

Allium giganteum

ⓘ

Familie: Alliaceae
Blütezeit: Sommer
Wuchsbreite/-höhe: 15 cm × 150 cm
Standort: ○
Feuchtebedürfnis: ◌

❇ ❇
❇

Anemone coronaria

ⓘ

Familie: Ranunculaceae
Blütezeit: Frühling
Wuchsbreite/-höhe: 15 cm × 30-45 cm
Standort: ◑
Feuchtebedürfnis: ◌
❇ – ❇ ❇ *(mit Abdeckung)*

Riesen-Lauch

Allium giganteum

Im Himalaja wächst der Riesen-Lauch wild. Aus einer kugeligen Zwiebel entwickeln sich im Frühjahr zunächst große, graugrüne, riemenförmige Blätter, die beim Zerreiben einen zwiebelartigen Duft verströmen und häufig schon vor der Blüte absterben. Die kräftigen Blütenstiele tragen im Hochsommer die kugelrunden Blütendolden, die aus mehr als 50 sternförmigen Einzelblüten mit auffällig herausragenden Staubgefäßen bestehen. Diese sind je nach Sorte violett bis rosa, der Blütenstand kann einen Durchmesser von 10-20 cm erreichen. Im Herbst werden Brutzwiebeln 10-15 cm tief in die Erde gesteckt. Oder man erntet die Samenstände, bevor sie sich öffnen, und sät direkt im Herbst oder im Frühjahr aus. Nachteil: Die Nachkommen von Sorten sind häufig nicht »farbecht«. Der Standort sollte sonnig oder halbschattig sein, der Boden leicht und kalkhaltig. Im Winter empfiehlt sich eine Abdeckung mit Fichtenreisig oder Laub. Weitere Arten: *A. christophii*, Sternkugel-Lauch (lila); *A. moly*, Gold-Lauch (goldgelb).

Kronen-Anemone

Anemone coronaria 'De Caen'

Heimat dieser wärmeliebenden Garten-Anemone sind der Mittelmeerraum und Vorderasien. Unter der Sortenbezeichnung De 'Caen' verbirgt sich eine Mischung aus einfach blühenden Pflanzen mit großen, bis 8 cm breiten, schalenförmigen Einzelblüten. Sie erscheinen ab April-Mai bis zum Sommer. Es gibt auch gefüllte Sorten, die Farben reichen von Rot und Rosa bis zu violettblauen Tönen und Weiß, meist mit einer Mitte aus dunklen Staubgefäßen. Die Blätter erinnern an Petersilie. Die dunklen, flachen Knollen werden im Herbst (dann ist Frostschutz nötig) oder am Winterende etwa 5 cm tief in den frostfreien Boden ausgelegt. Vorher sollten sie 24 Stunden im Wasser aufquellen. Da die Pflanze eine trockene Ruhephase braucht, gräbt man die Knollen nach dem Einziehen am besten aus und überwintert sie frostfrei. Dabei kann man sie auch gleich teilen. Scheut man die Mühe, sollte man den Boden auf jeden Fall mulchen und trocken halten. Der Boden sollte humos und gut dräniert sein. Beliebte Schnittblume.

Aronstab

Arum

Die Gattung *Arum* umfasst über 20, meist im Frühjahr blühende Arten. Sie kommen in Süd- und Mitteleuropa bis nach Nord-Afrika und West-Asien natürlich vor. Blickfang sind die großen, pfeil- oder herzförmigen und auffällig gezeichneten Blätter, die schon ab Herbst erscheinen. Typisches Merkmal der Aronstab-Gewächse ist der kolbenförmige Blütenstand, der von einem großen Hochblatt (Spatha) umgeben ist, das dazu dient, Insekten anzulocken. Je nach Art ist es gelblich weiß, grünlich oder braun gefleckt. Die Blüten können einen süßlichen *(A. creticum)* oder unangenehmen Duft verströmen. Nach der Blütezeit im Frühjahr bilden sich die orangeroten, giftigen Beeren. Die Knollen werden von Spätsommer bis Herbst 10-15 cm tief in die Erde gelegt. *Arum* sät sich auch leicht selbst aus. Der Boden sollte humos, locker und gleichmäßig feucht sein. Im Halbschatten ist die Blattausfärbung am schönsten. *A. italicum* und *A. maculatum* sind winterhart. Vorsicht: Alle Pflanzenteile sind giftig, der Saft verursacht Hautreizungen.

Arum

Familie: Araceae
Blütezeit: Frühling
Wuchsbreite/-höhe: 15 cm × 30 cm
Standort: ◗
Feuchtebedürfnis: ◐
❋ ❋ ❋
✖
❀

Blumenrohr

Canna

Natürlicher Standort der über 50 *Canna*-Arten sind feuchte, sumpfige Gebiete im tropischen und subtropischen Amerika. Durch Kreuzungen verschiedener Arten sind zahlreiche Sorten entstanden, zum Beispiel von *Canna indica*, dem Indischen Blumenrohr. Die leuchtenden, gladiolenähnlichen Blüten sitzen in Trauben oder Rispen, wobei rote, rosa, orangefarbene bis gelbe Farbvarianten dominieren. Die dekorativen Blätter ähneln Bananenblättern und können bis 60 cm lang werden. Dabei sind sie grün oder dunkelrot ausgefärbt. Rhizome werden ab Mitte Mai ohne Frostgefahr etwa 10 cm tief eingesetzt. Geteilte Rhizomstücke sollten mindestens ein deutliches Auge besitzen. Eine Aussaat ist im zeitigen Frühjahr mit Vorkultur im Warmen möglich. Während der Wachstumszeit ist der Wasser- und Nährstoffbedarf sehr hoch, Verblühtes sollte regelmäßig entfernt werden. In frostfreien Gegenden kann man die Rhizome in der Erde lassen und mit einer dicken Mulchschicht schützen, ansonsten nimmt man sie vor dem Frost heraus und lagert sie trocken.

Canna

Familie: Cannaceae
Blütezeit: Sommer
Wuchsbreite/-höhe: 50 cm × 200 cm
Standort: ○
Feuchtebedürfnis: ◐
❋

Herbstzeitlose

Colchicum autumnale

Fast 50 Arten verteilen sich von Mittel- und Westeuropa bis nach Nordafrika. *C. autumnale* wächst bei uns wild auf feuchten Wiesen. Durch Kreuzung mehrerer Arten sind zahlreiche, zum Teil sehr großblumige und auch gefüllte Sorten entstanden, die eine Höhe von 30 cm erreichen können. Sie blühen weiß, rosa oder lila. Die kelchförmigen Blüten entwickeln sich büschelweise aus einer Sprossknolle vom Spätsommer bis zum Herbst. Die glänzend grünen, lanzettlichen, bis 30 cm langen Blätter treten erst im Frühjahr in Erscheinung. Vermehrt wird über Brutknollen, die im Spätsommer etwa 10 cm tief in die Erde gelegt werden. Bevorzugt werden sonnige Lagen mit ausreichend feuchten, gut dränierten und kalkhaltigen Böden. Während der Ruhezeit sollte man die Knollen trocken halten. Viele Arten und Sorten eignen sich zur Auswilderung im Garten, für Staudenbeete und Steingärten. Alle Teile sind giftig, die Samen enthalten giftiges Colchicin!

Colchicum autumnale

ⓘ

Familie: Colchicaceae
Blütezeit: Herbst
Wuchsbreite/-höhe: 8 cm × 10-15 cm
Standort: ○
Feuchtebedürfnis: ◊
❄ ❄ ❄
✖

Montbretie

Crocosmia masoniorum

Diese großblumige Art stammt aus der Provinz Natal in Südafrika. An den krautigen Blütentrieben erscheinen im Hochsommer die leicht überhängenden und meist unverzweigten Ähren. Diese bestehen aus bis zu 20 trichterförmigen, leuchtend orangeroten Einzelblüten. Die schwertförmigen, gerippten Blätter werden bis 100 cm lang und damit fast so groß wie die Blütentriebe selbst. Im Frühjahr nach den letzten Bodenfrösten werden die Knollen (entweder gekaufte oder von der Mutterknolle abgetrennte Brutknollen) etwa 8-10 cm tief in die Erde gesetzt. Sie wachsen am besten in lockeren, nährstoffreichen, gut dränierten Böden in voller Sonne. Besonders im ersten Winter und bei längeren Frostperioden brauchen sie eine dicke, schützende Decke, z.B. aus Laub oder Torf mit einer Folie darüber. In sehr kalten Gegenden Triebe besser abschneiden, Knollen ausgraben und frostfrei überwintern. Während des Sommers müssen sie ausreichend gegossen und gedüngt werden. *C. × crocosmiiflora* ist ähnlich, aber etwas niedriger, kleinblütiger und selbst im Weinbauklima nicht winterhart.

ⓘ

Familie: Iridaceae
Blütezeit: Sommer
Wuchsbreite/-höhe: 8 cm × 100 cm
Standort: ○
Feuchtebedürfnis: ◊
❄ – ❄ ❄ *(Winterschutz nötig)*

Montbretie

Crocosmia masoniorum 'Lucifer'

Die Urform der Montbretie stammt aus Südafrika. Eine Weiterentwicklung ist die beliebte Sorte 'Lucifer', die durch auffallend große, bis 5 cm lange, feuerrote Einzelblüten besticht, die im Hochsommer an leicht verzweigten, überhängenden Ähren sitzen. Die mittelgrünen, schmal lanzettlichen Blätter bilden dazu einen hübschen Kontrast. Im Frühjahr nach den letzten Bodenfrösten werden die Knollen etwa 8-10 cm tief in die Erde gesetzt. Ideal sind lockere, nährstoffreiche, gut dränierte Böden in voller Sonne. Besonders im ersten Winter und bei längeren Frostperioden brauchen sie eine dicke, schützende Decke, z.B. aus Laub oder Torf mit einer Folie darüber. In sehr kalten Gegenden Triebe besser abschneiden, Knollen ausgraben und frostfrei überwintern. Während des Sommers brauchen die Pflanzen viel Wasser und Nährstoffe. Besonders wirkungsvoll sind sie in Gruppen, zudem lange haltbar in der Vase. Weitere Sortenbeispiele: 'Emily McKenzie', (orangerot, großblumig) oder 'Norwich Canary' (gelb), beide etwa 55 cm hoch.

Familie: Iridaceae
Blütezeit: Sommer
Wuchsbreite/-höhe: 8 cm × 100 cm
Standort: ○
Feuchtebedürfnis: ◌
❋ – ❋ ❋ (Winterschutz nötig)

13

Krokus

Crocus

Krokusse bereichern mit ihren leuchtenden Blüten den Frühling und Herbst – im Frühling kündigen sie die warme Jahreszeit an, herbstblühende Arten verlängern gewissermaßen den Sommer. Über 80 bekannte Arten sind von Südeuropa bis Klein- und Vorderasien verbreitet. Dazu kommen noch die zahlreichen, großblumigen Gartensorten, die meist aus Kreuzungen von *C. chrysanthus* x *C. vernus* entstanden sind. So umfangreich wie das Arten- und Sortenangebot, so unterschiedlich sind auch die Farben der becher- oder kelchförmigen Blüten, die es in vielen Schattierungen von Gelb, Blau, Lila, Violett und Weiß sowie auch zweifarbig gibt. Auffälliges Merkmal sind die herausragenden, orangefarbenen Staubblätter. Die schmalen, grasähnlichen Blätter erscheinen entweder zusammen mit der Blüte, bei einigen herbstblühenden Arten erst danach. Vermehrt werden sie über Brutknollen, die man bei frühjahrsblühenden Arten im Herbst, bei Herbstblühern im Spätsommer etwa 5–10 cm tief im Abstand von 10–15 cm in die Erde legt. Samen können vor dem Aufspringen der Kapseln geerntet und direkt in Töpfe ausgesät werden. Knollen setzt man am besten büschelweise, zum Beispiel in Blumenrabatten, in den Steingarten, schattenverträgliche Exemplare auch vor Gehölzgruppen oder treibt sie in Töpfen vor. Wichtig sind gut dränierte, lockere Böden, die im Sommer trocken, im Herbst feucht sind. Es empfiehlt sich, die Knollen alle 3–5 Jahre auszugraben und an einen anderen Standort zu verpflanzen. Ein Schutz vor Kahlfrösten in strengen Wintern ist angebracht.

Familie: Iridaceae
Blütezeit: Frühling oder Herbst
Wuchsbreite/-höhe: 5 cm × 15 cm
Standort: ○
Feuchtebedürfnis: ◌
❄ ❄ ❄

Familie: Iridaceae
Blütezeit: Frühling
Wuchsbreite/-höhe: 5 cm × 5-10 cm
Standort: ○
Feuchtebedürfnis: ◌
❊ ❊ ❊
❊

Kleiner Krokus

Crocus chrysanthus

Der Balkan- oder Bunte Krokus blüht als einer der ersten im Frühjahr und ist – wie der Name schon vermuten lässt – auf der Balkanhalbinsel, in Rumänien und der Türkei beheimatet. Während die Art auf gedrungenen Stängeln goldgelb mit bronzefarbener Zeichnung blüht, werden die zahlreichen Sorten bis 10 cm hoch und blühen in verschiedenen Gelbschattierungen, in Weiß und blauvioletten Tönen. Die grünen Blätter sind schmal und länglich. Die Brutknollen werden im Herbst 6-8 cm tief in die Erde gepflanzt. Die Pflanzen vertragen auch leichten Halbschatten und bevorzugen eher sandige, gut wasserdurchlässige Böden, die nur im Herbst leicht feucht sein sollten. Sie sind pflegeleicht, es empfiehlt sich aber, sie alle 3-5 Jahre nach der Blütezeit auszugraben, trocken und kühl zu lagern und im Herbst an einen anderen Standort zu setzen. Sie passen sehr gut zwischen niedrige Stauden und in Rabatten sowie vor und zwischen Gehölze. Auch sie sollte man nicht unbedingt in häufig gemähte Rasenflächen pflanzen.

Familie: Iridaceae
Blütezeit: Herbst
Wuchsbreite/-höhe: 5 cm × 10-15 cm
Standort: ○
Feuchtebedürfnis: ◌
❊ ❊ ❊

Pracht-Krokus

Crocus speciosus

Natürliche Verbreitungsgebiete dieser herbstblühenden Art sind Kleinasien, der Kaukasus, Iran und die Krim. Vor dem Erscheinen der Blätter zeigen sich von September bis Oktober die langröhrigen Blüten auf langen, kräftigen Stielen. Sie sind je nach Sorten blau bis violett, dabei dunkel geaderten oder reinweiß. Die Blüte ist weit geöffnet und gibt den Blick frei auf die stark gefranste, orangefarbene Narbe und die Staubgefäße. Nach der Blüte folgen die grasartigen, bis 15 cm hohen Blätter, die erst im Frühjahr einziehen. Die kugeligen Knollen werden ab August etwa 5 cm tief in die Erde gesetzt. Der ideale Standort ist vollsonnig mit gut wasserdurchlässigem Boden. Pracht-Krokusse fügen sich gut zwischen niedrige Stauden ein, passen hervorragend in Steingärten sowie vor und zwischen Gehölze. Sie verwildern leicht, da sie sich durch Brutknöllchen und Samen rasch selbst vermehren. Bekannte Sorten: 'Albus' (reinweiß), 'Conqueror' (dunkelblau, großblütig).

Dalmatiner-Krokus

Crocus tommasinianus

Der wegen seiner schlanken, zart violetten Blüten auch Elfen-Krokus genannte Frühlingsblüher kommt von Südungarn bis ins nordwestliche Bulgarien natürlich vor. Dort wächst er bevorzugt auf kalkhaltigem Untergrund. Die Blüten erscheinen sehr zeitig, oft schon im Spätwinter. Die Sorten blühen im Vergleich zur Art in kräftig violetten Tönen, die äußere Blütenhülle ist oft silbrig überhaucht. Die Blüten werden 3-5 cm groß. Die dreiteilige Fruchtkapsel bildet zahlreiche Samen, daher kann sich die Pflanze leicht selbst aussäen und eignet sich gut zum Verwildern. Brutknollen werden wie bei allen frühlingsblühenden Arten im Herbst gepflanzt. Der Standort kann auch noch halbschattig sein, wichtig sind gut dränierte Böden. Er wächst gut zwischen niedrigen Stauden, in Steingärten sowie vor und zwischen Gehölzen und kann auch auf wenig gemähte Wiesen gepflanzt werden. Sorten: 'Ruby Giant' (purpurviolett, sterile Blüten), 'Barrs Purple' (lilaviolett), 'Whitewell Purple' (rotviolett).

Familie: Iridaceae
Blütezeit: Frühling
Wuchsbreite/-höhe: 3 cm × 8-10 cm
Standort: ○
Feuchtebedürfnis: ◌
❊ ❊ ❊

Frühlings-Krokus

Crocus vernus

Heimisch ist diese beliebte Krokus-Art in Mittel- und Südeuropa. Die zahlreichen Sorten sind zumeist großblumiger als die Art; sie blühen weiß, blau bis violett, in zahlreichen Zwischentönen und Farbkombinationen. Die schmalen, langen Blätter sind überwiegend weiß gestreift und ziehen nach der Blüte ein. Um die Sortenechtheit zu bewahren, wird über Brutknollen vermehrt, die im Herbst 8-10 cm tief gesetzt werden. Je nach Sorte vertragen Garten-Krokusse auch halbschattige Standorte und bevorzugen eher sandige, gut wasserdurchlässige Böden, die nur im Herbst leicht feucht sein sollten. Sie sind pflegeleicht, es empfiehlt sich aber, sie alle 3-5 Jahre nach der Blütezeit auszugraben, trocken und kühl zu lagern und im Herbst an einen anderen Standort zu setzen. Sie passen sehr gut in Staudenbeete und Rabatten, vor und zwischen Gehölze und lassen sich gut in Töpfen vortreiben. Da ihr Laub nicht geschnitten werden darf und wegen der Nährstoffkonkurrenz sollte man darauf verzichten, sie in den Rasen zu pflanzen.

Crocus vernus

Familie: Iridaceae
Blütezeit: Frühling
Wuchsbreite/-höhe: 5 cm × 10-15 cm
Standort: ○
Feuchtebedürfnis: ◌
❊ ❊ ❊

Alpenveilchen

Cyclamen

Familie: Primulaceae
Blütezeit: Frühling und Herbst
Wuchsbreite/-höhe: 5-30 cm × 5-30 cm
Standort: ◐
Feuchtebedürfnis: ○

❋ – ❋❋❋
❀

Alpenveilchen sind von Europa bis Asien verbreitet. Je nach Art wachsen sie in Feuchtwäldern bis hin zu trockenen Standorten im alpinen Bereich und blühen entweder im Frühling oder im Herbst. Die grazilen Blüten bestehen aus fünf zurückgebogenen, gedrehten, bis 3 cm langen Blütenblättern und duften leicht; bei den zahlreichen Sorten des Zimmer-Alpenveilchens (*C. persicum*) sind sie meist noch größer. Vorherrschend sind Weiß-, Rosa- und Rottöne. Die Blätter sind rundlich bis herzförmig, oberseits oft silbrig gezeichnet; Blätter der herbstblühenden Arten überdauern bis zum Frühling. *Cyclamen* stehen am liebsten halbschattig auf humosen, gut dränierten Böden, die etwas kalkhaltig sein können. Staunässe vertragen sie nicht. Die flachen Knollen werden im Sommer etwa 3-5 cm tief in die Erde gesetzt, sodass sie nur leicht mit Erde bedeckt sind. Ausgesät wird vom Winter bis Frühjahr. Da sie Dunkelkeimer sind, den Samen mit wenig Erde übersieben. Sie wachsen in Steingärten, am Gehölzrand oder als Zimmerpflanze.

Alpenveilchen

Cyclamen mirabile

Familie: Primulaceae
Blütezeit: Herbst
Wuchsbreite/-höhe: 8 cm × 8 cm
Standort: ◐
Feuchtebedürfnis: ○

❋❋❋

Heimat dieser kleinen Art ist die südwestliche Türkei. Die blassrosa Blüten mit den gefransten Kronblättern sind sehr schlank und bis 2 cm lang. Sie erscheinen im Herbst zusammen mit den herzförmigen, bis 3,5 cm langen Blättern. Beim Austrieb sind die Blätter auf der Oberseite häufig rosa gefleckt, später sind sie oberseits grün, unterseits rötlich. Die Knollen werden so tief gepflanzt, dass ihre Spitze fast mit der Bodenoberfläche abschließt. Als Substrat empfiehlt sich eine lockere, humose und wasserdurchlässige Erdmischung. Anschließend sollten sie kühl, aber frostfrei gehalten werden. Während der Wachstumszeit werden sie nur mäßig gegossen und etwa alle zwei Monate stickstoffarm gedüngt. Wenn sich die Blätter einziehen, sind Wassergaben und Luftfeuchtigkeit zu reduzieren; in der Ruhephase müssen sie völlig trocken gehalten werden. Ausgesät wird vom Winter bis zum Frühjahr. Bei starken Frösten ist eine schützende Decke, zum Beispiel aus Fichtenreisig, angebracht.

Cyclamen

Familie: *Primulaceae*
Blütezeit: *Herbst-Winter*
Wuchsbreite/-höhe: *15-30 cm × 15-30 cm*
Standort: ◑
Feuchtebedürfnis: ⬥

Zimmer-Alpenveilchen

Cyclamen persicum

Die Wildform ist im östlichen Mittelmeerraum zu Hause. Von ihr stammen zahlreiche Sorten ab, großblumige genauso wie kleinblumige »Mini-Alpenveilchen«, entweder mit einfachen oder gefüllten, gefransten oder gewellten Blüten, vorwiegend in weißen, rosa und roten Farben. Die Wildform blüht vom Winterende bis ins Frühjahr, die Kultursorten werden vom Spätsommer bis zum Winterende blühend im Handel angeboten. Sie stehen gern hell und kühl, volle Sonne vertragen sie nicht. Während der Wachstumszeit sollte die Erde immer leicht feucht sein, zudem sollte regelmäßig gedüngt werden. Wichtig ist, immer von unten zu gießen. In der Ruhezeit verlangen sie nach Trockenheit. Obwohl als Zimmerschmuck gezüchtet, können sie den Sommer und Herbst auch im Freien verbringen. Sie sind Blickfang für Herbstschalen mit *Calluna* und Gräsern wie etwa *Carex*. Ausgesät wird im Spätwinter bei 16 bis 18 °C (Dunkelkeimer). Füllen die Knollen den Topf aus, kann nach der Blüte umgepflanzt werden und zwar so, dass sie noch etwas aus der Erde herausragen.

Dahlie

Dahlia

»Georginen« haben ihren Ursprung in Mexiko. Durch intensive Züchtungsarbeit ist ein riesiges, in zehn Klassen eingeteiltes Sortiment entstanden. Es gibt nahezu alle Farben, Formen und Größen, die Blütezeit reicht bis weit in den Herbst. Die Blütenköpfe bestehen aus äußeren Strahlen- oder Zungenblüten, in der Mitte sitzen die kleinen Röhrenblüten. Die gegenständigen Blätter sind meist dreiteilig. Sind die oberirdischen Teile abgestorben, gräbt man die Knollen aus und lagert sie kopfüber und luftig bei 4 bis 8 °C. Im Frühjahr kann bei 18 bis 20 °C ausgesät werden. Üblich ist die Teilung der »Wurzelknollen«, wobei jedes Teilstück ein Auge besitzen muss, das sich am Wurzelhals befindet. Ausgepflanzt wird im Frühjahr, wenn der Boden abgetrocknet ist. Der Wurzelhals sollte etwa 5 cm unter der Erdoberfläche liegen. Die Knollen kann man einen Tag vorher in Wasser einweichen. Der ideale Boden ist humos, locker und durchlässig. Im Sommer muss zusätzlich gewässert und gedüngt werden. Tipp: Triebe auf drei bis fünf reduzieren und verwelkte Blütenköpfe regelmäßig ausschneiden.

Familie: Asteraceae
Blütezeit: Sommer
Wuchsbreite/-höhe: 30-75 cm × 30-200 cm
Standort: ○
Feuchtebedürfnis: ○
❄
Bienen und Schmetterlinge

Gegenüberliegende Seite: Dahlia 'Akita'

Dekorative Dahlie

Dahlia 'Akita'

ⓘ

Familie: Asteraceae
Blütezeit: Sommer
Wuchsbreite/-höhe: 60 cm × 100 cm
Standort: ○
Feuchtebedürfnis: ◌

❄

Dekorative Dahlien, häufig noch als »Schmuck-Dahlien« bezeichnet, bieten dem Betrachter eine üppige Blütenpracht bis tief in den Herbst. Die Blüten sind voll gefüllt und ohne deutliche Scheibe, da sich die meisten Röhrenblüten in Strahlenblüten umgewandelt haben. Die Blütenblätter sind flach und offen, manchmal am Rand leicht nach innen gebogen. Spricht der Fachmann von der »Tiefe« der Blüten, meint er damit, dass sie möglichst viele Schichten von Blütenblättern besitzt. Die Sorte 'Akita' besticht durch eine außergewöhnliche Form und Farbe. Die großen, chrysanthemenförmigen Blumen sind braunrot mit hellen Spitzen. Neben den hohen Schnitt- und Beetsorten wie 'Elegance' (zitronengelb mit weißen Spitzen, 100 cm), 'Eveline' (ballförmig, weiß mit lila Hauch, 100 cm) oder 'Severins Triumph' (rosa, 160 cm) gibt es auch äußerst kompakte Sorten, z.B. 'Berliner Kleene' (40 cm, lachsrosa) oder 'Autumn Sunburst' (orange, 40 cm). Kultur- und Pflegehinweise finden sich im Kapitel »Dahlie«.

Dahlia 'Bantling'

Familie: Asteraceae
Blütezeit: Sommer
Wuchsbreite/-höhe: 60 cm × 110 cm
Standort: ○
Feuchtebedürfnis: ◌

❄

Pompon-Dahlie

Dahlia 'Bantling'

Pompon-Dahlien sind nichts anderes als kleine Ball-Dahlien. Die Grenzen sind fließend; sind sie kleiner als ein Tischtennisball, wird in der Regel von Pompon-Dahlien gesprochen. Im Ausland gelten zwei englische Inches bzw. 52 mm Durchmesser als Maß. Die Blütenblätter sollten im Idealfall vollständig aufgerollt sein, sodass sie kleine Röhren bilden, in die man hineinschauen kann. Der Name dieser kugelrunden Dahlie stammt aus dem Französischen, wobei sich »pompon« auf die kleinen Wollkugeln an den Mützen französischer Seeleute bezieht. Die Höhe der meisten Sorten bewegt sich zwischen 50 und 120 cm. Sie wachsen aufrecht und buschig, blühen unermüdlich und sind äußerst robust. Die Sorte 'Bantling' bildet bis 120 cm hohe Horste und blüht vom Sommer bis zum Herbst in leuchtendem Orange bis Orangerot. Weitere Sorten: 'Moor Place' (weinrot, 110 cm), 'Noreen' (rosa, 100 cm), 'Purpurkönig' (purpur, 100 cm), 'Small World' (weiß, 110 cm), 'Valentine' (gelb, 100 cm). Kultur- und Pflegehinweise siehe »Dahlie«.

Semi-Kaktus-Dahlie

Dahlia 'Brandaris'

ⓘ

Familie: Asteraceae
Blütezeit: Sommer
Wuchsbreite/-höhe: 60 cm × 120 cm
Standort: ○
Feuchtebedürfnis: ◌

❄

Semi-Kaktus-Dahlien sind eine gelungene Mischung aus Kaktus- und Dekorativer Dahlie, die Klassenzuordnung ist nicht immer ganz einfach. Die Blütenblätter laufen wie bei der Kaktus-Dahlie ebenfalls spitz zu, sind aber nur an der Spitze aufgerollt. Ansonsten sind sie flach und offen wie bei den Dekorativen Dahlien. Die Blütenköpfe sind in der Regel größer als bei den Kaktus-Dahlien. Die Sorte 'Brandaris' ist besonders apart, sie blüht orange mit gelber Mitte und wird bis 120 cm hoch. Niedrige Sorten für Beete und Rabatten sind beispielsweise 'Aspen' (weiß, 40 cm), 'Corona' (rotorange, 60 cm) oder 'Red Pygme' (kräftig rot, 30-40 cm). Mittelhohe bis hohe, ideale Beet- und Schnittsorten sind 'Deutschland' (kräftig rot, großblumig, 120 cm), 'Krönung' (gelb, 140 cm), 'Ludwig Helfert' (leuchtend gelborange, sehr auffällig, 120 cm), 'Nivea' (weiß, 140 cm, beliebte Gartensorte) und die bekannte 'Vuurvogel' (»Feuervogel«, gelb mit roten Spitzen, 120 cm). Für Kultur- und Pflegehinweise siehe »Dahlie«.

24

Ball-Dahlie

Dahlia 'Charles Dickens'

Ball-Dahlien gehören mit zu den ältesten, in Europa eingeführten Formen. Mit ihnen verbinden viele Dahlienfreunde heute noch den Begriff »Georginen«. Wichtiges Kriterium sind die eng aneinander sitzenden Blütenblätter, die um mehr als die Hälfte aufgerollt sein müssen und wie kleine Tüten aussehen. Nur so haben sie die für Ball- oder Pompon-Dahlien typisch geschlossenen und kompakten Blüten. Echte Ball-Dahlien besitzen einen rundherum geschlossenen Blütenkopf, der kugelrund bis leicht abgeflacht sein kann. Der Umfang reicht dabei von Tennisball- bis Apfelsinengröße. Die Wuchshöhe pendelt meist zwischen 100-120 cm, es gibt aber auch niedrigere Sorten. 'Charles Dickens' ist eine hohe, äußerst robuste, lila blühende Sorte. Neben vielen anderen gibt es noch 'Kenora Fireball' (rot, 110 cm), 'L'Ancresse' (reinweiß, 120 cm, zuverlässiger Blüher), 'Little Tiger' (rot-weiß, 60 cm), 'Noblesse' (hellgelb, 120 cm) und 'Wotton Cupid' (rosa, zwergblütig, 110 cm). Für Kultur- und Pflegehinweise siehe »Dahlie«.

Familie: Asteraceae
Blütezeit: Sommer
Wuchsbreite/-höhe: 60 cm × 120 cm
Standort: ○
Feuchtebedürfnis: ◌
❄

Halskrausen-Dahlie

Dahlia 'Don Lorenzo'

Diese einfach blühenden Dahlien besitzen zusätzlich zum Kranz aus Zungenblüten einen weiteren Ring mit meist andersfarbigen, kleineren »Blütenblättchen«, die sogeannte Halskrause. Dabei handelt es sich botanisch gesehen um umgebildete Staubgefäße (Petaloide), die jedoch keinen eigenständigen Ring bilden, sondern fest an den Blütenblättern sitzen. Der Halskrause verdanken diese bei Bienen und Hummeln sehr beliebten Dahlien auch den Namen »Collerette«. Die Sorte 'Don Lorenzo' ist eine besonders attraktive und bewährte Gartensorte. Sie blüht rot-gelb, wird durchschnittlich 120 cm, in guten Lagen sogar bis 150 cm hoch und wächst stets straff aufrecht. 'Herz As' bleibt niedrig (50 cm) und blüht rosa mit heller Mitte. Weitere empfehlenswerte Sorten: 'Chimborazo' (rötlich braune Zungenblüten mit gelber Halskrause, bis 120 cm), 'Clair de Lune' (Ton-in-Ton in blassem Gelb, bis 110 cm hoch), 'Stefanie Hertel' (schwarzrot mit heller Halskrause, 120 cm). Für Kultur- und Pflegehinweise siehe »Dahlie«.

Familie: Asteraceae
Blütezeit: Sommer
Wuchsbreite/-höhe: 60 cm × 120 cm
Standort: ○
Feuchtebedürfnis: ◌
❄
Bienen und Schmetterlinge

Seerosen-Dahlie

Dahlia 'Gay Princess'

ⓘ

Familie: Asteraceae
Blütezeit: Sommer
Wuchsbreite/-höhe: 75 cm × 100-150 cm
Standort: ○
Feuchtebedürfnis: ◌
❄

Seerosen-Dahlien wurden früher zu den Dekorativen Dahlien gezählt, bilden wegen ihrer schalenförmigen Blüten, die sehr stark an Seerosen erinnern, inzwischen jedoch eine eigene Klasse. Die Blütenmitte ist gefüllt, sodass die Scheibe nicht mehr zu sehen ist; die Anzahl der Blütenblätter ist jedoch geringer als bei den Dekorativen Dahlien. Die Zungenblüten der Seerosen-Dahlien sind flach, geöffnet und leicht nach oben gebogen. Die Wuchshöhen reichen je nach Sorte von 60 cm bis 150 cm, die meisten bewegen sich im Bereich 100-120 cm. Sie eignen sich für Beete, Rabatten und zum Schnitt. 'Gay Princess' ist eine kleinblütige Sorte, sie blüht hell- bis himbeerrosa und kann 150 cm hoch werden. Weitere Beispiele: Die altbewährte Gartensorte 'Gerrie Hoek' (rosa, 130 cm), 'Glorie van Heemstede' (reich- und kleinblütig, gelb, 130 cm), 'Pearl of Heemstede' (blass silbrigrosa, 100 cm), 'Sabine' (rosa-weiß, 130 cm), 'Souvenir' (rosa, 140 cm). Für Kultur- und Pflegehinweise siehe unter »Dahlie«.

Kaktus-Dahlie

Dahlia 'Horido'

Die äußerst beliebten Kaktus-Dahlien *(D. x hortensis)* gehören nicht zum alten Stammsortiment, sondern sind erst Ende des letzten Jahrhunderts nach Europa gekommen. Ihre elegante Erscheinung verdanken sie den nach hinten aufgerollten, spitz zulaufenden Blütenblättern. Diese rollen sich von der Spitze her auf, im Gegensatz zu Semi-Kaktus-Dahlien mindestens zur Hälfte. Ihren Namen verdanken sie aber nicht ihren stacheligen Blüten, sondern der Tatsache, dass ihre Blüten denen bestimmter Kakteen ähneln. Die Farbkombination von 'Horido' ist besonders beliebt. Sie blüht gelb mit orangen Spitzen und wird etwa 100 cm hoch. Niedrige Beetsorten sind 'Autumn Fairy' (orange, 40 cm), 'Cheerio' (weinrot mit weißen Spitzen, 50 cm) oder 'Park Princess' (hellrosa, 60 cm). Mittelhoch bis hoch wachsen u.a. 'Purple Gem' (purpur-rosa, beliebte ältere Sorte, 80 cm), 'Marianne Strauß' (rosa, 100 cm), 'Pfitzer´s Joker' (dunkelrot mit weißen Spitzen, 100 cm), 'Primaner' (rot, 140 cm). Für Kultur- und Pflegehinweise siehe »Dahlie«.

Familie: Asteraceae
Blütezeit: Sommer
Wuchsbreite/-höhe: 60 cm × 100 cm
Standort: ○
Feuchtebedürfnis: ◌
✻

Orchideen-Dahlie

Dahlia 'Jescot Julie'

Wer es ausgefallen liebt, sollte auf diese Gruppe im Garten nicht verzichten. Orchideenförmige Dahlien bilden keine eigene Klasse, sondern werden den »Diversen Dahlien« zugeordnet. Hier werden alle Sorten aufgenommen, die den anderen neun Klassen nicht zugerechnet werden können. Wie der Name schon vermuten lässt, ähneln ihre exotisch geformten Blüten sehr stark dem Blütenaufbau von Orchideen. 'Jescot Julie' ist wegen ihrer interessanten Farbwirkung äußerst beliebt. Markant sind die orangegelben, an der Unterseite braunrot gefärbten Blütenblätter. Sie ist überaus reich blühend und wird etwa 100 cm hoch. Sehr empfehlenswert ist daneben die rosa-gelbe Giraffen-Dahlie 'Pink Giraffe', die aufgrund ihrer Blütenform ebenfalls zu den Orchideenblütigen Dahlien zählt. Den Namen verdanken diese Dahlien den – vorwiegend bei älteren Sorten – gefleckten oder gestreiften Blütenblättern, die an das Fellmuster von Giraffen erinnern. Für Kultur- und Pflegehinweise siehe »Dahlie«.

Familie: Asteraceae
Blütezeit: Sommer
Wuchsbreite/-höhe: 45 cm × 100 cm
Standort: ○
Feuchtebedürfnis: ◌
✻
Bienen und Schmetterlinge

Einfache Dahlie

Dahlia 'Loki Schmidt'

Familie: Asteraceae
Blütezeit: Sommer
Ausmaße: bis 160 cm hoch
Standort: ○
Feuchtebedürfnis: ○
❄
Bienen und Schmetterlinge

Diese Gruppe hat sich den natürlichen Charakter ihrer mexikanischen Vorfahren bewahrt. Bei den einfach blühenden Sorten ist die gelbe Mitte aus Röhrenblüten von einem Kranz aus Strahlenblüten umgeben. Ist noch ein zweiter Blütenkranz vorhanden, spricht man von Duplex-Dahlien oder Päonienblütigen Dahlien. Die Scheibe bildet durch den gelben Blütenstaub einen schönen Farbkontrast zu den Blütenblättern und ist bei Bienen beliebt. Hierhin gehören auch die Mignon- oder Top-Mix-Dahlien, die in Wuchs und Blütendurchmesser deutlich kleiner sind und sich hervorragend für Beete, Rabatten, Balkonkästen und Schalen eignen. Sie werden im Frühjahr bei 18 bis 20 °C ausgesät. Die Sorte 'Loki Schmidt' blüht orange-rot mit gelben Streifen und ist der Gattin von Ex-Bundeskanzler Helmut Schmidt gewidmet. Weitere Beispiele: 'Irene van der Zwet' (gelb, 60 cm), 'Kardinal' (rot, 140 cm), 'Nelly Geerlings' (scharlachrot, 50 cm), 'Roxy' (lila, 40 cm, dunkellaubig),), 'Schneeweißchen' (weiß, 140 cm). Duplex-Dahlien: 'Bishop of Llandaff' (rot, 110 cm), 'Faszination' (lila-rosa, 60 cm). Für Pflegehinweise siehe »Dahlie«.

28

Hirschgeweih-Dahlie

Dahlia 'Tsuki yori no shisha'

Die Sorten sind aufgrund ihrer ausgefallenen Blütenform sehr beliebt. Sie bilden keine eigene Klasse, die meisten von ihnen gehören zur Gruppe der Kaktus- oder Semi-Kaktus-Dahlien, manche auch zu den Dekorativen Dahlien. Gemeinsames Merkmal sind die am Ende mehr oder weniger stark aufgeschlitzten Blütenblätter. Eine Besonderheit ist die aus Übersee stammende Sorte 'Tsuki yori no shisha'. Sie blüht reinweiß mit extrem ausgefransten Blütenblättern, die Blütenköpfe können einen Durchmesser von 10 cm erreichen. Daher ist sie eine empfehlenswerte Schnittblume. Weitere Beispiele aus dem großen Sortenangebot sind: 'Ambition' (lila, 120 cm), 'Dentelle de Venice' (weiß, 130-150 cm), 'Rhea' (feuerrot, 110 cm), 'Trampoline' (purpur, 110 cm), 'Veritable' (lila-weiß, 120 cm). Kultur- und Pflegehinweise siehe unter »Dahlie«.

Familie: Asteraceae
Blütezeit: Sommer
Wuchshöhe: 1-1,50 m
Standort: ○
Feuchtebedürfnis: ○
❄

29

Freesien-Sorten
Freesia

ⓘ

Familie: Iridaceae
Blütezeit: Sommer
Wuchshöhe: 100 cm
Standort: ○
Feuchtebedürfnis: ○
❄
✿

Die Elternpflanzen der zahlreichen Hybrid-Sorten stammen aus Südafrika. Die bis 8 cm langen Trichterblüten duften sehr stark und sind am Ende leicht überhängender Triebe zu 8–10 einseitig an einer Ähre angeordnet. Neben einfachen gibt es auch gefüllte Sorten in nahezu allen leuchtenden Farben. Die schmalen, schwertförmigen Blätter entspringen fächerförmig aus der Basis. Im Herbst werden die Knollen aus dem Boden genommen und frostfrei überwintert. Dabei kann man Brutknollen abnehmen, in Töpfe oder Kisten einpflanzen und leicht mit Erde bedecken. Sie lassen sich für eine Blüte im Frühjahr vortreiben. Ab Mitte Mai kommen sie ins Freie, etwa 5 cm tief in die Erde. Eine Aussaat bei 18–20 °C ist ebenfalls ab Winterende möglich. Beide Vermehrungsarten verlangen etwas Mühe. Die Pflanzen gedeihen am besten an warmen, hellen Plätzen mit lockeren, nährstoffreichen Böden. Während der Blüte ist reichlich zu gießen und wöchentlich zu düngen, die Wassergaben sind nach der Blüte zu reduzieren. Die hübsche Schnittblume ist durch Gewächshauskultur ganzjährig im Angebot.

Freesien-Arten
Freesia

ⓘ

Familie: Iridaceae
Blütezeit: Sommer
Wuchshöhe: bis 50 cm hoch
Standort: ○
Feuchtebedürfnis: ○
❄
✿

Viele Freesien-Arten haben ihre »Wurzeln« in Südafrika, häufig in der östlichen und westlichen Kapprovinz. Aus den Rhizomknollen von *F. corymbosa* entwickeln sich lineale, spitz zulaufende Blätter, die eine Länge von 20 cm erreichen können. Die Blüten verströmen je nach Sorte einen mehr oder weniger intensiven Duft, sind cremeweiß, hell- bis leuchtend gelb oder blassrosa mit gelbem Schlund. Sie sind mit durchschnittlich 3 cm Länge etwas kleiner als die Blüten der großblumigen Hybrid-Sorten. *F. lactea* bezaubert mit weißen, zum Teil purpurn überhauchten, duftenden Blüten. Vermehrt werden sie wie die Hybriden. Auch hier gilt, die Knollen in frostgefährdeten Gebieten im kühlen, frostfreien Raum zu überwintern. Aus vorkultivierten Knollen bilden sich früh im Sommer Blüten. Junge Pflanzen sollte man anfangs leicht schattieren, nach einer Abhärtungsphase stehen sie gern in der Sonne. In Gruppen gepflanzt sind sie besonders dekorativ.

Fritillaria-Arten

Fritillaria

ℹ

Familie: Liliaceae
Blütezeit: Frühling
Wuchsbreite/-höhe: 5-30 cm × 10-150 cm
Standort: ○
Feuchtebedürfnis: ◊
trocken bis leicht feucht
✿✿ – ✿✿✿
✿

Die fast 100 Arten kommen im Mittelmeergebiet, in Südwest-Asien und im westlichen Nordamerika natürlich vor. Die Blütezeit reicht vom Frühjahr bis Frühsommer, die häufig überhängenden Blüten sind meist glocken- oder becherförmig, sitzen einzeln, in Trauben oder Dolden. Die Blätter sind lanzettlich oder linear. Ihre Lebensräume sind sehr unterschiedlich, sie reichen vom Wald über freie Wiesenflächen bis in karge Gebirgsregionen. Diese müssen bei der Kultur unbedingt beachtet werden. Einige Arten lieben trockene, sonnige Standorte mit gut dräniertem Boden, wie *F. michailowsky*, die Glockenlilie, mit braunroten, gelb gerandeten Blüten, oder *F. percica* mit dichten Trauben blauvioletter Blüten. Sie eignen sich hervorragend für Steingärten. Andere lieben es eher feucht, kühl und schattig, wachsen gut am Teichrand, wie *F. camtschatcensis* mit fast schwarzen, becherförmigen Blüten. Die Zwiebelpflanzen kann man im Herbst frostfrei aussäen. Schneller geht die Vermehrung über Brutzwiebeln, die man im Herbst viermal so tief pflanzt, wie sie hoch sind.

Kaiserkrone

Fritillaria imperialis

ℹ

Familie: Liliaceae
Blütezeit: Frühling
Wuchsbreite/-höhe: 30 cm × 100 cm
Standort: ○
Feuchtebedürfnis: ◊
✿✿✿
✿

Die imposante Bauerngartenpflanze stammt aus Afghanistan, dem Iran und dem westlichen Himalaja. Im Frühjahr erscheint der dicke Blütenschaft, der einen Kranz mit 5 bis 8 großen, nickenden Glockenblüten trägt, je nach Sorte in Gelb, Orange oder Rot mit moschusartigem Duft. Darüber sitzt ein wirteliger Blattschopf. Die glänzend grünen Blätter sind breit lanzettlich. Die faustgroßen, flachen Zwiebeln werden im Frühherbst etwa 20 cm tief gepflanzt. Ihr unangenehmer Geruch soll Wühlmäuse vertreiben. Im Sommer kann man Brutzwiebeln abnehmen. Eine Herbstaussaat ist ebenso möglich. Ideal sind nährstoffreiche, gut wasserdurchlässige Böden in hellen bis halbschattigen Lagen ohne pralle Mittagssonne. Den Boden vor der Pflanzung organisch düngen, während der Wachstumszeit gleichmäßig feucht halten. Gelbe Blätter auf keinen Fall entfernen, sie müssen in Ruhe einziehen. Hübsche Beet- und Schnittpflanze.

Gewöhnliche Schachbrettblume

Fritillaria meleagris

Die Schachbrettblume, auch »Kiebitzei« genannt, ist in ganz Europa bis zum Kaukasus heimisch. In Deutschland steht sie unter Naturschutz. Blickfang sind ihre großen, purpur- bis braunroten Glockenblüten mit dem hellen Schachbrettmuster. Neben dieser Form gibt es auch weiße oder rosafarbene Sorten. Die graugrünen, grasartigen Blätter sind nicht sehr zahlreich. Vermehrt wird in der Regel über Brutzwiebeln, eine Aussaat ist auch möglich, dauert aber länger. Die Samenkapseln sind bei Reife braun. Die kleinen, flach rundlichen Zwiebeln werden vom Spätsommer bis Herbst 5-8 cm tief in die Erde gesetzt, am besten gruppenweise. Vorsicht, die Zwiebeln sind giftig. Da die Pflanzen in freier Natur auf feuchten Wiesen vorkommen, brauchen sie auch in Kultur feuchte, humose, leicht saure Böden in sonnigen bis halbschattigen Lagen, vertragen aber keine Staunässe. Es empfiehlt sich, den Boden vor der Pflanzung mit Kompost aufzuarbeiten. Ideal für den Gehölzrand oder die Sumpfzone am Gartenteich.

Familie: Liliaceae
Blütezeit: Frühling
Wuchsbreite/-höhe: 8 cm × 30 cm
Standort: ◑
Feuchtebedürfnis: ◊
✿ ✿ ✿

33

Schneeglöckchen

Galanthus

Wenn die Schneeglöckchen zum Winterende erscheinen, steht der Frühling vor der Tür. Sie kommen von Mittel- und Südeuropa bis nach Westasien vor. Die heimische Art *G. nivalis*, das Kleine Schneeglöckchen, wächst auf lockeren, humosen Böden in halbschattigen Bereichen und steht in Deutschland unter Naturschutz. Jede Zwiebel bildet zwei blaugrüne, bis 20 cm lange Blätter und anschließend weiße, hängende, etwa 2 cm lange Glockenblüten. Dabei sind die drei äußeren Hüllblätter länger als die drei inneren, grün gerandeten. Das Sortiment enthält auch gefüllte Sorten. *G. elwesii*, das Großblumige Schneeglöckchen, blüht mit 4 cm langen Blüten etwas zeitiger und wächst auch auf trockenen, sonnigen Standorten. Im Herbst werden Brutzwiebeln 5–10 cm tief in kleinen Gruppen in die Erde gesteckt, aber auch durch Selbstaussaat bilden sich rasch dichte Horste. Die Pflanzen verwildern leicht und können jahrelang am gleichen Platz stehen. Sie sind hübsch vor Gehölzgruppen, in kleinen Blumensträußen oder in Töpfen.

Familie: Amaryllidaceae
Blütezeit: Frühling
Wuchsbreite/-höhe: 10 cm × 10-20 cm
Standort: ◐
Feuchtebedürfnis: ◐
❄ ❄ ❄
❀

Gladiole

Gladiolus

Gladiolen, eine Gattung mit etwa 180 Arten, zählen in mitteleuropäischen Breiten zu den wichtigsten Sommerpflanzen und den wertvollsten Schnittblumen. Die Wildarten kommen vor allem in Südafrika, aber auch im Mittelmeergebiet, auf der Arabischen Halbinsel, in Nordwest- und Ostafrika, auf Madagaskar und in Westasien vor. Seit dem späten 18. Jahrhundert, als die Gladiole aus Südafrika nach Europa eingeführt wurde, sind ständig neue Kulturformen entwickelt worden, die sich vor allem nach Blütengröße, Form, Farbe und Frostempfindlichkeit unterscheiden. Besonders beliebt sind die großen Gartenhybriden, die aus der Kreuzung von verschiedenen südafrikanischen Wildarten entstanden sind. Gladiolen tragen je nach Art von Frühling bis Frühherbst trichterförmige Blüten, die an einem kräftigen Schaft ährenartig aufgereiht sind und sich dort von unten nach oben öffnen. Wenn sich die neuen Blüten entwickeln, sterben die älteren ab. Eine Blüte besteht aus sechs Tepalen: meist ein oberes, mittleres Blütenblatt, drei meist eher kleine untere oder eine Lippe bildende Blütenblätter und zwei seitliche Flügelblütenblätter. Gladiolen blühen auch zwei- oder mehrfarbig in allen Schattierungen, ausgenommen die Farben Blau und Schwarz. Die aufrechten, schmalen Blätter sind mittel- bis dunkelgrün und meist schwertförmig. Die Höhenmaße der Knollenpflanze variieren von 8 cm bis 150 cm. Für die Vase schneidet man sie, sobald die erste Knospe Farbe zeigt. Vermehrt werden Gladiolen durch die sich oft reichlich bildenden Brutknollen, die im Herbst abgetrennt und im Frühjahr gepflanzt werden. Zu den Hauptschädlingen und verbreitetsten Krankheiten gehören die Fusarium-Knollenfäule, Grauschimmel, Thripse, Blattläuse und Schneckenbefall.

Großblütige Gartengladiole

Gladiolus 'Rose Supreme'

Die Elternarten vieler Kreuzungen stammen vorwiegend aus Afrika und Südeuropa. Die Sorte 'Rose Supreme' blüht lachsrosa mit einem cremeweißen Herz und steht stellvertretend für die zahlreichen Sorten, die es in fast allen Farben und Formen gibt. So werden die großblumigen Grandiflorus-Hybriden mit über 20 Blüten pro Ähre bis 150 cm hoch, die zierlichen Blüten der Nanus-Gladiolen (40-60 cm) erscheinen im Frühsommer in kleineren Ähren. Die trichterförmigen Einzelblüten blühen immer von unten nach oben auf. Die flachen Brutknollen werden im Frühjahr 10-15 cm tief gesetzt. Bei einer fortlaufenden Pflanzung bis Ende Juni blühen sie bis zum Spätsommer. Gladiolen mögen es warm und sonnig, ideal sind windgeschützte Plätze mit nährstoffreichen, wasserdurchlässigen Böden. In trockenen Sommern muss man sie zusätzlich gießen, beim Austrieb einmal düngen. Im Herbst nimmt man alle Stängel bis zum Boden zurück, gräbt die Knollen aus, säubert sie und lagert sie luftig und trocken bei 5-10 °C.

Gladiolus hybrid

Familie: *Iridaceae*
Blütezeit: *Sommer*
Wuchsbreite/-höhe: *10-15 cm × 40-150 cm*
Standort: ○
Feuchtebedürfnis: ◌

❄
❀

Anfällig für: *Fusarium-Knollenfäule, Grauschimmel, Thripse, Blattläuse und Schneckenbefall.*

Großblütige Gartengladiole

Gladiolus 'Peter Pears'

Diese frostempfindliche, mehrjährige Gladiolen-Hybride zählt zur Gruppe der Großblütigen Gartengladiolen (Grandiflorus-Gruppe) und eignet sich ideal für Gestecke. Die aufrecht aus der Zwiebelknolle wachsenden mittelgrünen Blätter sind schmal und schwertförmig. An dichten, gleichmäßigen Ähren erscheinen 28 Knospen, die sich im Spätsommer zu bis zu 14 cm breiten, lachsrosafarbenen Blüten mit rotem Schlund entwickeln. Meist öffnen sich gleichzeitig bis zu 12 davon. Die Vermehrung erfolgt durch junge, von der Mutterknolle abgetrennte Rhizomknollen, die im Frühjahr 10-15 cm tief in nährstoffreichen, wasserdurchlässigen Boden an einem sonnigen und geschützten Gartenplatz gepflanzt werden. Die frisch ausgetriebenen Sprosse sind sehr empfindlich und sollten daher bei drohenden Spätfrösten mit einer Papiertüte oder einem Blumentopf abgedeckt werden. Haben die Blütenähren ein Drittel ihrer Wuchshöhe erreicht, kann man der Blütenpracht alle 10-14 Tage mit kaliumreichem Flüssigdünger nachhelfen.

Familie: *Iridaceae*
Blütezeit: *Spätsommer*
Wuchsbreite: *bis 35 cm*
Wuchshöhe: *bis 1,7 m*
Standort: ○
Feuchtebedürfnis: ◑

❄

Anfällig für: *Fusarium-Knollenfäule, Grauschimmel, Thripse, Blattläuse und Schneckenbefall.*

Stern-Gladiole

Gladiolus callianthus

Die aparte Staude kommt von Eritrea bis Mosambik natürlich vor. Aus den Rhizomknollen entwickeln sich zunächst bis 40 cm lange, schmale Blätter. Im Sommer erscheinen dann die weißen, duftenden, leicht überhängenden Blüten, bis zu zehn an einer Ähre. Markant ist der purpurrote Schlundfleck. Die flachen Brutknollen, die man entweder kauft oder nach der Ruhezeit von der Mutterpflanze abtrennt, werden im Frühjahr 10-15 cm tief gesetzt. Aussaat im Frühjahr ist ebenfalls möglich. Gladiolen mögen es warm und sonnig, ideal sind windgeschützte Plätze mit nährstoffreichen, wasserdurchlässigen Böden. Sie eignen sich gut für Stauden- oder Sommerblumenbeete, Steingärten und zum Schnitt. Frostempfindliche Arten wie diese überwintert man in einem trockenen, luftigen Raum bei 5-10 °C. Wenn sich die Blätter im Herbst gelbbraun verfärben, nimmt man alle Triebe bis zum Boden zurück, gräbt die Knollen aus, befreit sie von Erde und lagert sie ein.

Familie: Iridaceae
Blütezeit: Sommer
Wuchsbreite/-höhe: 5 cm × 70-100 cm
Standort: ○
Feuchtebedürfnis: ◊

❋
❦

Anfällig für: Fusarium-Knollenfäule,
Grauschimmel, Thripse, Blattläuse
und Schneckenbefall.

Gladiole

Gladiolus cardinalis

Heimat dieser Staude ist die westliche Kapprovinz Südafrikas. Blickfang sind die trichterförmigen, weit geöffneten roten Blüten mit einem dekorativen weißen Fleck auf den Lippenblüten. Bis zu zwölf Einzelblüten mit einem Durchmesser von 5 cm sitzen an leicht gebogenen Ähren. Die schwertförmigen Blätter können eine Länge von 90 cm erreichen. Die flachen Brutknollen, die man entweder kauft oder nach der Ruhezeit von der Mutterpflanze abtrennt, werden im Frühjahr 10-15 cm tief gesetzt. Aussaat im Frühjahr ist ebenfalls möglich. Gladiolen mögen es warm und sonnig, ideal sind windgeschützte Plätze mit nährstoffreichen, wasserdurchlässigen Böden. Sie eignen sich gut für Stauden- oder Sommerblumenbeete, Steingärten und zum Schnitt. Frostempfindliche Arten wie diese überwintert man in einem trockenen, luftigen Raum bei 5-10 °C. Wenn sich die Blätter im Herbst gelbbraun verfärben, nimmt man alle Triebe bis zum Boden zurück, gräbt die Knollen aus, befreit sie von Erde und lagert sie ein.

Familie: Iridaceae
Blütezeit: Sommer
Wuchsbreite/-höhe: 8 cm × 60-90 cm
Standort: ○
Feuchtebedürfnis: ◊

❋

Anfällig für: Fusarium-Knollenfäule,
Grauschimmel, Thripse, Blattläuse
und Schneckenbefall.

Gladiole

Gladiolus papilio (syn. purpureoauratus)

Familie: Iridaceae
Blütezeit: Spätsommer
Wuchsbreite: bis 8 cm
Wuchshöhe: bis 90 cm
Standort: ○
Feuchtebedürfnis: ◐
❋ ❋
Anfällig für: Fusarium-Knollenfäule,
Grauschimmel, Thripse, Blattläuse
und Schneckenbefall.

Die mehrjährige Zierpflanze stammt ursprünglich aus Südafrika und gehört zur Gattung der Gladiolen mit etwa 180 Arten und über 10.000 Hybriden und Kulturformen, die für gärtnerische Zwecke und als Schnittblumen gezüchtet werden. Die Rhizomknollen bildende Staude, die sich stark mit unterirdischen Ausläufern verbreitet, eignet sich besonders für gemischte Rabatten und zur Züchtung von Schnittblumen für die Pflanzung in Reihen. Ihre aufrechten, schwertförmigen, mittelgrünen Blätter stehen in schlanken Fächern und sind 5-45 cm lang. Im Spätsommer erscheinen je 5-10 helmförmige Glocken, die fein aufgereiht in einer Ähre an einem kräftigen, hohen Blütenschaft stehen. Sie werden bis zu 5 cm lang und sind gelb bis grüngelb gefärbt mit stark purpurn überlaufenen Lippentepalen. Wenn das Laub welkt, sollten die Knollen aus dem Boden genommen und etwa 14 Tage getrocknet werden. Die Vermehrung erfolgt, indem die jungen Rhizomknollen in der Ruhephase von der Mutterknolle abgetrennt werden. Nach der frostfreien, trockenen Lagerung werden sie im Frühjahr ins Beet gepflanzt.

Gladiole

Gladiolus tristis

Familie: Iridaceae
Blütezeit: Frühling
Wuchsbreite/-höhe: 5 cm × 40-50 cm
Standort: ○
Feuchtebedürfnis: ○
❋

Anfällig für: Fusarium-Knollenfäule,
Grauschimmel, Thripse, Blattläuse
und Schneckenbefall.

Diese im Frühsommer blühende Art stammt aus Südafrika. Die Ähren können 20 weit trichterförmige Einzelblüten tragen. Diese sind zartgelb oder cremeweiß, manchmal grün bzw. rötlich bis braun getönt oder gepunktet. Sie verströmen in den Abendstunden einen intensiven Duft. Die Blütentriebe sind schmal und drahtig, die ebenfalls langen, sehr schmalen Blätter sind an der Spitze häufig gedreht. Die flachen Brutknollen werden im Frühjahr 10-15 cm tief gesetzt. Damit sie zeitiger blühen, kann man sie im Kalthaus oder Frühbeetkasten vorkultivieren. Gladiolen mögen es warm und sonnig, ideal sind windgeschützte Plätze mit nährstoffreichen, wasserdurchlässigen Böden. Frostempfindliche Arten wie diese überwintert man in einem trockenen, luftigen Raum bei 5-10 °C. Wenn sich die Blätter im Herbst gelbbraun verfärben, nimmt man alle Triebe bis zum Boden zurück, gräbt die Knollen aus, befreit sie von Erde und lagert sie ein.

Ritterstern

Hippeastrum

Der Ritterstern, eine Gattung mit etwa 80 Zwiebelpflanzenarten, ist in Mittel- und Südamerika zu Hause, wo er in den Bergen, Savannen und Wäldern der tropischen und subtropischen Regionen wächst. Viele großblütige Hybriden, die im Volksmund meist fälschlicherweise als Amaryllis bezeichnet werden, wurden zur Topfpflanzenhaltung kultiviert. Die mehrjährige, zwiebelbildende Pflanze hat riemenförmige, zweizeilig gestellte, hell- bis mittel- oder graugrüne Blätter, die sich mit oder kurz nach der Blüte entwickeln. Die Dolden mit den 2-6 dicken, offenen Trichterblüten erscheinen von Januar bis April und sind je nach Sorte weiß bis rot gefärbt. *H. aulicum* trägt karminrote Blüten, *H. vittatum* weiße mit roten Streifen und Hippeastrum striatum korallenrote mit einem grünen Mittelstreifen. Der Verzehr von Pflanzenteilen führt zu leichtem Unwohlsein. Die Hybride *H. × acramannii* gehört zu den wenigen Sorten, die kurze Zeit im Freien bei 0 °C überleben können. Sie sollte im Garten mit einem tiefen Wintermulch geschützt werden.

Familie: *Amaryllidaceae*
Blütezeit: *Winter, Frühjahr*
Wuchsbreite: *bis 30 cm*
Wuchshöhe: *bis 50 cm*
Standort: ○
Feuchtebedürfnis: ◊
❄
✖

Spanisches Hasenglöckchen

Hyachinthoides hispania

Dieses mit dem Blaustern (Scilla) verwandte mehrjährige Zwiebelgewächs stammt aus den Wäldern Spaniens, Portugals und Nordafrikas und eignet sich zur Auswilderung im Gras von Wildblumengärten oder Gehölzgärten sowie als Untergrundbepflanzung von Strauchrabatten. Aus den etwa 6 cm breiten Zwiebeln sprießen große Gruppen von aufrechten, riemenförmigen, dunkelgrünen Blättern. Die blauen, glockenförmigen Blüten mit zurückgeschlagener Spitze erscheinen im Frühling in aufrechten Trauben. Die Kultivare 'Excelsior', 'La Grandesse' und 'Rosabella' blühen violettblau, weiß und violettrosa. Die Pflanze kann Hautreizungen und bei Verzehr starkes Unwohlsein hervorrufen. Die Vermehrung erfolgt direkt nach der Reifung der Samen durch Aussaat oder durch Brutzwiebeln im Sommer. Werden die welken Blüten nicht entfernt, sät sich das Spanische Hasenglöckchen selbst aus. Die robuste Art kommt mit verschiedenen Böden zurecht. Ideal ist ein nährstoffreicher, feuchter, aber wasserdurchlässiger Boden.

Hyachinthoides hispania

Familie: *Hyacinthaceae*
Blütezeit: *Frühjahr*
Wuchsbreite: *bis 10 cm*
Wuchshöhe: *bis 40 cm*
Standort: ◑
Feuchtebedürfnis: ◊
❄ ❄ ❄
✖

Gegenüberliegende Seite: Hyazinthus orientalis

Hyazinthe

Hyacinthus orientalis

Die stark duftende Zwiebelpflanze stammt aus der Türkei, Syrien und dem Libanon. Aus der Wildart entstand die groß- und vielblumige Gartenhyazinthe mit ihren zahlreichen Sorten, die sich gut für Frühjahrsbeete in Einjährigen-, Misch- und Krautrabatten, aber auch als frühblühende Topfpflanzen eignen. Die grundständigen, 15-35 cm langen, leuchtendgrünen Blätter der Hyazinthe umhüllen den unteren Teil des Blütenschaftes. Im zeitigen Frühjahr erscheinen aufrechte Trauben aus bis zu 40 wachsartigen, je nach Sorte (Amethyst, Ostara, Blue Jacket, Queen of the Pinks u.a.) weißen, gelben, orangen, rosafarbenen, roten, blauen oder violetten Blüten. Sie sind röhrenförmig-glockig mit abgespreiztem, später zurückgebogenem Zipfel. Im ersten Jahr nach der Pflanzung ist der Blütenstand meist vielblumig und dicht, verringert sich aber in den weiteren Jahren. Alle Pflan-zenteile sind bei Verzehr giftig, der Kontakt mit den Knollen kann Hautallergien verstärken. Vermehrt wird durch das Abtrennen von Ablegern im Sommer.

Familie: Hyacinthaceae
Blütezeit: Frühjahr
Wuchsbreite: bis 8 cm
Wuchshöhe: bis 30 cm
Standort: ○ – ◑
Feuchtebedürfnis: ◗
❄ ❄ ❄
✖
✿

Schönhäutchen

Hymenocallis narcissiflora
(syn. Hymenocallis calathina, Ismene calathina)

Die mehrjährige Pflanze mit ihren bizarr geformten Blüten stammt ursprünglich aus den bolivianischen und peruanischen Anden und ist die in Kultur häufigste Art der *Hymenocallis*. Aus den kugelförmigen Zwiebeln wachsen riemenförmige, halbaufrechte, grundständige, dunkelgrüne Blätter. Sie werden bis zu 60 cm lang und umschließen scheidenblattartig den unteren Teil des Blütenschaftes. Im Sommer erscheinen in Dolden bis zu fünf duftende, weiße, manchmal innen grün gestreifte Blüten, deren Staubblätter über die Nebenkrone gebogen sind. Vermehrt wird durch Brutzwiebeln, die in Töpfen oder ab Frühjahr im Freien herangezogen werden. Wegen ihrer Frostempfindlichkeit sollte die Pflanze im Herbst vor Frostbeginn aus der Erde genommen werden. Nach dem Überwintern an einem kühlen, trockenen Platz kann die Zwiebel ab April im Haus kultiviert, nach der Frostgefahr draußen an einem hellen, vor praller Sonne geschützten Platz ausgepflanzt werden.

Familie: Amaryllidaceae
Blütezeit: Sommer
Wuchsbreite: bis 30 cm
Wuchshöhe: bis 60 cm
Standort: ○ – ◑
Feuchtebedürfnis: ◗
❄
✿

Iris

Iris

Wer Schwertlilien in seinen Garten pflanzt, hat sich für eine der schönsten Zwiebelblumen entschieden. Die Gattung umfasst etwa 300 Rhizom oder Zwiebel bildende Arten, die vorwiegend auf der nördlichen Erdhalbkugel heimisch sind. Die Blütezeit erstreckt sich je nach Art vom Frühjahr bis zum Sommer. Die Blüten bestehen aus drei äußeren Blütenblättern, botanisch als Hängeblätter bezeichnet, und drei inneren Blütenblättern, den Domblättern. Bartiris, auch »Orchidee des kleinen Mannes« genannt, verdanken ihren Namen dem auffälligen »Bart« aus weißen oder farbigen Haaren auf den Hängeblättern ihrer großen spektakulären Blüten. Sie eignen sich für höhere Rabatten und naturbelassene Gärten, wobei reine Iris-Rabatten besonders wirkungsvoll sind. Die kompakten botanischen Arten wachsen häufig ausdauernder und eignen sich besonders gut für Steingärten. Beste Pflanzzeit ist der Spätsommer oder frühe Herbst, ansonsten das Frühjahr. Der Standort sollte sonnig bis halbschattig sein. Die meisten Arten gedeihen in normalen, sandig humosen Gartenböden, die nicht zu feucht und eher alkalisch sein sollten. Andere wie *I. ensata*, *I. laevigata* oder *I. sibirica* bevorzugen feuchte oder sogar sumpfige Böden und sind wertvolle Pflanzen für Wasserbereiche. Damit sie sich gut entwickeln, sollten sie weder zu eng noch im Schatten anderer Pflanzen stehen. Verlieren die Pflanzen an Wuchskraft oder werden die Gruppen zu dicht, kann man sie nach drei bis fünf Jahren teilen. Bei Zwiebeliris wie *I. danfordiae* oder *I. × hollandica* ist eine trockene Ruhezeit im Sommer wichtig. Die Zwiebeln sollten dann ausgegraben, trocken und luftig gelagert und im Herbst wieder ausgepflanzt werden. Vermehrt wird je nach Art über Teilung der Rhizome oder Abtrennen von Tochterzwiebeln.

Bartiris

Iris-Barbata

ℹ

Familie: Iridaceae
Blütezeit: Frühjahr bis Frühsommer
Wuchshöhe: 5-70 cm
Standort: ○
Feuchtebedürfnis: ◑

❄ ❄ ❄

✖

Die Bartiris stellen eine Untergattung in der Familie der Iris oder Schwertlilien mit etwa 300 Arten dar und werden am häufigsten im Garten kultiviert. Die Untergattung wird gärtnerisch noch einmal in die Arten Oncocyclus-Iris, Regelia- & Regeliocyclus-Iris und Arilbred untergliedert. Die Bartiris besitzen kräftige, auf der Oberfläche kriechende Rhizomen, die fächerartig angeordnete, schwertförmige und meist breite Blätter und einfache oder verzweigte Sprosse bilden. Von Frühjahr bis Frühsommer erscheinen pro Trieb eine oder mehrere Blüten mit gut ausgebildeten Hänge- und Domblättern. Auf den Hängeblättern sitzt der namengebende Bart aus weißen oder farbigen Haaren. Die Blüten sind je nach Art oder Sorte verschieden gefärbt. *I. iberica* hat z.B. braun geaderte, cremefarbene oder weiße Blüten, *I. humilis* blüht gelb, *I. lortetii* hat weiße Blüten mit rosafarbenen und kastanienbraunen Adern oder Punkten und *I. susiana* zeigt graue, tiefpurpurn geaderte Blüten mit schwarzen Flecken. Alle Arten sind giftig. Die Pflanzen werden durch Rhizomenteilung vermehrt.

Iris-Barbata-Eliator

Schwertlilie

Iris chrysographes

Die rhizombildende bartlose Pflanze gehört zur Gruppe der Sibirischen Iris und ist in den chinesischen Regionen Sezuan und Yunnan beheimatet. Als winterharte Art ist sie besonders für offene Rabatten geeignet. Ihre flachen, linealen Blätter sind graugrün und bis zu 50 cm lang. An unverzweigten Sprossen erscheinen im frühen Sommer je zwei dunkel rotviolett gefärbte Blüten, die angenehm duften. Die drei Hängeblätter tragen gelbe Streifen. Alle Pflanzenteile führen bei Verzehr zu starkem Unwohlsein, der Saft ruft Hautreizungen hervor. Jedes der unter der Oberfläche wachsenden Rhizome bildet jährlich mehrere Seitentriebe und kann unendlich weiterwachsen. Zur Vermehrung sollten die Rhizome im Spätsommer bis Frühherbst geteilt werden und direkt an ihren endgültigen Standort in voller Sonne oder lichten Schatten im Abstand von etwa 20 cm gepflanzt werden. Eine Rhisomenteilung sollte auch vorgenommen werden, wenn die Gruppen nach mehrjährigem Wachstum zu stark werden oder ihre Wüchsigkeit verlieren.

Familie: *Iridaceae*
Blütezeit: *Frühsommer*
Wuchshöhe: *40-50 cm*
Standort: ○
Feuchtebedürfnis: ◐
❁ ❁ ❁
✖
❀

Holländische Iris

Iris × hollandica

Die anspruchslosen Iris-Hollandica-Hybriden werden schon seit langem in Gärten kultiviert und eignen sich mit ihrer anmutigen Form und den leuchtenden Farben besonders gut in bunten Beeten, aber auch als Schnittblumen. Aus der länglichen Zwiebel wachsen breit grasartige, schwertförmige, blaugrüne Blätter und schlanke, elegante Blüten, die je nach Sorte von weiß über gelb bis hin zu blau und violett reichen. Die drei nach oben gerichteten Domblätter und die drei leicht herabgeschlagenen Hängeblätter sind meist unterschiedlich gefärbt und mit kontrastierenden Flecken und Mustern gezeichnet. Zu den beliebtesten Sorten zählen 'Golden Harvest' (dunkelgelb), 'Ideal' (dunkelblau) und 'White Perfection' (reinweiß). Durch spezielle Präparation werden die verschiedenen Sorten nicht nur im Frühsommer zur Blüte gebracht. Alle Pflanzenteile rufen bei Verzehr starkes Unwohlsein hervor, der Saft kann zu Hautreizungen führen. Die Vermehrung erfolgt im Sommer über Brutzwiebeln, die z.T. bereits im zweiten Jahr wieder blühen.

Familie: *Iridaceae*
Blütezeit: *Sommer*
Wuchshöhe: *40-60 cm*
Standort: ○
Feuchtebedürfnis: ◐
❁ ❁ ❁
✖

Schwertlilie

Iris histrioides

Familie: Iridaceae
Blütezeit: Frühjahr
Wuchsbreite: 5-7 cm
Wuchshöhe: 10-15 cm
Standort: ○
Feuchtebedürfnis: ◐
❊ ❊ ❊
✖

Der mehrjährige zwiebelbildende Frühjahrsblüher, der zur Gruppe der Reticula-Iris gehört, kommt als Wildpflanze im Norden Kleinasiens, in der Türkei und dem Nordwestiran vor. Diese besonders winterharte Pflanze, die bei nicht zu kaltem Wetter schon im Februar blüht, zählt mit einer Höhe von bis zu 15 cm zu den kleinwüchsigen Arten, die in Steingärten, Hochbeeten oder Trögen gepflanzt werden können. Ihre aufrecht wachsenden Blätter sind vierkantig und hell- bis mittelgrün. Wie bei allen Iris-Arten besteht auch die Blüte der *I. histrioides* aus drei tief blauviolett gefärbten Domblättern und drei großen Hängeblättern mit einer dunkler gepunkteten Mitte und einer goldgelben Mittelrippe. Pro Trieb erscheinen 1-2 der kräftigen Blüten. Die Hybride 'Major' hat kräftigere königsblaue Blüten, 'Katharina Hodgkin' blüht cremeweiß mit bläulicher und gelber Färbung. Die Pflanze ist in allen Teilen giftig. Die Vermehrung erfolgt über Brutzwiebeln, die im Herbst abgetrennt und sofort in wasserdurchlässigem, neutralen bis alkalischen Boden neu gepflanzt werden.

Schwertlilie

Iris magnifica

Familie: Iridaceae
Blütezeit: Frühjahr
Wuchsbreite: bis 10 cm
Wuchshöhe: 30-60 cm
Standort: ○
Feuchtebedürfnis: ◐
❊ ❊ ❊
✖

Die zwiebelbildende Schwertlilie gehört zur Gruppe der Juno-Iris und stammt ursprünglich aus dem zentralasiatischen Gebirge. Die robuste, winterharte Pflanze eignet sich im Garten besonders für sonnige, offene Rabatten. Aus den mit fleischigen Wurzeln ausgestatteten Zwiebeln wachsen bis zu 18 cm lange, gebogene, glänzend mittelgrüne Blätter. Pro Trieb erscheinen im mittleren bis zeitigen Frühjahr bis zu sieben, etwa 8 cm breite Blüten mit drei großen Hängeblättern und drei kleineren Domblättern. Die Blüten sind blass fliederfarben, mit einem blassgelben und weißen Wulst im Zentrum der Hängeblätter. Die Pflanze ist wie alle Iris-Arten giftig und führt bei Verzehr zu starkem Unwohlsein. Sie lässt sich über abgetrennte Tochterzwiebeln vermehren, die direkt in gut dränierte, neutrale bis leicht alkalische Erde in voller Sonne gesetzt werden sollten. Beim Pflanzen ist darauf zu achten, dass die fleischigen Wurzeln nicht beschädigt werden.

Iris reticulata 'Harmony'

Netziris

Iris reticulata

Die leicht zu kultivierende Irisart, die innerhalb ihrer Familie die größte Verbreitung findet, kommt ursprünglich in Vorder- und Kleinasien vor. Die grazilen Blüten der eher kleinwüchsigen Netziris, die oftmals schon im Februar erscheinen, eignen sich besonders für den Steingarten oder das Alpinum, aber auch für Vorfrühlingsbeete und zum Treiben in Schalen und Töpfen. Aus der von einer netzartigen Hülle umgebenen Zwiebel wachsen 1-2 schmale, schwertförmige, gerippte, graugrüne Blätter. Nach der Blüte verlängern sich die Blätter auf etwa 30 cm. Die 5-6 cm großen Blüten, die zart nach Veilchen duften, sind eindrucksvoll gefärbt. Die einfarbig violettblauen Domblätter sind zu einer Kuppel nach oben gebogen, die seitwärts gerichteten Hängeblätter tragen einen orangefarbenen Mittelstreifen auf violettblauem Grund. Aus der Netziris sind zahlreiche Kultursorten hervorgegangen, die auch hell- oder dunkelblau (´Cantab´, ´Harmony´) und purpurn (´Pauline´) blühen. Alle Teile der Pflanze sind giftig. Die Vermehrung erfolgt durch Brutzwiebeln, die im Sommer nach dem Einziehen des Laubs abgenommen und bis zur Neupflanzung im Herbst trocken und kühl gehalten werden sollten.

Familie: Iridaceae
Blütezeit: Frühjahr
Wuchsbreite/-höhe: 5-6 cm × 5-15 cm
Standort: ○
Feuchtebedürfnis: ◗

Gegenüberliegende Seite: Leucojum vernum

Sommer-Knotenblume

Leucojum aestivum

Familie: Amaryllidaceae
Blütezeit: Frühsommer
Wuchsbreite: 8 cm
Wuchshöhe: 45-60 cm
Standort: ○ – ◑
Feuchtebedürfnis: ◐
❀ ❀ ❀
❀

Die mehrjährige Zwiebelpflanze – nah verwandt mit dem Schneeglöckchen – wächst als Wildform auf nassen Wiesen, an Uferböschungen und anderen feuchten Stellen in Europa, Kleinasien und auf den Balearen. Als Gartenpflanze wird die Art schon seit Jahrhunderten kultiviert. Sie eignet sich mit ihrem kräftigen Wuchs besonders für Rabatten am Wasser und zum Auswildern in Wiesen. Ihre riemenförmigen, aufrechten Blätter sind glänzend dunkelgrün und bis zu 40 cm lang. Im Frühsommer erscheinen pro Trieb bis zu acht weiße Blüten mit grünen Spitzen, die schwach nach Schokolade duften. Die Züchtung Gravetye Giant wächst etwas höher und blüht früher. Außerdem übertrifft sie die Stammart an Blütenzahl und Blütengröße. Die Vermehrung erfolgt durch Tochterzwiebeln, die nach dem Abwelken der Blätter vereinzelt werden. Die Sommer-Knotenblume benötigt kühlen, feuchten Humusboden. Die Zwiebeln sollten erst im Herbst etwa 12-15 cm tief mit einigem Abstand in Gruppen gepflanzt werden.

Märzenbecher

Leucojum vernum

Familie: Amaryllidaceae
Blütezeit: Frühjahr
Wuchsbreite: 8 cm
Wuchshöhe: 20-30 cm
Standort: ◑ – ●
Feuchtebedürfnis: ◐
❀ ❀ ❀

Der in den Laubwäldern Süd- und Osteuropas als Wildblume heimische Märzenbecher gedeiht als Kulturform am besten gruppenweise in Mischrabatten und ausgewildert in Gehölzpartien, unter Laubgehölzen, auf feuchten Wiesen und Gewässerrändern. Die bis zu 3 cm dicken Zwiebeln treiben riemenförmige, aufrechte, glänzend dunkelgrüne Blätter. Der bis zu 15 cm hohe Blütenschaft trägt im März und April eine, gelegentlich auch zwei breitglockige, weiße Blüten mit grünen Spitzen. Die Blätter sterben ab, wenn die Blütezeit beendet ist. Die Blütenstängel neigen sich dann, zum leichteren Keimen, mit der Samenkapsel zu Boden. Die sehr robuste Sorte var. *vagneri* blüht schon im späten Winter mit zwei Blüten je Trieb, die Sorte var. *carpathicum* hat weiße Blüten mit gelben Spitzen. Neben der Selbstaussaat kann die Pflanze auch durch Brutzwiebeln im Spätsommer oder durch Aussaat gleich nach der Samenreife vermehrt werden. Der Märzenbecher benötigt tiefgründigen, humosen Boden in halbschattigen bis schattigen Lagen.

Lilien

Lilium

Lilien, eine Gattung mit etwa 100 Arten und unzähligen Hybriden, gehören zu den ältesten Kulturpflanzen der nördlichen Halbkugel. Die Wildarten stammen vornehmlich aus Nordamerika, Europa und Asien bis zu den Philipinen und variieren stark in der Gestalt, der Wuchsform und der Blütenfarbe. Zur besseren Unterscheidung der Vielfalt werden Lilien in neun Klassen eingeteilt, welche die Verwandschaftsverhältnisse ausgehend von den Elternarten berücksichtigen. Unterschieden werden: Asiatische Hybriden, Hansonii Hybriden, Candidum Hybriden, Amerikanische Hybriden, Longiflorum Hybriden, Trompeten und Aurelianense Hybriden, Orientalische, Andere Hybriden und Botanische Arten. Die Zwiebeln der Lilien bestehen aus überlappenden Schuppenblättern und sind z. T. rhizomartig. Aus ihnen wachsen bis zu 3 m hohe, aufrechte und meist unverzweigte Sprosse, die einzelne oder in Trauben, Rispen und Dolden stehende Blüten tragen. Die Lilienblüten bestehen aus sechs gleichartigen, sternförmig angeordneten Blättern und sechs Staubgefäßen, die mit ihrer Mitte auf den Staubfäden aufsitzen und ein charakteristisches »T« bilden. Die Blütenformen variieren zwischen schüssel-, trichter-, trompeten- oder turbanförmig. Die Palette der Blütenfarben umfasst mit Ausnahme von Blau und Schwarz alle Schattierungen. Die Blüten sind einfarbig, gestreift, gefleckt oder mit Papillen besetzt. Lilien lassen sich je nach Art durch das Abtrennen von Ablegern, Schuppenblättern oder Tochterzwiebeln vermehren. Schädlinge wie Lilienhähnchen, Thripse, Blattläuse, Schnecken, Schnakenlarven und kleine Säugetiere können das Gedeihen der Pflanze ebenso beeinträchtigen wie verschiedene Pilz- und Virusarten.

Goldbandlilie

Lilium auratum

Familie: Liliaceae
Blütezeit: Spätsommer bis Frühherbst
Wuchshöhe: 60–250 cm
Standort: ◐
Feuchtebedürfnis: ◊

❋ ❋ ❋

❀

Die zu den schönsten und elegantesten Vertreterinnen ihrer Art gehörende Goldbandlilie kommt in Japan vor, wo sie auf meist vulkanischen Böden zwischen Sträuchern und niedrigerem Gras wächst. Ihre kräftigen Stiele, die je nach Standort bis zu 2,50 m hoch werden können, haben an ihrer ganzen Länge verstreut angeordnete, breitlanzettliche, bis zu 20 cm lange, dunkelgrüne Blätter. Von Juli bis September erscheinen Trauben von 6-30 duftenden, weit schüsselförmigen Blüten, die mit ihrer Größe von bis zu 30 cm weithin sichtbar sind. Ihre Farbe ist weiß mit farbigen Pünktchen und goldgelbem oder karmesinrotem Streifen, der sich aus der Tiefe des Kelches fast bis zur Spitze der Blütenblätter zieht. Zu den bekanntesten Varietäten gehört var. *plathyphyllum*, die sich von der Stammform durch breitere Blätter, größere Blüten und einen größeren Blütenstand unterscheidet. Die Vermehrung erfolgt durch Samen oder Tochterzwiebeln, die in wasserdurchlässigen, sauren Boden gepflanzt werden sollten.

Madonnenlilie

Lilium candidum

Familie: Liliaceae
Blütezeit: Sommer
Wuchshöhe: 1-1,80 m
Standort: ○
Feuchtebedürfnis: ◊

❋ ❋ ❋

❀

Die Madonnenlilie, die zu den ältesten gezüchteten Zierpflanzen zählt, soll schon in biblischen Zeiten im nördlichen Libanon und in Palästina gewachsen sein. Von dort wurde sie nach Norden und Westen verbreitet und kommt heute als Wildpflanze von Südosteuropa bis zum östlichen Mittelmeerraum vor. Bereits im Herbst nach der Blüte wachsen neue, hellgrüne, lanzettförmige Grundblätter, die der Pflanze einen gewissen Winterschutz geben. Der bis zu 1,8 m hohe Stängel ist mit kleineren, breitlanzettlichen, anliegenden Blättern besetzt. Die im Hochsommer erscheinenden Blüten bilden gruppiert zu 5-20 duftende Trauben. Die leuchtendweißen, breit trompetenförmigen Blüten haben hellgelbe Staubbeutel. Nach der Blüte ziehen Stängel und Blätter ein. Die Vermehrung der Madonnenlilie erfolgt durch Tochterzwiebeln, die von Juli bis August gepflanzt werden müssen. Hierbei ist zu beachten, dass die Zwiebel knapp unter Bodenniveau in neutralen bis alkalischen Boden gesetzt wird.

Lilium 'Amerika'

Osterlilie

Lilium longiflorum

Die kräftige Osterlilie, die gerne für Blumenarrangements und Brautbuketts verwendet wird, ist in Südjapan und Taiwan nicht in der Bergwelt, sondern in Meeresnähe heimisch. Ihr Wurzeln bildender Stängel trägt lanzettliche, bis zu 18 cm lange, glänzend dunkelgrüne Blätter. Die weißen, duftenden, in kurzen Trauben stehenden Blüten erscheinen im Hochsommer. Sie sind trompetenförmig und erreichen mit 15-20 cm eine beachtliche Größe. Ihre Staubbeutel sind gelb. Bei Fremdbestäubung werden Samen gebildet, die oberirdisch schnell keimen und oft schon nach zehn Monaten blühfähige Exemplare bringen. Die Pflanze wird gewöhnlich unter Glas gezogen. Für das Freiland ist die Osterlilie wegen ihrer Frostempfindlichkeit nur bedingt tauglich. Sie eignet sich jedoch als attraktive Topfpflanze, die kalkhaltige Erde und Halbschatten benötigt.

ⓘ

Familie: Liliaceae
Blütezeit: Sommer
Wuchshöhe: 40–100 cm
Standort:
Feuchtebedürfnis: ◖
❄
❁

Lilium hybride

Königslilie

Lilium regale

ℹ

Familie: Liliaceae
Blütezeit: Sommer
Wuchshöhe: 60-200 cm
Standort: ○
Feuchtebedürfnis: ◗
❀ ❀ ❀
❀

Die Königslilie, die aufgrund ihrer eindrucksvollen Blüten oft als die Schönste ihrer Familie bezeichnet wird, wurde erst zu Beginn des 20. Jahrhunderts in der chinesischen Provinz Szetschuan entdeckt. Von dort verbreitete sie sich jedoch schnell weltweit. Die Pflanze eigenet sich besonders für Mischrabatten ohne stark alkalischen Boden. Aufgrund ihres intensiven Duftes sollte sie jedoch nicht in unmittelbarer Nähe zum Wohnbereich stehen. Ihr aufrechter oder überhängender Stängel, der Wurzeln bildet, trägt lineale, 5-13 cm lange, glänzend dunkelgrüne Blätter. Im Juli zeigen sich Dolden von bis zu 25 weit trompetenförmigen Blüten. Ihr Schlund ist kräftig gelb, das Innere weiß und das Äußere vollständig rosapurpurn überlaufen. Die Staubbeutel sind goldfarben. Die reichlichen Samen werden spontan gebildet und keimen oberirdisch innerhalb von 14 Tagen, wenn sie nicht zu stark ausgetrocknet sind. Wenn Spätfröste abgeschirmt werden, bringt die Aussaat bald große Bestände. Auch die Austriebe sind durch Spätfrost gefährdet, was oft zum Verlust der kompletten Pflanze führen kann.

Orienthybride

Lilium 'Black Beauty'

'Black Beauty' gehört zu den Orientalischen oder auch Japanischen Hybriden, den Aristokraten unter den Lilienhybriden, die durch besonders große, edel geformte und prächtig gefärbte Blüten auffallen. Sie stammen von ostasiatischen Arten wie *L. auratum*, *L. japonicum* und *L. speciosum* ab. Die wüchsige 'Black Beauty', die bis zu 2 m hoch werden kann, eignet sich als Rabattenbepflanzung. Ihre mittelgrünen Blätter sind lanzettförmig und wechselständig. Im Juli und August erscheinen Trauben von mittelgroßen, duftenden Blüten, deren einzelne Blätter turbanförmig zurückgeschlagen sind. Sie sind dunkelrot mit grünlicher Mitte und weißen Blütenblatträndern. Die Vermehrung erfolgt durch Samen oder Tochterzwiebeln und Zwiebelschuppen. Bei der Aussaat ist zu beachten, dass die Lilien aus der Gruppe der Orienthybriden zu den Schwer- bzw. Langsamkeimern gehören, sodass sich manchmal erst im zweiten Jahr Triebe bilden. Nach der Samenreife entweder ins Freiland säen, wobei die Stelle den Winter über abgedeckt sein sollte, oder in eine Saatschale unter Glas.

Familie: Liliaceae
Blütezeit: Sommer
Wuchshöhe: 1,4-2 m
Standort: ◐
Feuchtebedürfnis: ◖
✿ ✿ ✿
✾

Trompetenhybride

Lilium 'Bright Star'

Die robuste Zwiebelpflanze gehört zur Gruppe der Trompeten- oder Aurelianense-Hybriden und stammt von asiatischen Lilienarten wie *L. regale*, *L. henryi* und *L. sargentiae* ab. Sie entfaltet ihre Wirkung besonders gut in Rabatten und großen Pflanzgefäßen, ist aber auch als Schnittblume sehr geeignet. Sie hat mittelgrüne, eiförmige bis linealische Blätter. Die großen, duftenden Blüten erscheinen im Juli und August in Trauben. Ihre Farbe ist rahmweiß. Gelborangefarbene Mittelstreifen rufen einen sternförmigen Eindruck hervor. Die Kronblätter sind an der Spitze turbanförmig zurückgeschlagen. 'Bright Star' kann durch Teilung zur Pflanzzeit, aus Zwiebelschuppen und durch Aussaat vermehrt werden. Da Lilien Dunkelkeimer sind, müssen ihre Samen mit Erde bedeckt werden. Ausgesät wird im Frühjahr unter Glas. Die Pflanze bevorzugt einen sonnigen und warmen Platz und verträgt kalkhaltige Böden.

Familie: Liliaceae
Blütezeit: Sommer
Wuchshöhe: 1–1,5 m
Standort: ○
Feuchtebedürfnis: ◖
✿ ✿ ✿
✾

Muscari latifolium

Familie: Hyacinthaceae
Blütezeit: Frühling
Wuchsbreite: bis 5 cm
Wuchshöhe: bis 25 cm
Standort: ○ – ◑
Feuchtebedürfnis: ◐

❄ ❄

Breitblättrige Traubenhyazinthe

Muscari latifolium

Die mehrjährige Zwiebelpflanze stammt aus Südwest-Asien, wo sie in lichten Kiefernwäldern wächst. Sie zählt zur eher kleinwüchsigen Art, die sich besonders zur Rabattenvorpflanzung und für Steingärten eignet. Die Traubenhyazinthe trägt einzelne, halbaufrechte, breit lanzettförmige, mittelgrüne Blätter, die bis zu 30 cm lang werden. Die winzigen, länglichen und vorn verengten Blüten wachsen im Frühjahr in dichten, aufrechten Trauben von 2–6 cm Länge. Die unteren Blüten sind schwarzviolett, die oberen sind kleiner und heller gefärbt. Die Vermehrung erfolgt durch die Teilung älterer Kolonien im Spätsommer oder durch Aussaat im Frühsommer, wobei mindestens drei Jahre bis zur nächsten Blüte kalkuliert werden muss. Auch Selbstaussaat ist möglich. Die Zwiebeln werden etwa 6–8 cm tief mit einem Abstand von bis zu 10 cm in gut aufgelockertes Erdreich gesetzt. Die Pflanze benötigt einen warmen, geschützten Platz auf durchlässigem, nicht zu feuchtem Boden. Traubenhyazinthen sind anfällig für Viren.

Narzisse

Narcissus

Die Narzisse, allen voran die Osterglocke als eine Vertreterin der umfangreichen Gattung, gehört zu den populärsten Gartenpflanzen und war bereits im alten Ägypten und Griechenland bekannt. Die Wildform stammt aus Europa und Nordafrika, wo sie in Wiesen auf Meereshöhe bis in subalpine Höhen sowie in Wäldern, Felsspalten und auf Flussschlamm wächst. Ab dem 18. Jahrhundert setzte eine intensive Züchtungsarbeit sowohl von Seiten professioneller Gartenbetriebe als auch privater Narzissen-Liebhaber ein. Heute existieren etwa 50 Arten und über 14.000 verschiedene Sorten, wobei jährlich noch immer neue hinzukommen. Narzissen haben spitz auslaufende Zwiebeln mit Wurzeln, die sich in jeder Wachstumsphase regenerieren. Die grundständigen Blätter sind linealisch bis riemenförmig, manchmal auch gras- oder binsenartig ausgebildet. Sie treiben gleichzeitig mit dem Blütenschaft aus. Kultiviert wird die Pflanze wegen ihrer attraktiven Blüten, meist in den Farben Weiß und Gelb, seltener Grün, die im Frühling, manchmal auch im Herbst oder Winter erscheinen. Sie bestehen aus der Hauptkrone mit sechs einzelnen Petalen und der Nebenkrone, die wie eine Schale oder ein Becher die Staubblätter umhüllt. Zur besseren Unterscheidung der zahlreichen Sorten werden sie international in die folgenden 12 Gruppen eingeteilt, die sich neben der Herkunft vor allem nach der Anzahl und Form der Blüten unterscheiden: Trompetennarzissen, Großkronige Narzissen, Kleinkronige Narzissen, Gefülltblühende Narzissen, Triandrus, Cyclamineus, Jonquilla, Tazetta, Poeticus, Botanische Arten, Splitkorona-, Spaltkronige, Orchideen- oder Schmetterlingsnarzissen, Gemischte.

Trompetennarzisse

Narcissus

ℹ

Familie: Amaryllidaceae
Blütezeit: Frühling
Wuchsbreite: bis 8–16 cm
Wuchshöhe: 40–60 cm
Standort: ○ – ◖
Feuchtebedürfnis: ◗

✲ ✲ ✲

✖

Die äußerst widerstandsfähigen Vertreter der Gruppe der Trompetennarzissen sind vorwiegend aus Kreuzungen mit *N. pseudonarcissus*-Formen hervorgegangen. Sie blühen bereits im zeitigen Frühjahr je nach Sorte weiß, gelb oder zweifarbig (bicolor) mit weiß, gelb, orange oder rosa. Pro Stiel bringen sie nur eine Blüte hervor, deren trompetenförmige Nebenkrone ebenso lang oder sogar länger sind als die Blütenblätter der flach ausgebreiteten, sternförmigen Hauptkrone. Die Sorten `Cantatrice`, `Empress of Ireland` und `Mount Hood` blühen weiß, `Golden Harvest`, `King Alfred` und `Viking` blühen gelb, weiße Haupt- und rosafarbene Nebenkronen zeigen `Alpine Glow` und `Rima` und weiße Haupt- und gelbe Nebenkronen zeigen `Bravoure` und `Newcastle`. Der Saft von Narzissen kann zu Hautreizungen führen. Die Vermehrung erfolgt durch Tochterzwiebeln, die nach dem Vergilben der Blätter abgenommen werden können und bis zur Pflanzung im Herbst kühl und trocken aufbewahrt werden sollten.

Großkronige Narzisse

Narcissus

Vertreter der großkronigen Gruppe, auch Schalen- oder Bechernarzissen genannt, blühen im mittleren Frühjahr und sind wie die meisten anderen Arten und Sorten auch besonders geeignet, um zwischen Sträuchern oder Hecken zu stehen. Außerdem sind es ausgezeichnete Schnittblumen. Die Blütenfarbe ist weiß und gelb sowie zweifarbig mit weiß, gelb, orange oder rosa. Die Pflanze bringt pro Stängel eine Blüte hervor, deren weit geöffnete, becher- oder schalenförmige Nebenkrone von der Größe her mindestens ein Drittel der Kronblätter einnimmt, diese aber nie überragt. Großkronige Narzissen gibt es in einer Vielzahl von Erscheinungsformen. Neben der Farbe variiert dabei vor allem die Form der Nebenkrone von lang und röhrenförmig bis zu breit und tellerartig. Auch ihr Rand kann unterschiedlich stark gekräuselt sein. Sorten mit weißer Haupt- und Nebenkrone sind `Cansip` und `Stainless`, Sorten mit zitronengelber Haupt- und weißer Nebenkrone sind `Binkie` und `Daydream`, Sorten mit weißer Haupt- und rosafarbener Nebenkrone sind `Salome` und `Passionale`. Der Saft der Narzissen ist giftig. Die Vermehrung erfolgt durch Tochterzwiebeln.

Familie: Amaryllidaceae
Blütezeit: Frühling
Wuchsbreite: bis 16 cm
Wuchshöhe: 40–60 cm
Standort: ○
Feuchtebedürfnis: ◖
❋ ❋ ❋
✖

Narcissus 'Paper White'

Tazettennarzisse

Narcissus

Die Vertreter der Gruppe der Tazetten- oder Straußnarzissen sind Hybriden, die vorwiegend aus der Kreuzung von *N. tazetta* und *N. poeticus* hervorgegangen sind. Die kleinblütigen Sorten tragen bis zu 20, die großblütigen Sorten 3–4 Blüten an einem Stängel, sodass eine einzige Pflanze wie ein Blumenstrauß wirken kann. Tazetten-Hybriden haben kräftige Sprossen und breite Blätter. Von April bis Mai erscheinen die duftenden Blüten mit flacher und breitblättriger Haupt- und kleiner, becherförmiger Nebenkrone. Es überwiegen die zweifarbigen Sorten wie `Geranium` und `Laurens Kloster`. ´Silver Chimes` blüht weiß, `Yellow Cheerfullness` gelb. Für alle Sorten ist eine Reisigabdeckung als Frostschutz zu empfehlen. Der Kontakt mit dem Pflanzensaft kann zu Hautreizungen führen oder Allergien verschlimmern.

Familie: Amaryllidaceae
Blütezeit: Frühling
Wuchsbreite: bis 8 cm
Wuchshöhe: 25–45 cm
Standort: ○
Feuchtebedürfnis: ◖
❋ ❋
✖
❀

Osterglocke

Narcissus pseudonarcissus

Familie: *Amaryllidaceae*
Blütezeit: *Frühling*
Wuchshöhe: *15–35 cm*
Standort: ○
Feuchtebedürfnis: ◑
✿ ✿ ✿
✖

Die weit verbreitete Osterglocke gehört zur Klasse der Botanischen Arten, ist also eine Wildart, deren Verbreitungsgebiet sich über ganz Europa zieht. Dort wächst sie in lichten Wäldern, auf Wiesen und steinigen Berghängen. Die mehrjährige Zwiebelpflanze kommt in vielgestaltigen Wildtypen vor und eignet sich gleichermaßen zur Bepflanzung von Beeten, Rabatten, Balkonkästen und Schalen sowie zum Auswildern auf Blumenwiesen. Ihre aufrechten, riemenförmigen, bereiften, mittelgrünen Blätter sind 8,5 cm lang. Im zeitigen Frühjahr erscheinen zweifarbige Blüten mit gelben Trompeten und cremefarbenen, schlanken, gedrehten Hauptkronen. Der Saft der Osterglocke kann zu Hautreizungen führen. Vermehrt wird die Pflanze durch das Abtrennen von Tochterzwiebeln nach dem Abwelken der Blätter im Frühsommer oder später im Frühherbst.

Alpen-Veilchen-Narzisse

Narcissus 'Tête-a-Tête'

Familie: *Amaryllidaceae*
Blütezeit: *Frühling*
Wuchsbreite: *6 cm*
Wuchshöhe: *15 cm*
Standort: ○
Feuchtebedürfnis: ◑
✿ ✿ ✿

Die mehrjährige, robuste Hybride gehört zur gärtnerischen Gruppe der Gemischten Narzissen und eignet sich mit ihrem zwergigen Wuchs besonders für Steingärten und zur Schalenbepflanzung. Ihre mittelgrünen Blätter sind schmal und riemenförmig. Von März bis April öffnen sich pro Trieb 1-3 Blüten, die etwa 6 cm breit sind. Ihre dunkel goldgelben Blütenblätter sind leicht zurückgeschlagen, die Nebenkronen sind etwas dunkler gelb gefärbt. Wie bei allen Narzissenarten kann auch der Saft dieser Hybride bei Kontakt mit der Haut Reizungen hervorrufen. Die Vermehrung erfolgt durch Tochterzwiebeln. Am besten gedeiht die Alpen-Veilchen-Narzisse in mäßig nährstoffreichem, wasserdurchlässigem Boden, der besonders während der Wachstumsphase feucht gehalten werden sollte.

Guernseylilie

Nerine sarniensis

Die mehrjährige Zwiebelpflanze, die ursprünglich aus Südafrika stammt, hat ihren Namen von der britischen Insel Guernsey im Ärmelkanal, wo sie verwildert vorkommt. Die Zwiebel gelangte nach einem Schiffsunglück vor der Küste dorthin. Die Pflanze trägt aufrechte, riemenförmige, mittelgrüne Blätter, die nach der Blüte austreiben. Ihre Blüten, die im September und Oktober in gedrungenen Dolden erscheinen, gehören zu den schönsten der Nerine-Gattung. Sie sind orangerosafarben und haben auffällige, weit abstehende Staubblätter und am Rand gewellte Blütenblätter. Die Varietät *corusca* 'Major' trägt scharlachrote Blüten. Die Vermehrung erfolgt im Spätsommer durch Brutzwiebeln oder Samen. Dabei sollten die Sämlinge drei Jahre ohne Ruhezeit durchkultiviert werden und im Winter eine Temperatur von mindestens 15°C erhalten. Alle Pflanzenteile führen bei Verzehr zu Übelkeit. Die Guernseylilie benötigt stark durchlässigen Sandboden und volles Licht. Während des Wachstums sollte sie mäßig gegossen werden, in der Ruhezeit im Sommer dagegen warm und trocken gehalten werden.

Familie: Amaryllidaceae
Blütezeit: Frühherbst
Wuchsbreite: 12–15 cm
Wuchshöhe: 45–60 cm
Standort: ○
Feuchtebedürfnis: ◗
❄
✖

Gegenüberliegende Seite:
Ornithogalum thysoides

Chincherinchee

Ornithogalum thyrsoides

Familie: Hyacinthaceae
Blütezeit: Sommer
Wuchshöhe: 30–70 cm
Wuchsbreite: 10 cm
Standort: ○
Feuchtebedürfnis: ◖

❄

✖

Die robuste, mehrjährige Zwiebelpflanze stammt aus der südafrikanischen Kapprovinz. Im Garten wird die Pflanze den Sommer über am besten gruppenweise in Mischrabatten gesetzt, sie fühlt sich aber auch im Haus oder Wintergarten wohl. Chincherinchee eignet sich hervorragend als Schnittblume, denn ihr Blütenstand erblüht in der Vase bis zur letzten Blüte und hält sich bis zu vier Wochen lang. Die halb aufrechten, schmal lanzettförmigen, glänzend grünen Blätter welken vor der Blütezeit im Juni bis August ab. Die sternförmigen Blüten erscheinen üppig in dichten, pyramidenförmigen Trauben. Sie sind weiß mit cremefarbenem oder grün getöntem Grund. Jede Zwiebel entwickelt 3–5 Blütenstände, die nacheinander, etwa im Abstand von vier Wochen, erscheinen. Alle Pflanzenteile sind giftig und verursachen bei Verzehr starke Übelkeit, der Saft kann zu Hautreizungen führen. Vermehrt wird im Herbst durch Brutzwiebeln, die bis zum Frühjahr unter Glas gepflanzt werden.

Puschkinie

Puschkinia scilloides var. libanotica

Familie: Hyacinthaceae
Blütezeit: Frühling
Wuchshöhe: bis 20 cm
Wuchsbreite: bis 5 cm
Standort: ○ – ◑
Feuchtebedürfnis: ◖

❄ ❄ ❄

Die kleinwüchsige Zwiebelpflanze, die ursprünglich aus der Türkei und dem Libanon kommt, ist mit dem Blaustern (*Scilla*) und dem Schneeglanz (*Chionodoxa*) verwandt. Sie eignet sich zur Pflanzung in Steingärten und zum Auswildern unter Sträuchern in sonnigen bis halbschattigen Lagen. Ihre grundständigen, lanzettförmigen Blätter sterben im Frühsommer ab. An etwa 15 cm hohen Stielen erscheinen im März und April dichte Trauben aus etwa sechs lichtblauen, weitglockigen, 2 cm breiten Sternblüten, die auf jedem Kronblatt einen etwas dunkleren Streifen tragen. Die Sorte 'Alba' blüht reinweiß. Die Pflanze vermehrt sich leicht selbst durch Samen und Brutzwiebeln. Werden im August oder September Brutzwiebeln abgenommen, sollten sie möglichst sofort und nur etwa 3-4 cm tief eingepflanzt werden. Den Winter über benötigen sie dann eine Abdeckung mit Laub oder Reisig. Im Frühjahr ist auch Aussaat möglich, wobei die Samen nur leicht mit Erde bedeckt werden. Nach ca. drei Jahren kommen Sämlinge erstmals zur Blüte.

Ranunkel

Ranunculus asiaticus

ⓘ

Familie: Ranunculaceae
Blütezeit: Frühling bis Frühsommer
Wuchsbreite: bis 20 cm
Wuchshöhe: 20–45 cm
Standort: ○
Feuchtebedürfnis: ◐
❄

Die Ranunkel ist innerhalb der artenreichen Familie der Hahnenfußgefäße der Gruppe der Knollen bildenden Pflanzen zuzuordnen. Die ursprünglich aus dem südosteuropäischen und vorderasiatischen Raum stammende Art wurde 1596 nach Europa eingeführt, wo sie lange Zeit als besondere Kostbarkeit galt. Im Garten kommt die Ranunkel mit ihren farbintensiven Blütenbällen gruppenweise gepflanzt auf Beeten und Rabatten am besten zur Geltung. Aus der ursprünglichen Art *R. asiaticus* ist mittlerweile eine Vielzahl von Sorten entstanden, die sich in vier Gruppen aufteilen: Die Türkische oder Turban-Ranunkel hat meist ganz gefüllte Blüten, die am frühesten im Jahr erscheinen; die persische Ranunkel trägt große, einfache oder halbgefüllte Blüten; die französische Ranunkel hat große, locker gefüllte Blüten, die den Stängel leicht nach unten biegen; die päonienblütige Ranunkel besitzt große, dichtgefüllte Blütenbälle, die wie kleine Pfingstrosen wirken, sie lässt sich als einzige Sorte durch Samen vermehren. Je nach Sorte blüht die Ranunkel in den Farben Weiß, Gelb, Orange, Rosa und Rot. Die dreizähligen, blass- bis mittelgrünen Blätter erscheinen teils grund-, teils stängelständig.

Ranunculus

68

Ranunculus

Blausternchen

Scilla siberica

Das Blausternchen, das zur *Scilla*-Gattung mit etwa 90 verschiedenen Zwiebelpflanzenarten gehört, kommt als Wildart in der Ukraine, in Russland, Georgien, Aserbaidschan und im Nord-Iran vor, nicht jedoch in Sibrien, wie die Artbezeichnung nahelegen könnte. Der Frühblüher, der schnell flächendeckende Bestände bildet, eignet sich im Garten besonders zur Pflanzung unter oder vor Gehölzen oder zur Auswilderung im Gras. Die 2-4 halb aufrechten, breitlinealischen Grundblätter werden im Frühjahr zusammen mit den Blütenständen gebildet. An den bis zu drei, etwa 15 cm hohen Blütenstielen je Zwiebel hängen 2-5 azurblaue, etwa 1,5 cm breite Sternblüten. Die Blütentriebe wachsen weiter. Die Sorte 'Alba' besitzt reinweiße Blüten, ´Spring Beauty` blüht tiefblau und wird bis zu 25 cm hoch. Die Vermehrung erfolgt durch meist reichlich angesetzte Brutzwiebeln, die im Herbst abgetrennt und sofort wieder etwa 10-12 cm tief in humose Erde gesetzt werden. Mit Ausnahme von ´Spring Beauty` können alle Sorten auch durch Aussaat vermehrt werden.

Familie: Hyacinthaceae
Blütezeit: Frühling
Wuchsbreite: 5 cm
Wuchshöhe: 10–20 cm
Standort: ○ – ◐
Feuchtebedürfnis: ◗
❊ ❊ ❊

Tulpen

Tulipa

Die Tulpe, die mit ihren ca. 100 verschiedenen Arten und noch viel zahlreicheren Sorten zur Familie der Liliengewächse gehört, kommt als Wildart gewöhnlich in heißen und trockenen Lebensräumen in Europa, Asien und im Mittleren Osten vor. Schon vor etwa 1000 Jahren kamen die Tulpen aus den weiten Steppen des westlichen Asiens in die Gärten der Sultane und Kalifen. Mitte des 16. Jahrhunderts wurden die ersten Tulpenzwiebeln nach Europa eingeführt, wo schnell eine rege Züchtungsarbeit begann. Heute gilt vor allem die Niederlande als Hochburg der Tulpenzüchtung. Im Garten werden die Tulpen wegen ihrer leuchtenden Farben in Beeten und Rabatten kultiviert, wobei neben den Zuchtsorten auch eine Reihe von Wildtulpenarten Verwendung finden. Aus der Tulpenzwiebel entwickelt sich der junge Spross, der mit seiner harten Spitze auch eine feste Erdschicht durchstoßen kann. Die entfalteten Blätter sind ungestielt und linealisch bis breitlanzettförmig. Sie erscheinen grundständig oder sitzen am Stängel, der endständig meist eine große, elegante Blüte trägt. Ihre sechs mehr oder weniger breiten Kronblätter sind meist eiförmig, pokalförmig oder lilienartig, manchmal auch gefranst und blühen einfarbig, gemustert oder mehrfarbig. Zur übersichtlicheren Gestaltung der Sortenvielfalt werden Tulpen in 15 verschiedene Klassen unterteilt, die auf die beiden großen Gruppen der Wild- und Gartentulpen zurückgehen und sich vor allem an Hand von Blütenmerkmalen unterscheiden lassen. Die beliebtesten Klassen stellen wir Ihnen auf den folgenden Seiten vor.

Tulipa 'Prof. Röntgen'

Familie: *Liliaceae*
Blütezeit: *Spätfrühjahr*
Wuchshöhe: *35–65 cm*
Standort: ○ – ◐
Feuchtebedürfnis: ◐

❁ ❁ ❁

✖

Papagei-Tulpe

Tulipa 'Prof. Röntgen'

Die Papagei-Tulpe gehört zu den spätblühenden Gartentulpen und ist durch zufällige Mutation aus anderen Sorten hervorgegangen. Sie eignet sich mit ihrem bis zu vier Wochen lang anhaltenden Flor im Garten besonders gut für Rabatten und auch als Schnittblume. Ihre ungefüllten Blüten sind becherförmig mit bizarr geschlitzten und gewellten Rändern. Die Kelche werden bis zu 10 cm groß und breiten sich im warmen Sonnenschein oder zum Ende der Blütezeit weit auseinander. Oftmals krümmen sich die Stiele unter dem Gewicht der Blüte zu Boden. Die Papagei-Tulpe blüht in den Farben Weiß bis Rosa oder Violettblau, wobei die Blüten oft ungleichmäßig in mehreren Farbtönen gestreift sind. Die Sorte ´Estella Rijnveld´ blüht rot-weiß, ´Texas Gold´ goldgelb mit rotem Saum und ´Prof. Röntgen´ rot-gelb. Die Blätter werden bis zu 35 cm lang. Alle Pflanzenteile rufen bei Verzehr Übelkeit hervor. Die Vermehrung erfolgt durch das Abtrennen von Tochterknollen im Sommer. Sie werden gereinigt und bis zur Pflanzung im Herbst trocken, kühl und dunkel gelagert.

Familie: *Liliaceae*
Blütezeit: *Spätfrühjahr*
Wuchshöhe: *45–65 cm*
Standort: ○ – ◐
Feuchtebedürfnis: ◐

❁ ❁ ❁

✖

Lilienblütige Tulpen

Tulipa

Die Lilienblütigen Tulpen gehören zu den spätblühenden Tulpen, deren Blütezeit sich oft bis in den Juni hinein ausdehnt. Als Gartenpflanze werden sie wegen ihrer schlanken Blütenform und der Eleganz ihrer lilienartigen Krone geschätzt, die in strengen Beeten gut zur Geltung kommt. Die Tulpen werden bis zu 65 cm hoch und haben bis zu 40 cm lange Blätter. Ihre schmalen, ungefüllten, pokalförmigen Blüten bestehen aus nach oben spitz zulaufenden und nach außen umgeschlagenen Blütenblättern. Sie blühen je nach Sorte in den Farben Weiß bis Gelb, Rosa bis Rot oder magentafarben und sind manchmal in einer kontrastierenden Farbe gerandet, flammenförmig gezeichnet oder überhaucht. Die Sorte ´Aladdin´ blüht scharlachrot mit schmalem cremefarbenen Rand, ´Astor´ bronzegelb mit aprikosenrosafarbener Schattierung und `White Triumphator´ reinweiß. Wie alle Tulpenarten zählen die Lilienblütigen zu den Giftpflanzen. Vermehrt wird im Herbst durch Tochterzwiebeln. Lilienblütige Tulpen sind zum Treiben nicht geeignet.

Lilienblütige Tulpe

Triumph-Tulpe

Tulipa

Die Triumph-Tulpe mit ihren wetterfesten, großen Blüten und stabilen, kräftigen Stielen ist aus Kreuzungen zwischen einfachen frühen Tulpen und Darwintulpen entstanden. Sie gehört zu den mittelfrühen Tulpenarten, die zwischen Ende April und Anfang Mai erblühen, und ist im Garten für Beete und Gruppen sowie zum Treiben und als Schnittblume besonders gut geeignet. Die ungefüllten, becherförmigen, bis 6 cm breiten Blüten erscheinen in einer Vielzahl von Farben wie dunkelpurpurn bis Rot, Rosafarben, Gelb oder Weiß. Manche Sorten wie 'Thule' oder 'Lustige Witwe' sind kontrastierend gerandet oder gefleckt. Die frischgrünen, aufrecht stehenden Blätter sind 10-35 cm lang. Der Verzehr aller Pflanzenteile löst Übelkeit aus. Die Berührung kann Allergien verstärken. Vermehrt wird die Triumph-Tulpe durch das Abtrennen von Tochterzwiebeln, die im Herbst gepflanzt werden sollten. Die Pflanze benötigt einen sonnigen bis halbschattigen Standort und nährstoffreichen, neutralen bis leicht sauren Boden.

Familie: Liliaceae
Blütezeit: Frühjahr
Wuchshöhe: 35–60 cm
Standort: ○ – ◑
Feuchtebedürfnis: ◗
❀ ❀ ❀

Darwin-Hybrid-Tulpe

Tulipa 'Apeldoorn'

ⓘ

Familie: Liliaceae
Blütezeit: Frühjahr
Wuchshöhe: 60 cm
Standort: ○ – ◐
Feuchtebedürfnis: ◐

❄ ❄ ❄
✖

Die Gruppe der Darwin-Hybriden, bringt die größten und leuchtkräftigsten Gartentulpen hervor, die im mittleren Frühjahr erblühen und sich besonders zur gruppenweisen Bepflanzung von Beeten und als Schnittblumen eignen. Die ungefüllten, orange-scharlachfarbenen Blüten der *T.* 'Apeldoorn' etwa tragen am Grund einen auffallenden, gelb umrandeten schwarzen Fleck und schwarze Staubbeutel. Gelbblühend gibt es diese robuste Tulpengruppe auch als *T.* 'Golden Apeldoorn'. Die schlanken Blütenkelche öffnen sich zum Ende der Blütezeit zu weiten Schalen. Trotz ihrer Größe sind die Blüten äußerst wetterfest und stehen selbst nach starkem Regen noch aufrecht. Die aufrechten Blätter werden 10-35 cm lang. Die Pflanze ist giftig und kann die Haut reizen. Die Vermehrung erfolgt durch Tochterzwiebeln, die im Herbst etwa 10 cm tief in durchlässigen, humosen Boden mit einem Abstand von 10-15 cm gepflanzt werden sollten.

Tulipa 'Golden Apeldoorn' und 'Apeldoorn'

Einfache frühe Tulpe

Tulipa 'Apricot Beauty'

Die Gruppe der Einfachen frühen Tulpen ist sowohl wegen ihrer frühen Blüte als auch wegen ihrer guten Haltbarkeit und der problemlosen Kultur besonders häufig im Garten auf Beeten und Mischrabatten zu finden. Sie eignen sich außerdem auch ausgezeichnet zur Kultur in Gefäßen und als Schnittblumen. Die Hybride blüht bereits im April und kann vorgetrieben werden. 'Apricot Beauty' etwa trägt auf kurzen, kräftigen Stielen ungefüllte, becherförmige Blüten in sanftem Lachsrosa, das sich zum Rand hin zart orangerot färbt. Die mittelgrünen Blätter sind lanzettförmig. Wie alle Tulpenarten gehört auch diese Hybride zu den Giftpflanzen, die die Haut reizen und bei Verzehr Übelkeit verursachen. Die mehrjährige Zwiebelpflanze kann durch Tochterzwiebeln im Herbst vermehrt werden.

Familie: Liliaceae
Blütezeit: Frühjahr
Wuchshöhe: 35 cm
Standort: ○ – ◑
Feuchtebedürfnis: ◐
❋ ❋ ❋
✖

Gefüllte frühe Tulpe

Tulipa 'Willemsoord'

Familie: Liliaceae
Blütezeit: Frühjahr
Wuchshöhe: 30-40 cm
Standort: ○ – ◐
Feuchtebedürfnis: ◐
✲ ✲ ✲
✖

Ebenso wie die Art der Einfachen frühen Tulpen zählen auch die Gefüllten frühen Tulpen wegen ihrer Robustheit und problemlosen Kultur zu den beliebtesten Gartenpflanzen. Sie blühen ebenfalls schon im Frühjahr, bringen aber im Vergleich zur einfachen Art größere Blüten mit zwei oder mehreren Blütenblattkreisen auf kräftigen Stielen hervor. Sie eignen sich ideal zur gruppenweisen Bepflanzung von Gartenbeeten und Gräbern, weil die einzelnen Pflanzen etwa gleichzeitig Blüten hervorbringen, die extrem haltbar sind. Eine Unterpflanzung mit kleinwüchsigen Frühlingsblühern wie Vergissmeinnicht oder Gartenstiefmütterchen kann die Wirkung der Gefüllten frühen Tulpen noch unterstreichen. Die Blätter dieser Tulpenart sind 10-35 cm lang. Die gefüllten, schüsselförmigen Blüten werden bis 8 cm breit und blühen je nach Sorte in den Farben Dunkelrot bis Gelb oder Weiß, wobei sie oftmals in einer anderen Farbe gerandet oder gemustert sind. Die Sorte 'Carlton' blüht scharlachrot, 'Willemsoord' rosarot mit weißen Spitzen und 'Monte Carlo' innen dunkelgelb, außen hellgelb. Die Pflanzen sind in allen Teilen giftig. Die Vermehrung erfolgt über Tochterzwiebeln, die nach dem Laub abgetrennt und bis zur Pflanzzeit im Herbst kühl und dunkel gelagert werden sollten.

Einfache späte Tulpe

Tulipa 'Königin der Nacht'

Familie: Liliaceae
Blütezeit: Frühjahr
Wuchshöhe: 60 cm
Standort: ○
Feuchtebedürfnis: ◐
✲ ✲ ✲
✖

Die Gruppe der spätblühenden, ungefüllten Tulpen wird besonders wegen ihrer guten Wuchseigenschaften, ihrer Regenfestigkeit und ihrer langen Blütendauer als Gartenpflanzen geschätzt. In Mischrabatten neben graublättrigen Pflanzen und als Blumendekoration in der Vase eignet sich z.B. die Hybride 'Königin der Nacht'. Ihre graugrünen Blätter sind breit lanzettförmig. Die becherförmigen, tief braunviolett gefärbten und seidig glänzenden Blüten erscheinen im späten Frühjahr einzeln an einem Trieb. Alle Pflanzenteile sind giftig. Die Vermehrung erfolgt am besten durch Tochterzwiebeln. Die 'Königin der Nacht' ist ziemlich anspruchslos. Idealerweise wird sie in fruchtbaren, wasserdurchlässigen Boden an einen windgeschützten Platz mit voller Sonne gepflanzt.

Tulpe

Tulipa praestans 'Unicum'

Die Varietät 'Unicum' gehört zur Wildart *T. praestans*, die ursprünglich in Kasachstan und Tadschikistan vorkommt und dort Anfang des 20. Jahrhunderts entdeckt wurde. Die anspruchslose und leicht zu kultivierende Tulpenart eignet sich zur Bepflanzung von Steingärten. Aus der etwa 2 cm großen Zwiebel wächst ein kräftiger Stiel mit 3-6 aufrechten, breit bis lanzettförmigen, graugrünen Blättern mit rahmweißem Rand. Stängel und Blätter sind mit feinen Härchen bedeckt. Im Frühjahr erscheinen an einem Trieb bis zu fünf schüsselförmige ungefüllte Blüten. Sie sind leuchtend paprikarot und tragen kleine, zentrale, gelbe Flecken und blauschwarze Staubbeutel. Alle Pflanzenteile führen bei Verzehr zu Übelkeit, der Hautkontakt kann zu Reizungen führen. Die winterharte Varietät wird durch das Abtrennen von Tochterzwiebeln, die im Herbst gesetzt werden, vermehrt.

Tulipa praestans 'Unicum'

Familie: Liliaceae
Blütezeit: Frühjahr
Wuchshöhe: 30 cm
Standort: ○
Feuchtebedürfnis: ◐
❋ ❋ ❋
✖

Zimmerkalla

Zantedeschia aethiopica

Die Rhizomstaude, die in Lesotho und Südafrika vom Kap bis zu den Drakensbergen an feuchten, sumpfigen Plätzen verbreitet ist, eignet sich auch als Gartenpflanze für mitteleuropäische Breiten. Hier muss sie jedoch an einem sonnigen, geschützten Standort stehen und im Winter mit einer dicken Mulchschicht bedeckt werden. Während die reine Art viel Wärme benötigt, ist die Sorte 'Crowborough' weniger frostempfindlich. Die Pflanze hat einen stammartigen Wurzelstock und halbaufrechte, pfeilförmige, glänzend hellgrüne Blätter. Von Frühling bis Hochsommer entwickeln sich nacheinander 15-20 cm große, rahmweiße Spathen mit einer trichterförmigen Basis und einem spitzen Zipfel am Ende. Der cremegelbe Kolben ragt kaum aus der Spatha heraus. Die Sorte 'Apple Court Babe' ist deutlich kleiner, 'Green Godess' hat hellgrüne, im Zentrum gelbe Spathen und 'White Sails' besitzt lang geöffnete, weiße Spathen. Die Pflanze ruft nach Verzehr Übelkeit hervor, der Saft kann zu Hautreizungen führen. Die Vermehrung erfolgt durch Rhizomteilung im Spätsommer oder Herbst sowie durch Aussaat nach der Samenreife bei 21-27 °C.

Zantedeschia aethiopica

Familie: Araceae
Blütezeit: Frühling, Sommer
Wuchsbreite: bis 60 cm
Wuchshöhe: bis 90 cm
Standort: ○
Feuchtebedürfnis: ◐
❋ ❋
✖

Einjährige

Was wäre ein Gartenjahr ohne die farbenprächtigen Sommerblumen? Egal ob im Beet, in Töpfen, Kübeln oder Balkonkästen – ohne ihre Blütenpracht fehlt einfach ein wichtiges Stück Natur, denn sie sind beliebte Futterquellen für Bienen, Hummeln und Schmetterlinge. Einjährige Sommerblumen durchlaufen dabei ihren gesamten Vegetationszyklus in einem Jahr, während zweijährige zunächst ihre Blätter bilden und erst im darauf folgenden Jahr blühen. Sie wachsen je nach Herkunft an den unterschiedlichsten Standorten, in humosen wie in leichten Böden, stauende Nässe vertragen sie fast alle nicht. In Gartenböden sind in der Regel genügend Nährstoffe vorhanden, in Gefäßen ist eine Vorratsdüngung gleich bei der Pflanzung ratsam und je nach Bedarf noch Nachdüngungen, zum Beispiel mit schnell wirkenden Flüssigdüngern. Obwohl die meisten von ihnen Sonnenkinder sind, gibt es auch Vertreter, die bevorzugt im schattigen Bereich wachsen. Die Blütezeit reicht je nach Gattung, Art und Sorte vom Frühjahr bis zum Herbst. Doch muss man nicht traurig sein, wenn sie bei den ersten Frösten absterben, denn durch ihre Samen, die sich entweder selbst verbreiten oder durch den Pflanzenbesitzer geerntet werden, bilden sie den Grundstock für die nächste Generation. Im Handel gibt es zudem ein großes Sortiment an Samentütchen oder Jungpflanzen, sodass Experimentierfreudige jedes Jahr etwas Neues ausprobieren können. Von besonders einheitlicher Qualität, sehr blühwillig und wuchskräftig sind dabei F1-Hybriden, die aus der Kreuzung reinerbiger Mutter- und Vaterpflanzen entstanden sind. Viele Sommerblumen lassen sich auch mühelos durch Stecklinge vermehren, die man im Haus unter hoher Luftfeuchtigkeit vorkultiviert.

Agapanthus praecox ssp. orientalis

Familie: Alliaceae
Blütezeit: Sommer
Wuchsbreite/-höhe: 30-60 cm × 50-120 cm
Standort: ○
Feuchtebedürfnis: ◐
❄

Schmucklilie

Agapanthus praecox ssp. orientalis

Die Schmuck- oder Doldenlilie ist mit etwa 10 Arten in Südafrika beheimatet. In unseren Gärten ist Agapanthus africanus die bekannteste. Die attraktiven, in der Regel kugelrunden Blütenstände bestehen aus 10 bis 30 röhren- oder glockenförmigen Einzelblüten, je nach Sorte in Weiß oder verschiedenen Blautönen. Die großen riemenförmigen und fleischigen Blätter bilden eine bodenbürtige Blattrosette. Schmucklilien lieben sonnige, warme Plätze. Es empfiehlt sich, sie frostfrei zu überwintern, obwohl einige Sorten mit einer dicken Mulchdecke im Freien überdauern können. Da sie aber häufiges Ausgraben und Verpflanzen nicht gut vertragen, setzt man sie besser gleich in Töpfe – auch zum Auspflanzen. Sie lieben feuchte, gut wasserdurchlässige und nährstoffreiche Böden; während der Wachs-tumszeit brauchen sie gleichmäßige Feuchtigkeit und monatliche Düngergaben. Über eine Rhizomteilung im Frühjahr erhält man rasch neue Pflanzen. Die Rhizomstücke pflanzt man nur flach ein und bedeckt sie dann leicht mit Erde.

Alcea rosea

Familie: Malvaceae
Blütezeit: Sommer
Wuchsbreite/-höhe: 60 cm × bis 200 cm
Standort: ○
Feuchtebedürfnis: ◐
❄ ❄ ❄
Bienen, Schmetterlinge

Chinesische Stockrose

Alcea rosea

Die Stockrose oder Stockmalve ist eine altbekannte Pflanze der Bauerngärten. Ihre Eltern stammen aus dem Südosten Europas und Südwestasien. Blickfang sind ihre langen, aufrechten Blütenkerzen, die sich aus einer Blattrosette am Boden heraus entwickeln. Die Blüten sind je nach Sorte einfach bis gefüllt, die Farben reichen von Weiß, Gelb, Rosa bis Rot. Da sie am Blütentrieb von unten nach oben aufblühen, ist eine lange Blühzeit garantiert. Obwohl sie botanisch gesehen eine Staude ist, wird die Stockrose meist zweijährig gezogen und jedes Jahr erneut ausgesät; entweder im Frühjahr im Haus oder ab Mai ins Freie. Die großen, filzigen Blätter werden im Frühjahr manchmal vom Rostpilz befallen. Diese sollten dann schnellstmöglich entfernt werden, neue wachsen rasch wieder nach. Der Wasser- und Nährstoffbedarf ist sehr hoch, deshalb muss regelmäßig gewässert und gedüngt werden. Damit die langen Blütentriebe nicht brechen, ist ein windgeschützter Platz ideal. Halt bieten Hauswände, Zäune oder Stäbe.

Garten-Fuchsschwanz

Amaranthus caudatus

Seine Heimat ist das tropische und subtropische Amerika, in Südeuropa ist er schon lange eingebürgert. Das deutet darauf hin, dass der Fuchsschwanz an sonnigen, warmen Plätzen am besten gedeiht. Auffällig sind seine vom oberen Stängelende herabhängenden, dunkelroten Blütenähren, die an Fuchsschwänze erinnern und sehr lange haltbar sind. Die großen Blätter sind länglich oval und stehen wechselständig an kräftigen, aufrechten Stängeln. Die Sorte 'Viridis' wird etwa 75 cm hoch und hat gelbgrüne, hängende Blütenzöpfe. Daneben gibt es auch Arten und Sorten mit aufrechten Blütenständen, *A. tricolor* besticht durch sein rotbuntes Laub. Ausgesät wird im Frühjahr, wenn keine Frostgefahr mehr besteht auch direkt ins Freiland. Der Fuchsschwanz macht sich in Beet und Kübel genauso gut wie als Schnitt- oder Trockenblume. Bei Schmetterlingen ist er sehr beliebt. Lockere, leicht erwärmbare, aber nährstoffreiche Böden fördern Wuchs und Blütenbildung.

Familie: Amaranthaceae
Blütezeit: Sommer
Wuchsbreite/-höhe: bis 70 cm × bis 150 cm
Standort: ○
Feuchtebedürfnis: ◊
❋
Lockt Schmetterlinge an!

Garten-Löwenmaul

Antirrhinum majus

In ihrer Heimat im Mittelmeerraum wachsen Löwenmäulchen als Stauden. In unseren Breiten sind sie nicht winterhart, blühen aber bis spät in den Herbst. Im Angebot sind sehr niedrige Sorten (bis 20 cm) für Beete und Balkonkästen bis sehr hohe Schnittsorten (bis 120 cm), die nicht nur an windexponierten Stellen eine Stütze brauchen. Neu sind hängende Sorten. Die Einzelblüten sitzen an aufrechten Blütenähren und blühen dort von unten nach oben auf. Drückt man sie zusammen, öffnet sich die Blüte wie ein Mäulchen. Die lebhaften Blütenfarben reichen von Weiß, Gelb, Orange bis zu den verschiedensten Rot-, Rosa- und Purpurtönen. Die Stängel sind zunächst krautig, später verholzt und dicht mit länglichen Blättern besetzt. Die Aussaat im zeitigen Frühjahr gelingt leicht, junge Pflanzen vertragen nach dem Auspflanzen sogar leichte Fröste. Für eine dauerhafte Blüte sollte Verblühtes regelmäßig entfernt werden, es kann auch direkt nach dem ersten Blütenflor ein Rückschnitt erfolgen. Obwohl sie gleichmäßig feuchte Böden mögen, vertragen sie keine Staunässe.

Antirrhinum majus

Familie: Scrophulariaceae
Blütezeit: Sommer
Wuchsbreite/-höhe: 45 cm × bis 120 cm
Standort: ○
Feuchtebedürfnis: ◊
❋

Strauchmargerite

Argyranthemum frutescens

Familie: Asteraceae
Blütezeit: Sommer
Wuchsbreite/-höhe: 70 cm × 40-100 cm
Standort: ○
Feuchtebedürfnis: ◌
✽

Die weiß blühende Wildform der Strauchmargerite ist auf den Kanarischen Inseln beheimatet. Sie wächst strauchförmig, kann aber auch als Stämmchen gezogen werden. Je nach Höhe eignet sie sich für Beete, Balkonkästen oder als Kübelpflanze. Die Blütenfarben beschränken sich mittlerweile nicht mehr allein auf Weiß, es gibt sie auch mit gelben und rosafarbenen Blüten, einfach oder gefüllt. Die schmalen, tief geschlitzten Blätter sind sehr dekorativ, doch manchmal verschwinden sie regelrecht unter der Blütenfülle. Im Frühjahr geschnittene Stecklinge bringen mühelos »Nachwuchs«. Strauchmargeriten brauchen unbedingt einen sonnigen Platz sowie gleichmäßige Feuchtigkeit ohne Staunässe. Während der Wachstumszeit sollten sie regelmäßig gedüngt werden. Verblühtes schneidet man am besten ab. Die Strauchmargerite wird bei uns meistens nur einjährig kultiviert, kann aber frostfrei gut überwintern. Im Wintergarten blüht sie sogar weiter.

Argyranthemum frutescens

Eis-Begonie

Begonia-Semperflorens-Gruppe

Die Urform stammt aus Brasilien, doch ist mittlerweile das Angebot durch zahlreiche Züchtungen stark erweitert worden. Eis-Begonien, auch »Apfelblüte« genannt, wachsen buschig, aber kompakt. Niedrige Sorten werden etwa 20 cm hoch, hohe sogar 35 cm. Die Blütenfarben finden sich im Spektrum Weiß, Lachs, Rosa oder Rot, die Blüten sind einfach oder gefüllt. Sie erscheinen unermüdlich bis spät in den Herbst hinein. Die ledrigen Blätter sind je nach Sorte hell- bis dunkelgrün oder rötlich braun. Die Aussaat erfolgt im Spätwinter, ist aber sehr langwierig. Zudem sind Eis-Begonien sehr salzempfindlich, was man beim Anzuchtsubstrat beachten sollte. Ausgepflanzt wird erst nach den Eisheiligen. Sie sind sehr robust und somit die ideale Wahl für größere Flächen oder Gräber. Wie alle Begonien sind sie sehr frostempfindlich. Bevorzugt werden halbschattige Standorte mit humosen, nährstoffreichen und nicht zu trockenen Böden. Staunässe vertragen sie. Neuere Züchtungen eignen sich sogar für sonnigere Standorte.

Familie: Begoniaceae
Blütezeit: Sommer
Wuchsbreite/-höhe: 15-30 cm × 15-30 cm
Standort: ◑
Feuchtebedürfnis: ◌
❄

Knollen-Begonie

Begonia-Tuberhybrida-Gruppe

Die Wildform der Knollen-Begonie stammt aus den Hochgebirgen Südamerikas. Das Angebot reicht von aufrecht wachsenden Sorten für Beete, Balkonkästen und Schalen oder großblumige Hänge-Begonien für Ampeln. Außer Blau und Grün gibt es fast jede Blütenfarbe, die großen Blüten sind einfach oder dicht gefüllt. Ähnlich, aber etwas zierlicher sind Elatior-Begonien mit rosenähnlichen Blüten in rot, rosa oder orange. Die asymmetrischen, spitzen Blätter sind hell- bis olivgrün. Knollen-Begonien vermehrt man am schnellsten durch das Auslegen von Knollen, die man entweder kauft oder durch Teilung großer, aus dem Boden genommener Knollen erhält. Diese legt man im zeitigen Frühjahr in humusreiches Substrat, wobei die hohle Seite mit dem ruhenden Auge nach oben zeigen muss. Dabei immer gut feucht halten und erst nach den Frösten auspflanzen. Der Standort sollte wind- und regengeschützt sein, mit humosen, nährstoffreichen Böden. Während der Blütezeit muss reichlich gewässert werden, doch Vorsicht vor Staunässe.

Familie: Begoniaceae
Blütezeit: Sommer
Wuchsbreite/-höhe: 30 cm × 15-50 cm
Standort: ◑
Feuchtebedürfnis: ◌
❄

Bellis perennis

Gänseblümchen

Bellis perennis

ℹ

Familie: Asteraceae
Blütezeit: Frühling
Wuchsbreite/-höhe: 10-20 cm × 10-20 cm
Standort: ○
Feuchtebedürfnis: ◗
❄ ❄ (Reisigabdeckung)

Das Gänseblümchen, auch Maßliebchen oder Tausendschön genannt, ist in Europa und Kleinasien beheimatet. Es wird zweijährig kultiviert, das heißt im ersten Jahr bildet sich die Blattrosette mit länglich ovalen Blättern, im Frühling darauf blüht es. Die Blütenköpfchen sind wesentlich größer als die des heimischen Gänseblümchens, sie können einen Durchmesser von 3 cm erreichen. Das Sortenspektrum ist groß, es gibt einfache, dicht gefüllte oder auch pomponartige Blüten, von Weiß über Rosa zu Rot. Ausgesät wird im Sommer. Werden die kleinen Pflanzen schon im Herbst direkt ins Freie gepflanzt werden, empfiehlt sich im Winter eine Abdeckung mit Fichtenreisig. Maßliebchen sind recht anspruchslos; sie wachsen auch noch im Halbschatten, bevorzugen jedoch nährstoffreiche Böden. Als Frühlingsblüher sind sie willkommene Farbtupfer in Beeten und auf Gräbern, in Balkonkästen und Schalen. Auch als Schnittblumen eignen sie sich gut. Sie säen sich leicht selbst aus. Will man dies verhindern, müssen die Blütenköpfchen nach der Blüte entfernt werden.

Pantoffelblume

Calceolaria integrifolia

In ihrer Heimat in Chile wächst die farbenfrohe Pantoffelblume als Halbstrauch und kann bis 120 cm hoch werden. Sie ist nicht frosthart und wird bei uns deshalb nur einjährig kultiviert. Je nach Sorte wachsen sie buschig oder eher kompakt, einige eignen sich auch hervorragend als Schnittblume. Die Einzelblüten mit ihren aufgewölbten Unterlippen sitzen in doldenartigen Rispen zusammen. Neben der ursprünglich leuchtend gelben Blütenfarbe gibt es auch Sorten mit rötlichen Farbtönen, wozu das frischgrüne Laub einen schönen Kontrast bildet. Vermehrt werden kann über Aussaat im Spätwinter oder über Stecklinge, die man am besten im Spätsommer schneidet. Ausgepflanzt werden darf aber nur ohne Spätfrostgefahr. Dann ist für ausreichende Feuchtigkeit zu sorgen, doch sollte man nie über die Blüten gießen. Wichtig für eine beständige Blüte sind mäßige, aber regelmäßige Düngergaben und das Ausputzen verwelkter Blüten und Samenstände.

Familie: Scrophulariaceae
Blütezeit: Sommer
Wuchsbreite/-höhe: 20-30 cm × 30-50 cm
Standort: ○
Feuchtebedürfnis: ◌
❆

Sommeraster

Callistephus chinensis

Die beliebte Bauerngartenpflanze stammt ursprünglich aus China und Japan, wird aber schon seit über zwei Jahrhunderten in Europa kultiviert. Sie ist durch ihren Sortenreichtum äußerst vielseitig. Es gibt niedrige Zwerg-Astern, buschige bis kompakte Beet-Astern bis hin zu aufrechten, hohen Schnittsorten. Die Blütenformen und -farben sind ebenso zahlreich, wobei rötliche und violettblaue Töne neben weißen, gelben oder auch zweifarbigen überwiegen. Die Blüten sind einfach oder gefüllt, kugelrund, sternförmig, strahlenförmig oder pomponartig und können einen Durchmesser von 15 cm erreichen. Sommerastern werden im Frühjahr ausgesät und nach den Eisheiligen ausgepflanzt. Sie lieben sonnige, warme Standorte und gleichmäßige Wassergaben, vertragen aber keine Staunässe. Diese fördert zudem die gefährliche Asternwelke. Pflanzen, die ohne erkennbaren Grund welken, sollte man sofort entfernen, aber nicht auf den Kompost werfen. Am besten pflanzt man Astern jedes Jahr an einem anderen Standort. Um den Neuaustrieb zu fördern, schneidet man Verblühtes ab.

Callistephus chinensis

Familie: Asteraceae
Blütezeit: Sommer
Wuchsbreite/-höhe: 20-45 cm × 15-120 cm
Standort: ○
Feuchtebedürfnis: ◌
❆

Färber-Distel

Carthamus tinctorius

Familie: Asteraceae
Blütezeit: Sommer
Wuchsbreite/-höhe: 30 cm × 70-100 cm
Standort: ○
Feuchtebedürfnis: ◊
❄

Die Heimat der einjährigen Färber-Distel, auch Saflor genannt, erstreckt sich von Kleinasien bis nach Vorderindien. Dort kommt sie auf freien, trockenen und sonnigen Flächen vor. Sie wächst aufrecht mit verzweigten Trieben. Die distelähnlichen Blütenköpfchen thronen auf den kräftigen, komplett beblätterten Stängeln. Je nach Sorte blühen sie gelb, orange oder weiß. Die dunkelgrünen, glänzenden Blätter mit stacheligem Rand bilden einen schönen Farbkontrast zu den bunten Blüten. In ihren Ursprungsländern wird sie als Färbepflanze für rote und gelbe Farbtöne verwendet, ihre Samen werden zur Ölgewinnung genutzt. Bei uns dient sie als ebenso schöne wie haltbare Schnitt- und Trockenblume, auch in Rabatten und Naturgärten ordnet sie sich hervorragend ein. Sie kann nach den Eisheiligen direkt ins Freiland gesät oder im Haus vorgezogen werden. Der Boden sollte nährstoffreich, wasserdurchlässig und gut gelockert sein, da sie lange Pfahlwurzeln bildet.

Federbusch-Celosie

Celosia-Plumosa-Gruppe

Heimat dieser Celosie sind die Subtropen Afrikas und Amerikas. Sie wächst aufrecht und verzweigt, neben niedrigen Beetsorten gibt es auch hohe Schnittsorten. Ihren Namen verdankt sie dem auffälligen Blütenstand, der sich federbuschartig spreizt. Die kräftigen Blütenfarben von Gelb, Orange, Rosa und Rot machen jede Sommerbepflanzung äußerst lebhaft. Besonders schön wirken sie daher in Gruppen. Ihre Verwandte, die Hahnenkamm-Celosie, besitzt einen ebenso exotischen, farbenfrohen Blütenstand, der wie der Kamm eines Hahnes aussieht. Die Pflanzen sind dicht mit lanzettlichen Blättern belaubt. Wer gleich im Mai blühende Pflanzen haben will, sät am besten schon im Februar aus. Celosien sind sehr kälteempfindlich, auch kühle, regnerische Perioden vertragen sie schlecht (Gefahr von Grauschimmel und Falschem Mehltau). Wichtig sind warme, sonnige Plätze und vor allen Dingen durchlässige, nährstoffreiche Böden. Für Trockenblumen werden die Blütenstände in voller Blüte geschnitten und kopfüber an einem kühlen, luftigen Ort aufgehängt.

Familie: Amaranthaceae
Blütezeit: Sommer
Wuchsbreite/-höhe: 20-40 cm × 20-80 cm
Standort: ○
Feuchtebedürfnis: ◌
❄

Amerikanische Flockenblume

Centaurea americana

Weltweit sind fast 500 Arten dieser Gattung bekannt, wobei *C. americana* aus den südlichen Staaten der USA stammt. Die einjährige Flockenblume ist mit unserer heimischen Kornblume (*C. cyanus*) verwandt, blüht jedoch erst etwas später mit größeren, lilarosa Röhrenblüten, wobei die äußeren – wie bei Flockenblumen typisch – länger sind und stärker abstehen. Die Blütenköpfchen stehen auf aufrechten, hohen Stängeln und werden rege von Bienen und Schmetterlingen besucht. Die Amerikanische Flockenblume eignet sich ganz besonders für naturnah gestaltete Sommerbeete und ist eine haltbare Schnittblume. Die Aussaat erfolgt im Frühjahr, entweder mit Vorkultur im Haus oder – für den, der es nicht so eilig hat – etwas später direkt ins Freiland. Der Boden sollte gut dräniert, humos und nährstoffreich sein, ansonsten sind Flockenblumen sehr anspruchslos und brauchen keine besondere Pflege.

Familie: Asteraceae
Blütezeit: Sommer
Wuchsbreite/-höhe: 20 cm × 80-100 cm
Standort: ○
Feuchtebedürfnis: ◌
❄
Bienenweide

Centaurea cyanus

Familie: Asteraceae
Blütezeit: Sommer
Wuchsbreite/-höhe: 20-25 cm × 20-90 cm
Standort: ○
Feuchtebedürfnis: ○
❄
Bienen- und Schmetterlingspflanze

Familie: Ranunculaceae
Blütezeit: Sommer
Wuchsbreite/-höhe: 20-30 cm × 40-140 cm
Standort: ○
Feuchtebedürfnis: ◑
❄

Kornblume
Centaurea cyanus

Die Heimat der Korn- oder Flockenblume reicht vom Mittelmeergebiet bis zu Nordamerika und Chile. Durch eine intensive Züchtungsarbeit sind zahlreiche Sorten entstanden, im Angebot sind niedrige Topfpflanzen genauso wie hohe Schnittsorten. Mittlerweile gibt es neben der blauen Wildform auch weiße, rosafarbene und rote Sorten, die einfach oder gefüllt sein können. Die Blütenköpfchen bestehen aus einer Vielzahl kleiner Röhrenblüten, wobei die äußeren länger sind und abstehen. Sie werden gerne von Bienen- und Schmetterlingen aufgesucht und passen neben Rabatten und Steingärten hervorragend in Wildblumenbeete. Die lanzettlichen Blätter sind auf der Unterseite wollig behaart. Die Kornblume ist anspruchslos, entwickelt sich auf sonnigen Standorten mit gut wasserdurchlässigen, kalkhaltigen Gartenböden am besten. In milden Gegenden kann die Aussaat im späten Frühjahr oder Herbst direkt ins Freiland erfolgen. Letzteres hat den Vorteil eines frühen Blühbeginns. Ansonsten empfiehlt sich eine Vorkultur ab Februar-März im Haus.

Hyazinthenblütiger Sommer-Rittersporn
Consolida ajacis

Der einjährige Sommer-Rittersporn stammt aus dem Mittelmeerraum und wächst aufrecht mit nur spärlich verzweigten Trieben. Die großen gespornten Einzelblüten sitzen dicht an langen Trauben. Je nach Sorte sind sie blau, violett, rosa, rot oder auch weiß, einfach oder gefüllt. Die Blütezeit beginnt im Frühsommer. Die farbenprächtigen Blüten heben sich schön von den dunkelgrünen, feinen Blättern ab. Der Garten-Rittersporn kann entweder im Frühjahr oder im Herbst an Ort und Stelle ausgesät werden; bei Herbstaussaat blüht er früh, braucht aber leichten Winterschutz. Die einfach blühenden Exemplare säen sich selbst aus. Samen sind als Saatmischungen erhältlich. Der Sommer-Rittersporn braucht sonnige, windgeschützte Standorte, hohe Sorten sollte man daher vor Mauern oder Zäune pflanzen. Der Boden sollte nährstoffreich, kalkhaltig und nicht zu trocken sein.

Fiederblättrige Schmuckblume

Cosmos bipinnatus

Das Schmuckkörbchen, wie die Schmuckblume auch genannt wird, ist zwischen Mexiko und Brasilien beheimatet. Es wächst sehr kräftig mit steifen, aufrechten Stängeln und verzweigt sich gut. Die zarten, anemomenähnlichen Blüten in Weiß, Rosa oder Rot sind besonders reizvoll. Sie können einen Durchmesser von 10 cm erreichen. Die Hauptblütezeit ist der Spätsommer, da Tageslängen unter 14 Stunden die Blüte fördern. Die Blätter sind sehr zierlich, fast nadelförmig und unterstreichen die Zartheit der Pflanze noch. Kosmeen lassen sich einfach an Ort und Stelle aussäen, für eine zeitige Blüte kann im Haus vorkultiviert werden. Achtung: Junge Pflanzen werden gerne von Schnecken befallen. Generell bevorzugen sie einen leichten, sandigen Boden und können auch im Halbschatten stehen. Um die Blütenbildung anzuregen, sollte Verblühtes ständig herausgeschnitten werden. Schnittblumen schneidet man am besten, wenn sich die Blütenblätter gerade öffnen.

Familie: Asteraceae
Blütezeit: Sommer
Wuchsbreite/-höhe: 45 cm × 60-120 cm
Standort: ○
Feuchtebedürfnis: ◊
❄

Nelke

Dianthus

Für die Sommerbepflanzung empfehlen sich: Garten- oder Edel-Nelken *(D. caryo-phyllus)*, wozu auch Sortengruppen wie Land-, Hänge- und Chabaud-Nelken gehören, und Chineser-Nelken *(D. chinensis)*. Während die erste Art in Südeuropa heimisch ist, stammt die zweite aus China. Garten-Nelken blühen in vielen Farben, die Blüten sind meist gefüllt und duften. Sie eignen sich für Beete, Balkonkästen und zum Schnitt. Chineser-Nelken blühen vorwiegend im Rosa-Rot-Spektrum. Beide Arten haben graugrüne bis bläuliche, schmale Blätter. Die Aussaat erfolgt im zeitigen Frühjahr unter Glas, ausgepflanzt wird ab Mitte Mai. Hänge-Nelken können auch durch Kopfstecklinge im Herbst vermehrt werden. Beide Arten lieben sonnige, warme Plätze und nährstoffreiche, kalkhaltige Böden. Sie vertragen keine andauernde Nässe, denn dann werden sie leicht von Pilzkrankheiten befallen. Eine Nachblüte wird gefördert, indem man Verblühtes regelmäßig entfernt; Chineser-Nelken können nach dem ersten Flor kräftig zurückgeschnitten werden. Die meisten Sorten sind frostempfindlich.

Familie: Caryophyllaceae
Blütezeit: Sommer
Wuchsbreite/-höhe: 15-20 cm × 15-80 cm
Standort: ○
Feuchtebedürfnis: ◌
❄ – ❄❄❄
❀

Bart-Nelke

Dianthus barbatus

Familie: Caryophyllaceae
Blütezeit: Sommer
Wuchsbreite/-höhe: 30 cm × 20-60 cm
Standort: ○
Feuchtebedürfnis: ◌

❋ ❋ ❋
❀

Bart-Nelken stammen aus Südeuropa, sind aber schon lange in unseren Gärten zu finden. Sie sind typische Pflanzen der Bauerngärten und werden in der Regel zweijährig gezogen. Es gibt auch moderne einjährige Sorten, die schon im Jahr der Aussaat blühen. Sie sind sehr vielseitig, niedrige Sorten eignen sich hervorragend für Beete und Rabatten, hohe sind haltbare Schnittblumen. Die einfachen oder gefüllten Einzelblüten sitzen dicht an endständigen Dolden und duften herrlich. Sie blühen in Weiß, Rosa, Rot, Purpur oder auch zweifarbig über dunkelgrünen Blättern. Einjährige Sorten werden im zeitigen Frühjahr ausgesät, damit sie im Hochsommer blühen, zweijährige etwas später. Letztere sollten im Winter mit Fichtenreisig abgedeckt werden. Bart-Nelken brauchen nährstoffreiche, kalkhaltige Böden, sollten aber nur mäßig gegossen werden. Staunässe vertragen sie nicht. Der beste Zeitpunkt für den Schnitt ist gekommen, wenn einige Blüten des Blütenstandes geöffnet sind.

Diascia

Elfensporn

Diascia

Familie: Scrophulariaceae
Blütezeit: Sommer
Wuchsbreite: 20 bis 50 cm
Wuchshöhe: 20 bis 30 cm
Standort: ○
Feuchtebedürfnis: ◌

❋

Der zierliche Elfensporn hat erst in den letzten Jahren den Weg aus seiner Heimat Südafrika in unsere Gärten gefunden. Die verbreitetsten Arten sind *D. barberae* und *D. vigilis*. Die Pflanze wächst polsterartig, wobei die feinen Triebe leicht überhängen. Das macht sie ideal zur Bepflanzung von Balkonkästen und Ampeln. Die je nach Art und Sorte zartrosa, lachsfarbenen oder sogar roten Blüten scheinen über den dunkelgrünen, glänzenden Blättern zu schweben. Sie sitzen dicht in Rispen und sind sehr wetterfest. Man kann sie im Frühjahr aussäen oder auch Stecklinge von ihr schneiden, ausgepflanzt wird nach den Eisheiligen. Sie wachsen am besten auf vollsonnigen Standorten mit gleichmäßig feuchtem Substrat, extreme Schwankungen von Trockenheit und Staunässe vertragen sie nicht. Der Nährstoffbedarf ist eher gering. Durch einen Rückschnitt der Samenstände blüht sie erneut durch. Pflanztipp: Nicht mit stark wachsenden Partnern kombinieren.

Roter Fingerhut

Digitalis purpurea

Digitalis purpurea

Der zweijährige Rote Fingerhut ist in West- und Mitteleuropa und Nordafrika heimisch. In freier Natur ist er meist am Waldrand oder auf Lichtungen zu finden. Im ersten Jahr bildet sich eine Rosette mit großen, länglichen, filzigen Blättern, aus der im zweiten Jahr die imposanten Blütenkerzen emporstreben. Die großen glockenförmigen Einzelblüten besitzen einen gefleckten Schlund und hängen in dichten Trauben. Meist sind sie zur Lichtseite ausgerichtet und außerdem bei Hummeln sehr beliebt. Im Handel sind Farbmischungen mit weißen, rosa und roten Blütenfarben. Bester Zeitpunkt für die Aussaat sind Mai und Juni, man kann auch warten, bis reife Samen ausfallen. Schneidet man verwelkte Blütenstände zurück, blüht er ein weiteres Mal bis in den Spätsommer. Der Rote Fingerhut passt in naturnahe Pflanzungen und vor immergrüne Gehölzgruppen wie Nadelgehölze, Rhododendron oder Azaleen, da er als Waldbewohner den Halbschatten bevorzugt. Ein leicht saurer Humusboden ist ideal. Alle Pflanzenteile sind giftig!

Familie: Scrophulariaceae
Blütezeit: Sommer
Wuchsbreite/-höhe: 60 cm × 60-140 cm
Standort: ◑
Feuchtebedürfnis: ◊
❋ ❋
✖

Großblütiger Fingerhut

Digitalis grandiflora

Der Großblütige Fingerhut ist ein naher Verwandter des Roten Fingerhutes. Beheimatet ist er in Ost- und Mitteleuropa, in Südrussland und Kleinasien. Meist findet man ihn in Bergwäldern, in der Regel am Waldrand oder auf Lichtungen. Die Wildform steht unter Naturschutz. Mit seinen hohen Blütenkerzen gehört er zu den imposantesten Waldpflanzen; im Gegensatz zum Roten Fingerhut sind seine Blüten hellgelb und innen braun geadert. Sie hängen in dichten Trauben einseitig über. Die großen, länglichen Blätter sind weich behaart. Er wächst ausdauernd, wird aber in der Regel zweijährig kultiviert, weil er dann am schönsten blüht. Er sät sich leicht selbst aus, man kann aber auch fertige Jungpflanzen kaufen (im Staudenbereich zu finden). Im Gegensatz zum Roten Fingerhut bevorzugt er kalkhaltige, humose Böden mit guter Wasserführung. Staunässe verträgt er nicht. Im Garten lässt er sich hervorragend zwischen und vor Gehölze pflanzen und liebt warme, halbschattige Plätze vor Mauern. Vorsicht: Alle Pflanzenteile sind giftig!

Familie: Scrophulariaceae
Blütezeit: Sommer
Wuchsbreite/-höhe: 50 cm × 60-120 cm
Standort: ◑
Feuchtebedürfnis: ◊
❋ ❋ – ❋ ❋ ❋
✖

Kapkörbchen

Dimorphotheca pluvialis

Heimat der Kapkörbchen ist Südafrika. Dort wachsen sie mehrjährig, bei uns werden sie aufgrund des kühleren Klimas nur einjährig gezogen. Sie wachsen aufrecht und buschig. Die großen, margeritenähnlichen Blüten öffnen sich nur bei Sonnenschein, nachts und bei schlechtem Wetter schließen sie sich. Die Ursprungsform ist weiß mit einem violettem Auge, mittlerweile gibt es sie auch in violetten Farbtönen oder mit bizarren, löffelförmigen Blüten. Die Art *D. sinuata* zeichnet sich durch leuchtende Blütenfarben in Weiß, Orange, Apricot und Gelb aus. Die Blätter sind bei beiden länglich und schmal. Ausgesät wird im Frühjahr im Haus, ausgepflanzt erst nach den Eisheiligen. Kapkörbchen sind pflegeleicht, vertragen aber zuviel Feuchtigkeit schlecht. Im Gegenteil, sie tolerieren sogar längere Trockenzeiten und sollten nur leicht feucht gehalten und ab und zu gedüngt werden. Verwelkte Blumen schneidet man regelmäßig ab, um die Blütenbildung anzuregen.

Dimorphotheca pluvialis

Familie: *Asteraceae*
Blütezeit: *Sommer*
Wuchsbreite/-höhe: *15-30 cm × 20-50 cm*
Standort: ○
Feuchtebedürfnis: ◐
❄

Goldlack

Erysimum cheiri

Familie: *Brassicaceae*
Blütezeit: *Frühling*
Wuchsbreite/-höhe: *30-40 cm × 20-70 cm*
Standort: ○
Feuchtebedürfnis: ◐
❄ ❄
✖

Der Goldlack ist häufig noch unter seiner früheren Bezeichnung *Cheiranthus cheiri* bekannt. Beheimatet ist der Halbstrauch in Südeuropa, wo er wild wächst. Bei uns wird er zweijährig kultiviert. Die steif aufrechten Stängel sind dicht mit länglichen, schmalen Blättern versehen. Die samtigen, duftenden Blüten sitzen in dichten Trauben am Ende der Triebe. Sie sind einfach oder gefüllt und die warmen Farben in Rot-, Orange-, Braun- und Gelbtönen sind willkommene Farbgeber in Frühlingsbeeten. Die Aussaat erfolgt entweder im Frühjahr im Haus oder im Sommer ins Freiland. Auszupflanzen empfiehlt sich erst, wenn keine Frostgefahr mehr besteht. Überwintern Pflanzen im Freien, sollten sie mit Fichtenreisig abgedeckt werden. Aufgrund seiner Blütezeit lässt er sich sehr gut mit Zwiebelblumen oder anderen zweijährigen Frühlingsblühern kombinieren. Hohe Sorten sind hübsche Schnittblumen. Die beste Schnittreife ist bei voller Blüte. Goldlack will nährstoffreiche, lehmige Böden, mag aber keine Staunässe. Vorsicht: Die Samen enthalten giftige Glykoside.

Kalifornischer Kappenmohn

Eschscholzia californica

Dieser einjährige, aus Kalifornien stammende Mohn ist auch als Schlafmützchen oder Goldmohn bekannt. Er wächst buschig und polsterartig. Die großen, schalenförmigen Blüten glänzen wie Seide und öffnen sich nur bei Sonne. Sie sind einfach bis gefüllt und es gibt eine Reihe leuchtender Farben. Das Spektrum reicht von Gelb, Orange, verschiedenen Rot- und Rosatönen bis hin zu Cremeweiß. Die Blüten wirken sehr zart, ebenso wie die fein gefiederten, silbergrünen Blätter. Man sät den Kappenmohn am besten im Frühjahr direkt ins Freie aus, da er wegen seiner langen Pfahlwurzeln schlecht verpflanzt werden kann. Der Flor kann durch Folgesaaten verlängert werden. Außerdem sät er sich auch leicht selbst aus. Beachtet man einige wichtige Faktoren, ist der Goldmohn völlig pflegeleicht. Er liebt vollsonnige, warme Standorte mit leichten, sandigen Böden. Man sollte ihn nur leicht feucht halten, regelmäßige Düngergaben braucht er nicht.

Eschscholzia californica

Familie: Papaveraceae
Blütezeit: Sommer
Wuchsbreite/-höhe: 15 cm × 30-50 cm
Standort: ○
Feuchtebedürfnis: ◌
❄

Gazanie

Gazania

Gazanien, auch Mittagsgold genannt, stammen ursprünglich aus Südafrika. Im Handel befinden sich zahlreiche, kompakt wachsende Kreuzungen. Die Blütenstiele wachsen aus einer Blattrosette heraus, wobei jeder Stiel eine große, gerberaähnliche Blüte trägt. Es gibt sie in zahlreichen Farbschattierungen, vorherrschend sind Gelb-, Orange- und Rottöne mit einem dunklen Ring um die Mitte. Gazanien lieben vollsonnige, warme Standorte, die Blüten bleiben an trüben, regnerischen Tagen sogar geschlossen. Die Blätter sind länglich und schmal, je nach Sorte grün oder silbrig weiß. Gazanien werden über Samen vermehrt, die im Frühjahr ausgesät werden. Die Jungpflanzen sollten erst ins Freie kommen, wenn keine Frostgefahr mehr besteht. Im Spätsommer können auch Grünstecklinge geschnitten werden. Bei trockener Witterung blühen sie besonders gut, deshalb sparsam gießen und Staunässe vermeiden. Wichtig sind regelmäßige Düngergaben. Verblühtes ständig entfernen, um eine erneute Knospenbildung anzuregen.

Familie: Asteraceae
Blütezeit: Sommer
Wuchsbreite/-höhe: 25 cm × 15-30 cm
Standort: ○
Feuchtebedürfnis: ◌
❄

Sommer-Schleierkraut

Gypsophila elegans

Familie: Caryophyllaceae
Blütezeit: Sommer
Wuchsbreite/-höhe: 30 cm × 35-100 cm
Standort: ○
Feuchtebedürfnis: ◌

❋ – ❋❋
❀

Beheimatet ist das einjährige Schleierkraut in Kleinasien und im Kaukasus. Es bildet lockere Büsche aus dünnen, stark verzweigten Trieben. Die zahlreichen zarten Blütensternchen in Weiß oder Rosa erinnern an Nelken und sitzen in dichten Rispen. Sie bedecken die lanzettlichen, graugrünen Blätter fast völlig. Der beste Aussaattermin ist das Frühjahr, entweder wird im Haus vorkultiviert oder etwas später direkt an Ort und Stelle ausgesät. Um den ganzen Sommer über blühendes Schleierkraut zu haben, sät man in Folgesätzen im Abstand von 14 Tagen aus. Schleierkraut liebt Sonne und Wärme und benötigt nährstoffarme, kalkhaltige, lockere Böden. Beim Gießen und Düngen sollte man zurückhaltend sein, bei Staunässe kümmern die Pflanzen rasch oder faulen. Mit seiner zarten, lockeren Struktur passt es hervorragend in bunte Sommerbeete und -rabatten und ist nicht nur wegen seines Duftes beliebtes Beiwerk für Sträuße. Als Unterpflanzung ist Schleierkraut ein hübscher Rosenbegleiter.

Sonnenblume

Helianthus annuus

Familie: Asteraceae
Blütezeit: Sommer
Wuchsbreite/-höhe: 60 cm × bis 300 cm
Standort: ○
Feuchtebedürfnis: ◑

❋

Die Sonnenblume stammt aus dem westlichen Teil der USA. Schon die Indianer nutzten sie als Futtermittel. Neben den einstieligen, hohen Sorten gibt es auch niedrige, buschig verzweigte Sorten für Balkonkästen und Kübel, die wesentlich standfester sind und keine Stütze brauchen. Im Innern der Blütenköpfe, die einen Durchmesser von 30 cm erreichen können, sitzen kleine, unscheinbare Röhrenblüten, die nach der Bestäubung die Sonnenblumenkerne liefern und dann gerne von Vögeln genascht werden. Außen befinden sich zungenförmige, unfruchtbare Blütenblätter in gelben, roten, braunen und weißen Farben. Je nach Sorte blühen sie einfach oder gefüllt. Im Frühjahr und Frühsommer kann etwa 2 cm tief und im ausreichenden Abstand (etwa 50 cm) direkt ins Freiland gesät werden. Man kann auch auf der Fensterbank vorkultivieren. Der Nährstoff- und Wasserbedarf ist hoch, die Pflanzen vertragen aber keine Staunässe. Schnittblumen sind besonders haltbar, wenn man 2 cm des Stieles für 30 Sekunden in kochendes Wasser taucht.

Helianthus annuus

Garten-Strohblume

Helichrysum bracteatum

Das sonnige und warme Australien ist die Heimat der Strohblume. Dort wächst sie ausdauernd, während sie bei uns einjährig kultiviert wird. Hohe Sorten wachsen aufrecht mit straffen Stielen, auf denen die Blüten sitzen, während niedrige Sorten sich eher buschig verzweigen. Neue, überhängende Sorten sind ideal für Ampel und Balkonkasten. Es gibt einfache oder gefüllte Sorten, die Farbvielfalt ist groß und reicht von Gelb, Orange, Rosa, Rot, Violett bis Weiß. Durch die papierartigen Blütenblätter sind sie hervorragend an große Hitze angepasst. Im zeitigen Frühjar können sie im Haus ausgesät werden, später auch direkt an Ort und Stelle. Sie vertragen Regenwetter nur sehr schlecht. Der Boden sollte gut wasserdurchlässig sein und schnell wieder abtrocknen können. Gedüngt werden sollte nur mäßig, Verblühtes aber regelmäßig abgeschnitten werden. Strohblumen schneidet man am besten im knospigen Zustand und hängt sie locker gebündelt und kopfüber an einem luftigen, schattigen Platz auf.

Familie: Asteraceae
Blütezeit: Sommer
Wuchsbreite/-höhe: 30 cm × 30-110 cm
Standort: ○
Feuchtebedürfnis: ◌
❄

Vanilleblume

Heliotropium arborescens

Familie: Boraginaceae
Blütezeit: Sommer
Wuchsbreite/-höhe: 30-45 cm × 30-60 cm
Standort: ○
Feuchtebedürfnis: ◌
❄
❀

Bienenweide

In ihrer Heimat Peru wächst Heliotrop, wie die Pflanze auch genannt wird, als Halbstrauch. Sie wächst zunächst aufrecht, hängt später leicht über und kann als Strauch oder Stämmchen gezogen werden. Die großen, je nach Sorte tiefblauen bis rötlich violetten Doldentrauben blühen unermüdlich, sind aber sehr regenempfindlich. Sie duften herrlich und ziehen Bienen und Schmetterlinge wie von Zauberhand an. Die intensiven Blütenfarben sind sehr kontrastreich zu den länglichen, olivgrünen Blättern. Vermehrt werden kann über Stecklinge im Frühjahr oder Sommer. Ausgesät wird ab Januar. Die Jungpflanzen sollten mehrmals entspitzt werden, damit sie sich gut verzweigen und nicht vor den Eisheiligen ausgepflanzt werden. Die Pflanzen müssen regelmäßig gedüngt werden, damit sie reichlich blühen. Das Gießen ist heikel, sie dürfen weder austrocknen noch zu nass stehen. Trockenschäden zeigen sich in braunen Blattflecken. Verblühtes wird regelmäßig abgeschnitten. Helle Überwinterung bei 12 bis 15 °C ist möglich.

Springkraut

Impatiens

Impatiens Neu Guinea

Familie: Balsaminaceae
Blütezeit: Sommer
Wuchsbreite/-höhe: 30 cm × 15-40 cm
Standort: ◐
Feuchtebedürfnis: ◌
❄

Beliebte Vertreter dieser Gattung sind das Fleißige Lieschen (I. walleriana) und das Edel-Lieschen (I.-Neu-Guinea-Gruppe). Ersteres stammt aus den Gebirgen Ostafrikas, das Edel-Lieschen ist aus Kreuzungen zweier Arten aus Neu-Guinea entstanden. Es hat deutlich größere Blüten als das Fleißige Lieschen, schmalere Blätter und wächst straff aufrecht. Die Blätter sind dekorativ, je nach Sorte hell- bis dunkelgrün, rötlich oder gelb gezeichnet. Das Fleißige Lieschen wächst mit seinen fleischigen Trieben kompakter und blüht, wie der Name schon sagt, überreich. Die Blütenfarben dominieren im Bereich Rot, Rosa und Violett, es gibt aber auch orangefarbene, weiße oder mehrfarbige Sorten. Vermehrt werden können sie im Frühjahr über Stecklinge oder Aussaat, sollten aber nur ohne Frostgefahr ausgepflanzt werden. Beide müssen ausreichend feucht gehalten werden, besonders wenn sie an sonnigen Plätzen stehen, und dürfen nicht austrocknen. Während der Wachstumszeit empfehlen sich regelmäßige, aber niedrig dosierte Düngergaben.

Hasenschwanzgras

Lagurus ovatus

Das Hasenschwanzgras oder Sammetgras stammt aus dem Mittelmeerraum und den Kanarischen Inseln. Es wächst straff aufrecht in dichten Büscheln, die niedrigen Sorten auch polsterartig. Die Stiele tragen Ähren, die von wollig weißen Haaren umgeben sind und wie Hasenschwänze aussehen. Die Blätter sind schmal und weich. Man kann es ein- und auch zweijährig ziehen. Sät man es im Frühjahr direkt ins Freiland oder in kleine Töpfe, blüht es im Hochsommer. Wird im Spätsommer ausgesät und überwintern die Pflänzchen frostfrei, erfolgt die Blüte schon im späten Frühjahr. Das Süßgras ist sehr anspruchslos, auf trockenen, sonnigen Standorten fühlt es sich besonders wohl. Deshalb eignet es sich auch hervorragend für Steingärten, passt aber auch gut in bunte Sommerbeete. Kleine Gruppen wirken besonders dekorativ. Die Blütenstände sind frisch geschnitten oder getrocknet hübsches Beiwerk für Sträuße. Will man die Ähren trocknen, schneidet man sie am besten, bevor sie voll aufgeblüht sind.

Familie: Poaceae
Blütezeit: Sommer
Wuchsbreite/-höhe: 30 cm × 20-50 cm
Standort: ○
Feuchtebedürfnis: ◊
✿
✿ ✿ *(zweijährige)*

Busch-Malve

Lavatera cachemiriana

Diese Malven-Art ist in Indien (Kaschmir) beheimatet. Dort wächst sie ausdauernd, in kühleren Klimaten wird sie häufig einjährig gezogen. Sie wird sehr hoch und buschig. Zusammen mit ihren im Sommer erscheinenden Blütentrauben, die aus großen, trichterförmigen, seidig glänzenden rosa Blüten bestehen, ist sie eine imposante Erscheinung. Die großen Blätter sind rundlich bis herzförmig und fingerförmig drei- bis fünffach gelappt. Vermehrt wird sie am besten über Samen. Entweder wird im zeitigen Frühjahr im Haus ausgesät oder etwas später direkt an Ort und Stelle. Die Pflanzen müssen dann vereinzelt werden. Regelmäßig verjüngte Bestände blühen am schönsten. Ideal sind mäßig nährstoffreiche, leichte und gut wasserdurchlässige Böden in voller Sonne. Bei starker Feuchtigkeit sind sie anfällig für Rost- und Welkekrankheiten (Brennflecken). Der Standort sollte deshalb jährlich gewechselt werden. Geeignet sind warme Hauswände, wo sie in milderen Gebieten überwintern können. Verwelkte Triebe regelmäßig entfernen.

Familie: Malvaceae
Blütezeit: Sommer
Wuchsbreite/-höhe: 120 cm × 250 cm
Standort: ○
Feuchtebedürfnis: ◊
✿ ✿
Bienenweide
Anfällig für: Rost- und
Welkekrankheiten (Brennflecken)

Becher-Malve

Lavatera trimestris

Familie: Malvaceae
Blütezeit: Sommer
Wuchsbreite/-höhe: 45 cm × 50-120 cm
Standort: ○
Feuchtebedürfnis: ◊
❄
Bienenweide

Der Mittelmeerraum ist die ursprüngliche Heimat der Becher-Malve, die auch als Busch-Malve oder Strauchpappel bekannt ist. Mit ihrer hohen, buschigen Gestalt und dem Blütenreichtum bis in den Herbst hinein ist sie ein wahrer Blickfang im Garten. Die zarten, trichterförmigen Blüten sitzen an langen Stielen und sind je nach Sorte rosa, rötlich oder weiß, teilweise sogar dunkel geadert. Sie werden gern von Bienen aufgesucht. Auch die herzförmigen und flaumig behaarten Blätter sind sehr dekorativ. Vermehrt werden Becher-Malven über Samen. Entweder wird im zeitigen Frühjahr im Haus ausgesät oder etwas später direkt an Ort und Stelle. Die Pflanzen müssen dann noch vereinzelt werden. Der Boden sollte nicht zu nährstoffreich und feucht sein, die Pflanzen vertragen keine Staunässe. Sie sind dann besonders anfällig für Rost- und Welkekrankheiten (Brennflecken). Der Standort sollte deshalb jährlich gewechselt werden. Bei Trockenheit brauchen sie jedoch zusätzliche Wassergaben. Verwelkte Triebe werden regelmäßig entfernt.

Statice

Limonium sinuatum

Familie: Plumbaginaceae
Blütezeit: Sommer
Wuchsbreite/-höhe: 30 cm × 50-80 cm
Standort: ○
Feuchtebedürfnis: ◊
❄
Lockt Schmetterlinge an!

Statice wächst im Mittelmeerraum in Meernähe, worauf auch die Bezeichnungen »Meerlavendel« oder »Strandflieder« hinweisen. Das Bleiwurzgewächs ist von krautartiger, buschiger Gestalt und wächst bei uns nur einjährig. Die Blütenstände sind mehrfach verzweigt und tragen eine Unmenge kleiner Einzelblüten, die Schmetterlinge in großer Zahl anlocken. Die Farbvielfalt ist groß, sie reicht von Weiß, Rosa, Rot, über Gelb- bis Orangetönen zu Blau und Violett. Die Blütentriebe entwickeln sich aus einer bodennahen Blattrosette mit langen, gelappten und fein behaarten Blättern. Statice blüht im Hochsommer, wenn man sie im Frühjahr im Warmen vorkultiviert und nach den letzten Frösten auspflanzt. Eine Direktaussaat ist auch möglich, verzögert aber den Blühbeginn. Die pflegeleichten Pflanzen lieben trockene, leichte, eher kalkhaltige Böden und sind salzverträglich. Die Ernte von Trockenblumen erfolgt in voller Blüte. Die Blütenstände werden kopfunter an trockenen, schattigen Orten aufgehängt.

Lobelia erinus und bacopa

Blaue Lobelie

Lobelia erinus

Die Blaue Lobelie, auch gut als »Männertreu« bekannt, stammt aus Südafrika, wo sie als Staude wächst. In unseren Breiten wird sie aufgrund ihrer Frostempfindlichkeit nur einjährig gezogen. Sie wächst polsterartig, in Gefäßen leicht überhängend und eignet sich als Einfassungspflanze genauso wie für Balkonkästen und Ampeln. Die Blütezeit erstreckt sich bis in den Herbst hinein, wobei die zahlreichen kleinen Blüten, je nach Sorte in verschiedenen Blautönen, Rot, Rosa oder Weiß, das Laub fast völlig überdecken. Der beste Aussaattermin ist das zeitige Frühjahr, ausgepflanzt wird nach den Eisheiligen. Beet- und Rabattenpflanzen können auch im späten Frühjahr direkt an Ort und Stelle gesät werden. Daneben sind auch moderne, stecklingsvermehrte Sorten wie 'Richardii' im Handel. Lobelien wachsen auch im Halbschatten noch gut. Sie brauchen gleichmäßige Feuchtigkeit, vertragen weder Staunässe noch Trockenheit. Der Nährstoffbedarf ist eher gering. Nach der Blüte schneidet man samenvermehrte Sorten kräftig zurück, dann blühen sie ein weiteres Mal.

Familie: Campanulaceae
Blütezeit: Sommer
Wuchsbreite/-höhe: 10-15 cm × 10-30 cm
Standort: ○
Feuchtebedürfnis: ◑
❄

Strand-Silberkraut

Lobularia maritima

Familie: Brassicaceae
Blütezeit: Sommer
Wuchsbreite/-höhe: 20-30 cm × 10-30 cm
Standort: ○
Feuchtebedürfnis: ⬦
❄
❀

Bienenweide

Südeuropa und der Mittelmeerraum sind Heimat des Strand-Silberkrautes. Es ist reich verzweigt und wächst auf dem Boden polsterartig, in Gefäßen leicht überhängend. Seine kleinen, süßlich duftenden Blüten haben ihm den Namen »Duftsteinrich« verliehen. Der traubenartige Blütenstand ist mit zahlreichen vierblättrigen Blüten besetzt, die weiß, rosa bis violett sein können und Bienen geradezu magisch anziehen. Die schmalen, gräulichen Blätter sind beinahe »unsichtbar«. Im zeitigen Frühjahr kann mit der Aussaat begonnen werden, ausgepflanzt wird, wenn keine Frostgefahr mehr besteht. Einige Wochen später kann auch direkt ins Freie gesät werden. Der Wasser- und Nährstoffbedarf dieser anspruchslosen Pflanze ist gering. Sie wächst am besten an sonnigen, trockenen Standorten mit kalkhaltigen Böden, deshalb ist sie auch gut für Steingärten oder auch für Gräber geeignet. Schneidet man sie nach der Blüte kräftig zurück und düngt sie daraufhin kräftig, blüht sie ein zweites Mal. Die Blütezeit erstreckt sich dann vom Frühsommer bis zum späten Herbst.

Garten-Levkoje

Matthiola incana

Familie: Brassicaceae
Blütezeit: Sommer
Wuchsbreite/-höhe: 40 cm × 30-90 cm
Standort: ○
Feuchtebedürfnis: ⬦
❄ ❄
❀

Anfällig für: Kohlhernie

Als typische Bauerngartenpflanzen werden Levkojen schon seit dem 16. Jahrhundert kultiviert. Sie stammen ursprünglich aus Südeuropa, wo sie als Halbsträucher wachsen, während sie bei uns ein- oder zweijährig gezogen werden. Im Handel sind buschig wachsende Sorten für Beete, Rabatten und Schalen sowie hohe Schnitt-Levkojen. Die stark duftenden Einzelblüten sind einfach oder gefüllt und stehen in endständigen Trauben. Die Farben reichen von Weiß, Gelb, Rosa, Rot bis zu Blau. Die länglichen, graugrünen Blätter sind meist filzig behaart. Beetsorten werden im Frühjahr ausgesät, Schnittsorten schon ab dem Winter, wenn sie im Frühjahr blühen sollen. Ausgepflanzt wird ab Mitte Mai. Die Pflanzen verlangen sonnige und warme Plätze mit einem nährstoffreichen, kalkhaltigen Boden, denn ein hoher pH-Wert beugt einem Befall mit Kohlhernie vor. Düngt man zuviel, werden die Stiele zwar lang, aber weich.

Muschelblume

Moluccella laevis

Die Muschelblume, auch als Trichtermelisse oder »Glocken von Irland« bekannt, kommt wild in Westasien vor. Blickfang sind ihre kuriosen Blütenstände. Hierbei sind trichterförmige, grüne Kelche in Quirlen um den aufrechten Stängel angeordnet. Die eigentlichen weißen Lippenblüten in den Kelchen, die botanisch gesehen Hochblätter sind, fallen kaum auf. Die Aussaat verlangt etwas Geduld, da die Samen auch bei optimalen Temperaturen um 18 °C nicht gleichmäßig keimen. Als hilfreich erweist sich oft, die Samen bei 4 bis 8 °C vorzuquellen. Wer früh damit beginnen will, sät im zeitigen Frühjahr in Saatkisten aus, im späten Frühjahr kann man dies direkt an Ort und Stelle tun. Wichtig für eine gute Entwicklung sind nährstoffreiche, lockere Böden, viel Sonnenschein und Wärme. Muschelblumen sind beliebte Schnitt- und Trockenblumen und eignen sich hervorragend für bunte, sommerliche Beete. Am wirkungsvollsten sind sie, wenn man sie in Gruppen pflanzt.

Moluccella laevis

Familie: Lamiaceae
Blütezeit: Sommer
Wuchsbreite/-höhe: 25 cm × 60-100 cm
Standort: ○
Feuchtebedürfnis: ◌ , ❄

Vergissmeinnicht

Myosotis sylvatica

Dieser Frühlingsblüher kommt wild in Europa und Asien, im tropischen Afrika bis Australien vor. Aus der Urform des Wald-Vergissmeinnicht sind inzwischen zahlreiche Sorten hervorgegangen, die zwar buschig, aber wesentlich kompakter wachsen und überreich blühen. Die länglichen, behaarten Blätter werden von einer Fülle blauer, rosafarbener oder weißer Einzelblütchen bedeckt. Man kann die Pflanzen im Frühjahr aussäen (dabei immer gut feucht halten) und im Spätsommer oder darauf folgenden Frühjahr an Ort und Stelle auspflanzen. Leichter ist es, im Frühjahr direkt Jungpflanzen zu kaufen. Vergissmeinnicht blühen bei kühlen Temperaturen am schönsten, überstehen längere Frostperioden aber meist nur mit einem guten Winterschutz. Sie wachsen sowohl an sonnigen als auch an halbschattigen Standorten und bevorzugen nährstoffreiche, lehmige Böden, die gut gelockert sein sollten. Sie lassen sich sehr gut mit Zwiebelblumen oder anderen zweijährigen Frühjahrsblühern kombinieren oder hübsch in kleine Blumensträuße einarbeiten.

Myosotis sylvatica

Familie: Boraginaceae
Blütezeit: Frühling
Wuchsbreite/-höhe: 15 cm × 10-30 cm
Standort: ◐
Feuchtebedürfnis: ◌
❄ ❄ – ❄ ❄ ❄

Flügel-Tabak

Nicotiana alata

Familie: Solanaceae
Blütezeit: Sommer
Wuchsbreite/-höhe: 30 cm × 40-150 cm
Standort: ○
Feuchtebedürfnis: ◊
❄
❀

zieht Schmetterlinge an

Heimat des Flügel-Tabaks sind das südliche Brasilien und der Norden Argentiniens, wo er ausdauernd wächst. Der Wuchs ist je nach Sorte kräftig buschig oder eher kompakt, allen gemeinsam ist die reiche Blüte bis in den Herbst hinein. Die nickenden, bis 10 cm langen Röhrenblüten stehen in lockeren Rispen. Sie öffnen sich bei den meisten Sorten nachts und duften dann sehr stark. Bei den neueren Sorten sind sie häufig den ganzen Tag geöffnet und locken viele Schmetterlinge an. Die ursprünglich grünlich gelben Blüten sind ergänzt worden durch Sorten mit tief karminroten, rosafarbenen oder weißen Blüten. Die Blätter sind spatel- bis eiförmig und bis 25 cm lang. Ausgesät wird im Frühjahr, nach den Eisheiligen wird ausgepflanzt. Wegen der großen Blattmasse und der üppigen Blüte müssen die Pflanzen während der Wachstumszeit ausreichend gewässert und gedüngt werden. Wenn es warm genug ist, wachsen sie auch im Halbschatten gut. Besonders bei hohen Sorten ist ein windgeschützter Standort angebracht.

Nicotiana

Familie: Solanaceae
Blütezeit: Sommer
Wuchsbreite/-höhe: 30-40 cm × 25-60 cm
Standort: ○
Feuchtebedürfnis: ◊
❄
❀

Zier-Tabak

Nicotiana × sanderae

Die Elternpflanzen dieses einjährigen Zier-Tabaks, *Nicotiana alata* und *N. forgetiana*, stammen aus Südamerika. Die Pflanze wächst kräftig aufrecht und blüht bis zum Herbst mit röhrenförmigen, fünfzipfeligen Blüten, die in endständigen Rispen sitzen. Sie sind rot, rosa, gelblich oder weiß, duften intensiv und sind beliebter »Landeplatz« von Schmetterlingen. Die länglichen bis eiförmigen Blätter werden je nach Sorte 25 cm lang und sind ebenfalls sehr dekorativ. Die Aussaat braucht etwas Geduld, denn die Keimzeit dauert zwei bis drei Wochen und es empfiehlt sich, zweimal zu pikieren. Bester Termin ist das zeitige Frühjahr, die Pflänzchen dürfen erst nach den Eisheiligen ins Freiland. Einfacher ist der Kauf von vorkultivierten Jungpflanzen. Zier-Tabak liebt sonnige, warme Standorte, bei ausreichend hohen Temperaturen verträgt er auch Halbschatten. Der Wasser- und Nährstoffbedarf ist hoch, deshalb sind humose, lehmige, aber gleichzeitig wasserdurchlässige Böden ideal. Hohe Sorten sollten windgeschützt stehen.

Gretel im Busch

Nigella damascena

Diese einjährige, krautige Pflanze kommt wild vom Mittelmeerraum bis Kleinasien vor. Sie wächst aufrecht verzweigt und ihre zarten, endständigen Blüten ähneln der Kornblume. Sie sind von einem Kranz feiner Hochblätter umgeben und blühen weiß, rosa, blau oder purpurfarben. Die feinen, dreifach zerteilten Blätter unterstreichen die zarte Erscheinung noch. Sehr dekorativ wirkt auch der kugelförmige Fruchtstand, der aus 5 bis 10 Balgkapseln besteht und wie aufgeblasen wirkt. Blüte und Fruchtstand verdankt diese Pflanze so fantasievolle Namen wie »Jungfer im Grünen«, »Braut in Haaren« oder »Schwarzkümmel«. Sie kann im Frühjahr direkt an Ort und Stelle ausgesät werden, der Boden sollte aber frostfrei sein. Durch eine Folgeaussaat alle vier Wochen verlängert sich die Blütezeit. Die Pflanze sät sich auch leicht selbst aus, sofern man einige Fruchtstände reifen lässt. Die Samenstände lassen sich gut trocknen, sollten aber geerntet werden, solange sie noch geschlossen sind. Bei Sonne und ausreichend feuchtem Boden ist *Nigella* pflegeleicht.

Familie: Ranunculaceae
Blütezeit: Sommer
Wuchsbreite/-höhe: 20 -25 cm × 30-50 cm
Standort: ○
Feuchtebedürfnis: ◐ – ◐
❄ ❄

Papaver rhoeas

Mohn

Papaver

Familie: Papaveraceae
Blütezeit: Sommer
Wuchsbreite/-höhe: 15-30 cm × 40-60 cm
Standort: ○
Feuchtebedürfnis: ◊
❄ ❄

Island-Mohn *(P. nudicaule)* ist in der Arktis und Subarktis heimisch. Dort wächst er ausdauernd, während er bei uns nur ein- oder zweijährig kultiviert wird. Er bildet zunächst eine buschige Blattrosette mit gefiederten, blaugrünen Blättern, aus der sich die unbeblätterten Blütenstängel entwickeln. Die zarten, schalenförmigen Blüten können einen Durchmesser von 10 cm erreichen. Sie leuchten in Pastellfarben bis in den Herbst hinein, je nach Sorte in Rosa, Rot, Orange, Gelb oder Weiß. Der einjährige, bis 80 cm hohe Klatsch- oder Seiden-Mohn *(P. rhoeas)*, der in Europa und Asien natürlich vorkommt, blüht mit seidigen, hauchdünnen Blüten für einige Wochen im Hochsommer. Vorherrschend sind Rosa- oder Rottöne, die Blüten sind einfach oder gefüllt. Beide kann man im späten Frühjahr direkt an Ort und Stelle aussäen, dann blühen sie noch im gleichen Jahr. Sie säen sich auch leicht selbst aus. Mohn passt gut in Stein- und Naturgärten, getrocknete Samenkapseln eignen sich für Trockensträuße. Beide brauchen viel Sonne, bei längerer Trockenheit zusätzliche Wassergaben.

106

Hänge-Pelargonie

Pelargonium peltatum

Pelargonien stammen ursprünglich aus Südafrika. Aus botanischer Sicht ist diese Bezeichnung korrekt, im Volksmund ist es aber häufig bei der »Geranie« geblieben. Hänge- oder Efeu-Pelargonien wachsen stark verzweigt mit niederliegenden Trieben. Es gibt sie mittlerweile in den verschiedensten Rot- oder Rosatönen, in Violett oder Weiß, mit einfachen bis gefüllten Blüten. Die glatten, gelappten Blätter ähneln denen des Efeus. Sie glänzen stark und bilden einen hübschen Kontrast zu den Blütendolden. Üblich ist die Stecklingsvermehrung im Spätsommer oder Frühjahr. Aussaat ist bei einigen Sorten möglich, aber langwieriger. Pelargonien lieben sonnige und warme, vor Regen geschützte Plätze. Sie vertragen zwar Trockenzeiten, vom Frühjahr bis zum Sommerende sollten sie jedoch gleichmäßig gewässert und gedüngt werden. »Nasse Füße« nehmen sie übel. Verwelkte Blütenstände und altes Laub entfernt man am besten regelmäßig. Pelargonien können im hellen, frostfreien Raum überwintern.

Familie: Geraniaceae
Blütezeit: Sommer
Wuchshöhe: hängend bis 150 cm
Standort: ○
Feuchtebedürfnis: ⬦
❄

Aufrechte Pelargonie

Pelargonium zonale

Zonal-Pelargonien, wie aufrecht wachsende »Geranien« dank ihrer Blattzeichnung auch genannt werden, stammen aus Südafrika. Sie wachsen von Natur aus buschig, doch kann man sie leicht als Stämmchen oder Pyramide ziehen. Die Sortenvielfalt ist immens; das Spektrum reicht von Rot- oder Rosatönen, Lachs bis Weiß, die Blüten sind einfach bis gefüllt. Die Blätter sind mit mehr oder weniger dunklen Zonen gezeichnet, bei Blattschmuck-Pelargonien sind sie mehrfarbig. Duft-Pelargonien verbreiten einen herrlichen Duft, zum Beispiel nach Zitrone, Rosen oder Minze. Üblich ist die Stecklingsvermehrung im Spätsommer oder Frühjahr. Aussaat ist möglich, aber langwierig. Pelargonien lieben sonnige, warme, vor Regen geschützte Plätze. Sie vertragen zwar Trockenzeiten, vom Frühjahr bis zum Sommerende sollten sie jedoch gleichmäßig gewässert und gedüngt werden. »Nasse Füße« nehmen sie übel. Verwelkte Blütenstände regel-mäßig entfernen. Pelargonien können im hellen, frostfreien Raum überwintern.

Pelargonium zonale

Familie: Geraniaceae
Blütezeit: Sommer
Wuchsbreite/-höhe: 20-30 cm × 30-50 cm
Standort: ○
Feuchtebedürfnis: ⬦
❄
✿ *(Duftpelargonie)*

Petunia 'Million Bells'

Hänge-Petunie
Petunia

ℹ

Familie: Solanaceae
Blütezeit: Sommer
Wuchshöhe: hängend bis 150 cm
Standort: ○
Feuchtebedürfnis: ◊
❄

Hänge-Petunien stammen ursprünglich aus japanischer Züchtungsarbeit. Häufig kennt man sie als »Surfinia-Petunien«, doch inzwischen gibt es zahlreiche neue Sorten auch deutscher Züchter. Mit ihren meterlangen, dicht beblätterten Trieben sind Hänge-Petunien farbenreiche Blickfänge in Balkonkästen und Ampeln, aber auch als Bodendecker eignen sie sich gut. Die zahlreichen trichterförmigen Blüten erscheinen je nach Sorte in knalligen und zarten Farben, von Purpur über Himmelblau, Rosa bis Weiß und zeigen sich dabei erstaunlich wetterfest. Sehr reichblütig mit deutlich kleineren Blüten sind *Calibrachoa*-Sorten ('Million Bells'). Vermehrt werden sie in der Regel über Stecklinge. Mutterpflanzen können hell, bei etwa 10 °C überwintern. Der Wasser- und Nährstoffbedarf ist aufgrund der Blatt- und Blütenmasse sehr hoch. Gießen Sie deshalb regelmäßig und düngen Sie trotz einer Grunddüngung wöchentlich mit eisenhaltigem Flüssigdünger nach. Sonst zeigen sich schnell gelbe Blätter.

108

Petunie

Petunia

In Argentinien und Brasilien kommen die Urformen unserer Garten-Petunien wild vor. Die zahlreichen Sorten sind hauptsächlich aus Kreuzungen zwischen *P. axillaris* und *P. integrifolia* hervorgegangen. Sie wachsen aufrecht (15 bis 40 cm hoch) oder überhängend (Triebe bis 80 cm lang) und werden wegen ihrer Frostempfindlichkeit einjährig gezogen. Die achselständigen, trichterförmigen Blüten gibt es in nahezu allen Farben, auch gesternt, mit dunklen Adern oder andersfarbigen Rändern, einfach oder gefüllt. Unter der Blütenfülle sind die leicht behaarten, klebrigen Blätter manchmal kaum zu sehen. Neben den großblütigen Sorten erfreuen sich in letzter Zeit kleinblumige Mini-Petunien ('Milliflora'-Petunien) großer Beliebtheit. Petunien werden im zeitigen Frühjahr im Warmen ausgesät, vereinzelt und ab Mitte Mai ohne Frostgefahr ausgepflanzt. Sie wachsen an sonnigen und halbschattigen Plätzen und müssen während des Sommers reichlich gegossen und gedüngt werden. Verblühtes sollte regelmäßig entfernt werden.

Familie: Solanaceae
Blütezeit: Sommer
Wuchsbreite/-höhe: 30-80 cm × 15-40 cm
Standort: ○
Feuchtebedürfnis: ◊
❄

Kissen-Primel

Primula vulgaris

Primeln sind in ganz Europa heimisch. Sie lieben es kühl und können gut im Freien überwintern, vorgetriebene Pflanzen sind jedoch etwas frostempfindlich. Sie wachsen kissenartig, und schon im Spätwinter erscheinen die farbintensiven Blüten, die zu mehreren in Dolden sitzen. Bei der Hohen Schlüsselblume oder Stängel-Primel *(P. elatior)* sitzen die Blüten auf stämmigen, bis 20 cm hohen Stielen. Im Sortiment gibt es nahezu alle Blütenfarben, auch mehrfarbige Sorten. Beide Arten bilden bodennahe Blattrosetten mit länglichen, abgerundeten, kräftig grünen Blättern, die bei Kissen-Primeln dazu noch duften. Sie können durch Teilung der Horste vermehrt werden, üblich ist aber die Aussaat – je nach Blühtermin vom Frühjahr bis Frühsommer unter Glas. Um Blüten anzusetzen, brauchen sie im Herbst eine Kühlphase. Sie sind sehr salzempfindlich, deshalb ist die Vermehrung nicht ganz einfach. Primeln wachsen auch in der Sonne, brauchen besonders dann einen gleichmäßig feuchten, aber lockeren Boden.

Primula vulgaris

Familie: Primulaceae
Blütezeit: Frühling
Wuchsbreite/-höhe: 25 cm × 10-30 cm
Standort: ◐
Feuchtebedürfnis: ◊
❄ ❄ ❄
✿

Wunderbaum

Ricinus communis

Familie: Euphorbiaceae
Blütezeit: Sommer
Wuchsbreite/-höhe: 150 cm × 200-300 cm
(einjährig)
Standort: ○
Feuchtebedürfnis: ◊
❄
✖

Der exotisch anmutende Wunderbaum oder Palma Christi wächst in seiner Heimat, dem tropischen Afrika und Indien, strauch- bis baumartig (Höhe bis 8 m). Wegen seiner geringen Frosthärte wird er bei uns nur einjährig gezogen, kann aber in einer Saison schon drei Meter erreichen. Neben seiner imposanten Statur beeindrucken die großen, handförmigen Blätter, die dunkelgrün, dunkel braunrot oder rötlich geadert sein können und an roten Stielen sitzen. Die Blüten erscheinen ab Hochsommer an endständigen Blütenrispen und sind eher unscheinbar – die männlichen gelblich, die weiblichen rötlich. Später entwickeln sich daraus die leuchtend roten Früchte, die mit ihren weichen Stacheln wie kleine Kastanien aussehen. Ausgesät wird im Frühjahr bei 18 bis 20 °C, ab Mitte Mai wird ausgepflanzt. Sonnige, warme Standorte sind ein Muss. Im Sommer muss zudem viel gegossen und gedüngt werden, für eine gute Dränage ist zu sorgen. Alle Pflanzenteile, auch die bunten Samen, sind sehr giftig. Verblühte Blütenstände daher ausbrechen.

Rauer Sonnenhut

Rudbeckia hirta

Familie: Asteraceae
Blütezeit: Sommer
Wuchsbreite/-höhe: 45 cm × 30-100 cm
Standort: ○
Feuchtebedürfnis: ◊
❄
Bienenweide

Die Wildform und viele Züchtungen des Rauen Sonnenhutes kommen aus Nordamerika, den USA. Eigentlich wächst er zweijährig, wird in der Regel aber nur einjährig kultiviert und ist mit seinen warmen Blütenfarben ein Blickfang in jeder Sommerbepflanzung. Sein Wuchs ist aufrecht verzweigt, im Angebot sind hohe Sorten genauso wie niedrige, kompakte Topfsorten. Das Blütenzentrum ist braun, die Randblüten sind je nach Sorte orange, gelb, rot, bräunlich oder auch zweifarbig, einfach oder gefüllt. Die Blütenköpfe können einen Durchmesser von 15 cm erreichen. Die Stängel und länglichen Blätter sind flaumig behaart. Ausgesät wird entweder im zeitigen Frühjahr im Haus oder ab Mitte Mai direkt ins Freie. Der Sonnenhut ist sehr pflegeleicht, braucht aber für eine gute Entwicklung ausreichend Wasser und Nährstoffe. Er kann auch noch im leichten Schatten stehen. Entfernt man verwelkte Blüten, lässt sich die Blüte bis zum Frost ausdehnen. Schnittblumen schneidet man am besten in voller Blüte.

Rudbeckia hirta

Samt-Skabiose

Scabiosa atropurpurea

Südeuropa und der Mittelmeerraum bilden die Ursprungsgebiete der Samt- oder Purpur-Skabiose. Die einjährig kultivierte Pflanze wächst reich verzweigt, mit krautigen, behaarten Stängeln. Die gefüllten und duftenden Blüten sitzen endständig in rundlich geformten Trugdolden. Sie sind bei Bienen und Schmetterlingen äußerst beliebt. Das Farbspiel der Blüten reicht von den unterschiedlichsten Rot- und Rosaschattierungen über Blau und Violett bis zu Weiß. Die fiederteiligen Blätter sitzen gegenständig und sind leicht behaart. Pflanzen, die im Frühjahr bei etwa 18 °C im Haus ausgesät werden, blühen zeitiger als solche, die im späten Frühjahr direkt an Ort und Stelle gesät werden. Das Saatgut ist meist in Farbmischungen erhältlich. Am besten gedeihen Skabiosen an sonnigen, warmen Plätzen. Der Boden sollte nährstoffreich, kalkhaltig und gut dräniert sein. Schneidet man sie regelmäßig für die Vase, sorgt man auch dafür, dass sie bis tief in den Herbst hinein blühen. In Gruppen gepflanzt sind sie besonders wirkungsvoll.

Familie: Dipsacaceae
Blütezeit: Sommer
Wuchsbreite/-höhe: 25 cm × 70-100 cm
Standort: ○
Feuchtebedürfnis: ◊

Bienenweide und Schmetterlinge

Stern-Skabiose

Scabiosa stellata

Familie: Dipsacaceae
Blütezeit: Sommer
Wuchsbreite/-höhe: 25 cm × 40-60 cm
Standort: ○
Feuchtebedürfnis: ○
❈
❀
Bienenweide und Schmetterlinge

Die Stern-Skabiose kommt wild in Südeuropa (Iberische Halbinsel, Italien, Frankreich) und Nordwest-Afrika vor. Die einjährige Pflanze wächst aufrecht verzweigt mit drahtigen Stängeln. Die blassblauen, fast weißen Blüten sitzen in kugeligen Köpfchen, die etwa 3 cm breit sind und sehr zierlich wirken. Auffälliger sind die nachfolgenden Samenstände, die dicht aus becherförmigen, grünen oder braunen Tragblättern zusammengesetzt sind. Die länglich ovalen, fiederspaltigen Blätter sind bis 18 cm lang und leicht behaart. Pflanzen, die im Frühjahr bei etwa 18 °C im Haus ausgesät werden, blühen zeitiger als solche, die im späten Frühjahr direkt an Ort und Stelle gesät werden. Am besten gedeihen Skabiosen an sonnigen, warmen Plätzen. Der Boden sollte nährstoffreich, kalkhaltig und gut dräniert sein. Die Fruchtstände sind getrocknet beliebtes Beiwerk für dauerhafte Sträuße. Samenstände schneidet man am besten, solange sie noch grün sind.

Greiskraut

Senecio cineraria

Senecio

Familie: Asteraceae
Blütezeit: Sommer (2. Standjahr)
Wuchsbreite/-höhe: 30 cm × 15-30 (60) cm
Standort: ○
Feuchtebedürfnis: ○
❈ – ❈ ❈

Das Greis- oder Kreuzkraut, im Volksmund auch Silberblatt oder Aschenblume genannt, stammt aus dem Mittelmeerraum. Im Handel ist es manchmal noch als *S. bicolor* oder *Cineraria maritima* bekannt. Die niedrige, buschig verzweigte Pflanze wächst wegen ihrer Frostempfindlichkeit bei uns meist nur einjährig. Mit ihren weißgrau behaarten, je nach Sorte gefiederten, gebuchteten oder gewellten Blättern ist sie eine der bekanntesten Strukturpflanzen in spätsommerlichen und herbstlichen Pflanzungen überhaupt. Die gelben Körbchenblüten, die im zweiten Standjahr erscheinen, sind dabei eher nebensächlich. Die im Frühjahr ausgesäten Pflanzen dürfen erst nach den Eisheiligen ins Freie. Greiskraut ist sehr robust, daher wird es auch gern auf Gräbern angepflanzt. Es darf nur nicht zu nass stehen, ansonsten vergrünt das Laub, denn die weiße Behaarung diente ursprünglich als Schutz vor Hitze und Trockenheit. Der Boden sollte nährstoff-, aber nicht zu stickstoffreich sein. Eine Überwinterung ist nur mit Schutz vor starken Frösten möglich.

Bunt-Nessel

Solenostemon scutallerioides

Urformen der Bunt-Nessel, die auch als *Coleus blumei* bekannt ist, finden sich im tropischen Afrika und Asien. Dort wächst sie als Halbstrauch im feuchten Schatten unter Bäumen. Blickfang sind die exotisch gezeichneten, nesselähnlichen Blätter in zahlreichen Farben und Formen, meist mehrfarbig und bunt gemustert, mit gesägten, gewellten oder glatten Blatträndern. Die Rispen mit weißlichen Lippenblüten sind eher unscheinbar. Als Zimmerpflanze ist sie mehrjährig, im Freien wächst sie nur einjährig. Krautige Kopfstecklinge, im Frühjahr oder Herbst geschnitten, bewurzeln sehr leicht. Eine Aussaat am Winterende bei etwa 20 °C ist auch möglich. Die Pflanzen gedeihen noch im Schatten gut, doch färben sich die Blätter an halbschattigen Plätzen am schönsten aus. Sie brauchen gleichmäßige Feuchtigkeit, vertragen aber keine Staunässe. Am besten wird mit kalkfreiem Wasser oder Regenwasser gegossen und regelmäßig gedüngt. Werden die Blütenansätze ständig ausgekniffen, wachsen die Pflanzen schön buschig.

Solenostemon scutallerioides

Familie: Lamiaceae
Blütezeit: Sommer
Wuchsbreite/-höhe: 20-60 cm × 20-60 cm
Standort: ◐
Feuchtebedürfnis: ◊ – ◊
❄

Hohe Studentenblume

Tagetes erecta

Die Vorfahren dieser kräftig aufrecht wachsenden Art sind in Mittelamerika, in Mexiko, beheimatet. In Kultur gibt es Zwergsorten (um 20 cm), mittelhohe (bis 50 cm) und sehr hohe Sorten (bis 100 cm hoch). Die großen, einfachen oder dicht gefüllten Blütenköpfe sitzen endständig und meist einzeln an den Trieben. Sie blühen in leuchtenden Gelb- und Orangetönen, aber auch cremeweiß. Die kräftig grünen, gefiederten Blätter wirken eher zierlich. Die Pflanzen werden im Frühjahr im Haus oder Frühbeetkasten ausgesät und erst ausgepflanzt, wenn keine Frostgefahr mehr besteht. Sät man später direkt an Ort und Stelle, verzögert sich der Blühbeginn. Sie verströmen einen starken, nicht unbedingt angenehmen Geruch und werden zur biologischen Nematoden-Bekämpfung in gefährdete Pflanzenbestände gesetzt. Sie wachsen auch im Halbschatten gut, brauchen einen nährstoffreichen, gleichmäßig feuchten Boden. Wen der Geruch nicht stört, kann Tagetes auch für die Vase schneiden.

Familie: Asteraceae
Blütezeit: Sommer
Wuchsbreite/-höhe: 20-40 cm × 20-100 cm
Standort: ○
Feuchtebedürfnis: ◊
❄

113

Niedrige Studentenblume

Tagetes patula

Familie: Asteraceae
Blütezeit: Sommer
Wuchsbreite/-höhe: 30-40 cm × 20-60 cm
Standort: ○
Feuchtebedürfnis: ◊
❄

Diese Art stammt ebenfalls aus Mittelamerika. Sie ist wesentlich niedriger und buschiger als ihre große Verwandte, nur hohe Schnittsorten erreichen eine Höhe von 60 cm. Die Blütenköpfchen sind einfach oder gefüllt und zeigen alle Farbschattierungen und Kombinationen von Gelb, Orange, Rotbraun und Dunkelbraun. Die kräftig grünen Blätter sind fiedrig geteilt. Der Vorliebe zu kleinblumigen Wildformen entspricht die zierliche, polsterartig wachsende *T. tenuifolia*. Sie bildet zwar kleinere Blüten, dafür aber in übermäßiger Zahl, je nach Sorte in Gelb, Orange oder bräunlichen Tönen. Darüber hinaus lockt sie Bienen und Schmetterlinge an. Das Laub ist noch feiner gefiedert als bei den bereits beschriebenen Arten. Die Kultur- und Aussaatbedingungen entsprechen denen der hohen Studenten- oder Sammetblume *(T. erecta)*. Die niedrigen Arten und Sorten eignen sich für Beete und Rabatten genauso wie für Balkonkästen und andere Gefäße sowie als Dauerblüher zur Grabbepflanzung.

Schwarzäugige Susanne

Thunbergia alata

Familie: Acanthaceae
Blütezeit: Sommer
Wuchshöhe: 150 bis 200 cm (einjährig)
Standort: ○
Feuchtebedürfnis: ◊ – ◗
❄

Diese wärme- und sonneliebende Kletterpflanze ist ursprünglich in Südostafrika zu Hause. In tropischen Klimaten ist sie mehrjährig, in frostgefährdeten Gebieten dagegen einjährig. Sie wächst recht langsam, die behaarten Triebe werden in einem Sommer durchschnittlich 150 cm lang. Die orangefarbenen, gelben oder weißen Blüten haben eine andersfarbige, meist dunkle Mitte (»schwarzäugig«) und stehen einzeln in den Blattachseln. Sie erscheinen unermüdlich bis in den Herbst hinein. Die herzförmigen bis dreieckigen Blätter sind ebenfalls sehr dekorativ. Für eine Blüte ab Ende Mai wird etwa drei Monate vorher mit der Aussaat begonnen. Um kräftige, buschige Jungpflanzen zu bekommen, pikiert man mehrere Sämlinge in einen Topf und entspitzt diese zunächst. Die Pflanzen brauchen unbedingt eine Kletterhilfe und dürfen erst nach Mitte Mai ins Freie, möglichst an einen windstillen Platz. Der Wasser- und Nährstoffbedarf ist hoch, besonders bei warmer Witterung muss reichlich gegossen werden. Staunässe verträgt sie nicht.

Garten-Verbene

Verbena

Die Elternpflanzen vieler Verbenen-Sorten sind in Südamerika beheimatet. Die Mehrzahl der farbenfrohen, reich blühenden Pflanzen wächst buschig aufrecht, einige auch überhängend. Die Einzelblüten sitzen in großen, endständigen Trugdolden, die Farbpalette reicht von Rosa, Rot, Blau, Violett und Weiß bis zu Lachsrosa, die meisten sind mit einem weißen Auge versehen. Die dunkelgrünen, länglich ovalen Blätter mit den gezackten Blatträndern sind ebenfalls sehr hübsch. Die Blütezeit der in der Regel einjährig kultivierten Sorten reicht bis in den Herbst. Verbenen kann man im zeitigen Frühjahr aussäen und bis zu den Eisheiligen im Haus vorkultivieren. Von einigen Sorten lassen sich im Frühjahr von überwinterten Pflanzen gut Stecklinge schneiden. Sonnige und warme Böden, die nährstoffreich und gut dräniert sind, unterstützen eine gute Entwicklung. Hybriden lieben einen eher trockenen Standort, teilweise ausdauernde Arten wie *V. canadensis, V. rigida* oder *V. tenera* freuen sich über regelmäßige Wassergaben.

Familie: Verbenaceae
Blütezeit: Sommer
Wuchsbreite/-höhe: 30-50 cm × 30-50 cm
Standort: ○
Feuchtebedürfnis: ⬤ – ⬤
❄ – ❄❄

Hänge-Verbene

Verbena

Die Urformen der Hänge-Verbenen stammen aus dem südamerikanischen Raum, das Sortiment ist durch intensive Züchtungsarbeit in den letzten Jahren stark erweitert worden. Neue Sorten wie 'Tapien' oder 'Temari' bilden bis zu 100 cm lange, überhängende Triebe. Mit ihrem kräftigen, stark verzweigten Wuchs sind sie ideal für Ampeln, Balkonkästen oder auch als Bodendecker im Sommerbeet. Die Blütenköpfchen sitzen an kurzen Seitentrieben, sodass die Pflanzen über und über mit Blüten bedeckt sind. Sie blühen in Rosa- und Pinktönen, Dunkel- bis Violettblau oder Rot, wobei sie sich als sehr wetterfest erweisen. Die kräftig grünen Blätter sind je nach Sortengruppe feingliedrig oder länglich mit gezackten Blatträndern. Die modernen Sorten werden über Stecklinge vermehrt. Der Wasser- und Nährstoffbedarf ist sehr hoch, und damit die Pflanzen ununterbrochen blühen, müssen sie regelmäßig gegossen und gedüngt werden. Austrocknen nehmen sie übel. Gleichzeitig sollte man welke Blütenstände entfernen.

Familie: Verbenaceae
Blütezeit: Sommer
Wuchsbreite/-höhe: 30-50 cm × bis 100 cm
Standort: ○
Feuchtebedürfnis: ⬤ – ⬤
❄

Horn-Veilchen

Viola cornuta

Familie: Violaceae
Blütezeit: Frühling und Herbst
Wuchsbreite/-höhe: 20-40 cm × 10-15 cm
Standort: ◗
Feuchtebedürfnis: ◌ – ◗
❄ ❄
✿

Die beliebten Mini-Stiefmütterchen sind durch Kreuzungen aus *V. tricolor* und *V. x wittrockiana* entstanden, deren Wildformen in Mitteleuropa heimisch sind. Die kleinen Stauden werden in der Regel ein- oder zweijährig kultiviert, einige Sorten sind gut frosthart. Sie wachsen sehr kompakt, wenn sie länger stehen auch ausladend, einige sogar überhängend. Die Blüten sind mit bis 5 cm Durchmesser wesentlich kleiner als die des Garten-Stiefmütterchens, erscheinen aber überreich vom Frühjahr bis zum Herbst. Die Farbvielfalt ist immens, Grundfarben sind Weiß, Gelb, Hellbau und Violett, sie können mehrfarbig und bunt gezeichnet sein. Die eiförmigen Blätter sind am Rand gesägt. Herbstblüher werden im Juni–Juli, zum Beispiel in den Frühbeetkasten oder gleich an Ort und Stelle, ausgesät; Frühjahrsblüher etwa im Januar im Haus, am besten gleich in kleine Töpfe. Horn-Veilchen gedeihen in der Sonne wie im Halbschatten und wachsen lieber im Kühlen als im warmen Zimmer. Der Boden sollte nährstoffreich, ausreichend feucht und gut durchlässig sein.

Viola cornuta

Garten-Stiefmütterchen

Viola × wittrockiana

In Europa und im Mittelmeerraum liegen die Ursprungsgebiete der heutigen Stiefmütterchen. Sie sind in den letzten Jahrzehnten züchterisch stark bearbeitet worden, so dass es ein beinahe unüberschaubares Sortenangebot gibt. Die kompakt wachsenden Pflanzen werden zweijährig gezogen. Die großen Einzelblüten sind aus fünf überlappenden Blütenblättern zusammengesetzt und Züchter überraschen immer wieder mit neuen Farbspielen, obwohl es schon fast jede erdenkliche Farbnuance und -kombination gibt. Die dunkelgrünen, lederartigen Blätter sind länglich oval. Im Herbst blühende Pflanzen werden im Juni-Juli ausgesät, entweder in Gefäße oder an Ort und Stelle, die Keimtemperatur sollte um 15 °C liegen. Winter-Aussaaten im Haus ergeben zwei bis drei Monate später blühende Pflanzen. Überwintern Pflanzen im Freien, empfiehlt sich eine Abdeckung mit Fichtenreisig. Sie wachsen in der Sonne wie im Halbschatten und brauchen für eine gute Entwicklung feuchte, nährstoffreiche Böden ohne Staunässe.

Viola x wittrockiana

Familie: Violaceae
Blütezeit: Frühling und Herbst
Wuchsbreite/ -höhe: bis 30 × 30 cm
Standort: ◑
Feuchtebedürfnis: ◌ – ◐
❄ ❄

Zinnie

Zinnia elegans

In Mexiko findet man die kunterbunten, einjährigen Zinnien in freier Natur. Die zahlreichen, aufrecht wachsenden Sorten gibt es in verschiedenen Größen, niedrige Topf- und Beetsorten genauso wie hohe Schnitt-Zinnien. Die Blüten leuchten in warmen Farben, außer Blau ist alles dabei. Es gibt einfache und gefüllte Blüten, dahlien-, kaktus- und pomponförmige, groß- und kleinblumige Sorten. Sie sind sehr wärmebedürftig und frostempfindlich. Die rauen Blätter sind herzförmig bis oval und etwa 6 cm lang. *Z. angustifolia* erweitert das Angebot durch kleinblütige, einfache Sorten mit Wildblumencharakter. Vorherrschend sind rote, orangefarbene und violette Töne, teilweise sind sie auch zweifarbig. Da Zinnien sehr wärmebedürftig sind, ist eine Aussaat im Frühling im Haus bei etwa 15 °C anzuraten. Sie gedeihen bestens an sonnigen Standorten mit nährstoffreichen, gut dränierten Böden. Während der Wachstumszeit brauchen sie ab und zu eine Düngergabe. In nasskalten Sommern blühen sie weniger üppig.

Zinnia elegans

Familie: Asteraceae
Blütezeit: Sommer
Wuchsbreite/-höhe: 30 cm × 30-90 cm
Standort: ○
Feuchtebedürfnis: ◌
❄

Stauden

Gegenüberliegende Seite:
Gartenbeet mit Stauden im Garten ›Ton ter Linden‹

Margerite, Nelke oder Rittersporn sind beliebte Stauden, ebenso das Pampasgras, der Wurmfarn und die Seerose – so unterschiedlich sie aussehen mögen. Zu den Stauden zählt man alle mehrjährigen krautigen Pflanzen. Es gehören auch die Farne, Gräser, Sumpf- und Wasserpflanzen sowie einige Kletterpflanzen dazu, sofern ihre Triebe nicht verholzen. Die Zwiebel- und Knollengewächse nehmen in diesem Buch ein eigenes Kapitel ein.

Die oberirdischen Triebe der Stauden sterben im Herbst ab, ihre Wurzelstöcke überdauern den Winter im Boden. Mit Hilfe so genannter Erneuerungsknospen treiben die Stauden im Frühling wieder aus. Diese erstaunliche Leistung fasziniert besonders: Maiglöckchen, Pfingstrosen und Herbst-Astern betonen den Wechsel der Jahreszeiten. Sie blühen kaum länger als zwei bis drei Wochen, doch durch geschicktes Kombinieren entsteht eine fast das gesamte Jahr andauernde Blühfolge. Im Unterschied zu den Sommerblumen leben Stauden länger und brauchen nicht jedes Jahr neu gepflanzt werden, im Unterschied zu den Sträuchern erreichen sie schon wesentlich früher ihren ausgewachsenen Zustand. Allerdings müssen einige nach drei bis vier Jahren verjüngt werden, damit ihre Wüchsigkeit und Blühfreudigkeit erhalten bleibt.

Stauden stellen sehr unterschiedliche Ansprüche an den Boden, die Licht- und Temperaturverhältnisse. Sie stammen aus aller Herren Länder und werden meist schon seit Jahrhunderten angepflanzt, vermehrt und für Züchtungen verwendet. Viele Wildarten zählen heute gemäß dem Washingtoner Artenschutzabkommen zu den geschützten Pflanzen und dürfen nicht in der Natur gesammelt werden. Je mehr der Platz im Garten den Bedingungen ihres natürlichen Standortes entspricht, desto wohler werden sie sich fühlen. Wozu also eine Waldpflanze in einem sonnigen Beet durch Gießen mühsam am Leben erhalten, wenn sonnenhungrige mediterrane Gewächse Trockenheit sehr gut vertragen? Es gibt für jeden Platz im Garten geeignete Stauden – auf die gezielte Auswahl kommt es an.

Stacheliger Bärenklau

Acanthus spinosus

Familie: Acanthaceae
Blütezeit: Sommer
Wuchsbreite: 60 cm
Wuchshöhe: 1,20 m
Standort: ○
Feuchtebedürfnis: ◊

❋ ❋ ❋

Der stachelige Bärenklau wächst im Mittelmeerraum wild, er liebt daher die Sonne und benötigt einen durchlässigen Boden, Staunässe verträgt er nicht. An einem geschützten Platz bildet er rasch große Horste. Hohe ährenförmige Blütenstände mit weißen Blüten, die von dornigen Hochblättern umhüllt werden, verleihen dieser Staude eine aparte Erscheinung. Ihre glänzenden, dunkelgrünen Blätter sind fiederteilig und stachelig gezähnt. Im Altertum verwendete man Akanthus-Ornamente zur Verzierung von Gebäuden, stilisierte Blätter bilden das korinthische Säulenkapitell. Die Blütenähren können auch nach unten hängend getrocknet werden. Zur Vermehrung teilt man die Staude im Frühling, größere Stückzahlen erhält man durch Aussaat. Im Spätherbst können Wurzelschnittlinge abgenommen werden. Ein Nachteil soll hier nicht unerwähnt bleiben: Für einen Familiengarten ist die stachelige Staude weniger geeignet.

Gold-Garbe

Achillea filipendulina

Familie: Asteraceae
Blütezeit: Sommer
Wuchsbreite: bis zu 60 cm (je nach Sorte)
Wuchshöhe: bis zu 1,20 m (je nach Sorte)
Standort: ○
Feuchtebedürfnis: ◖

❋ ❋ ❋

Die Gold-Garbe zählt schon seit langer Zeit zu den beliebtesten Stauden. Ein großes Sortiment von Züchtungen belegt dies eindrucksvoll – die Wildart stammt ursprünglich aus Europa und Kleinasien. Besonders hoch hinaus wächst die Sorte 'Golden Plate', sie erreicht bis zu 1,20 m, 'Altgold' bleibt dagegen mit bis zu 60 cm wesentlich niedriger. Der Wuchs der Gold-Garbe ist aufrecht. Ihre länglichen, graugrünen Blätter sind fein gefiedert und behaart. Im Sommer öffnen sich winzige, sonnengelbe Blüten in breiten, flachen Schirmrispen an drahtigen Stängeln. Diese würzig duftenden Blütenstände sind lange haltbar und können frisch oder getrocknet für Sträuße verwendet werden. Die Gold-Garbe liebt die Sonne und warme Böden, die Feuchtigkeit speichern, ohne Staunässe entstehen zu lassen. Durch Teilung kann sie leicht im Frühling oder Herbst vermehrt werden. Damit sie wüchsig und blühfreudig bleibt, sollte die Staude ohnehin regelmäßig verjüngt werden. Zur Kombination eignen sich besonders gut Gräser oder blau blühende Stauden wie Salbei (*Salvia*) oder Blauweiderich (*Pseudolysimachion*).

Achillea filipendulina

Gewöhnliche Schafgarbe

Achillea millefolium

Sonnige Gärten erfordern häufiges Gießen, wenn viele durstige Prachtstauden gepflanzt wurden. Doch es gibt viele Gründe, den Wasserverbrauch so gering wie möglich zu halten: Der Umweltschutz steht sicher an erster Stelle, der Zeitfaktor und die Kosten überzeugen ebenfalls. Weniger Aufwand bereiten Pflanzen, die Phasen der Trockenheit geduldig überstehen. Die Gewöhnliche Schafgarbe gehört zu ihnen. Ihre Heimat ist die nördliche gemäßigte Zone. Die Staude wächst wild auf Wiesen, Brachflächen und an Wegrändern. Sie gilt als Heilpflanze mit stoffwechselanregender Wirkung und zählt zu den geschützten Wildpflanzen. Viel Sonnenlicht und warme, durchlässige Böden bevorzugt sie. Man erkennt sie an ihrem kriechenden Wurzelstock und den aufrechten Trieben; das Laub ist graugrün und mehrfach gefiedert, die einzelnen Blättchen sind lanzettlich und fein behaart. Ihre winzigen, weißen Blüten öffnen sich in flachen Schirmrispen an kräftigen, belaubten Stängeln. Sie blüht zuverlässig und kann für frische und getrocknete Sträuße verwendet werden. Zur Vermehrung und Verjüngung teilt man sie im Frühling. Zahlreiche Sorten mit unterschiedlichen Blütenfarben sind erhältlich.

Familie: Asteraceae
Blütezeit: Sommer
Wuchsbreite: 60 cm
Wuchshöhe: 80 m
Standort: ○
Feuchtebedürfnis: ◌
❅ ❅ ❅

Sumpf-Schafgarbe

Achillea ptarmica

ⓘ

Familie: Asteraceae
Blütezeit: Sommer
Wuchsbreite: bis zu 60 cm (je nach Sorte)
Wuchshöhe: bis zu 60 cm (je nach Sorte)
Standort: ○ – ◑
Feuchtebedürfnis: ◗
❄ ❄ ❄

Ihr deutscher Name ist irreführend, denn in Sümpfen wächst diese Schafgarben-Art keineswegs. Sie bevorzugt feuchte, nährstoffreiche Böden, die niemals vollständig austrocknen, doch Staunässe nimmt sie übel. Die Sumpf-Schafgarbe stammt aus Europa und ist hier schon lange in den Gärten zu Hause, in Nordamerika ist sie verwildert in der Landschaft anzutreffen. Die Staude ist sehr wüchsig und breitet sich mit ihrem kriechenden Wurzelstock an sonnigen oder halbschattigen Standorten rasch aus. Ihr Laub hat eine dunkelgrüne Farbe, die einzelnen Blätter sind schmal-lanzettlich geformt und leicht gesägt. Im Sommer bildet sie viele kleine, weiße Blüten, die einzeln in großen, lockeren Schirmrispen stehen. Die bekannteste Sorte heißt ganz treffend 'Schneeball' (syn. 'Pearl'), denn ihre weißen Blüten sind dicht gefüllt. Die Sumpfgarbe ist eine schöne Schnittstaude, die auch von Floristen gerne verwendet wird. Vermehrt wird sie durch Teilung im Frühling oder Herbst.

Herbst-Eisenhut

Aconitum carmichaelii 'Arendsii'

ⓘ

Familie: Ranunculaceae
Blütezeit: Herbst
Wuchsbreite: 50 cm
Wuchshöhe: 1,20 m
Standort: ○ – ◑
Feuchtebedürfnis: ◗
❄ ❄ ❄
✖

Die Blütenfarbe Blau ist im Garten selten und gerade darum sehr beliebt. Der Herbst-Eisenhut bringt seine blauvioletten Blüten auch noch zu einem ungewöhnlich späten Zeitpunkt hervor und kann sich großer Aufmerksamkeit sicher sein. Aufrecht und kompakt wächst die Staude heran und benötigt dank ihrer stabilen Blütentriebe keine Stützhilfe. Die Wildart stammt aus China, es sind zahlreiche Züchtungen im Handel, die unterschiedliche Blautöne und Wuchshöhen vereinen. Die blauvioletten Blüten von *A. carmichaelii* 'Arendsii' sind helmförmig und in 80 bis 120 cm hohen, verzweigten Rispen angeordnet – die Höhe variiert je nach Nährstoffangebot des Bodens. Sie blühen lange und eignen sich sehr gut für die Vase. Die großen, dunkelgrünen Blätter sind fingerig geteilt. Im Jahr 1945 wurde diese Sorte von dem deutschen Züchter Georg Arends in den Handel gebracht. Zur Vermehrung teilt man größere Exemplare im Frühling oder Herbst. Vorsicht: Diese Staude ist giftig!

Aconitum carmichaelii 'Arendsii'

Pfauenrad-Farn

Adiantum pedatum

Der Pfauenrad-Farn unterscheidet sich ganz beträchtlich von seiner Verwandtschaft. Der volkstümliche Name weist auf die ungewöhnliche Form der Wedel
hin: Sie sind einfach gefiedert und pfauenradförmig, also im Halbkreis, an drahtigen, schwarzbraunen Stängeln angeordnet, von denen sie horizontal abstehen.
Sie sehen attraktiv aus und können sehr gut als ungewöhnliches Schnittgrün für
Blumensträuße verwendet werden. Die einzelnen Fiedern sind dreieckig bis länglich und hellgrün. Die zur Fortpflanzung benötigten Sporen werden in Kapseln
auf der Unterseite der älteren Wedel gebildet. Auch der Wuchs ist ungewöhnlich:
Dieser Farn bildet dichte Horste und entwickelt sich mit einem kriechenden Wurzelstock auch in die Breite.
Der Pfauenrad-Farn wirkt zierlich und empfindlich, doch er stammt aus Nordamerika und ist auch bei uns vollständig winterhart. Er schätzt feuchte, humusreiche Böden mit niedrigem pH-Wert im Halbschatten und eine hohe Luftfeuchtigkeit. Zur Vermehrung können ältere Exemplare im zeitigen Frühling geteilt werden.

🛈

Familie: Adiantaceae
Wuchsbreite: 50 cm
Wuchshöhe: 50 cm
Standort: ◑
Feuchtebedürfnis: ◌
❊ ❊ ❊

Alchemilla mollis (im Vordergrund)

Weicher Frauenmantel

Alchemilla mollis

ⓘ

Familie: Rosaceae
Blütezeit: Frühling/Sommer
Wuchsbreite: 30 cm
Wuchshöhe: 30 cm
Standort: ○ – ◑
Feuchtebedürfnis: ◊ – ◖
❀ ❀ ❀

Der Weiche Frauenmantel ist eine Wildpflanze aus Europa und dem westlichen Asien. Kaum zu glauben, dass er mit den Rosen verwandt ist, denn seine Blüten sind klein, sternförmig und stehen zu Dutzenden in lockeren Rispen. Wie ein zarter, grünlich gelber Schleier umschmeicheln sie kräftiger gefärbte Blüten im Garten und in Sträußen. Mit ihren niederliegenden Trieben unterdrückt die Staude Unkraut, sie kann daher im sonnigen bis halbschattigen Beet als Bodendecker dienen. Der Boden sollte wasserdurchlässig sein, auch für Kiesbeete ist der Frauenmantel geeignet. Die graugrünen, behaarten Blätter sind sehr typisch geformt und haben ihm zu seinem volkstümlichen Namen verholfen: Kreisrund, flach gelappt und regelmäßig gezähnt, erinnern sie an einen schwingenden Umhang. Er gilt außerdem als Heilpflanze, die bei Frauenleiden hilft. An den Blatträndern kann man häufig einen feinen Saum aus Wasserperlen entdecken, der die besondere Fähigkeit der Staude verrät, bei feuchtem Wetter aktiv Wasser auszuscheiden. Die anspruchslose Wildpflanze versät sich selbst, wenn man die Blütenstände lange an der Pflanze belässt. Sie wird im Frühling oder Herbst geteilt oder ausgesät.

Gewöhnlicher Froschlöffel

Alisma plantago-aquatica

Der Gewöhnliche Froschlöffel ist in Gewässern Europas, Asiens und Nordamerikas anzutreffen und zählt zu den geschützten Pflanzen. An seinen löffelähnlich geformten Blättern kann man ihn gut erkennen: Sie sind elliptisch bis eiförmig, spitz und hellgrün. Besonders attraktiv sind die im Sommer erscheinenden Blütenstände. In quirlständigen Rispen öffnen sich quasi auf mehreren »Etagen« winzige weiße oder hell rosafarbene Blüten. Damit sie zur Blütezeit auch gut zu sehen sind, sollte der Froschlöffel möglichst frei stehen. Die Ufer- und Sumpfpflanze benötigt einen dauerfeuchten Boden in Gewässernähe und kann bis in eine Wassertiefe von 20 cm gepflanzt werden. Dort bildet sie einen knolligen Wurzelstock und wächst aufrecht. Zur Teichrandbepflanzung und für Wassertröge ist sie bestens geeignet. Sie versät sich leicht selbst und kann sich dadurch an günstigen Standorten stark ausbreiten – man sollte rechtzeitig eingreifen.

Familie: Alismataceae
Blütezeit: Sommer
Wuchsbreite: 50 cm
Wuchshöhe: 70 cm
Ufer- und Sumpfpflanze
Standort: ○
Feuchtebedürfnis: ◗
❀ ❀ ❀

Anemone hupehensis

Japan-Anemone

Anemone hupehensis

Für halbschattige Bereiche ist die Japan-Anemone die richtige Wahl. Sie bringt bis in den Herbst hinein zahlreiche flach becherförmige Blüten in einem kräftigen Rosafarbton hervor, die in lockeren Rispen vereint sind. Die Staude wächst reich verzweigt und bildet einen kräftigen Wurzelstock. Das dunkelgrüne Laub ist tief geteilt, grob gesägt und leicht behaart. Das Hauptverbreitungsgebiet dieser Wildart ist der Himalaja, in Japan ist sie auch zu finden, jedoch weit seltener. Sie wurde für einige Züchtungen verwendet, zu den beliebtesten Sorten zählt 'Septembercharme'. Ihre Blüten sind innen hellrosa und außen kräftiger rosa gefärbt – im Nebeneinander entsteht ein schönes Farbspiel. Vor dem Pflanzen sollte der Boden tiefgründig gelockert und mit Humus angereichert werden. Durch Ausläufer werden rasch größere Gruppen entstehen. Ein mäßiger Nährstoffgehalt bei niedrigem pH-Wert im Boden ist optimal. Die Vermehrung kann durch Teilung im Frühling oder durch Wurzelschnittlinge im Herbst erfolgen, die Wildart kann man auch durch Aussaat im Herbst vermehren (Kaltkeimer).

Familie: Ranunculaceae
Blütezeit: Sommer bis Herbst
Wuchsbreite: 50 cm
Wuchshöhe: 70 cm
Standort: ○ – ◑
Feuchtebedürfnis: ◌ – ◗
❀ ❀ ❀

Herbst-Anemone

Anemone × hybrida 'Honorine Jobert'

ⓘ

Familie: Ranunculaceae
Blütezeit: Sommer bis Herbst
Wuchsbreite: 60 cm
Wuchshöhe: 1,20 m
Standort: ◯ – ◖
Feuchtebedürfnis: ◊ – ◊
❄ ❄ ❄

Schon seit dem 19. Jahrhundert zählt die Züchtung 'Honorine Jobert' zu den beliebtesten Herbst-Anemonen in europäischen Gärten. Kein Wunder, denn ihre strahlend weißen, flach becherförmigen Blüten mit goldgelben Staubblättern sind vom Sommer bis zum Herbst ein schöner Blickfang und hellen halbschattige Bereiche optisch auf. Ihr Laub ist dunkelgrün, tief geteilt und wird von dünnen, drahtigen Stielen getragen. Die Kreuzung stammt von Wildarten ab, die im Himalaja, vor allem im südlichen China, und in Japan beheimatet sind. Ihr Wuchs und ihre Standortansprüche ähneln denen von *A. hupehensis*, denn diese Wildart ist ein Elternteil. Pflanzt man die Herbst-Anemone an einen sonnigen bis halbschattigen Platz in lockeren, frischen, humosen Boden, der möglichst frei von Wurzeln sein sollte, so wird sie schnell größere Gruppen bilden. Zur Vermehrung können die Wurzelstöcke im Frühling geteilt werden.

Großes Windröschen

Anemone sylvestris

ⓘ

Familie: Ranunculaceae
Blütezeit: Frühling
Wuchsbreite: 30 cm
Wuchshöhe: 30 cm
Standort: ◯ – ◖
Feuchtebedürfnis: ◊ – ◊
❄ ❄ ❄
✖

Das Große Windröschen ist eine Wildpflanze, die unter Schutz gestellt werden musste. Neben Mitteleuropa zählen auch der Kaukasus und Sibirien zu den Heimatregionen. Während die Herbst-Anemone zum Ende der Saison Farbe in den Garten bringt, ist diese Verwandte ein Frühlingsblüher. Ihre weißen, becherförmigen Blüten haben eine gelbe Mitte, die aus einem Kranz gelber Staubblätter gebildet wird. Sie stehen einzeln oder paarweise an schlanken Stängeln und nicken leicht. Das mittelgrüne Laub ist fingerig geteilt und gesägt, die Blattunterseite ist behaart. Die niedrig bleibende Staude breitet sich durch Wurzelausläufer flächig aus, wenn sie nicht von anderen Pflanzen bedrängt wird. Ein sonniger bis halbschattiger Platz unter Bäumen oder Sträuchern bietet der Waldpflanze optimale Bedingungen. Der Boden sollte humusreich und kalkhaltig sein. Einen großen Blütenteppich erzielt man durch Teilung nach der Blüte. Die Pflanzen werden gleich wieder an Ort und Stelle eingesetzt. Im Herbst ist die Aussaat und die Vermehrung durch Wurzelschnittlinge möglich. Vorsicht: Diese Staude ist giftig!

Scheinanemone

Anemonopsis macrophylla

Diese Staude ist bei Sammlern begehrt, mit etwas Glück findet man sie in einer gut sortierten Staudengärtnerei. Die Scheinanemone stammt aus Bergwäldern Japans. Im Wuchs erinnert sie an Herbst-Anemonen, doch ihre Blüten sind wachsartig und hellviolett. Die drahtigen Stängel der lockeren Blütentrauben biegen sich elegant, wenn die nickenden Blüten im Sommer vollständig geöffnet sind. Das dunkelgrüne Laub ist mehrfach gefiedert und kräftig gesägt. Die Waldpflanze fühlt sich an halbschattigen bis schattigen Standorten in lockerer Lauberde wohl. Der Boden sollte stets feucht sein, in heißen Sommern entstehen Ausfälle, wenn nicht gezielt bewässert wird. Bietet man der Scheinanemone optimale Bedingungen, ist sie langlebig und bringt eine sommerliche Blütenfülle in schattige Bereiche. Sie kann gut mit Farnen kombiniert werden. Die Vermehrung erfolgt durch Teilung im Frühling oder durch Aussaat gleich nach der Samenernte.

Familie: Ranunculaceae
Blütezeit: Sommer
Wuchsbreite: 50 cm
Wuchshöhe: 80 cm
Standort: ◑ – ●
Feuchtebedürfnis: ◌
❄ ❄ ❄

Färber-Hundskamille

Anthemis tinctoria

Anthemis tinctoria

Die Färber-Hundskamille ist eine alte Nutzpflanze, die inzwischen geschützt ist. Den volkstümlichen Namen erhielt sie, weil man mit ihren Blüten früher Wolle färbte. Ihre Heimat ist der Mittelmeerraum, sie liebt die Sonne und verträgt Trockenheit – ein großer Vorzug für Gartenbesitzer, die im Sommer weder Zeit noch wertvolles Wasser erübrigen möchten, um Blumenbeete zu gießen. Die kräftigen, aufrecht wachsenden Pflanzen bilden vom Frühsommer bis zum Herbst zahlreiche gelbe Blütenköpfchen, die an Margeriten erinnern. Sie stehen einzeln an kräftigen Stängeln und halten auch in der Vase sehr lange. Das dunkelgrüne Laub der Färber-Hundskamille ist doppelt gefiedert und erinnert an Farne.

Dem Hungerkünstler bietet man mit einem wasserdurchlässigen, sandigen bis steinigen Boden beste Bedingungen. Allerdings ist die Staude auch unter optimalen Verhältnissen kurzlebig. Nach der Blüte sollte sie stark zurückgeschnitten werden, um einen Neuaustrieb anzuregen. Vermehrt wird sie im Frühling durch grundständige Stecklinge; überalterte Pflanzen können so auch ersetzt werden.

Familie: Asteraceae
Blütezeit: Sommer bis Herbst
Wuchsbreite: 50 cm
Wuchshöhe: 90 cm
Standort: ○
Feuchtebedürfnis: ◌
❄ ❄ ❄

Akelei

Aquilegia canadensis

Familie: Ranunculaceae
Blütezeit: Frühling
Wuchsbreite: 40 cm
Wuchshöhe: 60 cm
Standort: ◑
Feuchtebedürfnis: ◊
✿ ✿ ✿

Zu den schönsten Akeleien gehört *Aquilegia canadensis*, eine geschützte Wildart aus den Wäldern Nordamerikas. Sie wurde schon vor langer Zeit in Kultur genommen und vermehrt; man braucht also nicht zu befürchten, dass der Bestand in der Natur durch den Kauf dezimiert wird. Die kräftigen Pflanzen wirken durch ihr feines Laub eher zierlich. Ihr Wuchs ist aufrecht, die dunkelgrünen Blätter sind doppelt dreiteilig, die einzelnen Blättchen sind sehr schmal. Akeleien haben häufig zweifarbige Blüten, und diese Wildart macht da keine Ausnahme. Ihre inneren Blütenblätter sind gelb, die äußeren rot und zu lang gestreckten Spornen ausgebildet, die rückwärts gerichtet sind. Die Blüten sind glockenförmig und hängen nickend an schlanken Stängeln. Sie sind auch für den Schnitt geeignet. Die Waldpflanze wünscht sich einen halbschattigen Standort und durchlässigen, sandigen Boden. Sie ist sehr gut für ältere Gärten mit großen Sträuchern und Bäumen oder auch für absonnige Bereiche von Steingärten geeignet. Man vermehrt sie durch Aussaat direkt nach der Samenreife oder durch Teilung im Spätsommer.

Gewöhnliche Akelei

Aquilegia vulgaris

Familie: Ranunculaceae
Blütezeit: Frühling
Wuchsbreite: 40 cm
Wuchshöhe: 60 cm
Standort: ○ – ◑
Feuchtebedürfnis: ◊
✿ ✿ ✿
✖

Die Gewöhnliche Akelei stammt aus Europa und gehört zu den geschützten Pflanzen. Sie wächst aufrecht, die Triebe sind meist verzweigt, und mit den Jahren entstehen kräftige Wurzelstöcke. Die Oberseite des doppelt dreiteiligen Laubes ist dunkelgrün, die Unterseite graugrün. Die nickenden Blüten sind in lockeren Rispen angeordnet und meist einfarbig blauviolett; im Handel wird auch eine weiße Form unter der Sortenbezeichnung 'Nivea' angeboten. Sehr typisch sind die hakenförmig gebogenen Blütensporne. Ein halbschattiger Platz ist für die Wildstaude ideal, bei gleichmäßiger höherer Bodenfeuchtigkeit fühlt sie sich auch in der Sonne wohl. Der Boden sollte locker, humus-, nährstoffreich und kalkhaltig sein. Sie versät sich leicht selbst, man kann die Samen gleich bei Reife auch an Ort und Stelle oder in Töpfe aussäen. Bei älteren Pflanzen bietet sich eine Teilung der kräftigen Wurzelstöcke an. Vorsicht: Diese Staude ist giftig!

Aquilegia vulgaris

Strand-Grasnelke

Armeria maritima

In einem Garten für die ganze Familie sollte die Strand-Grasnelke nicht fehlen. Sie ist bei Kindern sehr beliebt, weil ihre farbenfrohen, rundlichen Blütenköpfchen über einem grasähnlichen Polster zu schweben scheinen. Außerdem rascheln die Blütenblätter bei sachter Berührung so schön – fast wie Seidenpapier. Das natürliche Verbreitungsgebiet von *A. maritima* reicht von Nordeuropa bis nach Westsibirien. Die Staude bildet kompakte, rundliche Polster aus immergrünen, stabilen Trieben mit dunkelgrünen, lineal geformten Blättern, die an Gras erinnern. Im Frühling öffnen sich weiße, rote oder rosafarbene Blütenköpfchen an drahtigen, unbeblätterten Stängeln. Als Standort bietet sich ein durchlässiger, sandiger Boden in der Sonne an. Die Strand-Grasnelke ist genügsam und blühfreudig, verträgt Trockenheit gut, reagiert aber auf Staunässe empfindlich. Sie ist für den Vordergrund von Beeten geeignet, vor allem zur Randbepflanzung, damit auch kleine Pflanzenliebhaber die Blüten gut sehen können. In Balkonkästen und Kübeln kann sie verwendet werden, wenn für einen guten Wasserabfluss gesorgt wird. Zur Vermehrung teilt man ältere Pflanzen im zeitigen Frühling oder im Herbst.

Familie: Plumbaginaceae
Blütezeit: Frühling
Wuchsbreite: unterschiedlich
Wuchshöhe: 20 cm
Standort: ○
Feuchtebedürfnis: ◌
❀ ❀ ❀

Kampfer-Wermut

Artemisia alba 'Canescens'

ℹ

Familie: Asteraceae
Blütezeit: Sommer
Wuchsbreite: 30 cm
Wuchshöhe: 50 cm
Standort: ○
Feuchtebedürfnis: ◊

❄ ❄

Silbergrau belaubte Pflanzen sind ideale Blattschmuckstauden, sie lassen sich hervorragend mit kräftigen Blütenfarben kombinieren. Allerdings ist das graue Laub meist als Anpassung an intensive Sonneneinstrahlung entstanden. *A. alba* stammt aus der Mittelmeerregion und die Vorliebe der Wildart für sonnige Standorte hat auch die Sorte namens 'Canescens' beibehalten. Pflanzt man sie vollsonnig in einen durchlässigen Boden, der kaum Wasser speichert und sich schnell erwärmt, gedeiht sie auch in unseren Breiten gut. Zur Bodenverbesserung kann reichlich Sand eingearbeitet werden. Als Pflanzpartner bieten sich auch andere graulaubige Stauden an, etwa das Heiligenkraut (*Santolina*) oder Lavendel.

Der Kampfer-Wermut hat verzweigte Triebe und wächst buschig. Im Volksmund wird er auch Edelraute genannt. Das halbimmergrüne Laub ist gefiedert, die feinen Blättchen sind zusammengerollt. Einzelne Zweige wirken auch in Sträußen schön. Die graugelben Blüten öffnen sich in schlanken Trauben, sie sind eher unscheinbar. Die Vermehrung kann durch Teilung oder Stecklinge im Frühling geschehen. Vorsorglich sollte man einen Winterschutz geben, der Winternässe fern hält – z. B. aus Noppenfolie.

Artemisia alba 'canescens' (im Vordergrund)

Wald-Geißbart

Aruncus dioicus

Der hohe Wald-Geißbart wirkt im ausgewachsenen Stadium eher wie ein Strauch, verholzt jedoch nicht, stirbt im Herbst oberirdisch ab und treibt im Frühling wieder aus. Für größere, schattenreiche Gärten ist er ideal. Seine Heimat sind die Feuchtwälder in West- und Mitteleuropa sowie im östlichen Nordamerika. Er bevorzugt frische bis feuchte, mäßig nährstoffreiche Böden in halbschattiger Lage, verträgt aber auch Schatten und höhere Bodenfeuchtigkeit. Die großen Laubblätter sind dunkelgrün, doppelt bis dreifach gefiedert und stehen an langen Stielen. Die einzelnen Blättchen sind lanzettlich und tief gesägt. Im Sommer öffnen sich die winzigen, cremeweißen Blüten der großen, feingliedrigen Blütenrispen. Die Staude ist zweihäusig, es gibt also männliche und weibliche Pflanzen, wobei die männlichen schönere Blütenstände hervorbringen. *A. dioicus* fühlt sich im wandernden Schatten lichter Bäume wohl und ist zur Uferbepflanzung geeignet. Vermehrt wird er durch Aussaat gleich nach der Samenernte oder durch Teilung im Herbst.

Familie: Rosaceae
Blütezeit: Sommer
Wuchsbreite: 1,50 m
Wuchshöhe: 1,80 m
Standort: ○ – ◐
Feuchtebedürfnis: ◌ – ◑
❊ ❊ ❊
✖

Brauner Streifenfarn

Asplenium trichomanes

Während die meisten Farne als Waldpflanzen eher saure, humusreiche Böden schätzen, ist der Braune Streifenfarn auf feuchte Felsspalten spezialisiert und benötigt einen höheren pH-Wert. Er stammt aus felsigen Regionen der nördlichen gemäßigten Zone und kommt auf Silikat- und Karbonatgestein vor. Im heimischen Garten ist er dennoch nicht so anspruchsvoll, wie man nun denken mag. Er findet sich sogar von allein in den Fugen alter, feuchter Gartenmauern ein. Optimal gedeiht er im Steingarten auf entsprechend felsigem Untergrund, wenn genügend Feuchtigkeit vorhanden ist. Der Farn bleibt niedrig, seine einfach gefiederten Wedel liegen sogar häufig auf dem Untergrund auf, durch Rhizome breitet er sich aus und bildet Gruppen. Die Stiele der Farnwedel sind schwarz, die länglichen bis rundlichen, ledrigen Blättchen sind kräftig grün gefärbt. Der Farn ist wintergrün. Die Vermehrung kann durch Teilung oder Aussaat der Sporen erfolgen.

Familie: Aspleniaceae
Wuchsbreite: 30 cm
Wuchshöhe: 15 cm
Standort: ◐
Feuchtebedürfnis: ◑
❊ ❊ ❊

Alpen-Aster

Aster alpinus

ⓘ

Familie: Asteraceae
Blütezeit: Frühling
Wuchsbreite: 30 cm
Wuchshöhe: 20 cm
Standort: ○
Feuchtebedürfnis: ◑

❀ ❀ ❀

Den meisten Gartenbesitzern sind die Herbst-Astern bekannt, doch es gibt auch Verwandte, die sich scheinbar in der Jahreszeit geirrt haben: Die Alpen-Aster gehört zu den Frühlingsblühern. Der volkstümliche Name verrät schon, wo die Heimat der Alpen-Aster zu finden ist. Sie wächst dort auf Magerwiesen, bevorzugt also nährstoffarme Böden. Ihr Wuchs ist gedrungen und sie bildet im Laufe der Jahre Gruppen. Ihr Laub ist an der Basis spatelförmig und im oberen Bereich lineal-lanzettlich. Die attraktiven Blütenköpfchen setzen sich aus gelben Röhrenblüten in der Mitte und einem Kranz violetter Zungenblüten am Rand zusammen. Die Alpen-Aster ist im Vordergrund von Rabatten gut aufgehoben und für große Steingärten geeignet. Im Garten und in der Vase blüht sie lange. Den Bodenbedingungen ihrer Heimat kommt man nahe, wenn man vor dem Pflanzen reichlich Sand einbringt, um den Gartenboden durchlässiger zu machen, und an eine regelmäßige Kalkung im Frühling denkt. Vermehrt wird *A. alpinus* durchTeilung im Herbst oder Aussaat im Frühling, sie versät sich sogar selbst. Da sie kurzlebig ist, sollte rechtzeitig für blühfreudige Jungpflanzen gesorgt werden.

Aster 'Monte Cassino'

Glattblatt-Aster

Aster novi-belgii

Die hohe Glattblatt-Aster zählt zu den schönsten Herbst-Astern und ist in zahlreichen Sorten erhältlich. Der Nachteil, dass sie leichter als andere Astern Mehltau bekommt, konnte ihre Beliebtheit nicht schmälern. Sie stammt aus dem östlichen Nordamerika, und genau das bringt der botanische Artname *A. novi-belgii* zum Ausdruck: Neu-Belgien ist ein alter Name des Bundesstaates Virginia im Osten der USA. Die Staude wächst aufrecht und ist für das Abstützen ihrer schweren Blütentriebe dankbar. Sie bildet durch Ausläufer größere Gruppen. Die leuchtend gefärbten Blütenköpfchen sind in locker verzweigten Rispen angeordnet. Ihr Laub ist – wie der volkstümliche Name schon sagt – glatt, also unbehaart, lanzettlich geformt, ganzrandig und bedeckt die gesamten Stängel. Die wüchsige Glattblatt-Aster ist für einen nährstoffreichen Boden in offener, sonniger Lage dankbar, sie wirkt im Hintergrund von Rabatten besonders gut. Vermehrt wird sie durch Teilung im Herbst. Zu den schönsten Schnittblumen zählen die im Spätherbst blauviolett blühende 'Dauerblau', außerdem 'Royal Velvet' mit halbgefüllten, rot-violetten Blütenköpfchen und die rosarote, halbgefüllte Sorte 'Crimson Brocade'.

Aster novi-belgii

Familie: Asteraceae
Blütezeit: Herbst
Wuchsbreite: bis zu 60 cm (je nach Sorte)
Wuchshöhe: bis zu 1 m (je nach Sorte)
Standort: ○
Feuchtebedürfnis: ◌
❁ ❁ ❁

Herbst-Aster

Aster pringlei 'Monte Cassino'

Liebhaber von Schnittblumen wird diese Herbst-Aster – im Volksmund auch Septemberkraut genannt – begeistern: Die Sorte 'Monte Cassino' ist durch ihre zahlreichen kleinen, weißen Blütenköpfchen eine wunderschöne Bereicherung für bunte Sträuße. Die Vorfahren der Züchtung stammen aus Nordamerika. *A. pringlei* (fälschlich auch als *A. ericoides* im Handel) entwickelt einen kräftigen Wurzelstock, hat einen aufrechten Wuchs und schlanke Triebe, die sich verzweigen. Die weißen Blütenköpfchen mit gelben Röhrenblüten stehen einzeln an den Stängelenden. Die hellgrünen Grundblätter sind lanzettlich und ganzrandig oder nur schwach gesägt, die Stängelblätter sind schmal-lineal. 'Monte Cassino' ist nicht vollständig winterhart und braucht einen Winterschutz, um längere Frostperioden zu überstehen. Man kann die Sorte durch Teilung im Herbst vermehren.

Familie: Asteraceae
Blütezeit: Herbst
Wuchsbreite: 40 cm
Wuchshöhe: 60 cm
Standort: ○
Feuchtebedürfnis: ◌
❁ ❁

133

Garten-Astilbe

Astilbe × arendsii

Familie: *Saxifragaceae*
Blütezeit: *Sommer bis Herbst*
Wuchsbreite: *unterschiedlich (je nach Sorte)*
Wuchshöhe: *unterschiedlich (je nach Sorte)*
Standort: ○ – ◑
Feuchtebedürfnis: ◗
✿ ✿ ✿

Zu den Garten-Astilben zählen langlebige Stauden, die halbschattige Standorte mit frischem, humusreichem Boden schätzen. In einigen Regionen werden sie Prachtspiere genannt. Sie eignen sich gut für ältere Gehölzgärten und für feuchte Bereiche in Wassernähe. Pflanzt man sie in die Sonne, sollte der Boden stets feucht sein, intensive Sonneneinstrahlung kann zu Blattschäden führen. Am günstigen Standort bilden sie kräftige Horste. Die einzelnen Blätter sind gefiedert, die Fiedern eiförmig bis lanzettlich und gesägt. Im Sommer öffnen sich winzige Blüten in federigen, filigran wirkenden Rispen an stabilen Stängeln. Sie blühen lange, trotzen Wind und Wetter und können auch für Trockensträuße verwendet werden. Erst im Frühling schneidet man die Stauden zurück, um sich nicht des hübschen Winteranblicks zu berauben. Dann kann man sie auch durch Teilung vermehren.

Es stehen zahlreiche Arten und Sorten zur Verfügung: *A. × arendsii* 'Weisse Gloria' (syn. 'White Glory') wird bis zu 1 m hoch und bildet große Rispen mit weißen Blüten. Eine der schönsten dunkelrot blühenden Sorten ist *A. × arendsii* 'Fanal', sie bleibt mit bis zu 60 cm niedriger. Der botanische Name verweist auf den deutschen Züchter Georg Arends aus Wuppertal.

Astilbe x arendsii und Geranium

Große Sterndolde

Astrantia major

Seit geraumer Zeit sind charaktervolle Pflanzen wie die Große Sterndolde besonders gefragt, denn es gilt, dem eigenen Garten einen persönlichen Stil zu verleihen. Man muss schon genau hinschauen, um ihre unaufdringliche Schönheit zu erkennen: Sie wächst buschig, ihr sattgrünes Laub glänzt leicht und ist fingerig in drei bis fünf grob gesägte Blättchen geteilt, doch ihre Blüten sind besonders reizvoll. Knopfartige hell rosafarbene Blütendolden sind von einem weiß, rosa oder grünlich gefärbten Strahlenkranz aus papierartigen Hochblättern umgeben. Die einzelne Blüte ist winzig, man nimmt sie stets als Teil des ungewöhnlichen Blütenstandes wahr. Der richtige Platz im Garten ist halbschattig oder schattig, denn diese Wildart stammt aus Bergwäldern in Mittel- und Osteuropa. Man pflanzt sie am besten neben Sträucher, vor Hecken oder Mauern. Der Boden sollte nährstoffreich und feucht, aber durchlässig sein. Unter optimalen Bedingungen versät sich *A. major* selbst, gezielt sät man sie gleich nach der Ernte aus (Kaltkeimer). Ältere Pflanzen können im Frühling geteilt werden.

Astrantia major

Familie: Apiaceae
Blütezeit: Sommer
Wuchsbreite: 40 cm
Wuchshöhe: 60 cm
Standort: ◐ – ●
Feuchtebedürfnis: ◗
❄ ❄ ❄

Blaukissen

Aubrieta × cultorum

Das Blaukissen ist eine alte Kulturpflanze. Bereits im 19. Jh. wurde *A. 3 cultorum* gezüchtet, und heute sind viele Sorten erhältlich. Die Vorfahren stammen aus Bergregionen im Mittelmeerraum. Wie der deutsche Name schon sagt, bildet die Staude Kissen – also niedrige Polster. Das blaugrüne Laub ist wintergrün, behaart, eiförmig bis länglich und in Rosetten angeordnet. Die Blüten öffnen sich in lockeren Trauben, sie sind meist violett, es gibt aber auch Sorten mit blauen, weißen oder rötlichen Blüten. Blaukissen sind anspruchslose Stauden für den Vordergrund sonniger Staudenbeete und den Steingarten. Sie bevorzugen einen kalkhaltigen, mäßig nährstoffreichen, durchlässigen Boden und passen gut zu Schleifenblume (*Iberis*) und Gänsekresse (*Arabis*). Man sollte sie nach der Blüte zurückschneiden und düngen, damit sie gut austreiben und kompakt wachsen. Die Vermehrung erfolgt im Spätsommer durch Stecklinge oder im Herbst durch Teilung.

Familie: Brassicaceae
Blütezeit: Frühling
Wuchsbreite: 50 cm
Wuchshöhe: 5 cm
Standort: ○
Feuchtebedürfnis: ◊
❄ ❄ ❄

Felsen-Steinkraut

Aurinia saxatilis (syn. Alyssum saxatile)

ℹ

Familie: Brassicaceae
Blütezeit: Frühling
Wuchsbreite: 40 cm
Wuchshöhe: 30 cm
Standort: ○
Feuchtebedürfnis: ◐
❀ ❀ ❀

Steinige Böden sind die Spezialität des Felsen-Steinkrauts. Ob es sich um den klassischen Steingarten, eine sparsam bepflanzte Kiesfläche, Mauerkronen, Treppenstufen oder kleinste Fugen handelt – Aurinia saxatilis fühlt sich an solchen Standorten wohl, ist anspruchslos und langlebig, vorausgesetzt die Staude erhält viel Sonne. Die Heimat des Felsen-Steinkrauts sind Bergregionen in Mittel- und Südosteuropa sowie in der Türkei. Es ist immergrün, bildet niedrige Büsche, und da es an der Basis verholzt, ist es in botanischer Hinsicht als Halbstrauch zu bezeichnen. Sein Laub ist graugrün und behaart, verkehrt eiförmig bis lineal geformt, gesägt oder manchmal auch fiederspaltig und in Rosetten angeordnet. Die leuchtend gelben Blüten erscheinen in dichten Rispen.

Das Felsen-Steinkraut ist auch zur Kübelbepflanzung geeignet. Sind die Pflanzen zu groß geworden, kann man sie kräftig zurückschneiden, das regt den Neuaustrieb an und fördert einen kompakteren Wuchs. Der Boden sollte regelmäßig in jedem Frühjahr mit kohlensaurem Kalk behandelt werden, denn das Felsen-Steinkraut benötigt einen leicht erhöhten pH-Wert. Man kann es im Sommer durch Stecklinge vermehren.

Bergenie

Bergenia cordifolia

ℹ

Familie: Saxifragaceae
Blütezeit: Frühling
Wuchsbreite: 40 cm
Wuchshöhe: 40 cm
Standort: ○ – ◐
Feuchtebedürfnis: ◐ – ●
❀ ❀ ❀

Das immergrüne, ledrige Laub der Bergenie sucht unter den Stauden ihresgleichen. Es wirkt besonders eindrucksvoll, wenn die Staude in dichten Gruppen oder Streifen gepflanzt wurde. *B. cordifolia* besitzt einen flach kriechenden Wurzelstock und bildet Horste. Die dunkelgrünen Blätter sind rundlich bis herzförmig und haben einen gewellten Rand; im Winter färben sie sich bei Frost rötlich. Die Blüten sind rosafarben, glockenförmig und schirmartig in dichten Rispen an kräftigen roten Stängeln angeordnet.

Die Staude stammt ursprünglich aus dem Altei-Gebirge, der Mongolei und Sibirien. Sie ist robust, wünscht sich einen frischen Boden in der Sonne oder im Halbschatten, verträgt aber auch gelegentlich auftretende Trockenheit. Die Vermehrung kann durch Teilung oder Rhizomschnittlinge nach der Blüte im Frühling oder im Herbst geschehen. Alte Pflanzen verkahlen, dem kann man durch regelmäßiges Verjüngen entgegen wirken. Zu den beliebtesten Sorten zählen 'Silberlicht' (syn. 'Silver Light') mit weißen Blüten, die später einen Rosaton annehmen, und 'Morgenröte' (syn. 'Morning Red'), die intensiv rotviolett gefärbte Blüten an kräftigen rotbraunen Stängeln entwickelt.

Bergenia cordifolia

Schlangen-Knöterich

Bistorta officinalis 'Superba' (syn. Polygonum / Persicaria)

Wenn eine natürliche Wirkung des Gartens gewünscht ist, stehen Knöterich-Gewächse hoch im Kurs: Sie sind wüchsig und robust, treiben dekorative Blüten, die sich gut in ein Gesamtbild einfügen und im Garten wie in der Vase lange halten. Der Schlangen-Knöterich ist gärtnerischer Herkunft. Er liebt feuchte, nährstoffreiche Böden in der Sonne oder im Halbschatten. Am optimalen Standort bildet er mit Hilfe kriechender Ausläufer dichte Gruppen. Durch seine Wüchsigkeit kann er Nachbarpflanzen bedrängen, rechtzeitiges Abstechen von Ausläufern verweist ihn dann in seine Schranken. Er ist für feuchte Bereiche in naturnah gestalteten Gärten und zur Teichrandbepflanzung ideal. Das Laub von *B. officinalis* 'Superba' ist sattgrün gefärbt, die Grundblätter sind eiförmig, die Stängelblätter eher dreieckig. Im Frühling öffnen sich winzige hellrosafarbene Blüten in zylindrischen Ähren an schlanken, drahtigen Stängeln. Zur Vermehrung teilt man ältere Pflanzen im Frühling oder Herbst. Weitere empfehlenswerte Knöterich-Gewächse sind der nur 20 cm hoch werdende Teppich-Knöterich (*B. affinis* 'Superba') und der bis in den Herbst hinein feuerrot blühende hohe Kerzen-Knöterich (*B. ampexicaulis* 'Firetail').

Familie: Polygonaceae
Blütezeit: Frühling bis Sommer
Wuchsbreite: 50 cm
Wuchshöhe: 70 cm
Standort: ○ – ◑
Feuchtebedürfnis: ◗
❄ ❄ ❄

137

Sumpfdotterblume

Caltha palustris

Familie: Ranunculaceae
Blütezeit: Frühling
Wuchsbreite: 40 cm
Wuchshöhe: 60 cm
Ufer- und Sumpfpflanze
Standort: ○ ◗
Feuchtebedürfnis: ◗
❋ ❋ ❋
✖

In sauberen Gewässern mit geringer Fließgeschwindigkeit ist die Sumpfdotterblume noch heute in weiten Teilen der nördlichen Hemisphäre anzutreffen, doch sie ist seltener geworden und zählt inzwischen zu den geschützten Pflanzen. Im Garten kann sie an einem sonnigen Platz in dauerfeuchten Boden oder in seichtes Wasser bis in eine Tiefe von 20 cm gepflanzt werden. Dort wächst sie buschig und bildet Horste. Ihre glänzenden Blätter sind dunkelgrün, nierenförmig und flach gesägt. Die wächsernen Blüten sind leuchtend gelb, schalenförmig und erinnern an Butterblumen. Sie öffnen sich in lang gestielten Büscheln. Zur Vermehrung kann man die Sumpfdotterblume nach der Blüte im späten Frühling teilen, doch sie versät sich unter günstigen Bedingungen auch selbst und sorgt so für Nachwuchs. Möchte man eine unerwünschte Ausbreitung verhindern, bietet es sich an, die Ufer- und Sumpfpflanze in Gefäße zu setzen, die man dann im sumpfigen Boden versenkt. Vorsicht: Diese Staude ist giftig!

Campanula carpatica

Familie: Campanulaceae
Blütezeit: Frühling / Sommer
Wuchsbreite: 15 cm
Wuchshöhe: 25 cm
Standort: ○
Feuchtebedürfnis: ◗ – ◗
❋ ❋ ❋

Karpaten-Glockenblume

Campanula carpatica

Glockenblumen stellen verschiedene Standortansprüche, es gilt also, die richtige Wahl zu treffen. Die Karpaten-Glockenblume zählt zu den niedrigen, für den sonnigen Steingarten, aber auch zur Bepflanzung von Balkonkästen geeigneten Arten. Sie stammt aus Osteuropa und Westsibirien, wächst kompakt und bildet keinerlei Ausläufer, wie es etwa bei der Hängepolster-Glockenblume (*C. poscharskyana*) der Fall ist. Ihre hellblauen, glockenförmigen Blüten werden einzeln an langen, blattlosen Stängeln gebildet. Sie blüht lange und üppig, vom grundständigen Laub ist dann kaum etwas zu sehen. Die Blätter sind rundlich bis herzförmig. Als Standort sollte man einen frischen, kalkhaltigen, lehmig-humosen Boden in der Sonne auswählen. Sie lässt sich gut mit Nelken (*Dianthus*) oder Grasnelken (*Armeria*) kombinieren. Zu den beliebten Sorten zählen 'Blaue Clips' (syn. 'Blue Clips') mit hellvioletten und 'Weiße Clips' (syn. 'White Clips') mit weißen Blüten. Zur Vermehrung teilt man ältere Pflanzen im Frühling oder Herbst.

Pfirsichblättrige Glockenblume

Campanula persicifolia

Eine Glockenblume darf in keinem Staudengarten fehlen, *Campanula persicifolia* ist eine besonders schöne Wahl. Sie trägt ihre so typisch geformten Blüten in hohen, aufrechten Trauben, die nicht nur im Vordergrund von Staudenrabatten, sondern auch in Sommersträußen attraktiv aussehen. Damit sich die Stängel unter der Last der Blüten nicht zu sehr neigen, kann man höhere Stauden, z. B. weiß blühende Wiesen-Margeriten, in die Nachbarschaft pflanzen oder zu Bambusstäben und Bast greifen. Die Wildart stammt aus Europa. Sie hat sattgrünes, lanzettliches, überwiegend in einer Rosette angeordnetes Laub. Die Blütentriebe sind nur schwach von schmalen Blättern bedeckt. Durch Wurzelausläufer breitet sie sich aus. Die glockenförmigen Blüten leuchten im Sommer lange in Weiß oder Hellblau. Am besten gedeiht sie auf nährstoffreichen und kalkhaltigen Böden in wechselsonniger Lage. Vermehrt wird im Frühling oder Herbst durch Teilung. Achtung: Schnecken lieben das junge Laub, rechtzeitig an Abwehrmaßnahmen denken.

Campanula persicifolia

Familie: Campanulaceae
Blütezeit: Sommer
Wuchsbreite: 30 cm
Wuchshöhe: 80 cm
Standort: ○ – ◑
Feuchtebedürfnis: ◌ – ◗
❄ ❄ ❄
anfällig für: Schnecken

Segge

Carex hachijoensis 'Evergold'

Es ist nicht leicht, für schattige Plätze geeignete Pflanzen zu finden. Diese Segge trägt durch ihr helles, mit cremegelben Streifen verziertes Laub zur optischen Aufhellung dieser »Problemzonen« bei. Die Wildform ist in Wäldern Japans zu finden und besitzt dunkelgrünes Laub, die immergrüne, panaschierte Sorte mit dem klingenden Namen 'Evergold' ist dagegen gärtnerischer Herkunft. Sie bildet eher niedrige, aber dichte Horste und ihre langen, linealisch geformten Blätter biegen sich elegant zum Boden herab. Im Frühling erblühen die weniger auffälligen, dunkelbraunen Ähren. Die Segge gedeiht in humusreichem, lockerem Boden mit gleichmäßiger Feuchtigkeit. Allerdings macht sie der Umstand, dass sie auch im Winter ihr Laub behält, empfindlich: Hohe Sonneneinstrahlung wird ihr bei gefrorenem Boden gefährlich. Ein Winterschutz aus Reisigzweigen schützt sie dann vor dem Vertrocknen. Durch Teilung kann man sie im Frühling vermehren.

Familie: Cyperaceae
Blütezeit: Frühling
Wuchsbreite: 40 cm
Wuchshöhe: 25 cm
Standort: ◑ – ●
Feuchtebedürfnis: ◗
❄ ❄

Berg-Flockenblume

Centaurea montana

Familie: Asteraceae
Blütezeit: Sommer
Wuchsbreite: 60 cm
Wuchshöhe: 50 cm
Standort: ○ – ◑
Feuchtebedürfnis: ◑
❅ ❅ ❅

Diese Staude hat viele Qualitäten einer Lieblingspflanze: Ihre Blütenköpfchen leuchten nämlich in der seltenen Farbe Blau. Die Randblüten sind auffällig zerschlitzt und erinnern an eine Kornblume – übrigens eine nahe Verwandte. Doch im Unterschied zu der Feld- und Wiesenblume ist die Berg-Flockenblume mehrjährig und blüht zweimal im Jahr. Entfernt man nämlich Verblühtes regelmäßig, kommt es zur spätsommerlichen Nachblüte; außerdem verhindert man so eine unerwünschte Selbstaussaat.

Die Heimat von *C. montana* sind die Wiesen und Waldlichtungen in den Gebirgen Europas. Sie wächst ausladend, ihr Wurzelstock breitet sich kriechend aus. Das graugrüne Laub ist weich, lanzettlich geformt und ganzrandig. Die Unterseite der jungen Blätter ist leicht behaart. Die Staude gedeiht üppig in frischem, durchlässigem, nährstoffreichem und kalkhaltigem Boden. Sie eignet sich für Beete in vollsonniger bis absonniger Lage. Neben der blauen Wildform sind auch weiß oder rosa blühende Sorten erhältlich – allesamt hervorragende Schnittblumen. Man vermehrt sie durch Teilung im Herbst, sie versäen sich aber auch leicht selbst.

Centaurea montana

Rote Spornblume

Centranthus ruber

Länger als die Rote Spornblume blüht kaum eine andere Staude und dazu ist sie auch noch sehr gut für Sträuße geeignet. Ihre sternförmigen Blüten sind zwar winzig, doch intensiv rosarot gefärbt und in zahlreichen Schirmrispen angeordnet. Die Sorte namens 'Albiflorus' blüht weiß. Die Blüten stehen über dem blaugrünen, leicht fleischigen Laub. Die einzelnen Blätter sind eiförmig bis lanzettlich, ganzrandig oder gesägt. An der Basis verholzt die Staude leicht, sie wächst aufrecht und bildet lockere Horste. Die Heimat der Roten Spornblume sind felsige Regionen und Kiesstrände im europäischen Mittelmeerraum. Sie benötigt daher viel Wärme, ist ansonsten aber anspruchslos und gedeiht auf mageren, kalkhaltigen, durchlässigen Böden. Sie wächst sogar in Mauerfugen, auf Staunässe reagiert sie allerdings empfindlich. Sie vermehrt sich durch Aussaat von allein, man kann sie verwildern lassen, wenn man eine zwanglose Wirkung wünscht. Die gezielte Vermehrung geschieht durch Aussaat im Frühling oder Herbst.

Familie: Valerianaceae
Blütezeit: Frühling bis Sommer
Wuchsbreite: 45 cm
Wuchshöhe: 60 cm
Standort: ○
Feuchtebedürfnis: ◊
❀❀❀

Oktober-Silberkerze

Cimicifuga simplex

Die späte Blütezeit macht die Oktober-Silberkerze für den Staudengarten so wertvoll. In feuchte, schattige Bereiche bringt sie mit ihren leicht duftenden Blüten ein helles Licht. Der volkstümliche Name bezieht sich allerdings auf die kerzenähnliche Form der Blütenstände und weniger auf das leuchtende Cremeweiß der sternförmigen Blüten. *C. simplex* stammt von Bergwiesen Asiens. Hat sich die Staude erst an ihrem Standort im Garten eingewöhnt, wofür sie meist mehrere Jahre braucht, bildet sie stattliche Horste und treibt Ausläufer. Sie ist langlebig und pflegeleicht. Ihr sattgrünes Laub ist gefiedert, die einzelnen Blättchen sind eiförmig, gelappt und gesägt. Man wählt für die Oktober-Silberkerze am besten einen humusreichen Boden, der genügend Feuchtigkeit speichert und niemals vollständig austrocknet; in vollsonnigen Bereichen gedeiht sie nicht. Die Vermehrung kann durch Teilung im Frühling erfolgen oder durch Aussaat bei Samenreife im Herbst.

Familie: Ranunculaceae
Blütezeit: Herbst
Wuchsbreite: 60 cm
Wuchshöhe: 1,20 m
Standort: ◑ – ●
Feuchtebedürfnis: ◊
❀❀❀

Gewöhnliches Maiglöckchen

Convallaria majalis

Convallaria majalis

Familie: Convallariaceae
Blütezeit: Frühling
Wuchsbreite: 25 cm
Wuchshöhe: 15 cm
Standort: ◐ – ●
Feuchtebedürfnis: ◐
❄ ❄ ❄
✖
❀

Die meiste Zeit des Jahres führt diese Staude ein Schattendasein, doch zur Blütezeit stiehlt sie den anderen Frühlingsblumen die Schau. Es gibt viele Gründe, Maiglöckchen zu pflanzen: Sie duften angenehm, gedeihen an schattigen Plätzen unter Bäumen, wo die meisten anderen Stauden zu wenig Licht erhalten, und entwickeln dort mit Hilfe kriechender Ausläufer dichte Laubteppiche.

Das Maiglöckchen zählt zu den geschützten Wildpflanzen. Es ist in Wäldern und auf Wiesen in den Gebirgen der nördlichen gemäßigten Zone heimisch. Botanisch gesprochen schmückt es sich mit gebogenen, traubenförmigen Blütenständen. Aus den kleinen, hängenden, reinweißen, glockenförmigen Blüten entwickeln sich später rote Früchte. Das Laub ist sattgrün, leicht glänzend und elliptisch-lanzettlich geformt; die grundständigen Blätter stehen immer zu zweit oder zu dritt beisammen. Maiglöckchen fühlen sich in feuchter Lauberde besonders wohl, sie ertragen aber auch trockenere Bedingungen. Vermehren lassen sie sich durch Teilung im Herbst oder im Frühling. Vorsicht: Maiglöckchen sind giftig.

Mädchenauge

Coreopsis lanceolata

Coreopsis lanceolata

Die leuchtend gelben Blütenköpfchen des Mädchenauges haben ein dunkleres, goldgelbes Zentrum, das wie ein Auge wirken mag – daher rührt der volkstümliche Name. Die farbenfrohen Blüten erinnern entfernt an Margeriten, die äußeren Zungenblüten sind jedoch strahlenartig gesägt. Sehr gut sind die Blütenköpfchen für bunte Sommersträuße geeignet. Die Staude wächst buschig und blüht sehr üppig an verzweigten Stängeln. Ihr sattgrünes Laub ist schmal-lanzettlich geformt und fiederteilig. Das regelmäßige Entfernen von Verblühtem erhält die Wüchsigkeit und Blühfreudigkeit dieser Staude. Nach der Blütezeit sollte sie zurückgeschnitten werden.

Das Mädchenauge stammt aus Nord- und Mittelamerika. Es liebt die Sonne und einen warmen, durchlässigen, nährstoffreichen Boden. Die Vermehrung kann durch Aussaat im Frühling sowie Teilung im Frühling oder Herbst erfolgen.

Familie: Asteraceae
Blütezeit: Sommer
Wuchsbreite: 35 cm
Wuchshöhe: 30 cm
Standort: ○
Feuchtebedürfnis: ○
❄ ❄ ❄

Pampasgras

Cortaderia selloana

Wenn es ein Ziergras gibt, das den Siegeszug durch die Gärten angetreten hat, so ist es das Pampasgras. Die ausgezeichnete Solitärpflanze zieht zur Blütezeit schon aus der Ferne die Blicke auf sich und wirkt neben Gehölzen mit leuchtender Herbstfärbung besonders attraktiv. Der volkstümliche Name verrät die Heimat der Staude – sie stammt aus der Pampa, jener Großlandschaft in Argentinien und Uruguay. Im Garten bildet sie stattliche Horste aus graugrünen, überhängenden, riemenförmigen Blättern. Das Laub ist scharfkantig, was die Handhabung erschwert. Die silbrigen, winzigen Blüten sind in dichten, fedrigen Rispen zusammengefasst. Die Pflanzen sind zweihäusig, es gibt also weibliche und männliche Pflanzen, wobei die weiblichen Blüten dichter und aufrechter angeordnet sind. Der optimale Standort bietet einen lockeren, wasserdurchlässigen, nährstoffreichen Boden in der Sonne. Während der Saison muss das Ziergras regelmäßig von der Seite gewässert und gedüngt werden; auf Nässe von oben und Staunässe reagiert es empfindlich. Vor Winternässe kann es geschützt werden, indem man das Laub büschelartig nach oben bindet. Der Rückschnitt sollte erst im Frühling erfolgen. Dann kann das Ziergras auch durch Teilung vermehrt werden.
Es werden verschiedene Züchtungen angeboten: 'Sunningdale Silver' wird bis zu 3 m hoch, 'Pumila' bleibt mit bis zu 1,50 m niedriger.

ⓘ

Familie: Poaceae
Blütezeit: Sommer bis Herbst
Wuchsbreite: 1,50 m
Wuchshöhe: 2,50 m
Standort: ○
Feuchtebedürfnis: ◌
❄ ❄ ❄

Cortaderia selloana

143

Rittersporn

Delphinium-Hybriden

Der Rittersporn ist eine alte Bauerngartenpflanze. Liebhaber der stattlichen Staude werden rasch zu Sammlern und pflanzen verschiedene Sorten an. Die zum Teil schon sehr alten Züchtungen stammen von Wildarten ab, die auf Wiesen und an Waldrändern von Bergregionen in Europa und in Asien vorkommen. Dort gedeihen sie auf Böden, die niemals austrocknen, im Frühling frisch und gleichmäßig feucht, aber nicht staunass sind. Diese Bedürfnisse sollten auch bei der Standortwahl im Garten berücksichtigt werden. Die zahlreichen Züchtungen werden je nach Abstammung in verschiedene Gruppen eingeteilt, deutliche Unterschiede gibt es im Wuchs und in der Form der Blütenstände:

Die *D.-Elatum*-Gruppe umfasst das größte Sortenangebot und ist häufig in den Gärten anzutreffen. Die meist traubenförmigen Blütenstände werden besonders hoch, je nach Sorte zwischen 1,50 und 2 m, und bis zu 1 m breit. Es handelt sich um stattliche Solitärpflanzen.

Zur *D.-Belladonna*-Gruppe werden Sorten gezählt, deren Blütenstände lockerer aufgebaut und verzweigt sind. Sie werden mit bis zu 1,20 m weniger hoch und erreichen Breiten von bis zu 50 cm. Rittersporne dieser Gruppe fügen sich sehr gut in das Gesamtbild eines Staudenbeetes ein.

Die Sorten der *D.-Pacific*-Gruppe sehen den *Elatum*-Hybriden ähnlich, sind aber kurzlebig und werden daher nur ein- oder zweijährig gezogen. Ihre dichten, kerzenähnlichen Blütentrauben erreichen je nach Sorte eine Höhe von bis zu 1,80 m und eine Breite von bis zu 80 cm.

Vorsicht: Alle Pflanzenteile vom Rittersporn können bei Verzehr Übelkeit hervorrufen, der Hautkontakt mit dem Laub kann zu Reizungen führen.

Familie: Ranunculaceae
Blütezeit: Sommer
Wuchsbreite: unterschiedlich (je nach Sorte)
Wuchshöhe: unterschiedlich (je nach Sorte)
Standort: ○
Feuchtebedürfnis: ◐
❄ ❄ ❄

Rittersporn

Delphinium 'Black Knight'

Familie: Ranunculaceae
Blütezeit: Sommer
Wuchsbreite: 80 cm
Wuchshöhe: 1,80 m
Standort: ○
Feuchtebedürfnis: ◐
❄❄❄

Dieser »Schwarze Ritter« gehört zu den beliebtesten Züchtungen der *D.-Pacific*-Gruppe. Die Sorte 'Black Knight' ist in ihrer intensiven dunkelvioletten Blütenfarbe unerreicht. Die einzelnen Blüten sind sehr groß, schalenförmig, gefüllt und haben ein schwarzes Auge. Sie sind in außergewöhnlich hohen und dichten Blütentrauben angeordnet. Die grundständigen Blätter sind tief gelappt und gesägt. Zusammen mit dem kräftigen Wuchs ergibt sich eine stattliche Erscheinung. Allerdings ist diese Sorte durch ihre enorme Höhe windanfällig. Schon frühzeitig, wenn die jungen Triebe etwa 30 cm hoch sind, sollte man daher zu Bambusstäben und Bast greifen und der Staude eine »mitwachsende« Unterstützung bieten.
Züchtungen, die zur *D.-Pacific*-Gruppe gezählt werden, sind kurzlebig. Schon nach zwei Jahren muss die Staude ersetzt werden. Sie lässt sich jedoch durch Aussaat vermehren, da die Sämlinge die gleiche Blütenfarbe entwickeln.

Rittersporn

Delphinium 'Berghimmel'

Familie: Ranunculaceae
Blütezeit: Sommer
Wuchsbreite: 80 cm
Wuchshöhe: 1,80 m
Standort: ○
Feuchtebedürfnis: ◐
❄❄❄

Die Sorte mit dem treffenden Namen 'Berghimmel' wird wegen ihrer himmelblauen, gefüllten, schalenförmigen Blüten mit weißem Auge geschätzt. Sie entwickelt sehr hohe, dichte, traubenförmige Blütenstände, die dennoch kaum windanfällig sind. Ihr Wurzelstock ist fleischig und ihr sattgrünes, grundständiges Laub ist tief geteilt und gesägt. Man zählt die Züchtung zur *D.-Elatum*-Gruppe. Die ihr angehörenden Rittersporne blühen im Herbst gerne erneut. Möchte man optimale Voraussetzungen dafür schaffen, schneidet man die Staude gleich nach der ersten Blüte bis auf etwa 10 cm über dem Boden zurück und sorgt für eine gute Wasserversorgung. Außerdem sollte man wöchentlich einen flüssigen Volldünger gemäß Dosierempfehlung des Herstellers verabreichen – zu viel des Guten ist schädlicher als zu wenig. Ein offener Standort fördert einen gesunden Wuchs, wird der Rittersporn durch hohe Pflanzen in seiner Nähe bedrängt, ist er weniger blühfreudig und neigt zu Mehltaubefall. Im Sommer kann man den 'Berghimmel' durch Stecklinge und im Herbst durch Teilung vermehren.

Rittersporn

Delphinium 'Fanfare'

Die typische Blütenfarbe des Rittersporns ist Dunkelblau, doch die Züchter haben die Farbpalette kräftig erweitert: 'Fanfare' wartet mit einem hellen Rosaviolett auf, das im Sonnenlicht silbrig schimmert. Das weiße Zentrum der Blüte hebt sich deutlich von den Kronblättern ab. Die hohen, traubenförmigen Blütenstände sind sehr dicht von gefüllten, schalenförmigen Blüten besetzt. Da sie bei starken Windböen abknicken können, sollte man sie vor dem Erblühen abstützen. Nach der Blüte schneidet man die Pflanze bis auf 10 cm über dem Boden ab.

Die Züchtung wird zur *D.-Elatum*-Gruppe gezählt. Sie ist sehr wüchsig und bildet einen fleischigen Wurzelstock. Das sattgrüne, grundständige Laub ist tief gelappt und gesägt. Als Standort bevorzugt sie einen nährstoffreichen Boden in der Sonne. Durch eine gute Wasser- und Nährstoffversorgung erhöht sich die Chance auf eine Nachblüte im Herbst. Die Vermehrung kann durch Stecklinge im Sommer oder durch Teilung im Herbst erfolgen.

ⓘ

Familie: Ranunculaceae
Blütezeit: Sommer
Wuchsbreite: 1 m
Wuchshöhe: 2 m
Standort: ○
Feuchtebedürfnis: ◐
❈ ❈ ❈

Delphinium 'Völkerfrieden'

Rittersporn

Delphinium 'Völkerfrieden'

Tiefblaue Blüten mit weißem Auge sind das Erkennungszeichen der Sorte 'Völkerfrieden'. Ihr Wuchs ist kräftig, das grundständige Laub ist hellgrün, fingerig geteilt und gesägt. Sie gehört zur *D.-Belladonna*-Gruppe und ihre Blüten sind in schlanken, locker verzweigten Rispen angeordnet. Die Höhe der Blütenstände reicht nicht an die Sorten der beiden anderen Gruppen heran. Doch was manchem Gartenbesitzer als Nachteil erscheinen mag, wird zum Pluspunkt, wenn es um Pflanzenkombinationen geht: Niedrige Rittersporne fügen sich leichter in das Gesamtbild ein. Gelungene Verbindungen ergeben sich mit Strauchrosen, farbintensiven Blütenstauden wie dem Feinstrahl (*Erigeron*) und Lilien (*Lilium*) oder zierlichen Gräsern. Die Züchtungen der *Belladonna*-Gruppe bringen am sonnigen Standort in durchlässigem, nährstoffreichem Boden häufig eine Nachblüte hervor. Sie kommen im Herbst neben Dahlien gut zur Geltung. Zur Vermehrung verwendet man im Sommer Stecklinge oder teilt ältere Pflanzen im Herbst.

Familie: Ranunculaceae
Blütezeit: Sommer
Wuchsbreite: 50 cm
Wuchshöhe: 1,20 m
Standort: ○
Feuchtebedürfnis: ○
❈ ❈ ❈

Garten-Chrysanthemen

Dendranthema-Hybriden

Die Garten-Chrysanthemen sind zuverlässig blühende Stauden für sonnige Gartenbeete und beliebte Schnittblumen. Mit ihnen lässt sich die blütenreiche Gartensaison bis in den Herbst ausdehnen. Die Botaniker ordnen die Chrysanthemen heute fast vollständig der Gattung *Dendranthema* zu, früher gehörten sie zur Gattung *Chrysanthemum*. Es sind neben den etwa 20 Wildarten auch etwa 5000 Sorten bekannt. Es gibt nicht nur ausdauernde Gartenstauden unter ihnen, sondern auch Einjährige, die im Herbst von Blumengeschäften angeboten werden, und frostempfindliche Stauden, die Erwerbsgärtner zur Gewinnung von Schnittblumen unter Glas ziehen. Für den Garten sind vor allem die ausdauernden Stauden interessant, weil sie nicht in jedem Jahr neu gekauft werden müssen. Die erhältlichen Züchtungen stammen von Arten ab, deren Heimt in Russland, China und Japan liegt. Sie bilden Horste, ihr Laub ist lanzettlich bis eiförmig, flach bis tief gelappt und wechselständig an den stabilen Stängeln angeordnet. Blätter und Blüten duften aromatisch – allerdings ist der Geruch nicht jedermanns Sache.

Man unterscheidet die Fülle der Freiland-Chrysanthemen zunächst einmal nach ihrer Blütezeit – es gibt früh, mittelfrüh und spät blühende Stauden. Für den Garten eignen sich früh blühende, verzweigte Chrysanthemen mit mehreren Blütenköpfchen je Trieb am besten, späte Sorten brauchen im Herbst noch viel Wärme, um zu blühen. Zum anderen ist die Form der Blütenköpfchen ein wichtiges Unterscheidungkriterium. Besonders zahlreich sind Sorten mit ungefüllten, anemonenförmigen, zurückgebogenen oder pomponförmigen Blütenköpfchen. Empfehlenswerte Sorten der einzelnen Gruppen und ihre Pflegeansprüche werden im Folgenden beschrieben.

Familie: Asteraceae
Blütezeit: Sommer bis Herbst
Wuchsbreite: ca. 30 cm bis 1,20 m
(je nach Sorte)
Wuchshöhe: ca. 30 cm bis 1,50 m
(je nach Sorte)
Standort: ◯
Feuchtebedürfnis: ◌ – ◍
❋ ❋

Garten-Chrysantheme

Dendranthema × grandiflorum
(syn. Chrysanthemum-Indicum-Hybriden)

Was ungeübte Betrachter bei den Chrysanthemen leicht für eine einzelne Blüte halten, ist tatsächlich ein Blütenstand. Er vereint zahlreiche kleine Einzelblüten, die zudem noch unterschiedlich geformt sind: Es stehen in einem Blütenköpfchen lange Zungenblüten im äußeren Bereich und kurze Röhrenblüten im inneren Bereich zusammen. Je nach Züchtung ist der Anteil der Zungenblüten gegenüber den Röhrenblüten erhöht oder verringert. Ungefüllte Blütenköpfchen haben nur bis zu fünf äußere Kreise flacher Zungenblüten. Das große Zentrum wird von kurzen, häufig gelben Röhrenblüten eingenommen. Empfehlenswerte Sorten sind: 'Clara Curtis' – blüht im Frühherbst rosafarben, das Zentrum ist zunächst grünlich und färbt sich später gelb, Höhe bis 70 cm; 'Dawn Mist' – hat hellrosa Blütenköpfchen mit gelbem Zentrum und blüht früh, Höhe bis 1,20 m. Anemonenförmige Blütenköpfchen sind ebenfalls ungefüllt, doch ihr Zentrum wird von längeren Röhrenblüten gebildet, die eine hohe Halbkugel bilden. Empfehlenswerte Sorten sind: 'Sally Ball' – mit gelborangefarbenen Blütenköpfchen im Frühherbst, Höhe bis 1,20 m; 'Yellow Pennine Oriel' – gelbe Blütenköpfchen, früh blühend, Höhe bis 1,20 m.

Dendranthema x grandiflorum, ungefüllt

Familie: Asteraceae
Blütezeit: Sommer bis Herbst
Wuchsbreite: ca. 30 cm bis 1,20 m
(je nach Sorte)
Wuchshöhe: ca. 30 cm bis 1,50 m
(je nach Sorte)
Standort: ○
Feuchtebedürfnis: ◔ – ◕
❄ ❄

Dendranthema

150

Garten-Chrysantheme

Dendranthema × grandiflorum 'Ritter Tom Pears'
(syn. Chrysanthemum-Indicum-Hybriden)

Es liegt in der Hand des Gärtners, die Größe und Zahl der Blütenköpfchen von Chrysanthemen zu beeinflussen. Entfernt man nämlich einen Teil der Knospen, werden sich die übrigen zu größeren Blütenköpfchen entwickeln. Wünscht man dagegen eine möglichst große Zahl von Blüten, entspitzt man die Triebe im Frühling, wenn sie eine Höhe von etwa 20 cm erreicht haben. Das bremst das Größenwachstum der Pflanze, regt die Bildung zahlreicher Seitentriebe an und bewirkt eine größere Zahl von Blütenköpfchen, die allerdings etwas kleiner sein werden. Sie sind in reich verzweigten Rispen angeordnet, die man abstützen sollte, damit sie Wind und Wetter besser standhalten.

Garten-Chrysanthemen lieben sonnige, geschützte Standorte und einen frischen, humus- und nährstoffreichen Boden mit neutralem bis niedrigem pH-Wert. In der Wachstumsphase sollte man sie bei Trockenheit gießen und ihnen regelmäßig einen flüssigen Volldünger geben. Auch die Freiland-Chrysanthemen reagieren empfindlich auf Frost. In kalten Regionen überwintert man sie deshalb an einem kühlen, hellen Ort; in Regionen mit kurzen Frostperioden gibt man einen Winterschutz, z. B. eine hohe Mulchschicht. Die Pflanzen werden erst im zeitigen Frühjahr zurückgeschnitten, denn die alten Triebe dienen als Winterschutz. Man pflanzt und teilt Chrysanthemen grundsätzlich im Frühling, wenn die Frostgefahr vorüber ist, damit sie sich gut an ihrem neuen Platz eingewöhnen. Zur Vermehrung nimmt man im Frühling grundständige Stecklinge.

Die Sorte 'Ritter Tom Pears' hat zurückgebogene Blütenköpfchen und blüht im Frühherbst. Sie wird bis zu 80 cm hoch. Ihre gefüllten, kugeligen Blütenköpfchen zeichnen sich durch zahlreiche flache Zungenblüten aus, die sich vom Zentrum des Köpfchens nach unten und innen biegen. Weitere empfehlenswerte Sorten mit zurückgebogenen Blütenköpfchen sind: 'Madeleine' – blüht im Frühherbst rosa, Höhe bis 1,20 m; 'Red Wendy' – bildet rote Blütenköpfchen, früh blühend, Höhe bis 1,20 m.

Chrysanthemen mit pomponförmigen Blütenköpfchen entwickeln zahlreiche gebogene Zungenblüten mit abgerundeten Spitzen, die in gefüllten, kugeligen Blütenständen angeordnet sind. Empfehlenswerte Sorten sind: 'Poppet' – kleine, gelbe Blütenköpfchen erscheinen in großer Zahl im Frühherbst, Höhe bis 60 cm; 'Salmon Fairie' – blüht spät, hat lachsfarbene Blütenköpfchen, Höhe bis 50 cm.

ⓘ

Familie: Asteraceae
Blütezeit: Sommer bis Herbst
Wuchsbreite: ca. 30 cm bis 1,20 m
(je nach Sorte)
Wuchshöhe: ca. 30 cm bis 1,50 m
(je nach Sorte)
Standort: ○
Feuchtebedürfnis: ◌ – ◑
❄ ❄

Garten-Nelke

Dianthus caryophyllus

Nelken wecken Erinnerungen an Landgärten früherer Tage. Ihr intensiver Duft ist heute jedoch eher aus Blumengeschäften bekannt – im Garten sind sie immer seltener anzutreffen. Über Geschmack lässt sich ja bekanntlich nicht streiten, doch wer die hochgezüchteten Floristen-Nelken ablehnt, braucht nicht gleich alle zu verdammen, groß ist nämlich die Auswahl: Für die Gartengestaltung sind vor allem die zweijährigen Bart-Nelken (Dianthus barbatus), die einjährig oder mehrjährig gezogenen Garten-Nelken und die verschiedenen Wildstauden von Bedeutung. Floristen verwenden vor allem einjährig gezogene Gewächshaus-Nelken, die nicht mit unseren Garten-Nelken zu verwechseln sind.

Eine aus der Mittelmeerregion stammende Wildart, *D. caryophyllus*, hat den Züchtern als Grundlage für zahlreiche Garten-Nelken gedient. Sie bilden niedrige Polster aus meist graugrünen oder sattgrünen, lineal geformten Blättern, die an Gras erinnern. Die duftenden Blüten stehen meist einzeln, seltener treten Büschel mit zwei bis drei Blüten auf. Sie sind je nach Sorte einfarbig oder mit andersfarbigen Rändern oder Flecken verziert. Die Sorten sind blühfreudig und hervorragend für Sommerblumenbeete, Balkonkästen und zur Kübelbepflanzung geeignet. Sie bevorzugen sandige, durchlässige und kalkhaltige Pflanzerde. Verblühte Garten-Nelken schneidet man zurück, damit sie genügend Kraftreserven sammeln können und im nächsten Jahr erneut üppig blühen. Nach dem zweiten Jahr lässt die Blühfreudigkeit nach. Durch Aussaat im Gewächshaus – oder auf der Fensterbank – kann man sie zum Winterende leicht selbst heranziehen. Man pflanzt sie ins Freie, wenn die Frostgefahr vorüber ist.

ⓘ

Familie: Caryophyllaceae
Blütezeit: Sommer
Wuchshöhe: ca. 50 cm (je nach Sorte)
Wuchsbreite: ca. 40 cm (je nach Sorte)
Standort: ○
Feuchtebedürfnis: ◌
❋ ❋ ❋
✿

Heide-Nelke

Dianthus deltoides

Niedrige Polsterstauden bilden schöne Randbepflanzungen von Beeten und können auch gut als Lückenfüller eingesetzt werden. Die Heide-Nelke gehört zu dieser ausdauernden Pflanzengruppe. Sie wächst in Europa, Nordamerika und Westsibirien wild auf durchlässigen, mageren Böden und zählt zu den geschützten Pflanzen. Ihr polsterförmiger Wuchs erinnert an Grasbüschel. Die einzelnen Blätter sind lineal geformt und spitz, sattgrün bis olivgrün gefärbt und glänzend. Zur Blütezeit zeigt sich die Heide-Nelke mit zahlreichen kleinen, rotvioletten Blüten an verzweigten Stängeln von ihrer schönsten Seite. An ihren Standort stellt diese Nelke nur geringe Ansprüche, sie liebt die Sonne und der Boden sollte sandig, durchlässig und warm sein. Sie bietet sich für Natur- und Steingärten an und ist auch zur Dachbegrünung geeignet, weil sie längere Trockenheitsphasen unbeschadet übersteht. Vermehrt wird sie im Frühling oder Herbst durch Teilung, sie versät sich aber auch leicht selbst. Neben der Wildform sind empfehlenswerte Sorten in Rottönen (z. B. 'Brilliancy', 'Splendens') und in Weiß ('Albus') erhältlich.

Familie: Caryophyllaceae
Blütezeit: Sommer
Wuchsbreite: 30 cm
Wuchshöhe: 15 cm
Standort: ○
Feuchtebedürfnis: ○
❋ ❋ ❋

Dianthus plumarius

Feder-Nelke

Dianthus plumarius

Diese Nelke entspricht in vielerlei Hinsicht den typischen Vorstellungen: Ihre duftenden Blüten sind tief fransig eingeschnitten und stehen zu mehreren an verzweigten, aufrechten Stängeln, ihr Laub ist blaugrün und grasähnlich geformt. Sie bildet große Polster, wobei die Triebe am Grund verholzen. Im Garten wirkt die Staude in sonniger Lage in Verbindung mit Steinen besonders dekorativ, die sie zum Teil überwachsen darf, z. B. an Wegrändern, Treppenstufen oder oberhalb von Gartenmauern. Der Boden sollte aber kalkhaltig und nicht zu trocken sein. Sie ist eine gute Schnittblume und auch zur Kübelbepflanzung geeignet.
Die europäische Wildpflanze ist schon seit langer Zeit in Kultur und so sind zahlreiche Züchtungen mit unterschiedlichen Blütenfarben im Handel, vor allem in Rosa- und Rottönen, aber auch in Weiß. Sie können allesamt leicht durch Teilung im Herbst vermehrt werden.

Familie: Caryophyllaceae
Blütezeit: Frühling
Wuchsbreite: 35 cm
Wuchshöhe: 25 cm
Standort: ○
Feuchtebedürfnis: ◑
❋ ❋ ❋
❀

Tränendes Herz

Dicentra spectabilis

Das Tränende Herz zählt zu den bekanntesten Stauden und ist schon seit Generationen als traditionelle Bauerngartenblume beliebt. Gerade bei dieser Pflanze vermutet man daher kaum eine exotische Herkunft. Tatsächlich stammt *D. spectabilis* aus Asien, die schattigen Wälder Chinas und Koreas sind ihr Zuhause. Erst Mitte des 19. Jahrhunderts gelangte sie nach Europa. Sie wächst buschig und hat fleischige, zerbrechliche Wurzeln, die bei der Bodenbearbeitung nicht verletzt werden sollten. Im Frühling öffnen sich an überhängenden, traubigen Blütenständen die typischen herzförmigen, hängenden, rosafarbenen Blüten. Aus der Herzform ragen tropfenförmige innere Kronblätter nach außen. Das Laub ist hellgrün und gefiedert, es zieht schon bald nach der Blüte ein. Die entstehende Freifläche kann dann von Nachbarpflanzen wie Farnen oder Primeln bedeckt werden. Das Tränende Herz schätzt frische, humusreiche Böden im Halbschatten. Man kann es durch Stecklinge im Frühling oder Wurzelschnittlinge während der Ruhephase vermehren. Die Sorte 'Alba' hat weiße Blüten, reagiert jedoch empfindlicher auf Spätfröste als die rosafarbene Wildform. Die Zwerg-Herzblume (*D. eximia*) wird nur etwa 30 cm hoch.

Familie: Fumariaceae
Blütezeit: Frühling
Wuchsbreite: 60 cm
Wuchshöhe: 60 cm
Standort: ◑
Feuchtebedürfnis: ◔
❊ ❊ ❊

Dicentra spectabilis

Kriechende Gämswurz

Doronicum pardalianches

Die strahlenförmigen Blüten der Kriechenden Gämswurz mögen an eine Margerite erinnern, doch mit ihr ist sie nur entfernt verwandt. Die hellgelben Blütenköpfchen öffnen sich im Sommer an schlanken, verzweigten Stängeln und sind im Garten wie in Sträußen schön anzusehen. Die Staude entwickelt einen fleischigen Wurzelstock, wächst buschig und treibt Ausläufer. Ihr Laub ist leuchtend grün, leicht behaart und herzförmig. Heimisch ist die Kriechende Gämswurz in lichten Wäldern Westeuropas. Den Bedingungen ihres natürlichen Standortes entspricht daher im Garten am ehesten ein lockerer, frischer Boden im Halbschatten oder Schatten. Die Vermehrung ist durch Teilung nach der Blüte sowie durch Aussaat im Frühling oder Herbst möglich. Im Pflanzenhandel wird häufig eine weitere Gämswurz-Art angeboten: Die Kaukasus-Gämswurz (*D. orientale*, syn. *D. caucasicum*) bleibt mit bis 45 cm niedriger und blüht im Frühling.

Familie: Asteraceae
Blütezeit: Sommer
Wuchsbreite: 60 cm
Wuchshöhe: 75 cm
Standort: ◑ – ●
Feuchtebedürfnis: ◊ – ◖
❋ ❋ ❋

Dryopteris

Familie: Dryopteridaceae
Wuchsbreite: 80 cm
Wuchshöhe: 1 m
Standort: ◑
Feuchtebedürfnis: ◖
❋ ❋ ❋
✖

Gewöhnlicher Wurmfarn

Dryopteris filix-mas

Farne zählen zu den genügsamsten Gartengewächsen. Als Wildpflanzen sind sie es gewohnt, für sich selbst zu sorgen. Gibt man ihnen einen Platz, der ähnliche Bedingungen wie ihr natürlicher Standort bietet, brauchen sie kaum noch weitere Pflege. Die meisten Farne stammen aus Waldgebieten und bevorzugen einen feuchten, humosen, schwach sauren Boden in halbschattiger Lage. Der Gewöhnliche Wurmfarn wächst in Europa und Nordamerika wild und breitet sich mit Rhizomen flächendeckend aus. Seine gebogenen Farnwedel entspringen einem kurzen Spross und bilden einen Trichter. Der junge Austrieb ist hellgrün, später werden die Wedel sattgrün. Sie sind einfach gefiedert, die Fiedern sind fiederteilig, Schuppen bedecken die Stiele. Die Sporen werden beim Wurmfarn in braunen Sporenkapseln auf der Unterseite der Wedel gebildet und können ausgesät werden. Leichter fällt allerdings die Vermehrung durch Abtrennen bewurzelter Ausläufer. Vorsicht: Der Wurmfarn ist zwar eine Heilpflanze, doch seine Wirkstoffe führen bei zu hoher Dosierung zu Vergiftungen!

Kugeldistel

Echinops ritro (syn. E. bannaticus)

Im Garten, in frischen Sträußen und als Trockenblume ist die Kugeldistel vielseitig einsetzbar. Sie wächst buschig und aufrecht, ihre verzweigten Blütentriebe sind sehr lang, und so kommen die kugeligen Blütenköpfchen mit den winzigen blauen Einzelblüten besonders gut zur Geltung. Ihr Laub ist schmal, fiederteilig und behaart, die Blattoberseite ist graugrün, die Unterseite filzig grau und die Blattränder sind mit feinen Dornen bestückt. In Einzelstellung ergibt die Staude einen charaktervollen Blickfang, ihre dornige Wehrhaftigkeit ist allerdings in Gärten, in denen Kleinkinder spielen, von Nachteil. Die Kugeldistel ist für vollsonnige Beete ideal, denn sie bevorzugt trockene, warme Böden mit mäßigem Nährstoffangebot. In ihrer Heimat Südosteuropa kommt sie auf Trockenwiesen und in lichten Hainen vor. Sie lässt sich sehr gut mit hohen Ziergräsern kombinieren, die ähnliche Standortansprüche stellen. Auf Nässe reagiert die Kugeldistel empfindlich, vor allem im Winter kann es zu Ausfällen kommen. In Gebieten mit hoher Niederschlagsmenge ist dann eine Abdeckung (z. B. Noppenfolie) sinnvoll. Man vermehrt die Staude im Frühling durch Aussaat oder Teilung und im Herbst durch Wurzelschnittlinge.

Familie: Asteraceae
Blütezeit: Sommer
Wuchsbreite: 1 m
Wuchshöhe: 1,50 m
Standort: ○
Feuchtebedürfnis: ◌
❀ ❀ ❀

Echinops ritro

Turkestan-Lilienschweif

Eremurus robustus

Familie: Asphodelaceae
Blütezeit: Frühling bis Sommer
Wuchsbreite: 1 m
Wuchshöhe: 2,50 m
Standort: ○
Feuchtebedürfnis: ◌
❄ ❄

Zur Blütezeit ist dem Lilienschweif Aufmerksamkeit sicher. Die Staude bildet über fleischigen Wurzelstöcken stattliche Horste und hohe Blütentrauben. Die dicht beieinander stehenden Einzelblüten sind flach becherförmig, sie erblühen in hellem Rosa und verblassen allmählich, bis sie schließlich fast weiß sind. Die grundständigen, riemenförmigen Blätter in blaugrüner Färbung sterben schon zum Ende der Blütezeit ab. Durch geschicktes Kombinieren mit üppigen Ziergräsern verhindert man, dass unschöne Lücken zurückbleiben. Voraussetzungen für ein gutes Wachstum und eine beeindruckende Blüte sind ein durchlässiger, warmer Boden, der reichlich Sand enthält, und ein sonniger, geschützter Standort. Die Heimat des Turkestan-Lilienschweifs sind nämlich trockene, steinige Lagen in Zentralasien. Bei Bedarf sollte man die Blütenstände abstützen. An einen Winterschutz, der auch Nässe abhält (z. B. Noppenfolie), sollte rechtzeitig gedacht werden. Die Staude kann durch Aussaat oder Teilung nach der Blüte vermehrt werden.

Feinstrahl

Erigeron 'Dunkelste Aller'

Familie: Asteraceae
Blütezeit: Sommer
Wuchsbreite: 45 cm
Wuchshöhe: 60 cm
Standort: ○ – ◑
Feuchtebedürfnis: ◌ – ●
❄ ❄ ❄

Der Feinstrahl gehört zu den beliebtesten Gartenstauden und Schnittblumen. Er ist auch unter dem Namen Berufkraut bekannt. Seine strahlenförmigen Blütenköpfchen ähneln den Astern. Im Pflanzenhandel werden zahlreiche Züchtungen in Weiß, Rosa-, Violett- und Blautönen angeboten. Die Sorte 'Dunkelste Aller' (Syn. 'Darkest of All') ist aus der nordamerikanischen Wildart *E. speciosus* hervorgegangen. Ihre halbgefüllten, violetten Blütenköpfchen setzen sich aus langen, schmalen Zungenblüten und einem gelben Zentrum zusammen. Die Züchtung ist sehr blühfreudig und passt im Garten wie in der Vase gut zu gelber Schafgarbe (*Achillea*) oder weißem Schleierkraut (*Gypsophila*). Der Feinstrahl wächst verzweigt und buschig. Die überwiegend grundständigen, lanzettlichen Blätter sind graugrün gefärbt. Er bevorzugt nährstoffreiche, durchlässige Böden in der Sonne, verträgt aber auch Halbschatten. Die Vermehrung erfolgt im Frühling durch Stecklinge.

Edeldistel

Eryngium × oliverianum

Ein individuell gestalteter Garten lebt von außergewöhnlichen Pflanzen, die Edeldistel kann darin als aparter Blickfang verwendet werden. Sie lässt sich sehr gut mit Schafgarbe (*Achillea*) oder Ziergräsern kombinieren. Doch es wäre allzu schade, wenn ihr attraktives Laub verdeckt würde – es wird besser Abstand gewahrt. Das gilt übrigens in mehrfacher Hinsicht, denn die Edeldistel ist äußerst stachelig. Ihre dunkelgrünen Blätter sind auffällig geadert, eiförmig, die grundständigen Blätter sind leicht, die Stängelblätter stärker gelappt, sämtliche Blattränder sind von Stacheln besetzt. Winzige, stahlblaue Blüten sind zu großen, zylindrischen, abgerundeten Blütenköpfchen vereint. Lineale, stachelige Hochblätter umgeben sie. Die Blütenstände werden bei *E.* × oliverianum von verzweigten, stabilen Stängeln getragen. Man kann sie für frische Arrangements und für Trockensträuße verwenden. Diese Edeldistel wächst horstig und aufrecht. Es handelt sich um eine Kreuzung aus *E.* giganteum und *E.* planum. Sie ist an sonnige, trockene Standorte angepasst, entwickelt eine lange Pfahlwurzel und bevorzugt daher einen tiefgründigen Boden, der sehr durchlässig und eher mager sein sollte. Man kann die Staude durch Teilung im Frühling oder durch Wurzelschnittlinge im Winter vermehren.

ⓘ

Familie: Apiaceae
Blütezeit: Sommer
Wuchsbreite: 50 cm
Wuchshöhe: 80 cm
Standort: ○
Feuchtebedürfnis: ⬤
❄ ❄ ❄

Eryngium

Wasserdost

Eupatorium purpureum

Zu den Stauden zählen Winzlinge und auch große Pflanzen, die eher an Sträucher erinnern – zu Letzteren gehört der Wasserdost. Er verholzt nicht, stirbt im Herbst oberirdisch ab und treibt im Frühling neu aus. Im Sommer ist er eine imposante Erscheinung: Seine dann bis zu 2 m hohen, dicht belaubten Triebe sind rotviolett getönt. Die dunkelgrünen, lanzettlichen, leicht gesägten Blätter sind quirlständig angeordnet und bilden an den Stängeln einzelne »Etagen«. In endständigen, gewölbten Doldentrauben öffnen sich winzige, hellrosa bis rotviolett gefärbte, röhrenförmige Blüten. Der Wasserdost stammt aus Feuchtwäldern in Nordamerika und benötigt einen feuchten, nährstoff- und humusreichen Boden. Er bevorzugt den Halbschatten, kann aber auch in die Sonne gepflanzt werden, wenn der Boden niemals vollständig austrocknet. Am günstigen Standort ist er wüchsig und robust. Für naturnah angelegte Gärten ist er ideal, ebenso zur Uferbepflanzung. Vermehrt wird er durch Teilung im zeitigen Frühling oder im Herbst.

Euphorbia

Wolfsmilch

Euphorbia characias ssp. wulfenii

Aus dem Mittelmeerraum stammt diese sonnenhungrige Wolfsmilch. An einem geschützten Platz in lockerem, wasserdurchlässigem, mäßig nährstoffreichem Boden entwickelt sie sich zu einer beeindruckenden Schönheit. Sie wächst aufrecht und verliert ihr graugrünes, lanzettliches Laub im Winter nicht. Die einzelnen Triebe sind zweijährig: Die Staude blüht an den Trieben des Vorjahres, die nach der Blüte abgeschnitten werden können, sofern Samen nicht erwünscht sind. Die kugeligen, endständigen Blütenstände sind besonders attraktiv. *E. characias* ssp. *wulfenii* entwickelt gelbgrüne Einzelblüten, deren Nektardrüsen ebenfalls gelbgrün gefärbt sind; es fehlt ihnen das dunkle, für *E. characias* typische Auge - diese Art hat rotbraune Nektardrüsen. Die Triebe reagieren empfindlich auf Wind, ein zu großes Nährstoffangebot im Boden begünstigt Frostschäden. Zur Vorsicht sollte ein Winterschutz aus Reisigzweigen oder Laub ausgebracht werden. Die Vermehrung ist durch Teilung oder Aussaat im Frühling möglich.

Zypressen-Wolfsmilch

Euphorbia cyparissias

Die Zypressen-Wolfsmilch ist in Europa heimisch und recht häufig auf trockenen, steinigen Wiesen und in Dünengebieten anzutreffen. Sie ist sehr wüchsig und breitet sich durch Ausläufer an für sie günstigen Standorten rasch aus. Sie weiß magere, lockere, durchlässige Böden in der Sonne zu schätzen. Für naturnahe Gärten, in denen sie ihr großes Wachstum entfalten darf, ist sie bestens geeignet. In kleineren Gärten kann man sie durch regelmäßiges Abstechen von Ausläufern im Zaum halten. Im Frühling öffnen sich ihre kleinen, gelbgrünen, häufig auch rot gefärbten Einzelblüten in dichten Schirmrispen. Ihr blaugrünes, lineales Laub kann auf Magerböden auch orangefarben überlaufen sein; im Herbst färbt es sich gelb. Die Zypressen-Wolfsmilch lässt sich im Frühling leicht durch Teilung, Abtrennen der Ausläufer oder Stecklinge vermehren. Vorsicht: Der in allen Pflanzenteilen enthaltene Milchsaft ist giftig und führt leicht zu Hautreizungen. Beim Umgang mit dieser Pflanze sollte man Handschuhe tragen.

Familie: Euphorbiaceae
Blütezeit: Frühling
Wuchsbreite: 40 cm
Wuchshöhe: 40 cm
Standort: ○
Feuchtebedürfnis: ◌
✳ ✳ ✳
✘

Vielfarbige Wolfsmilch

Euphorbia polychroma

Mehr Schein als Sein ist die Devise der Vielfarbigen Wolfsmilch: Ihre kleinen, gelbgrünen Blüten stehen in endständigen Schirmrispen dicht zusammen. Um diese Blütenstände sind auffällige, leuchtend gelbe Hochblätter so geschickt angeordnet, dass sie leicht für Blütenblätter gehalten werden. Die eigentlichen Blüten haben sich also vorteilhaft in Szene gesetzt, um trotz ihrer geringen Größe gehörig aufzufallen. Sie blühen über einen langen Zeitraum an der buschigen Staude. Das Laub ist eiförmig bis lanzettlich geformt und weich behaart. Es ist meist leuchtend grün, teilweise aber auch rötlich getönt und nimmt eine bunte Herbstfärbung an.
Die Heimat der Vielfarbigen Wolfsmilch sind Waldgebiete von Mittel- bis Südosteuropa. Der Standort im Garten sollte sonnig, mindestens jedoch halbschattig sein, der Boden frisch, nährstoffreich und kalkhaltig. Man kann die Staude auf vielfache Weise vermehren: durch Teilung im Frühling oder Herbst, durch Aussaat vom Winter bis zum Frühling (Kaltkeimer) oder durch Stecklinge im Frühling.

Familie: Euphorbiaceae
Blütezeit: Frühling
Wuchsbreite: 50 cm
Wuchshöhe: 50 cm
Standort: ○ – ◑
Feuchtebedürfnis: ◐
✳ ✳ ✳

Mädesüß

Filipendula palmata

ⓘ

Familie: Rosaceae
Blütezeit: Frühling bis Sommer
Wuchshöhe: 80 cm
Wuchsbreite: 60 cm
Standort: ○
Feuchtebedürfnis: ◐ – ●
✿ ✿ ✿

Pflanzen mit natürlicher Wirkung sind im Wassergarten sehr gefragt. Dieses Mädesüß, auch Königsspiere genannt, schätzt feuchte Standorte und überzeugt durch rosafarbene, federige Blütenrispen, die an langen, verzweigten Stängeln über dem Laub stehen. Die Staude ist bestens zur Bepflanzung von Teichrändern geeignet und breitet sich mit ihrem kriechenden Wurzelstock aus. Die Wildart stammt aus Asien und ist vor allem auf Feuchtwiesen in Ostsibirien, China und Japan anzutreffen. Das Laub der Staude ist kräftig, dunkelgrün und fingerig geteilt, die einzelnen Blättchen sind tief gesägt. Wie man durch ihre Heimat zu Recht vermutet, benötigt sie einen lehmigen, humosen Boden, der Wasser zu speichern vermag. Das Mädesüß bevorzugt eine sonnige Lage. Man vermehrt es durch Teilung im Frühling oder Herbst, durch Stecklinge im Frühling oder Aussaat im Herbst.

Großblütige Kokardenblume

Gaillardia × grandiflora 'Kobold'

ⓘ

Familie: Asteraceae
Blütezeit: Sommer bis Herbst
Wuchshöhe: 30 cm
Wuchsbreite: 30 cm
Standort: ○
Feuchtebedürfnis: ○
✿ ✿ ✿

Dieser Kobold ist besonders farbenfroh und tummelt sich am liebsten auf sonnigen Beeten. Seine Blütenköpfchen bestehen aus feuerroten Zungenblüten mit gelben Spitzen und aus dunkelroten Röhrenblüten im Zentrum. In ihrer Blühfreudigkeit kann es diese Sorte durchaus mit den Sommerblumen aufnehmen. Allerdings muss man darauf achten, dass sich der 'Kobold' (Syn. 'Goblin') nicht zu sehr verausgabt, sonst ist er nämlich nur kurzlebig. Wenn man auch im nächsten Jahr eine reiche Blüte genießen möchte, sollte man die Staude während der Saison regelmäßig düngen und schon im zeitigen Herbst kräftig zurückschneiden. In der damit »verordneten« Ruhephase wird sie sich regenieren und einen buschigen Wuchs entwickeln. Nach drei Jahren sollte man sie ersetzen. Die Züchtung stammt von Wildarten ab, die in der Prärie Nordamerikas beheimatet sind. Ihr Laub ist sattgrün und behaart, die Grundblätter sind fiederteilig, die Stängelblätter lanzettlich und ganzrandig. Sie sollte auf nährstoffreiche, durchlässige Böden in der Sonne gepflanzt werden. Die Vermehrung kann bereits zum Winterende durch Aussaat unter Glas erfolgen oder im Frühling durch Teilung.

Herbst-Enzian

Gentiana sino-ornata

Wer den Enzian stets mit den Alpen in Verbindung bringt, wird sich nun wundern: Der Herbst-Enzian stammt nämlich aus China und benötigt in unseren Breiten Winterschutz – doch das ist auch schon sein einziges Manko. Pflanzt man ihn an den richtigen Platz im Garten, ist er pflegeleicht und blühfreudig. *G. sino-ornata* bildet mit Hilfe zahlreicher niederliegender Triebe dichte, rasenartige Polster. Das Laub ist sattgrün, lineal geformt und zugespitzt. Die tiefblauen, glockenförmigen Blüten öffnen sich einzeln an den Stängelenden. Durch grüne Streifen im Inneren seiner Blüten unterscheidet er sich deutlich von anderen Enzian-Arten.

Im Garten bietet man dem Herbst-Enzian am besten einen humosen, kalkfreien Boden in sonniger bis halbschattiger Lage. Man kann ihn im Frühling durch Teilung oder Stecklinge vermehren. Er ist sehr gut für den Steingarten und den Vordergrund von Staudenbeeten geeignet. Dort bietet er zum Ende der Gartensaison kräftige Farbtupfer, während sich andere Stauden schon auf die Winterruhe vorbereiten.

Gentiana sino-ornata

Familie: Gentianaceae
Blütezeit: Herbst
Wuchsbreite: 30 cm
Wuchshöhe: 15 cm
Standort: ○ – ◑
Feuchtebedürfnis: ◊
❀ ❀

Geranium

Geranium

Storchschnäbel gibt es in Hülle und Fülle, die Gattung umfasst etwa 300 Arten und unzählige Sorten. Die pflegeleichten und langlebigen Stauden wachsen an fast allen Standorten der gemäßigten Klimazonen, mit Ausnahme sehr feuchter Gebiete. Die meisten Arten kommen mit normalen Gartenböden an sonnigen bis halbschattigen Plätzen gut zurecht, vertragen aber keine Staunässe. Die Blätter sind meist von frischgrüner Farbe, fünffach gelappt und duften häufig. Manchmal überdauern die Blattrosetten sogar den Winter. Die Blüten sitzen in doldenartigen Blütenständen und sind bei den meisten Arten schalenförmig, bei anderen auch sternförmig. Das Farbspektrum reicht von Weiß, Rosa, Purpur bis zu Blau, teilweise sind sie auch dekorativ geadert. Die Blütezeit erstreckt sich je nach Art vom Frühjahr bis zum Spätsommer. Storchschnäbel sind vielseitig verwendbar: Niedrige Arten wie der etwa 20 cm hohe Blutrote Storchschnabel (*G.* × *sanguineum*) sind gute Bodendecker und eignen sich hevorragend für Steingärten, Tröge oder Trockenmauern; *G. himalayense* und der reich blühende Pracht-Storchschnabel (*G.* × *magnificum*) lassen sich zudem gut mit anderen Beetstauden, Gräsern und Rosen kombinieren. Der Wald-Storchschnabel (*G. sylvaticum*), der eine Höhe von 75 cm erreichen kann, gedeiht bestens auf feuchten Böden im Halbschatten und ist hervorragender Partner von Sträuchern und Bäumen. Um ihre Wirkung zu unterstreichen, pflanzt man sie am besten gruppenweise. Bei allen Arten empfiehlt es sich, verwelkte Blüten und Blätter zu entfernen, um so ihre Neubildung zu fördern. Am schnellsten und einfachsten lassen sich die Pflanzen durch Teilung vermehren.

Großblütiger Storchschnabel

Geranium himalayense (syn. G. grandiflorum)

ⓘ

Familie: Geraniaceae
Blütezeit: Frühling bis Sommer
Wuchsbreite: 50 cm
Wuchshöhe: 30 cm
Standort: ○
Feuchtebedürfnis: ◊

❀ ❀

Auf der Suche nach einem genügsamen Bodendecker denken die meisten Gartenbesitzer eher an flach wachsende Sträucher wie die Teppich-Zwergmispel (*Cotoneaster dammeri*) als an eine Staude. Für sonnige Bereiche ist der Großblütige Storchschnabel jedoch eine schöne Alternative. Seine Heimat sind die Bergwiesen im Himalaja. Er bevorzugt einen frischen, nährstoffreichen Boden, verträgt aber auch Trockenheit. Mit Hilfe von Ausläufern bildet er Matten und unterdrückt Unkraut. Zum Frühlingsende öffnen sich seine blauvioletten, schalenförmigen Blüten mit weißem Auge, die zu mehreren an verzweigten Stängeln stehen. Das hellgrüne Laub ist tief gelappt und die einzelnen Blattlappen sind gesägt. Möchte man rasch größere Flächen begrünen, kann man die Pflanzen vor oder nach der Blüte aufnehmen, teilen und gleich wieder einpflanzen. Im Handel wird häufig die beliebte Sorte 'Gravetye' (syn. *G. grandiflorum* var. *alpinum*) angeboten, sie hat kleineres Laub und entwickelt größere, rotviolette Blüten.

Pracht-Storchschnabel

Geranium × magnificum

ⓘ

Familie: Geraniaceae
Blütezeit: Frühling bis Sommer
Wuchsbreite: 60 cm
Wuchshöhe: 50 cm
Standort: ○
Feuchtebedürfnis: ◊

❀ ❀ ❀

Der Pracht-Storchschnabel ist eine alte Kulturpflanze. Er stammt von Arten ab, deren Heimat vom Kaukasus bis nach Persien reicht. Seinen kräftigen, buschigen Wuchs kann man sich zu Nutze machen, wenn Unkraut unterdrückt werden soll; man pflanzt ihn dann in dichtem Abstand und lässt den Boden flächig bewachsen. Er wirkt in zwanglos gestalteten Gärten mit ländlichem Charme besonders ansprechend. Seine langen Blütentriebe sind auch für die Vase geeignet. Als Standort sollte ein nährstoffreicher, durchlässiger Boden in vollsonniger Lage gewählt werden. Die genügsame und blühwillige Schönheit zeigt sich dann von ihrer besten Seite. Die Staude verträgt intensive Sonneneinstrahlung, gedeiht aber auch in absonnigen Bereichen. Die violettblau gefärbten Blüten mit dunkler Aderung sind schalenförmig und erscheinen in Büscheln. Das graugrüne, behaarte Laub ist rundlich und tief gelappt. Es duftet würzig und färbt sich im Herbst orangerot. Zur Vermehrung teilt man ältere Pflanzen vor oder nach der Blüte.

Kaukasus-Storchschnabel

Geranium renardii

Die weißen Blüten des Kaukasus-Storchschnabels sind auffällig violettbraun geadert, doch da sie nur wenige Wochen zu sehen sind, findet diese Art eher als Blattschmuckstaude Verwendung. Die graugrünen, nierenförmigen Blätter sind gelappt und gesägt, ihre Oberfläche wie auch die Blattstiele sind von kurzen, feinen Haaren bedeckt, dadurch fühlen sie sich samtig an. Keine Frage, auch außerhalb der Blütezeit ist dieser Storchschnabel ein Blickfang. Man kann ihn bestens in den Vordergrund von Rabatten pflanzen. Er kann auch zur Beeteinfassung verwendet werden, wenn er sich auf angrenzende Platten ausbreiten darf. In Kombinationen mit graulaubigen Pflanzen (z. B. *Artemisia* oder *Santolina*) kommt er besonders gut zur Geltung.

G. renardii stammt von Bergwiesen im Kaukasus. Die Art wächst kompakt und bildet kräftige Horste. Sie bevorzugt einen durchlässigen Boden in sonniger Lage, Staunässe verträgt sie nicht. Zur Vermehrung kann die Staude im Frühling oder Herbst geteilt und im Frühling ausgesät werden.

ⓘ

Familie: Geraniaceae
Blütezeit: Frühling
Wuchsbreite: 30 cm
Wuchshöhe: 30 cm
Standort: ○
Feuchtebedürfnis: ○
❄ ❄ ❄

Geranium renardii

167

Geranium sanguineum

Familie: Geraniaceae
Blütezeit: Frühling bis Sommer
Wuchsbreite: 50 cm
Wuchshöhe: 30 cm
Standort: ○ – ◑
Feuchtebedürfnis: ◊
❀ ❀ ❀

Blutroter Storchschnabel

Geranium sanguineum

Der Blutrote Storchschnabel zählt zu den geschützten Wildpflanzen. Er ist auf Bergwiesen in Europa und im Kaukasus anzutreffen. Im Garten bietet man ihm am besten einen sonnigen bis halbschattigen Platz in Verbindung mit Steinen, die er mit seinen gebogenen Trieben zum Teil bedeckt. Der Boden sollte kalkhaltig, warm und durchlässig sein, man kann ihn bei Bedarf vor dem Pflanzen durch Einbringen von Sand und kohlensaurem Kalk verbessern. Das Laub von *G. sanguineum* duftet würzig, es ist fingerig geteilt, schwach behaart und färbt sich im Herbst gelb. Die rotvioletten Blüten erscheinen einzeln an verzweigten Stängeln. Im Pflanzenfachhandel sind außerdem zahlreiche Züchtungen in unterschiedlichen Rosa- und Violetttönen sowie in Weiß ('Album') erhältlich. Möchte man seinen Pflanzenbestand vergrößern, kann man die Art durch Teilung im Herbst und Stecklinge oder Aussaat im Frühling vermehren.

Wald-Storchschnabel

Geranium sylvaticum

Familie: Geraniaceae
Blütezeit: Frühling bis Sommer
Wuchsbreite: 40 cm
Wuchshöhe: 60-75 cm
Standort: ◑
Feuchtebedürfnis: ◑
❀ ❀ ❀

Während die oben vorgestellten Storchschnäbel die Sonne lieben, bevorzugt der geschützte Wald-Storchschnabel den Halbschatten und feuchte Böden. Wie sein Name schon sagt, stammt er aus Waldgebieten. Seine Verbreitung reicht von Europa über die Türkei und den Kaukasus bis nach Zentralasien. Die Staude entwickelt am günstigen Standort tief reichende Wurzelstöcke und dichte Horste. Das sattgrüne Laub ist überwiegend grundständig, tief gelappt bis fingerig geteilt, die einzelnen Blättchen sind gesägt. Die Blüten öffnen sich an verzweigten Stängeln, sie sind rotviolett gefärbt und schalenförmig. Die Art blüht üppig über einen langen Zeitraum. Beste Voraussetzungen für einen kräftigen Wuchs schafft man mit einem halbschattigen Standort und nährstoffreichem, feuchtem Boden. Die Staude ist für Rabatten geeignet und kann auch unter Bäume gepflanzt werden. Man vermehrt sie durch Teilung im Frühling oder Herbst. Als besonders attraktive Sorten sind 'Mayflower' mit hellblauen Blüten, deren Mitte weiß ist, und die weiß blühende 'Album' empfehlenswert.

Rote Nelkenwurz

Geum coccineum

Geum coccineum

Stacheln trägt sie nicht und dennoch ist sie mit den Rosen verwandt: Die Rote Nelkenwurz gehört zur Familie der Rosengewächse. Die europäische Wildpflanze wächst buschig und kriecht oberirdisch. Ihr dunkelgrünes Laub ist leicht behaart und verbleibt im Winter an der Pflanze. Die grundständigen Blätter sind unregelmäßig gefiedert, die Endfiedern sind nierenförmig und größer als die seitlichen Fiedern; die Stängelblätter sind ungelappt und gesägt. Im Frühling öffnen sich schalenförmige Blüten einzeln an verzweigten Stängeln. Die Kronblätter sind orangerot gefärbt, im Zentrum der Blüte leuchtet ein Büschel gelber Staubblätter. Die Rote Nelkenwurz ist eine blühwillige und pflegeleichte Beetstaude. Man pflanzt sie am besten auf frische, humose Böden in wechselsonniger Lage. Sie ist auch für halbschattige Rabatten geeignet, blüht dann aber nicht so üppig. Verblühtes sollte man regelmäßig entfernen. Zur Vermehrung und zur Verjüngung teilt man ältere Pflanzen im Frühling oder Herbst.

Familie: Rosaceae
Blütezeit: Frühling bis Sommer
Wuchsbreite: 30 cm
Wuchshöhe: 50 cm
Standort: ○ – ◑
Feuchtebedürfnis: ◌ – ◉
❋ ❋ ❋

Gewöhnlicher Gundermann

Glechoma hederacea

Diese Staude ist vielseitig einsetzbar: Sie bildet Ausläufer und wächst je nach Standort kriechend oder hängend. Dadurch kann sie sowohl als Ampelpflanze auf dem Balkon wie auch als Bodendecker verwendet werden. Die Wildart ist in europäischen Wäldern heimisch und steht als gefährdete Pflanze unter Schutz. Das immergrüne Laub duftet würzig, es ist nierenförmig, an der Basis eher herzförmig, die Blattränder sind gekerbt. Bei der Art ist es dunkelgrün, die häufig angebotene Sorte 'Variegata' trägt Laub mit weißer und silberner Zeichnung. Die blauvioletten Blüten sind klein und entstehen an aufrechten Blütentrieben. Der Gundermann bevorzugt humus- und nährstoffreiche, feuchte Böden im Halbschatten. Er gedeiht sogar an schattigen Plätzen, sollte allerdings nie in die Sonne gepflanzt werden. Am günstigen Standort kann er wuchern, durch Abstechen von Ausläufern lässt sich sein Wachstum begrenzen. Die Vermehrung geschieht leicht durch Abtrennen bewurzelter Ausläufer. Vorsicht: Diese Staude ist giftig!

Familie: Lamiaceae
Blütezeit: Frühling
Wuchsbreite: unterschiedlich
Wuchshöhe: 15 cm
Standort: ◑
Feuchtebedürfnis: ◌ – ◉
❋ ❋ ❋
✖

169

Wasser-Schwaden

Glyceria maxima

ⓘ

Familie: Poaceae
Blütezeit: Sommer
Wuchsbreite: unterschiedlich
Wuchshöhe: 80 cm
Ufer- und Sumpfpflanze
Standort: ○
Feuchtebedürfnis: ●
❄ ❄ ❄

Dieses Ziergras ist eine Blattschmuckstaude für dauerfeuchte Bereiche in großen Gärten. Es bildet kräftige Horste und breitet sich kriechend aus, die Halme stehen aber aufrecht. Die riemenförmigen Blätter sind bei der Wildart, die aus Europa und Asien stammt und unter Schutz steht, sattgrün gefärbt. Häufiger ist jedoch eine Sorte namens 'Variegata' bei Staudengärtnereien erhältlich. Sie besticht durch cremeweiß gestreiftes Laub, das im jungen Stadium zunächst rosafarben überlaufen ist. Die winzigen, grünlichen Blüten des Wasser-Schwadens werden im Sommer in lockeren Rispen gebildet und sind eher unauffällig. Als Standort wählt man für diese Ufer- und Sumpfpflanze einen nassen, nährstoffreichen Boden in sonniger Lage. Sie ist bestens für die Teichrandbepflanzung und für Wassertiefen bis zu 20 cm geeignet. Die Vermehrung kann durch Teilung im Frühjahr erfolgen.

Riesen-Schleierkraut

Gypsophila paniculata

ⓘ

Familie: Caryophyllaceae
Blütezeit: Sommer
Wuchsbreite: 1 m
Wuchshöhe: 80 cm
Standort: ○
Feuchtebedürfnis: ○
❄ ❄ ❄

Die Wirkung der auffälligsten Blüten kann durch schmückendes Beiwerk noch verstärkt werden – das gilt für Blumensträuße ebenso wie für Staudenbeete. Seinen großen Auftritt hat das Riesen-Schleierkraut als schöner Begleiter neben kräftig gefärbten Prachtstauden oder Rosen. Zahllose winzig kleine, weiße Blüten umspielen dann in zierlich wirkenden Rispen die benachbarten Pflanzen. Die Blütenstände sind stark verzweigt, schlank und drahtig. Sie sind für den Schnitt bestens geeignet und können auch getrocknet werden. Die Wildpflanze stammt aus Südeuropa, dem Kaukasus und Westsibirien, bei uns wird sie auch Rispiges Gipskraut genannt. Sie entwickelt einen kräftigen Wurzelstock, der tief in den Boden reicht, und wächst ausladend. Der Boden sollte daher leicht, sandig und tiefgründig sein. Nach dem Umpflanzen braucht das Riesen-Schleierkraut lange, um sich wieder einzugewöhnen, am angestammten Platz ist es aber langlebig. Sein Laub ist blaugrün, fleischig, lanzettlich geformt und spitz. Man vermehrt es im Frühling durch Aussaat oder Stecklinge. 'Bristol Fairy' ist eine beliebte Sorte mit gefüllten weißen Blüten, sie wird höher als die Art.

Sonnenbraut

Helenium 'Moerheim Beauty'

Familie: Asteraceae
Blütezeit: Sommer
Wuchsbreite: 50 cm
Wuchshöhe: 80 m
Standort: ○
Feuchtebedürfnis: ○
❀ ❀ ❀

Zahlreiche Stauden tragen die Sonne im Namen, die bekannteste ist sicher die Sonnenblume. Ihr botanischer Name *Helianthus* wurde vom griechischen Wort für Sonne abgeleitet – helios. Bei der botanischen Bezeichnung der Sonnenbraut – *Helenium* – verhält es sich ganz ähnlich, und sonnengleich sieht sie auch aus: Die Wildform stammt aus Nordamerika und trägt leuchtend gelbe, strahlenförmige Korbblüten. Ihre große Beliebtheit als Gartenpflanze und Schnittblume hat Züchter angeregt, Sorten in Gelb-, Orange- und Rottönen auf den Markt zu bringen; 'Moerheim Beauty' trägt kupferrote Blüten. Die Sorten lassen sich im sonnigen Staudenbeet sehr gut miteinander kombinieren: 'Butterpat' hat leuchtend gelbe, 'Goldrausch' goldgelbe Blütenköpfchen mit brauner Zeichnung. Sie harmonieren auch mit Goldrute (*Solidago*), Gold-Garbe (*Achillea*) und Ziergräsern wie *Miscanthus*. Die Sonnenbraut wächst straff aufrecht, ihre Triebe verholzen an der Basis leicht. Sie ist kräftig dunkelgrün belaubt, die einzelnen Blätter sind lanzettlich geformt und leicht gesägt. An den Boden stellt sie keine großen Ansprüche, er sollte jedoch niemals staunass sein. Man vermehrt und verjüngt sie durch Teilung im Frühling oder Herbst.

Helenium 'Moerheim Beauty'

Stauden-Sonnenblume

Helianthus × multiflorus

Den meisten Pflanzenliebhabern sind Sonnenblumen schon seit Kindertagen bekannt: Wer hat sie nicht schon einmal in Töpfen auf der Fensterbank ausgesät? Die Rede ist hier von der einjährigen Sonnenblume, die nach der Samenreife abstirbt. Weniger Arbeit bereitet die Stauden-Sonnenblume. Sie ist mehrjährig, blühfreudig und eine lange haltende Schnittblume. Ihre Blütenköpfchen setzen sich aus sonnengelben Zungenblüten und gelbbraunen Röhrenblüten zusammen, sie bleiben allerdings kleiner als bei den meisten einjährigen Sorten. Ihr Laub ist dunkelgrün, lanzettlich bis eiförmig und rau. Die Elternarten der Züchtung stammen aus Nord- und Mittelamerika. Sie bevorzugt einen durchlässigen Boden mit mäßigem Nährstoffangebot in sonniger Lage. Am günstigen Standort bedeckt sie mit Hilfe von Ausläufern große Flächen. Man bremst unerwünschtes Wuchern durch Abstechen, durch Teilung kann man die Staude im Frühling vermehren und verjüngen – ältere Pflanzen werden blühfaul.

Familie: Asteraceae
Blütezeit: Sommer / Herbst
Wuchsbreite: 60 cm
Wuchshöhe: 1,50 m
Standort: ○
Feuchtebedürfnis: ◌
❈ ❈ ❈

Garten-Sonnenauge

Heliopsis helianthoides var. scabra

Die gelben Korbblüten des Garten-Sonnenauges erinnern an Margeriten, sie blühen sehr lange und ergeben schöne Sommersträuße. Die Knospen öffnen sich bis in den Herbst hinein an stabilen, verzweigten Stängeln. Die Wildstaude stammt aus Nordamerika. Sie wächst aufrecht und ist sehr standfest. Ihr dunkelgrünes Laub ist ebenfalls kräftig, lanzettlich bis eiförmig und gesägt. Es fühlt sich rau an, weil es borstig behaart ist. Man wählt für das Garten-Sonnenauge am besten einen vollsonnigen Standort und einen durchlässigen, nährstoffreichen Boden. Verblühtes sollte man regelmäßig entfernen. Regelmäßiges Düngen sorgt für Nährstoffnachschub. Zur Vermehrung schneidet man im Frühling Stecklinge, ältere Pflanzen lassen sich im Frühling oder Herbst teilen. Eine Verjüngung durch Teilung ist nach drei Jahren ratsam. Das Garten-Sonnenauge kann mit anderen gelb blühenden Stauden kombiniert werden: Stauden-Sonnenblume (*Helianthus*), Sonnenbraut (*Helenium*) und Sonnenhut (*Rudbeckia*).

Familie: Asteraceae
Blütezeit: Sommer
Wuchsbreite: 60 cm
Wuchshöhe: 1 m
Standort: ○
Feuchtebedürfnis: ◌
❈ ❈ ❈

Christrose

Helleborus niger

ℹ

Familie: Ranunculaceae
Blütezeit: Winter
Wuchsbreite: 30 cm
Wuchshöhe: 30 cm
Standort: ◐
Feuchtebedürfnis: ◗
❄ ❄ ❄
✖

Die Christrose zählt zu den bekanntesten Stauden, ihren Namen verdankt sie ihrer ungewöhnlichen Blütezeit: Zwar öffnen sich ihre weißen, nickenden Blüten nicht immer pünktlich zur Weihnachtszeit, doch je nach Wetterlage ist es spätestens zum Winterende soweit. In manchen Regionen wird die Staude Schwarze Nieswurz genannt, und die Farbe Schwarz – lateinisch niger – kommt auch im botanischen Namen vor. Wer sich angesichts der schneeweißen Blüten über diesen Namen wundert, sollte sich die Wurzeln genauer anschauen. Die Wildstaude stammt aus den Alpen und Karpaten. Sie wächst ausladend und bildet durch kriechende Rhizome Gruppen. Ihr dunkelgrünes, glänzendes, fingerig geteiltes und gesägtes Laub ist wintergrün, nur bei extrem niedrigen Temperaturen stirbt es ab. Die Blüten erscheinen einzeln, zu zweit oder dritt in Büscheln an einem Stängel und werden gerne für Sträuße verwendet. Die Christrose bevorzugt geschützte Standorte vor einer Hecke oder Mauer. Der Boden sollte tiefgründig, feucht, humus- und nährstoffreich sowie kalkhaltig sein. Man vermehrt sie durch Aussaat gleich nach der Samenreife oder durch Teilung im Spätsommer.

Frühlings-Schneerose

Helleborus orientalis

Ihre frühe Blütezeit hat die Frühlings-Schneerose schon vor langer Zeit in die Gärten einziehen lassen. Sie ist in zahlreichen Sorten erhältlich, versät sich leicht selbst und produziert Nachkommen, die in Weiß-, Rosa-, Rot- und Grünnuancen blühen. Bei so vielen Farbvarianten wird die Sammelleidenschaft schnell geweckt.

Die Heimat der Wildstaude liegt in Südosteuropa und im Kaukasus. Sie ist auch unter den Namen Orientalische Nieswurz oder Lenzrose bekannt. Ihr Wuchs ist kräftig und ausladend, sie treibt zahlreiche wintergrüne Blätter an stabilen Stielen. Das glänzende, grundständige Laub ist dunkelgrün, fingerig geteilt und leicht gesägt. Die schalenförmigen, nickenden Blüten stehen einzeln. Sie sind weiß, häufig gefleckt, grünlich überlaufen und haben auffällige helle Staubblätter. Als Standort wählt man einen feuchten, humosen, nährstoffreichen und kalkhaltigen Lehmboden im Halbschatten; bei ausreichender Bodenfeuchtigkeit gedeiht die Staude auch in der Sonne. Zur Vermehrung sät man sie gleich nach der Samenreife aus. Vorsicht, die Pflanze ist giftig. .

Familie: Ranunculaceae
Blütezeit: Winter/Frühling
Wuchsbreite: 50 cm
Wuchshöhe: 50 cm
Standort: ◑
Feuchtebedürfnis: ◊
❄ ❄ ❄
✖

175

Braunrote Taglilie

Hemerocallis fulva

Die Braunrote Taglilie zählt gewiss zu den schönsten Wildarten. Aus Asien kam sie nach Europa, China und Japan sind ihre Heimat. Sie entwickelt einen fleischigen Wurzelstock und wächst horstig. Das riemenförmige Laub ist bläulich dunkelgrün, gekielt und überhängend – die großen Horste erinnern an Ziergräser. Für die Beliebtheit der Taglilien sorgen trichterförmige Blüten. Sie erinnern an Lilien, doch sie blühen nur ein bis zwei Tage. Da sich die Knospen aber nicht alle gleichzeitig öffnen, ergibt sich eine Blütezeit von mehreren Wochen. *H. fulva* treibt hohe, verzweigte Blütenstände. Die orangebraunen Blüten stehen in Büscheln zusammen und haben zurückgeschlagene Kronblätter. Sie öffnen sich erst im Hochsommer, pflanzt man auch früh blühende Arten, kann man also die Saison noch verlängern. Taglilien möchten ungestört wachsen und nicht mehrfach umgepflanzt werden. Sie wünschen sich einen nährstoffreichen Boden in sonniger bis halbschattiger Lage. Zur Vermehrung kann man sie im Frühling oder Herbst teilen.

ℹ

Familie: Hemerocallidaceae
Blütezeit: Sommer
Wuchsbreite: 75 cm
Wuchshöhe: 1 m
Standort: ○ – ◑
Feuchtebedürfnis: ◌ – ◖
❀ ❀ ❀

Hemerocallis lilioasphodelus

Gelbe Taglilie

Hemerocallis lilioasphodelus (syn. H. flava)

Die Gelbe Taglilie ist eine sehr alte Kulturpflanze, die man in ihrem Heimatland China bereits seit Generationen zur Zierde und als Heilmittel in den Gärten anpflanzt. In Südosteuropa ist diese Art inzwischen verwildert anzutreffen. Sie bildet mit Hilfe ihres fleischigen Wurzelstocks einen großen Horst aus riemenförmigen, gekielten, bogig überhängenden Blättern. Die gelben, glocken- bis trichterförmigen Blüten dieser Taglilie haben kurze Stiele und sind in größeren Büscheln an langen Stängeln angeordnet. Sie duften nach Orangen. *H. lilioasphodelus* ist wüchsig und robust. Die Art bevorzugt einen frischen, nährstoffreichen Boden in der Sonne oder im Halbschatten. Sie sieht in großen Gruppen eindrucksvoll aus, neigt allerdings zum Wuchern. In naturnah gestalteten Gärten eignet sie sich zur Verwilderung. Man vermehrt sie durch Teilung im Herbst.
 Pflegehinweis für alle Taglilien: Knospen, die sich nicht öffnen, sollte man entfernen, sie deuten auf einen Schädlingsbefall hin.

ℹ

Familie: Hemerocallidaceae
Blütezeit: Frühling
Wuchsbreite: 60 cm
Wuchshöhe: 60 cm
Standort: ○ – ◑
Feuchtebedürfnis: ◌ – ◖
❀ ❀ ❀
❀

Taglilie

Hemerocallis 'Marion Vaughn'

Die Taglilien haben zahlreiche Liebhaber gefunden, unter den Gartenbesitzern wie unter den Pflanzenzüchtern. Besonders häufig sind Züchtungen mit creme-weißen, gelben, orangefarbenen oder rötlichen Blüten im Angebot, doch es gibt inzwischen sogar blauviolette Sorten. Einige haben Streifen, manche gefüllte Blüten – der Sammelleidenschaft sind also kaum Grenzen gesetzt. Die besonders blühfreudige und robuste Sorte 'Marion Vaughn' überzeugt durch intensiv duftende, zitronengelbe Blüten; sie sind weit trichterförmig und die Kronblätter haben einen leicht erhöhten, helleren Mittelsteg. Allerdings öffnen sich die einzelnen Blüten meist nachts und verwelken schon nach etwa zwei Tagen, für die Vase sind sie daher weniger geeignet. Im Garten wirkt 'Marion Vaughn' in Einzel-stellung sehr dekorativ. Als Standort bevorzugt sie einen frischen, nährstoffreichen Boden in der Sonne oder im Halbschatten. Diese Züchtung neigt weniger zum Wuchern als die Wildarten und kommt auch für kleinere Gärten in Frage. Ver-mehrt wird sie durch Teilung im Frühling oder Spätsommer.

Familie: *Hemerocallidaceae*
Blütezeit: *Sommer*
Wuchsbreite: *60 cm*
Wuchshöhe: *80 cm*
Standort: ○ – ◑
Feuchtebedürfnis: ◌ – ◐
❄ ❄ ❄
❀

Purpurglöckchen

Heuchera micrantha var. diversifolia 'Palace Purple'

Möchte man bei der Gartengestaltung auch die Laubfarben einbeziehen, ist das Purpurglöckchen eine schöne Wahl. Seine Blätter sind dunkel rotviolett gefärbt und glänzen metallisch, sie sind grundständig, gelappt und gekerbt. Die Staude formt niedrige, breite Polster, an der Basis verholzen die Triebe leicht. Am günsti-gen Standort bildet sie durch Ausläufer schließlich Teppiche. Die Züchtung stammt von einer nordamerikanischen Wildart ab. Sie wünscht sich einen feuch-ten, aber durchlässigen Boden im Halbschatten. Im Frühling öffnen sich ihre win-zigen, weißen, glockenförmigen Blüten. Sie sind in lockeren Rispen an rotbrau-nen, drahtigen Stängeln angeordnet. Die Staude ist halbimmergrün, man entfernt im Herbst nur Verblühtes und abgetrocknetes Laub. Die Vermehrung kann durch Teilung oder durch Risslinge im Sommer nach der Blüte erfolgen.

Familie: *Saxifragaceae*
Blütezeit: *Frühling / Sommer*
Wuchsbreite: *40 cm*
Wuchshöhe: *50 cm*
Standort: ◑
Feuchtebedürfnis: ◐
❄ ❄ ❄

Funkien

Hosta-Arten und Hybriden

Zur Gattung der Funkien (*Hosta*) werden etwa 70 Arten gezählt, die aus China, Japan und Korea stammen. Ein großer Teil von ihnen hat wegen ihres schönen Laubes den Weg in die Gärten gefunden. Es ist in der Regel grundständig, glänzend und lanzettlich bis herzförmig. Funkien bilden ausladende Horste mit fleischigen Blättern. Man kann sie sehr gut als Bodendecker verwenden, sie wirken aber auch in Einzelstellung und als Kübelbepflanzung attraktiv. Es wurden zahlreiche Sorten in den Handel gebracht, deren grünes Laub weiß, cremefarben oder hellgrün gezeichnet ist. Diese panaschierten Funkien hellen halbschattige Gartenbereiche optisch auf. Ihr Laub wird auch gerne für Sträuße verwendet.

Funkien bevorzugen feuchte, nährstoffreiche Lehmböden in absonniger bis halbschattiger Lage. Neben Garten-Astilben (*Astilbe*) sehen sie sehr schön aus. Sie treiben im Frühling erst spät aus, eventuell markiert man die Pflanzstellen, damit die Wurzelstöcke nicht aus Versehen beschädigt werden. Ihre weißen, bläulichen oder violett gefärbten Blüten sind trompeten- bis glockenförmig und in Trauben angeordnet. Die Vermehrung erfolgt durch Teilung im Herbst. Der fleischige Wurzelstock alter Exemplare ist häufig widerspenstig, man kann ein Messer zu Hilfe nehmen, allerdings muss jedes Teilstück mindestens ein triebfähiges Auge haben. In feuchten Sommermonaten sind die Pflanzen durch Schneckenfraß gefährdet – man sollte rechtzeitig die Tiere absammeln oder Schneckenfallen aufstellen.

H. fortunei, die Graublatt-Funkie, gibt es in vielen panaschierten Sorten: 'Aureomarginata' (Goldrand-Funkie) hat Blattränder, die unregelmäßig cremefarben getönt sind, und hellviolette Blüten.

Familie: Hostaceae
Blütezeit: Sommer bis Herbst
Wuchsbreite: unterschiedlich
Wuchshöhe: unterschiedlich
Standort: ○ – ◑
Feuchtebedürfnis: ◗
❀ ❀ ❀

179

Funkie

Hosta 'Hadspen Blue'

Familie: Hostaceae
Blütezeit: Sommer
Wuchsbreite: 50 cm
Wuchshöhe: 30 cm
Standort: ◑
Feuchtebedürfnis: ◐
❄ ❄ ❄

Niedrig bleibende Funkien sind als Bodendecker für halbschattige Bereiche des Gartens ideal und können als Einzelpflanzen in Töpfen sogar einen Nordbalkon verschönern. 'Hadspen Blue' ist eine langsam wachsende Züchtung mit blaugrünen, grau bereiften, herzförmigen Blättern, die auffällig geadert sind; die Blattspreite wird bis zu 15 cm lang. Ihre Blüten sind hellviolett und trompetenförmig. Sie werden in dichten Trauben an schwach belaubten, hoch über dem Laub stehenden Trieben gebildet. Der Name Hadspen ist als Hommage an einen Landsitz bei Castle Cary in Somerset, Südengland, zu verstehen. Funkien-Liebhaber sollten einen Besuch des öffentlich zugänglichen Gartens und der angegliederten Gärtnerei in Erwägung ziehen, denn dort ist auch eine große *Hosta*-Sammlung zu sehen.

'Hadspen Blue' wünscht sich einen feuchten, aber durchlässigen, nährstoffreichen Boden. Eine Mulchschicht sorgt für gleichmäßige Bodenfeuchtigkeit. Vermehrt werden die Pflanzen durch Teilung im Spätsommer oder im zeitigen Frühling. Ein Schneckenbefall kann dem Laub in feuchten Sommermonaten zusetzen.

Hosta 'Hadspen Blue'

Blaublatt-Funkie

Hosta sieboldiana

Zu den stattlichsten Funkien des großen Sortiments gehört die Blaublatt-Funkie. Sie stammt aus Japan, bildet über einem fleischigen Wurzelstock einen großen Horst und wächst langsam. Die großen Blätter dieser Funkie haben eine besonders schöne bläulich graugrüne Färbung. Sie sind eiförmig bis herzförmig und auffällig geadert. Die Blattspreiten werden bis zu 40 cm lang. Im Sommer schmückt sich die Blaublatt-Funkie zudem mit bläulich weißen, glockenförmigen Blüten. Sie stehen in Trauben an kräftigen, belaubten Blütentrieben und ragen knapp über das Laub hinaus. In Einzelstellung wirkt diese Funkie am besten, weil dann ihr Laub besonders gut zur Geltung kommt; vor allem ältere Exemplare ziehen die Blicke auf sich. Allerdings gilt es bei der Platzwahl zu berücksichtigen, dass sie im Frühling spät austreibt und die Pflanzstelle lange Zeit kahl bleibt.
Als Standort wünscht sie sich einen frischen, nährstoffreichen Boden im Halbschatten. Pflanzt man sie an einen zu sonnigen Platz wird das Laub grau und unansehnlich. Sie kann durch Teilung im Frühling oder Herbst vermehrt werden. Im Herbst sollte man absterbendes Laub bald entfernen, weil es bei feuchter Witterung fault.

Familie: Hostaceae
Blütezeit: Sommer
Wuchsbreite: 1 m
Wuchshöhe: 60 cm
Standort: ◐
Feuchtebedürfnis: ◌
❄ ❄ ❄

Hosta sieboldiana

Immergrüne Schleifenblume

Iberis sempervirens

ⓘ

Familie: Brassicaceae
Blütezeit: Frühling
Wuchsbreite: 40 cm
Wuchshöhe: 30 cm
Standort: ○
Feuchtebedürfnis: ◌ – ◐
❊ ❊ ❊

Zur Blütezeit im Frühling ist der Anblick der Schleifenblume überwältigend: Unzählige schneeweiße Blüten bedecken dann die Pflanze und lassen vom Laub kaum noch etwas erahnen. Dazu ist sie noch genügsam und pflegeleicht – was will man mehr? *I. sempervirens* stammt aus Südeuropa und der Türkei. Streng genommen handelt es sich gar nicht um eine Staude, sondern um einen Halbstrauch, weil die Pflanze verholzt. Auch ihr dunkelgrünes, lineal geformtes, ganzrandiges Laub verliert sie im Herbst nicht. Das Polstergewächs breitet sich mit stark verzweigten, überhängenden Trieben buschig aus. Die einzelnen weißen Blüten sind zwar sehr klein, sie wirken aber zu zahlreichen endständigen, flachen Trugdolden vereint beeindruckend. Die Schleifenblume gedeiht auf mageren, frischen, kalkhaltigen Böden bestens. Sie nimmt sogar mit Fugen vorlieb. Zur Vermehrung bieten sich die Aussaat im Frühling und die Teilung im Herbst an.

Himalaja-Alant

Inula hookeri

ⓘ

Familie: Asteraceae
Blütezeit: Sommer
Wuchsbreite: 45 cm
Wuchshöhe: 75 cm
Standort: ○ – ◐
Feuchtebedürfnis: ◌ – ◐
❊ ❊ ❊

Diese wüchsige Staude wirkt mit ihren gelben, leicht duftenden Strahlenblüten nicht nur auf Menschen, sondern auch auf Bienen und andere Insekten anziehend. Möchte man also Kleintiere im Garten beobachten, bietet es sich an, den Himalaja-Alant in den Hintergrund einer sonnigen bis halbschattigen Staudenrabatte auf einen durchlässigen Boden zu pflanzen. Dort wird er rasch einen kräftigen Horst bilden und auch Trockenheitsphasen problemlos überstehen. Die Heimat der Staude ist im volkstümlichen Namen bereits enthalten, diese Alant-Art stammt tatsächlich aus Bergregionen im Himalaja. Sie hat sattgrünes, ledriges, behaartes, elliptisch bis lanzettlich geformtes und leicht gesägtes Laub. Die Korbblüten bestechen durch einen Kranz aus langen, sehr schmalen, gelben Zungenblüten. Ihr orangegelbes Zentrum wird aus kurzen Röhrenblüten gebildet. Die Blütenköpfchen sind einzeln oder in Büscheln an schlanken, stabilen, belaubten und behaarten Stängeln angeordnet. Die Vermehrung erfolgt durch Aussaat oder Teilung im Frühling.

Fackellilie

Kniphofia caulescens

Die Fackellilie zählt zu den Aristokratinnen des Staudengartens. Ihre hohen Blütenstände ergeben einen imposanten Blickfang – und zwar in sonnigen Beeten wie auch in der Vase. Die einzelnen kleinen Blüten sind dicht gedrängt zu großen endständigen Kolben zusammengefasst. Die Knospen haben eine orangerote Färbung, die geöffneten Blüten sind gelb, und da sich die Knospen von unten nach oben in zeitlicher Folge öffnen, wirken die Blütenstände mehrfarbig.

K. caulescens ist von kräftigem Wuchs und entwickelt einen fleischigen Wurzelstock. Ihr blaugrünes Laub erinnert an Ziergräser, es ist grundständig, ledrig, riemenförmig und überhängend. Die Heimat der Staude sind die Bergregionen Südafrikas. Sie benötigt einen warmen, geschützten Standort. Der Boden sollte humus- und nährstoffreich, frisch, aber durchlässig sein, denn auf Staunässe reagiert der fleischige Wurzelstock empfindlich. Während des Wachstums sollte man den Boden durch gezieltes Gießen feucht halten. Im Winter ist ein Schutz vor anhaltendem Frost und Nässe nötig. Man bindet den Horst nach oben, damit Regenwasser außen abläuft, zurückgeschnitten wird die Staude erst im Frühling. Vor oder nach der Blütezeit kann sie durch Teilung vermehrt werden.

ℹ

Familie: Asphodelaceae
Blütezeit: Sommer/Herbst
Wuchsbreite: 60 cm
Wuchshöhe: 1,20 m
Standort: ○
Feuchtebedürfnis:
❄ ❄

Gefleckte Taubnessel

Lamium maculatum

Familie: Lamiaceae
Blütezeit: Frühling / Sommer
Wuchsbreite: unterschiedlich
Wuchshöhe: 20 cm
Standort: ○ – ◐
Feuchtebedürfnis: ◊
❀ ❀ ❀

Unbedeckter Boden trocknet schnell aus und wirkt auf Unkraut einladend. Sorgt man dagegen für eine geschlossene Pflanzendecke, haben unerwünschte Sämlinge kaum eine Chance. Bodendecker sind also nützliche Helfer, wenn ein pflegeleichter Garten angelegt werden soll. Für schattige, feuchte Bereiche des Gartens ist die Gefleckte Taubnessel eine schöne Wahl. Sie bildet dichte Teppiche aus sattgrünem Laub mit silbriger Zeichnung. Die Staude ist halbimmergrün, man schneidet sie daher im Herbst nicht zurück, sondern entfernt nur abgetrocknete Triebe. Die einzelnen Blätter sind eiförmig bis herzförmig und leicht behaart. Im Frühling erscheinen kleine rosafarbene bis rotviolette Lippenblüten in endständigen Quirlen.

Das natürliche Verbreitungsgebiet von *L. maculatum* erstreckt sich von Europa bis nach Nordafrika und Kleinasien; die Art zählt zu den geschützten Wildpflanzen. Sie bevorzugt feuchte, humusreiche Böden im Halbschatten oder Schatten und fühlt sich zwischen Gehölzen wohl. Man vermehrt sie durch Teilung im Frühling oder Herbst und durch Stecklinge zum Frühlingsende.

Wiesen-Margerite

Leucanthemum vulgare
(syn. Chrysanthemum leucanthemum)

Familie: Asteraceae
Blütezeit: Frühling
Wuchsbreite: 60 cm
Wuchshöhe: 90 cm
Standort: ○
Feuchtebedürfnis: ◊ – ◊
❀ ❀ ❀

In ländlichen Blumengärten ist die pflegeleichte Wiesen-Margerite ein absolutes Muss. Die weißen Strahlenblüten leuchten mit farbenprächtigen Stauden wie dem Rittersporn (*Delphinium*) oder dem hohen Stauden-Phlox um die Wette – und zwar im Staudenbeet wie in Blumensträußen. Das natürliche Verbreitungsgebiet der Wildstaude reicht von Europa über den Kaukasus bis nach Sibirien; in Nordamerika ist sie verwildert anzutreffen. Bei uns trägt sie auch den Namen Gewöhnliche Wucherblume, doch den Beigeschmack einer Allerweltspflanze, den er impliziert, hat sie längst verloren; sie zählt inzwischen zu den geschützten Pflanzen.

Die sonnenhungrige Staude gedeiht in jedem frischen Gartenboden. Sie wächst buschig und bildet mit Hilfe von Ausläufern große Horste. Das Laub ist dunkelgrün, die grundständigen Blätter sind spatelförmig und tief gesägt, die Stängelblätter sind schwächer gesägt bis ganzrandig. Die endständigen Blütenköpfchen bestehen aus langen, weißen Zungenblüten und inneren, kurzen, gelb gefärbten Röhrenblüten. Die Wiesen-Margerite ist kurzlebig, man kann sie durch Teilung im Frühling oder Herbst verjüngen und vermehren, sie versät sich aber ohnehin leicht selbst.

Zu den schönsten gefüllt blühenden Margeriten zählt die Sorte *L.* x *superbum* 'Wirral Supreme'.

Lamium maculatum

Pracht-Scharte

Liatris spicata

Bezieht man bei der Gartenplanung einige Schnittstauden mit ein, hat man schon bald die frischesten Blumensträuße. Wer die Farbe Violett und nicht alltägliche Blütenformen schätzt, sollte die Pracht-Scharte wählen. Sie ist für sonnige Beete ideal und kann in Gefäßen auch Balkone und Terrassen schmücken. Sehr gut lässt sie sich mit dem Federborstengras (*Pennisetum*) oder dem Sonnenhut (*Rudbeckia*) kombinieren.

Die Heimat der Wildstaude sind Feuchtwiesen in Nordamerika. Sie ist langlebig, hat einen fleischigen Wurzelstock und wächst straff aufrecht. Das Laub ist lineal geformt und erinnert an Ziergräser. Die langen, grundständigen Blätter bilden einen Büschel, die Blätter an den Blütentrieben sind kürzer. Die rotvioletten Blüten werden in dichten, zylindrischen, bis zu 20 cm langen Ähren an stabilen Stängeln gebildet. Im Unterschied zu den meisten anderen Stauden, öffnen sich die Blüten von oben nach unten. Haben sich also die letzten Blüten am unteren Ende der Ähren geöffnet, sind die oberen bereits verblüht, ungeübte Beobachter können diese aber durchaus für Knospen halten. Die Pracht-Scharte wünscht sich einen nährstoffreichen, frischen Boden. Ältere Pflanzen kann man durch Teilung im Frühling vermehren.

ⓘ

Familie: Asteraceae
Blütezeit: Sommer
Wuchsbreite: 30 cm
Wuchshöhe: 60 cm
Standort: ○
Feuchtebedürfnis: ◌ – ◑
❄ ❄ ❄

Meerlavendel

Limonium latifolium (syn. L. platyphyllum)

ⓘ

Familie: Plumbaginaceae
Blütezeit: Frühling bis Sommer
Wuchsbreite: 45 cm
Wuchshöhe: 80 cm
Standort: ○
Feuchtebedürfnis: ◌
❄ ❄ ❄

Schöne Begleiter erfüllen im Garten und in Sträußen eine wichtige Aufgabe. Der Meerlavendel ist zur Blütezeit von einem Schleier aus winzigen hellvioletten Blüten bedeckt. Die großen verzweigten Rispen werden von drahtigen Stängeln gehalten und wachsen aus grundständigen Rosetten hoch hinaus. Die Blütenstände können frisch verwendet oder für Trockensträuße getrocknet werden. Das Laub ist dunkelgrün, ledrig und spatelförmig bis elliptisch geformt, der Wurzelstock verholzt im Laufe der Zeit. Die Verbreitung der Staude reicht von Mitteleuropa über Südosteuropa bis nach Südrussland, sie gedeiht dort auf Trockenwiesen. Im Garten benötigt sie ebenfalls einen durchlässigen Boden, ideal ist ein kalkhaltiger Sandboden. Man sollte einen warmen, vollsonnigen Platz wählen, sommerliche Trockenheitsphasen übersteht der Meerlavendel mühelos. Als Vermehrungsmethoden bieten sich die Aussaat im Frühling, die Teilung im Herbst oder Wurzelschnittlinge im Winter an.

Lobelie

Lobelia × speciosa

ⓘ

Familie: Campanulaceae
Blütezeit: Sommer
Wuchsbreite: 30 cm
Wuchshöhe: 1 m
Standort: ○ – ◑
Feuchtebedürfnis: ◌ – ◑
❄ ❄

Lobelien sorgen für leuchtende Farbeffekte. Das blau blühende, einjährig gezogene Männertreu (*L. erinus*) ist bei uns weit verbreitet, weniger bekannt sind die hohen Lobelien (*Lobelia × speciosa*). Zahlreiche feuerrot, rotviolett und rosa blühende Züchtungen sind erhältlich. Allerdings bereiten die kurzlebigen Stauden etwas Mühe, wenn man sie mehrjährig ziehen möchte. Sie müssen in Gegenden mit Temperaturen unter -5 °C in einem hellen, kühlen Raum frostfrei überwintert werden. Nach zwei Jahren lässt die Blühfreudigkeit nach. Das Laub dieser Lobelien ist meist sattgrün, bei einigen Sorten ist es rötlich. Die Blätter sind überwiegend grundständig, eiförmig und leicht behaart. Bei den bis zu 40 cm hohen Blütenständen handelt es sich um Trauben. Der Boden sollte nährstoff- und humusreich sein. Zur Vermehrung können diese Lobelien im Frühling geteilt werden.

Garten-Lupine

Lupinus-Hybriden

Die Garten-Lupinen sind alte Bauerngartenpflanzen. Sie stammen von der Viel-blättrigen Lupine (*L. polyphyllus*) ab, einer Nutzpflanze, deren Heimat Nord-amerika ist. Noch heute werden Lupinen im Gemüsebau als so genannte Zwi-schenfrucht zur Gründüngung eingesät, um die Bodenqualität zu verbessern. Dabei macht man sich deren Fähigkeit zu Nutze, mit Hilfe von Bakterien, die an ihren Wurzeln leben, den Stickstoffgehalt des Bodens zu erhöhen. Für den Stau-dengarten bieten sich Züchtungen mit attraktiven, meist zweifarbigen Blüten an, die in dichten, endständigen Trauben angeordnet sind. Sie bilden Horste aus dun-kelgrünen, teils bläulich gefärbten, fingerig geteilten Blättern; die einzelnen Blätt-chen sind eiförmig bis lanzettlich geformt.

Lupinen bevorzugen einen durchlässigen, tiefgründigen, humusreichen Boden mit niedrigem pH-Wert und vollsonnige Standorte. Über regelmäßige Kompost-gaben freuen sie sich. Da ihr Laub schon früh einzieht, sind sie im hinteren Be-reich von Rabatten gut aufgehoben. Verblühtes sollte man schon bald abschnei-den, damit durch Samenbildung keine Kraft verloren geht. Zur Vermehrung nimmt man im Frühling Stecklinge von nicht blühenden Seitentrieben ab.

Familie: Fabaceae
Blütezeit: Frühling bis Sommer
Wuchsbreite: 50 cm
Wuchshöhe: 80 cm
Standort: ○
Feuchtebedürfnis: ◊
❄ ❄ ❄

187

Kronen-Lichtnelke

Lychnis coronaria

ℹ

Familie: Caryophyllaceae
Blütezeit: Frühling/Sommer
Wuchshöhe: 60 cm
Wuchsbreite: 40 cm
Standort: ○
Feuchtebedürfnis: ◌
✻ ✻ ✻

Vor allem bei der Gartenneuanlage sind schnelle Effekte gefragt: Bäume und Sträucher werden meist als Jungpflanzen gekauft, erzielen aber erst nach Jahren die gewünschte Wirkung. Als Übergangslösung können höhere Stauden und Sommerblumen dienen. Die Kronen-Lichtnelke bietet sich in Gruppen für leuchtende Farbwirkungen an. Die Staude ist kurzlebig, erreicht aber schnell ihr Optimum. Sie treibt schon im ersten Jahr zahlreiche magentarote Blüten und versät sich leicht selbst. Die einzelnen, stieltellerförmigen Blüten sind zwar klein, doch sie öffnen sich in hohen, locker verzweigten Blütenständen mit grauen Stängeln. Das überwiegend grundständige, in Rosetten angeordnete Laub ist ebenfalls silbrig grau, eiförmig bis lanzettlich und dicht behaart.
Die Heimat der Staude sind steinige Lagen in Südosteuropa, Zentralasien und im Himalaja. Sie wünscht sich einen sonnigen Platz mit durchlässigem Boden. Vor allem im Winter kann Bodennässe zum Faulen des Wurzelstocks führen. Abgestorbene Pflanzen entfernt man im Frühling, die durch Selbstaussaat erscheinenden Sämlinge können in die entsprechenden Lücken gepflanzt werden. Zur gezielten Vermehrung bieten sich die Aussaat im Frühling und das Teilen wüchsiger Pflanzen im Spätsommer an.

Entenschnabel-Felberich

Lysimachia clethroides

ℹ

Familie: Primulaceae
Blütezeit: Frühling/Sommer
Wuchshöhe: 1 m
Wuchsbreite: 60 cm
Standort: ○ – ◑
Feuchtebedürfnis: ◕
✻ ✻ ✻

Wildstauden sorgen im Garten mühelos für sich selbst, wenn man sie an den richtigen Platz pflanzt, und helfen, den Pflegeaufwand so gering wie möglich zu halten. Der Entenschnabel-Felberich bedeckt sonnige bis halbschattige Bereiche des Gartens mit feuchtem und nährstoffreichem Boden nach einer Phase der Eingewöhnung mühelos. Am optimalen Standort neigt er durch Ausläuferbildung sogar zum Wuchern, durch Teilung gebietet man ihm dann Einhalt.
Die Wildstaude stammt aus China und Japan. Ihr Laub ist hellgrün, lanzettlich bis eiförmig und leicht behaart, im Herbst färbt es sich orangerot. Zur Blütezeit hat sie ihren großen Auftritt: Weiße, winzige, sternförmige Blüten öffnen sich dann in

dichten, endständigen, gebogenen Trauben, die in ihrer Form an einen Entenschnabel erinnern. Mit fortschreitender Blütezeit richten sich die Trauben auf. Der Entenschnabel-Felberich sieht neben Wasserflächen sehr schön aus und lässt sich hervorragend mit Taglilien (*Hemerocallis*), dem Schaublatt (*Rodgersia*) und Knöterich (*Bistorta*) kombinieren. Zur Vermehrung trennt man im Frühling bewurzelte Ausläufer ab.

Gold-Felberich

Lysimachia punctata

Manche Stauden können es im Hinblick auf ihre Blütezeit durchaus mit den Sommerblumen aufnehmen – der Gold-Felberich ganz bestimmt. Seine goldgelben Blüten leuchten mehr als zwei Monate in hohen, endständigen Blütentrauben, danach schöpft er Kraftreserven für die nächste Saison. Die Blütenstände wirken sehr natürlich, lassen sich gut kombinieren, z. B. mit Indianernessel (*Monarda*) oder Knöterich (*Bistorta*), und können auch für farbenfrohe sommerliche Sträuße verwendet werden. Das Laub ist sattgrün, lanzettlich geformt, gegenständig oder in Quirlen an den Blütentrieben angeordnet und leicht behaart.

Im manchen Regionen wird die an Flussufern und im Sumpfland in Mittel- und Südosteuropa wild wachsende Staude auch Punktierter Gilbweiderich genannt. Sie bildet durch Ausläufer mit den Jahren buschige Gruppen, neigt aber nicht zum Wuchern. Bei Bedarf verkleinert oder vermehrt man die Horste im Frühling oder Herbst durch Teilung. Als Standort ist ein feuchter, nährstoffreicher Boden im Halbschatten ideal, bei ausreichender Bodenfeuchtigkeit kommt auch ein sonniger Platz in Frage. Die Staude ist bestens zur Teichrandbepflanzung geeignet. In naturnah gestalteten Gärten sehen größere Gruppen sehr ansprechend aus.

Familie: Primulaceae
Blütezeit: Frühling / Sommer
Wuchsbreite: 60 cm
Wuchshöhe: 1 m
Standort: ◯ – ◑
Feuchtebedürfnis: ◑
❄ ❄ ❄

Lythrum virgatum

ⓘ

Familie: Lythraceae
Blütezeit: Sommer
Wuchsbreite: 50 cm
Wuchshöhe: 1 m
Ufer- und Sumpfpflanze
Standort: ○ – ◑
Feuchtebedürfnis: ◐ – ◐

❈ ❈ ❈

ⓘ

Familie: Papaveraceae
Blütezeit: Sommer
Wuchsbreite: 1,20 m
Wuchshöhe: 2 m
Standort: ○
Feuchtebedürfnis: ◐

❈ ❈ ❈

Ruten-Blutweiderich

Lythrum virgatum

Dauerfeuchter Gartenboden mag eine schlechte Voraussetzung für das Anpflanzen von Geranien, Petunien oder Tagetes sein. Doch statt den Boden mühevoll mit Hilfe einer Dränage trocken zu legen, kann man auch Gewächse wählen, die sich dort besonders wohl fühlen. Der Ruten-Blutweiderich ist eine schöne Wahl für feuchte bis nasse, nährstoffreiche Böden in sonniger oder absonniger Lage. In feuchten Rabatten und auf Feuchtwiesen kommt er neben Wiesen-Schwertlilie (*Iris sibirica*) oder Entenschnabel-Felberich (*Lysimachia clethroides*) bestens zur Geltung. Er kann sogar in die Sumpfzone eines Gartenteiches gesetzt werden. Die Wildstaude ist in Mittel- und Osteuropa anzutreffen. Ihre Triebe verholzen an der Basis. Die Blüten sind leuchtend rotviolett und stehen in hohen, schlanken Rispen beisammen. Das Laub ist dunkelgrün und lanzettlich geformt, es bedeckt die gesamte Pflanze. Zur Vermehrung nimmt man im Frühling Stecklinge von nicht blühenden Seitentrieben, der holzige Wurzelstock lässt sich schlecht teilen.

Weißer Federmohn

Macleaya cordata

Für eine individuelle Gestaltung des Gartens sind nicht alltägliche Charakterpflanzen eine gute Basis. Der Weiße Federmohn zieht schon allein wegen seiner Größe die Blicke auf sich – kaum zu glauben, dass er tatsächlich zu den Mohngewächsen gehört. Wenn er auch groß ist, so wirken seine rundlichen, gebuchteten bis gelappten Blätter und vor allem die lockeren, federigen Blütenrispen doch zierlich. Vor einem neutralen Hintergrund, etwa einer Mauer, wirken seine dezenten Farben am besten. Die einzelnen kleinen Blüten sind hell rosafarben und hängen an ockerfarbenen Stängeln. Die Oberseite der Blätter ist blaugrün gefärbt, die Unterseite sieht durch eine Behaarung graugrün aus. Sämtliche Pflanzenteile enthalten einen orangebräunlichen Milchsaft. Die Wildstaude stammt aus China und Japan. Sie bevorzugt einen feuchten Boden in sonniger Lage. Unter günstigen Bedingungen kann sie wuchern, bei Bedarf kann man ihre unterirdischen Ausläufer abstechen. Zur Vermehrung teilt man die Horste im Frühling oder Herbst.

Moschus-Malve

Malva moschata

Manche Klassiker kommen einfach nie aus der Mode – das gilt auch für Gartenpflanzen und für die Malven ganz besonders. Seit Generationen sind sie in ländlichen Blumengärten zu finden, ebenso wie ihre nahe Verwandte, die Stockrose (*Alcea rosea*). Das natürliche Verbreitungsgebiet der Moschus-Malve reicht von Europa bis nach Nordwestafrika und Kleinasien. Sie wächst buschig und hat reich verzweigte, an der Basis verholzende Triebe. Geliebt wird sie wegen ihrer hell rosafarbenen, flach schalenförmigen Blüten. Sie sind in Trauben angeordnet, die sich auch sehr gut für den Schnitt eignen. Die Knospen öffnen sich in zeitlicher Folge über viele Wochen. Im Handel ist auch eine weiß blühende Sorte namens 'Alba' erhältlich. Das sattgrüne Laub der *Malva moschata* duftet leicht – angeblich nach Moschus – und ist sehr fein geteilt.

Malven stellen keine besonderen Ansprüche an ihren Standort, nährstoffreicher Gartenboden, Sonne oder Halbschatten sind ihnen recht. Im Frühling können sie durch Aussaat und im Frühsommer durch Stecklinge von nicht blühenden Seitentrieben vermehrt werden.

ⓘ

Familie: Malvaceae
Blütezeit: Frühling / Sommer
Wuchsbreite: 40 cm
Wuchshöhe: 60 cm
Standort: ○ – ◐
Feuchtebedürfnis: ○ – ◑
❁ ❁ ❁

Malva moschata mit Lavandula angustifolia

Europäischer Straußfarn

Matteuccia struthiopteris

Familie: Woodsiaceae
Blütezeit: Sommer
Wuchsbreite: 50 cm
Wuchshöhe: 1 m
Standort: ○ – ◑
Feuchtebedürfnis: ◐
❀ ❀ ❀

Der Europäische Straußfarn ist fast in der gesamten nördlichen gemäßigten Zone verbreitet und zählt zu den geschützten Pflanzen. In Auwäldern wie im Garten bildet er an feuchten, halbschattigen bis absonnigen Standorten durch unterirdische Ausläufer große Farndickichte. Er ist sehr gut für den Wassergarten geeignet, verträgt aber keine Staunässe. Der Boden sollte humusreich sein und einen niedrigen pH-Wert haben. Wenn sich die jungen, noch hellgrünen, schneckenförmig gedrehten Wedel im Frühling entrollen, bietet der Farn einen herrlichen Anblick. Die später sattgrünen, doppelt gefiederten Wedel sind trichterförmig angeordnet und leicht nach außen gebogen – er wird darum auch Trichterfarn genannt. Die einzelnen Fiedern sind lanzettlich geformt, sie entwickeln keine Sporen, sondern sind steril. Zur Fortpflanzung bildet der Farn im Zentrum des Trichters fruchtbare Wedel. Sie sind zunächst grün, im Reifezustand braun und können durch ihre Form an Straußenfedern erinnern. Die gezielte Vermehrung durch Sporenaussaat ist aufwendig, leichter fällt im Herbst das Abtrennen bewurzelter Ausläufer.

Großer Scheinmohn

Meconopsis grandis

Familie: Papaveraceae
Blütezeit: Frühling
Wuchsbreite: 50 cm
Wuchshöhe: 1,20 m
Standort: ◐ – ●
Feuchtebedürfnis: ◐
❀ ❀ ❀

Vertraute Blüten in ungewöhnlicher Farbe lassen das Sammlerherz höher schlagen. Der Große Scheinmohn ist bei spezialisierten Staudengärtnereien erhältlich. Er gehört zu derselben Familie wie unser heimischer Klatsch-Mohn (*Papaver rhoeas*) und seine nickenden, flach schalenförmigen Blüten mit seidigen Kronblättern sind ähnlich geformt, doch sie leuchten himmelblau. Seine kräftigen Stängel sind rotbraun behaart. Die Staude stammt aus dem Himalaja und fühlt sich an einem halbschattigen, kühlen, aber geschützten Standort in feuchter Lauberde mit niedrigem pH-Wert besonders wohl. Sie wächst aufrecht und trägt sattgrünes, überwiegend grundständiges, in Rosetten angeordnetes Laub. Die einzelnen Blätter sind elliptisch geformt, gesägt und ebenfalls behaart. Der Scheinmohn ist nur kurzlebig und sollte nach der Blüte durch Teilung verjüngt werden. Eine weitere blau blühende Scheinmohn-Art ist *M. betonicifolia* – ihre Blüten sind aber kleiner.

Blauglöckchen

Mertensia simplicissima

Dieser Bodendecker liebt die Sonne und verträgt Trockenheit geduldig. Das Blauglöckchen stammt aus sandigen Küstenregionen Japans und bildet mit seinen niederliegenden, kriechenden Trieben dichte Teppiche, die Unkraut unterdrücken. Wer also in den warmen Sommermonaten weder Zeit noch Geld für regelmäßiges Bewässern des Gartens erübrigen möchte, trifft mit dieser Wildstaude die richtige Wahl. Der Boden sollte mager und sehr durchlässig sein, durch Zugabe von Sand kann man ihn entsprechend vorbereiten. Das Blauglöckchen wirkt durch seine fleischigen, blaugrauen, rundlichen bis spatelförmigen und in Rosetten angeordneten Blätter in Kiesbeeten besonders ansprechend. Es gedeiht sogar in den Fugen von Steinplatten. Im Sommer öffnen sich die eher unscheinbaren, blauen, röhrenförmigen Blüten an endständigen, aufrechten Trieben. Zur Vermehrung teilt man die Pflanzen im Frühling.

ⓘ

Familie: Boraginaceae
Blütezeit: Sommer bis Herbst
Wuchsbreite: 30 cm
Wuchshöhe: 30 cm
Standort: ○
Feuchtebedürfnis:
❄ ❄ ❄

193

Miscanthus sinensis (im Vordergrund)

China-Schilf

Miscanthus sinensis 'Silberfeder'

ℹ

Familie: Poaceae
Blütezeit: Sommer bis Herbst
Wuchsbreite: 1,50 m
Wuchshöhe: 2 m
Standort: ○
Feuchtebedürfnis: ◌ – ◖
❄ ❄ ❄

Hohe Ziergräser wie das China-Schilf sind attraktive Solitärpflanzen. Die federigen Blütenstände bieten zum Ende der Gartensaison einen filigranen Blickfang und halten lange Wind und Wetter stand, wenn man sie nicht schon im Herbst abschneidet, um sie zu trocknen und für Sträuße zu verwenden. Der eigentliche Rückschnitt erfolgt erst im Frühling, denn das Laub dient als Winterschutz. Das China-Schilf eignet sich für den Hintergrund von Rabatten. Die Wildart stammt aus China und wurde in Europa für zahlreiche Kreuzungen verwendet. Es sind heute Sorten mit unterschiedlicher Wuchshöhe, Blütenfärbung und zum Teil auch mit einer auffälligen Laubzeichnung erhältlich. Das Laub der Sorte 'Silberfeder' ist riemenförmig, überhängend und von einem weißen Mittelstreifen verziert. Die winzigen Blüten sind zunächst rosafarben und werden mit dem Verblühen silbrig. Sie sind in lockeren, federigen Ähren angeordnet. Das China-Schilf bevorzugt nährstoffreiche, trockene bis frische Böden in der Sonne. Vermehrt wird es durch Teilung im Frühling.

194

Sumpf-Vergissmeinnicht

Myosotis palustris

Das zweijährig gezogene Vergissmeinnicht (*Myosotis sylvatica*) ist den meisten Pflanzenliebhabern bekannt, doch es gibt auch mehrjährige Verwandte. Die Blüten vom Sumpf-Vergissmeinnicht unterscheiden sich kaum von den bekannten: Sie sind ebenfalls himmelblau, haben ein gelbes Auge, werden in lockeren Trauben gebildet und ergeben schöne Frühlingssträuße. Die Pflanzen wachsen buschig ausgebreitet und bilden Ausläufer. Das Laub ist sattgrün, lanzettlich und leicht behaart. Wie der volkstümliche und der botanische Name *M. palustris* (lateinisch sumpfbewohnend) verraten, liebt das Sumpf-Vergissmeinnicht dauerfeuchte Standorte. Es handelt sich um eine geschützte Wildstaude mit einem großen Verbreitungsgebiet in Europa, der Türkei und in Sibirien. An günstigen Standorten versät sie sich selbst, gezielt vermehrt man die Staude durch Aussaat oder Stecklinge gleich nach der Blüte. Schöne Kombinationen gelingen mit Etagen-Primeln (*Primula pulverulenta*) und Trollblumen (*Trollius*).

Familie: Boraginaceae
Blütezeit: Frühling/Sommer
Wuchsbreite: 20 cm
Wuchshöhe: 30 cm
Standort: ○
Feuchtebedürfnis: ◖ – ◕
❀ ❀ ❀

Gelbe Teichrose

Nuphar lutea

Die Gelbe Teichrose ist eine Wasserpflanze mit schwimmenden, an Seerosen erinnernden Blättern und einem kriechenden Wurzelstock. Sie war früher in stehenden oder ruhig fließenden Gewässern in Europa, Kleinasien, Sibirien und Zentralasien häufig anzutreffen, ihr Bestand ist jedoch durch Umweltverschmutzung zurückgegangen – heute zählt sie zu den geschützten Pflanzen. Die Wildstaude ist nur für größere Gartenteiche mit einer Wassertiefe von mindestens 2 m geeignet. In kleinere Teiche setzt man besser eine Zwergzüchtung der Seerose (*Nymphaea*-Hybriden). Die Blüten der Gelben Teichrose sind tatsächlich leuchtend gelb, becherförmig und ähneln denen der Trollblume (*Trollius*). Sie duften leicht und stehen über dem Wasser. Die dunkelgrünen Blätter haben eine herzförmige Basis und eine kreisrunde Spreite. Bei niedrigem Wasserstand stehen sie an langen Stielen aus dem Wasser heraus. Man pflanzt die Staude in den lehmigen, nährstoffreichen Teichgrund und vermehrt sie durch Teilung im Frühling oder Herbst.

Familie: Nymphaeaceae
Blütezeit: Sommer
Wuchsbreite: 2 m
Wassertiefe: bis 3 m
Wasserpflanze
Standort: ○
Feuchtebedürfnis: ◕
❀ ❀ ❀

Weiße Seerose

Nymphaea alba

Familie: *Nymphaeaceae*
Blütezeit: *Sommer*
Wuchsbreite: *ca. 2 m*
Wassertiefe: *50 cm bis 2 m*
Wasserpflanze
Standort: ○
Feuchtebedürfnis: 🌢
❄ ❄ ❄

Wer kennt die Seerose nicht? Zahlreiche Züchtungen mit gelben, rosafarbenen oder roten Blüten gehen auf die Weiße Seerose zurück. Diese Wildstaude ist in Europa, Kleinasien und im Kaukasus heimisch. Sie gedeiht in stehenden Gewässern mit großer Wassertiefe und zählt zu den geschützten Pflanzen. Ihre weißen, leicht duftenden Blüten mit gelben Staubblättern sind zunächst becherförmig und vollständig geöffnet schließlich sternförmig. Die glänzenden Schwimmblätter an langen Blattstielen sind rundlich und im jungen Stadium rötlich, später sattgrün gefärbt. Typisch ist der tiefe Einschnitt, der das Blatt in zwei Lappen spaltet.

Seerosen bilden einen verzweigten Wurzelstock. Sie brauchen Sonne, um viele Knospen zu bilden. Die bevorzugte Wassertiefe richtet sich nach der Größe des Wurzelstocks, Jungpflanzen werden zunächst nur bis zu 25 cm unter den Wasserspiegel in den lehmigen Grund eingesetzt. Sofern das Gewässer im Winter nicht vollständig durchfriert, überdauern Seerosen auch strengen Frost. Man vermehrt sie durch Teilung im Frühling. Eine Zwergseerose, die sogar in großen Schalen mit Wasser gedeiht, ist die dunkelrot blühende *Nymphaea* 'Froebelii'.

Gedenkemein

Omphalodes verna

Das Gedenkemein ist ein Bodendecker für halbschattige Bereiche des Gartens. Es kann sehr gut unter Bäume und vor Schatten spendende Mauern oder Hecken in humusreichen Boden gepflanzt werden. Die Waldpflanze stammt aus Südosteuropa, bildet zahlreiche Ausläufer und wirkt so im Laufe der Zeit als Flächendecker, der den Boden mit einem grünen Blattkleid versieht und Unkraut zuverlässig unterdrückt. Das Laub der Wildstaude ist hellgrün, lanzettlich bis herzförmig und steht an langen Stielen. Im Frühling öffnen sich darüber in lockeren Trauben winzige, himmelblaue Blüten mit weißem Auge; sie erinnern an eine entfernte Verwandte – das Vergissmeinnicht. Das Gedenkemein lässt sich sehr gut mit Farnen kombinieren, als Unterpflanzung von Azaleen und Rhododendren wirkt es besonders schön. Durch seinen niedrigen Wuchs ist es auch zur Grabbepflanzung geeignet. Man vermehrt die Staude durch Teilung im Herbst.

Familie: Boraginaceae
Blütezeit: Frühling
Wuchsbreite: 20 cm
Wuchshöhe: 20 cm
Standort: ◑
Feuchtebedürfnis: ◌ – ◐
❀ ❀ ❀

Königsfarn

Osmunda regalis

Der Königsfarn zählt zu den größten Farnen der Welt und gilt zugleich als einer der schönsten – die Wedel von alten Exemplaren können bis zu 2 m lang werden. Er kommt sowohl in der nördlichen wie in der südlichen gemäßigten Zone vor. Dieser Farn entwickelt einen dicken Wurzelstock, der sich im Alter aufrecht aus dem Boden erhebt. Die hellgrünen, unfruchtbaren (sterilen) Wedel sind breit eiförmig oder länglich geformt, einfach oder doppelt gefiedert und leicht nach außen gebogen. In der Mitte erscheinen, von den unfruchtbaren Wedeln umgeben, die fruchtbaren (fertilen) Wedel. Sie tragen im oberen Teil die durch ihre braune Farbe leicht erkennbaren Sporenkapseln. Als Standort wünscht sich der Königsfarn einen feuchten, humusreichen Boden mit niedrigem pH-Wert im Halbschatten oder in absonniger Lage. Für die Teichrandbepflanzung ist er ideal, wenn er auch keine Staunässe verträgt. Er wird überwiegend durch Sporenaussaat gleich bei Reife im Spätfrühling vermehrt, da sich die kräftigen Wurzelstöcke nur schlecht teilen lassen.

Familie: Osmundaceae
Blütezeit: Sommer
Wuchsbreite: 80 cm
Wuchshöhe: 1,50 m
Standort: ◑
Feuchtebedürfnis: ◐
❀ ❀ ❀

Pfingstrosen

Paeonia-Arten und Hybriden

Zur Gattung *Paeonia* zählen etwa 30 Arten, die wiederum für zahlreiche Züchtungen verwendet wurden. Es handelt sich meist um Stauden, zum Teil aber auch um Halbsträucher und Sträucher, deren Triebe verholzen. Das natürliche Verbreitungsgebiet der Gattung liegt in der gemäßigten Zone von Europa, Kleinasien und Asien. Vor allem in China werden die asiatischen Wildarten (z. B. *P. lutea* und *P. suffruticosa*) schon seit mehr als 1000 Jahren in den Gärten angepflanzt. Aus dieser alten Tradition rühren auch einige der schönsten Sorten her. In Europa wurde zunächst nur die so genannte Echte Pfingstrose (Paeonia officinalis) in den Gärten gezogen. Die Pfingstrosen-Sorten werden im Hinblick auf die jeweilige Wildart, die für ihre Züchtung verwendet wurde, in Gruppen eingeteilt. Von großer Bedeutung ist immer noch die *Paeonia-Officinalis*-Gruppe. Die wichtigste ist inzwischen jedoch die *Paeonia-Lactiflora*-Gruppe; zu ihr zählen die meisten in Europa angepflanzten Stauden-Pfingstrosen. Außerdem werden die Strauch-Pfingstrosen immer häufiger angeboten: Sie gehören meist der *Paeonia-Suffruticosa*-Gruppe an, seltener der *Paeonia-Lutea*-Gruppe. Die Blütenfarben der Pfingstrosen sind leuchtend, sie reichen von Weiß und Gelb bis zu Rosa- und Rottönen. Gemäß der Kronblattanzahl spricht man von ungefüllten, halbgefüllten, gefüllten und anemonenförmigen Blüten. Sämtliche Pfingstrosen benötigen einen tiefgründig gelockerten, nährstoffreichen Boden mit niedrigem pH-Wert. Es sind langlebige Gewächse, die über Jahrzehnte ungestört an ihrem Platz wachsen möchten. Man pflanzt sie im zeitigen Herbst und vermehrt sie durch Aussaat, Teilung oder Stecklinge. Vorsicht: Alle Pflanzenteile der Pfingstrosen können bei Verzehr zu leichter Übelkeit führen.

ℹ

Familie: Paeoniaceae
Blütezeit: Frühling / Sommer
Wuchsbreite: 60 cm bis 1 m
(je nach Sorte)
Wuchshöhe: 60 cm bis 1 m
(je nach Sorte)
Standort: ○ – ◐
Feuchtebedürfnis: ◌ – ◐
❄ ❄ ❄
✖

199

Garten-Pfingstrose

Paeonia lactiflora 'Globe of Light'

Familie: *Paeoniaceae*
Blütezeit: *Sommer*
Wuchsbreite: *90 cm*
Wuchshöhe: *90 cm*
Standort: ○
Feuchtebedürfnis: ◌ – ◑

❄ ❄ ❄

✖

❀

Diese Pfingstrose wird zur *P.-Lactiflora*-Gruppe gezählt. Sie stammt von einer Wildart ab, die in Südostasien und Ostsibirien beheimatet ist, und wird darum auch Chinesische Päonie, Japanische Päonie oder Edel-Pfingstrose genannt. 'Globe of Light' ist eine buschig wachsende Staude. Sie wird wegen ihrer großen, anemonenförmigen, duftenden Blüten geschätzt. Die Kronblätter sind rosarot gefärbt, die goldgelben Staubblätter in der Mitte sehen aus wie verkleinerte Kronblätter und werden von den Botanikern Petaloide genannt. Wer besonders große Blüten erzielen möchte, sollte im zeitigen Frühling einen stickstoffarmen Volldünger geben und einzelne Knospen entfernen, die anderen werden sich dann besser entwickeln. Die Sorte hat dunkelgrünes, gefiedertes Laub, die einzelnen Blättchen sind länglich bis eiförmig. Zur Vermehrung teilt man ältere Pflanzen im Frühherbst, allerdings werden die Pflanzen mehrere Jahre brauchen, um zu blühen. Die triebfähigen Augen dürfen nur wenige Zentimeter von Erde bedeckt sein. Zu den beliebtesten Züchtungen dieser Gruppe zählt auch 'Sarah Bernhardt'. Sie hat sehr große, gefüllte, duftende, hell rosafarbene, silbrig schimmernde Blüten.

Paeonia lactiflora 'Globe of Light'

200

Strauch-Pfingstrose

Paeonia 'Kamada-nishiki'

Diese Sorte mit ungewöhnlichem Namen wurde in Japan gezüchtet. Sie stammt von einer Strauch-Pfingstrose ab, deren natürliches Verbreitungsgebiet in Südostasien liegt, und wird der *Paeonia-Suffruticosa*-Gruppe zugeordnet. Strauch-Pfingstrosen wachsen aufrecht und sehr langsam. Sie haben verholzende Triebe und bilden nur wenige Blüten. Die Wildform hat ungefüllte, hell rosafarbene Blüten, diese Züchtung blüht gefüllt; die äußeren Kronblätter sind dunkelrosa, die inneren hellrosa gefärbt. Ihr Laub ist dunkelgrün, unterseits blaugrün, wechselständig angeordnet und fiederschnittig. Die einzelnen Blättchen sind elliptisch und spitz. Strauch-Päonien benötigen einen nährstoffreichen, durchlässigen Boden mit niedrigem pH-Wert. Man pflanzt sie im zeitigen Herbst. Im ersten Winter sollten sie vor Frost geschützt werden, der frühe Austrieb ist stets durch Spätfröste gefährdet. Ein Rückschnitt ist nicht erforderlich, lediglich die Samenkapseln und abgestorbenen Triebe entfernt man. Zur Vermehrung können im Sommer Stecklinge abgenommen werden, die Anzucht aus Samen nimmt mehrere Jahre in Anspruch.

Paeonia suffruticosa

Familie: Paeoniaceae
Blütezeit: Frühling / Sommer
Wuchsbreite: 80 cm
Wuchshöhe: 1,50 m
Standort: ○ – ◑
Feuchtebedürfnis: ◊ – ◖
❄ ❄ ❄
✖

Gelbe Pfingstrose

Paeonia lutea

Diese Wildart stammt aus China und dem Tibet. Sie bildete die Grundlage für Züchtungen, die heute als *Paeonia-Lutea*-Gruppe bezeichnet werden. Es handelt sich um langsam wachsende Sträucher, die den Winter mit ihren verholzenden Trieben oberirdisch überdauern. Allerdings können länger anhaltende Frostperioden zu Schäden führen. Die nickenden Blüten der Gelben Pfingstrose haben tatsächlich eine leuchtend gelbe Farbe. Sie sind becherförmig und ungefüllt. Das glänzende Laub ist lang gestielt, dreizählig gefiedert, die Blättchen sind wiederum in spitze Lappen geteilt. Die Blattoberseite ist dunkelgrün, die Unterseite blaugrün gefärbt. Pfingstrosen der *Paeonia-Lutea*-Gruppe verlieren im Herbst ihr Laub, zurückgeschnitten werden sie nicht. Sie gedeihen auf nährstoffreichen, frischen Böden mit niedrigem pH-Wert in der Sonne oder im Halbschatten. Zur Vermehrung verwendet man im Sommer halbverholzte Stecklinge.

Familie: Paeoniaceae
Blütezeit: Frühling / Sommer
Wuchsbreite: 60 cm
Wuchshöhe: 1 m
Standort: ○ – ◑
Feuchtebedürfnis: ◊ – ◖
❄ ❄
✖

Echte Pfingstrose

Paeonia officinalis

Familie: Paeoniaceae
Blütezeit: Frühling bis Sommer
Wuchsbreite: 80 cm
Wuchshöhe: 80 cm
Standort: ○
Feuchtebedürfnis: ◌ – ◑
❊ ❊ ❊
✖
✿

Sie blüht nicht immer pünktlich zu Pfingsten, doch spätestens zum Sommerbeginn ist es soweit: Die Echte Pfingstrose ist bei uns schon seit Jahrhunderten in ländlichen Blumengärten zu Hause und wird daher auch Bauern-Pfingstrose genannt. Ihre gefüllten, pupurroten, duftenden Blüten sind noch heute geschätzte Gäste in sonnigen Staudenbeeten und sommerlichen Sträußen. Im Mittelalter nutzte man den knolligen Wurzelstock als Heilmittel, und auf diese Anwendung weist auch der botanische Name *P. officinalis* (lateinisch arzneilich) hin. Er musste allerdings wohldosiert eingesetzt werden, denn sämtliche Pflanzenteile können Übelkeit auslösen. Die Echte Pfingstrose stammt aus der Alpenregion, der Türkei und aus dem Kaukasus. Sie entwickelt ausladende Büsche. Die einzeln oder in kleinen Gruppen an biegsamen Stängeln stehenden Blüten bestechen durch zahlreiche, leicht gekräuselte Kronblätter. Das Laub ist sattgrün und doppelt gefiedert, die Blättchen sind breit eiförmig. 'Rubra Plena' ist die beliebteste Sorte mit samtigen, purpurroten Blüten; 'Alba Plena' hat weiße, manchmal leicht rosa getönte Blüten. Zur Vermehrung können alte Pflanzen geteilt werden.

Island-Mohn

Papaver nudicaule

Familie: Papaveracaea
Blütezeit: Frühling bis Sommer
Wuchsbreite: 15 cm
Wuchshöhe: 30 cm
Standort: ○
Feuchtebedürfnis: ◌
❊ ❊ ❊

Der niedrige Island-Mohn ist eine liebenswerte Staude für sonnige Beete, Kies- und Dachgärten. Er verträgt Trockenheit geduldig. Der Boden sollte kalkhaltig und durchlässig sein. Die Wildstaude stammt aus subarktischen Gebieten – auch aus Island. Sie wächst buschig und bildet Horste aus überwiegend grundständigen Blättern, die oval und fiederspaltig bis fiederteilig sind. Das Laub ist blaugrün, behaart und milchsafthaltig. Die nickenden Knospen öffnen sich zu schalenförmigen Blüten an blattlosen, behaarten Stängeln. Der Island-Mohn blüht weiß, gelb oder orange; über Monate öffnen sich immer neue Knospen. Er versät sich leicht selbst, schneidet man die Pflanzen vor der Samenbildung zurück, unterbindet man dies und erhält die Wüchsigkeit der Pflanzen. Zur gezielten Vermehrung kann man den Island-Mohn im Sommer aussäen.

Papaver nudicaule

Türken-Mohn

Papaver orientale

Schon seit Generationen ist der Türken-Mohn ein Klassiker des Staudengartens. Er kam tatsächlich aus dem Orient nach Europa, seine Heimat liegt in der Türkei, im Kaukasus und im Iran. Da er sich zum Frühlingsende mit besonders großen Blüten schmückt, wird er auch Riesen-Mohn genannt. Er wünscht sich einen lockeren, durchlässigen Boden für seine fleischigen, tief reichenden Wurzeln und liebt sonnige Plätze; im Winter kann nasskalter Boden zu Ausfällen führen.

Der Türken-Mohn erfreut sich wegen seiner schalenförmigen, leuchtend orangeroten Blüten mit seidigen Kronblättern, die am Grund einen violettschwarzen Fleck tragen, andauernder Beliebtheit. Man kombiniert ihn gerne mit blauem Rittersporn (*Delphinium*) oder Salbei (*Salvia*). Die Blüten öffnen sich an kräftigen, gebogenen, behaarten Stängeln, die Milchsaft führen. Das Laub ist sattgrün, ebenfalls behaart und fiederteilig. Die einzelnen Lappen sind lanzettlich und gesägt. Die Staude zieht schon bald nach der Blüte ein und hinterlässt einen Freiraum. Ein Rückschnitt gleich nach der ersten Blüte fördert eine Nachblüte im Herbst; Blätter treibt die Pflanze dann auf jeden Fall erneut. Man vermehrt den Türken-Mohn durch Teilung im Frühherbst oder durch Wurzelschnittlinge im Spätherbst.

Papaver orientale

Familie: Papaveraceae
Blütezeit: Frühling bis Sommer
Wuchsbreite: 50 cm
Wuchshöhe: 60 cm
Standort: ○
Feuchtebedürfnis: ◊ – ◖
❉ ❉ ❉

203

Federborstengras

Pennisetum alopecuroides
(syn. P. compressum)

Wenn im Sommer die ungewöhnlichen Blütenstände erscheinen, hat das Federborstengras seinen großen Auftritt im Staudenbeet. Die winzigen Einzelblüten sind gelbgrün bis dunkel rotviolett gefärbt und in kleinen, bostigen Ähren angeordnet. Diese stehen wiederum in den gebogenen, zylindrischen Blütenständen dicht gedrängt beisammen. Die Natur hat also bei diesem Ziergras keine Mühen gescheut, um Aufsehen zu erregen. Die Blüten wirken auch in Sträußen ansprechend – seien sie frisch oder getrocknet. Außerhalb der Blütezeit ist das Federborstengras allerdings eher unscheinbar und deshalb nur bedingt für Einzelstellungen geeignet. *P. alopecuroides* stammt aus Japan, Korea und Australien. Es wächst buschig und bildet im Laufe der Zeit große Horste. Seine Blätter sind sattgrün, lineal geformt und elegant gebogen. Als Standort sollte man einen durchlässigen Gartenboden in der Sonne wählen, vor allem im Winter führt Staunässe zu Ausfällen. Man schneidet das Laub erst im Frühling zurück, wenn auch die Vermehrung durch Teilung erfolgen kann.

Familie: Poaceae
Blütezeit: Sommer bis Herbst
Wuchsbreite: 80 cm
Wuchshöhe: 1 m
Standort: ○
Feuchtebedürfnis: ◊ – ◖
✳ ✳ ✳

Bartfaden

Penstemon barbatus
(syn. Chelone barbata)

Möchte man einen Schnittblumengarten anlegen, lohnt es sich, Stauden auszuwählen, die man in Blumengeschäften eher selten erhält. Der Bartfaden bildet schlanke Rispen aus rosafarbenen bis roten, hängenden Blüten, die röhrenförmig und zweilippig sind. Schneidet man regelmäßig einige Stängel ab, fördert das die Blütenbildung; entfernt man Verblühtes sogleich, wird die Blütezeit verlängert. Die Staude stammt aus dem warmen Südwesten der USA und aus Mexiko. Sie besitzt einen kriechenden Wurzelstock und hat einen lockeren, aufrechten Wuchs. Die Triebe älterer Pflanzen neigen an der Basis zum Verholzen. Das überwiegend grundständige Laub ist sattgrün, länglich eiförmig und in einer Rosette angeordnet; die Stängelblätter sind lanzettlich geformt. Die Pflanzen sind halbim-

Familie: Scrophulariaceae
Blütezeit: Sommer
Wuchsbreite: 30 cm
Wuchshöhe: 80 cm
Standort: ○
Feuchtebedürfnis: ◊
✳ ✳

mergrün, verlieren also im Winter nur einen Teil ihrer Blätter. Es sollte ein warmer, sonniger Standort gewählt werden mit durchlässigem, nährstoff- und humusreichem Boden. Die wärmebedürftige Staude übersteht den Winter in rauen Regionen nicht ungeschützt und sollte an einem kühlen, hellen Platz überwintert werden – ähnlich wie Fuchsien. Der Bartfaden ist kurzlebig, seine Wüchsigkeit lässt im dritten Jahr nach. Man kann im Sommer Jungpflanzen aus Stecklingen heranziehen.

Brandkraut

Phlomis russeliana (syn. P. samia)

Die Blüten der Stauden sind so unterschiedlich geformt, dass im Garten wahrlich keine Langeweile aufzukommen braucht – das Brandkraut ist leider eher selten zu sehen. Es bildet etagenförmige Blütenstände, die sogar im abgetrockneten Zustand noch dekorativ wirken. Man schneidet die Pflanzen daher erst im Frühling zurück. Die einzelnen Blüten leuchten hellgelb, sie sind röhrenförmig, zweilippig und in Quirlen angeordnet. Sie werden von aufrechten, drahtigen Stängeln getragen, die sich auch für die Vase eignen.

Die Heimat von *P. russeliana* liegt in der Türkei. Die Wildart hat unverzweigte Triebe, die im Alter verholzen, sie wächst also staudig bis halbstrauchig und bildet kugelige Büsche. Das Laub ist immergrün, runzelig und behaart; die Grundblätter sind herzförmig, die Stängelblätter eiförmig. Das Brandkraut benötigt einen geschützten, sonnigen Standort, in rauen Lagen ist Winterschutz erforderlich. Der Boden sollte eher mager und durchlässig sowie kalkhaltig sein. Entfernt man die Blütenstände nach dem Verblühen nicht, versäen sich die Pflanzen leicht selbst. Die gezielte Vermehrung kann durch Aussaat oder Teilung im Frühling erfolgen.

Familie: Lamiaceae
Blütezeit: Frühling bis Sommer
Wuchsbreite: 1 m
Wuchshöhe: 1 m
Standort: ○
Feuchtebedürfnis: ◌
❋ ❋

Phlox

Phlox-Arten und Hybriden

Die beinahe 70 zur Gattung *Phlox* gehörenden Arten sehen so unterschiedlich aus, dass man das nahe Verwandtschaftsverhältnis kaum vermuten würde. Es sind hohe Beetstauden (z. B. *P. paniculata*) darunter, die vorzügliche Schnittblumen für Sommersträuße ergeben, und ebenso Bodendecker (z. B. *P. subulata*), die im Frühling als leuchtende Blütenteppiche die Blicke auf sich ziehen. Beinahe sämtliche Wildarten stammen aus Nordamerika, sie hielten erst im 18. Jahrhundert in Europa Einzug. Ihre große Beliebtheit lässt sich mit ihrer Blühfreudigkeit und den intensiven Blütenfarben begründen – in einigen Regionen nennt man sie daher auch Flammenblumen.

Eine große Zahl von Sorten steht heute zur Wahl, schon im 19. Jahrhundert begann man, das Farbspektrum der Blüten beachtlich zu erweitern: Weiß, Rosa, Rot- und Violetttöne zählen dazu; häufig ist die Blütenmitte, das so genannte Auge, andersfarbig. Die Blüten des *Phlox* sind in der Regel stieltellerförmig, sie haben eine schmale Kronröhre und flache Kronzipfel, die manchmal wie bunte Sterne wirken. Die Abbildung zeigt eine Sorte des Stauden-Phlox (*P. paniculata*) namens 'Eventide' mit hellen, blauvioletten Blüten. Sehr gut kombinieren kann man den hohen Stauden-Phlox mit Goldrute (*Solidago*) – im Vordergrund der Abbildung zu sehen –, Sonnenbraut (*Helenium*) und Salbei (*Salvia*).

Familie: Polemoniaceae
Blütezeit: Frühling/Sommer
Wuchsbreite: unterschiedlich
Wuchshöhe: unterschiedlich
Standort: ○
Feuchtebedürfnis: ◊ – ◖
❈ ❈ ❈

Wiesen-Phlox

Phlox maculata

Familie: Polemoniaceae
Blütezeit: Frühling bis Sommer
Wuchsbreite: 50 cm
Wuchshöhe: 90 cm
Standort: ○
Feuchtebedürfnis: ◐ – ◑
❄ ❄ ❄

Dieser hohe Phlox ist eine Wildstaude und eignet sich hervorragend für naturnah gestaltete Gärten. Die Blütenstände erinnern in Form und Farbe an die *P.-Paniculata*-Hybriden, doch sie bleiben etwas kleiner, wirken natürlicher und fügen sich leichter in das Gesamtbild ein. Die stabilen Triebe sind häufig rötlich gefärbt, das gegenständig angeordnete Laub ist sattgrün, lineal bis schmal eiförmig und leicht behaart. Die einzelnen Blüten sind stieltellerförmig und stehen in kuppelförmigen Schirmrispen beisammen. Die Art stammt aus Nordamerika, bevorzugt sonnige Lagen und einen frischen, durchlässigen, nährstoffreichen Boden. Neben der Wildform sind häufig die Sorte 'Alpha' mit rotvioletten Blüten und die Sorte 'Omega', deren weiße Blüten rotviolette Augen haben, im Handel erhältlich – sie haben beide eine Wuchshöhe von etwa 1 m. Man vermehrt den Wiesen-Phlox im Frühling oder Herbst durch Teilung und im Winter durch Wurzelschnittlinge.

Stauden-Phlox

Phlox paniculata

Familie: Polemoniaceae
Blütezeit: Sommer
Wuchsbreite: 50 cm
Wuchshöhe: 1 m
Standort: ○
Feuchtebedürfnis: ◐ – ◑
❄ ❄ ❄

Heute ist der hohe Stauden-Phlox aus ländlichen Blumengärten gar nicht mehr wegzudenken. Umso erstaunlicher ist es, dass er keineswegs aus Europa, sondern aus Waldgebieten Nordamerikas stammt. Im Garten gedeiht er am besten in sonniger Lage, der Boden sollte allerdings frisch und nährstoffreich sein. Der Stauden-Phlox wächst straff aufrecht und bildet im Alter große Horste. Sein Laub ist sattgrün, lanzettlich und gegenständig angeordnet. Die endständigen, kuppelförmigen Schirmrispen tragen stieltellerförmige Blüten mit fünf Kronblättern. Es sind sehr beliebte Schnittblumen, sie verströmen allerdings einen typischen Geruch, den nicht jeder Mensch mag. Die Blütezeit lässt sich verlängern, indem man im Frühling einen Teil der Triebe entspitzt. Diese werden ebenfalls Knospen ansetzen, benötigen dafür jedoch etwas mehr Zeit. Zur Vermehrung teilt man ältere Pflanzen im Herbst oder Frühling oder verwendet im Winter Wurzelschnittlinge.
Zu den schönsten Sorten zählen die feuerrot blühende 'Starfire' und 'Graf Zeppelin', deren weiße Blüten rosafarbene Augen haben.

Moos-Phlox

Phlox subulata

Der Moos-Phlox unterscheidet sich in seinem Wuchs ganz erheblich von seinen oben vorgestellten Verwandten. Er bildet mit zahlreichen kurzen Trieben große Teppiche und eignet sich sehr gut als Bodendecker. Pflanzt man ihn aber in Gefäße oder neben Stufen, wächst er auch hängend hinunter. Die Wildart stammt aus Nordamerika – wie die meisten Phloxe. Ein großes Blütenfarbensortiment umfaßt Weiß, Rosa-, Rot- und Violetttöne. Zu den beliebtesten Sorten zählen 'G. F. Wilson' mit hellen blauvioletten Blüten und die intensiv purpurrot blühende 'Temiskaming'. Der Moos-Phlox ist immergrün, seine sattgrünen Blätter sind lineal geformt. Die Blüten sind stieltellerförmig, haben meist sternförmige Kronzipfel und sind in Doldentrauben angeordnet. Im Frühling verschwindet das Laub fast vollständig unter den kleinen Blütensternen. Eine leuchtende Kombination entsteht mit der Schleifenblume (*Iberis*). Der Moos-Phlox wünscht sich einen durchlässigen, sandigen und kalkhaltigen Boden in der Sonne. Er ist ausgesprochen genügsam und kann auch für die Bepflanzung von Kies- und Dachgärten verwendet werden. Man vermehrt ihn durch Stecklinge im Frühling oder durch Teilung im Herbst.

Familie: Polemoniaceae
Blütezeit: Frühling
Wuchsbreite: unterschiedlich
Wuchshöhe: 10 cm
Standort: ○
Feuchtebedürfnis: ◌
❋ ❋ ❋

209

Gelenkblume

Physostegia virginiana

ⓘ

Familie: Lamiaceae
Blütezeit: Sommer
Wuchsbreite: 50 cm
Wuchshöhe: 80 cm
Standort: ○ – ◐
Feuchtebedürfnis: ◐

❄ ❄ ❄

Wenn im Blumengarten auch »geerntet« werden soll, sind nicht alltägliche Schnittstauden die richtige Wahl. Die Blüten der Gelenkblume wirken faszinierend, weil sie mit »Gelenken« befestigt sind: Ihre Stellung lässt sich verändern, ohne dass sie sich in die Ausgangslage zurückbewegen oder gar abfallen. Sie sind trichterförmig, zweilippig und in hohen Ähren angeordnet. Die Blütenfarbe der aus Nordamerika stammenden Wildart ist rotviolett, 'Summer Snow' blüht weiß und die empfehlenswerte Sorte namens 'Vivid' bleibt niedriger, blüht spät und hat pupurrote Blüten. Die Gelenkblume wächst aufrecht, hat einen kriechenden Wurzelstock und bildet im Alter dichte Gruppen. Das Laub ist sattgrün, elliptisch bis lanzettlich und gesägt. Es ist an kantigen Stängeln gegenständig angeordnet. Die Staude wünscht sich einen feuchten und sonnigen Standort mit humus- und nährstoffreichem Boden. Die Vermehrung kann leicht durch Abtrennen bewurzelter Ausläufer im Frühling erfolgen.

Polygonatum x hybridum

Salomonssiegel

Polygonatum × hybridum

ⓘ

Familie: Convallariaceae
Blütezeit: Frühling
Wuchsbreite: 1 m
Wuchshöhe: 1,20 m
Standort: ◐ – ●
Feuchtebedürfnis: ◌ – ◐

❄ ❄ ❄

Pflanzenliebhaber schätzen Gärten, in denen es reichlich zu entdecken gibt. Häufig stellen sich im Laufe der Jahre Sammlungen mit großer Artenvielfalt ein – im schattigen Garten sollte dann der Salomonssiegel nicht fehlen. Die Staude hat elegant gebogene Triebe mit kantigen Stängeln. Ihre verhältnismäßig großen, hellgrünen und eiförmigen Blätter sind wechselständig oben an den Trieben angeordnet, ihre grünlich weißen, röhrenförmigen Blüten hängen nach unten. Die alte Kulturpflanze stammt von Wildarten ab, die in Europa und Asien zu Hause sind. Sie ist mit dem Maiglöckchen verwandt und wird in einigen Regionen auch Weißwurz genannt. Ihre kräftigen, hellen Rhizome fühlen sich in mäßig nährstoffreichem, kalkhaltigem und Feuchtigkeit speicherndem Lehmboden besonders wohl. Der Standort sollte geschützt und halbschattig bis schattig sein. Als Pflanzenpartner bieten sich Farne an. Durch Teilung zum Winterende lassen sich ältere Exemplare vermehren.

Schildfarn

Polystichum tsus-simense (syn. P. luctuosum)

Der Schildfarn zählt zu den Liebhaberstauden, die nicht selten das Sammelfieber auslösen: Zur Gattung *Polystichum* zählen nämlich beinahe 200 Arten, allerdings stammen einige aus tropischen Gebieten und gedeihen bei uns nur im Gewächshaus. Die Heimat von *P. tsus-simense* liegt in Südostasien. Die Art überdauert den Winter nur in milden Regionen im Freien, andernorts muss sie in einem kühlen, hellen Raum bei etwa 12 °C kultiviert werden. Die Wildstaude bleibt niedrig und wirkt durch ihre filigranen, rosettig angeordneten Wedel zierlich. Die Wedel sind dunkelgrün, teils auch bläulich gefärbt, länglich dreieckig geformt und doppelt gefiedert; die eiförmigen Fiedern sind wiederum gesägt und spitz. Der Standort sollte halbschattig bis schattig sein, der Boden durchlässig und humusreich. Einzelne Wedel entwickeln Brutpflanzen: Zur Vermehrung legt man sie auf feuchtes Anzuchtsubstrat und trennt die Jungpflanzen erst nach der Bewurzelung vom Wedel der Elternpflanze. Die Sporenaussaat ist wesentlich aufwendiger.
Der ebenfalls empfehlenswerte Filigranfarn (*P. setiferum* 'Proliferum Plumosum Densum') ist frosthart und überwintert bei uns im Freien.

Polystichum tsus-simense

Familie: Dryopteridaceae
Wuchsbreite: 40 cm
Wuchshöhe: 40 cm
Standort: ◑ – ●
Feuchtebedürfnis: ◌ – ◓
❄

Gold-Fingerkraut

Potentilla aurea

Zu den Rosengewächsen gehören auch sehr unterschiedlich aussehende Stauden. Das Gold-Fingerkraut ist eine geschützte Wildstaude aus Europa und Kleinasien, deren Triebe an der Basis leicht verholzen. Sie verdankt ihren volkstümlichen Namen der Form ihrer glänzenden, dunkelgrünen Blätter: Sie sind fingerig geteilt, fünfteilig und gesägt, ihre Unterseite ist weich behaart. *P. aurea* wächst mit niederliegenden Trieben ausgebreitet, bildet im Frühling goldgelbe Blüten in lockeren Blütenständen und ist als Bodendecker für sonnige Lagen geeignet. Die Art reagiert unempfindlich auf Trockenheit, man kann sie daher sehr gut zur Bepflanzung von Kies- und Dachgärten oder Kübeln verwenden. Der Boden sollte einen niedrigen pH-Wert haben, lehmig, humusreich und durchlässig sein. Die Vermehrung kann durch Teilung im Frühling oder Herbst geschehen.

Familie: Rosaceae
Blütezeit: Frühling bis Sommer
Wuchsbreite: unterschiedlich
Wuchshöhe: 15 cm
Standort: ○ – ◑
Feuchtebedürfnis: ◌
❄ ❄ ❄

Aurikeln

Primula-Auricula-Gruppe

Familie: Primulaceae
Blütezeit: Frühling
Wuchsbreite: 10 bis 25 cm
(je nach Sorte)
Wuchshöhe: 10 bis 20 cm
(je nach Sorte)
Standort: ○ – ◐
Feuchtebedürfnis: ◌ – ◍
❄ ❄ ❄

Die Gattung *Primula* umfasst mehr als 500 Arten, es handelt sich überwiegend um Stauden. Zur besseren Überschaubarkeit teilt man sie in Gruppen mit ähnlichen Merkmalen ein. Die Aurikeln haben eine lange Züchtungsgeschichte hinter sich und wurden durch Kreuzungen zwischen der Alpen-Aurikel (*P. auricula*) und der Behaarten Schlüsselblume (*P. hirsuta*) hervorgebracht. Ihre Blüten sind häufig rosafarben oder violett, relativ groß und stieltellerförmig; sie stehen in Büscheln über dem Laub. Die Blütenmitte ist durch einen Schlundring meist anders gefärbt – entweder weiß oder gelb. Die grundständigen Blätter sind hellgrün bis sattgrün, oval bis rundlich und in Rosetten angeordnet. Blüten oder Blätter einiger Aurikeln sind von einem weißen Überzug bedeckt. Sie sollten beim Gießen nicht mit Wasser benetzt werden. Ausstellungs-Aurikeln zieht man daher in Töpfen im Gewächshaus. Weniger ehrgeizige Gartenfreunde pflanzen ihre Aurikeln in kalkhaltigen, humosen und steinig durchlässigen Boden. Vor übermäßiger Winternässe sollten sie in jedem Fall geschützt werden.
Zur Vermehrung sät man Aurikeln im späten Herbst aus. Die Samen bedeckt man nur mit einer dünnen Substratschicht (Lichtkeimer). Außerdem benötigen sie zunächst niedrige Temperaturen, um keimfähig zu werden (Kaltkeimer).

Polyantha-Primeln

Primula-Polyantha-Gruppe

Familie: Primulaceae
Blütezeit: Winter/Frühling
Wuchsbreite: bis zu 15 cm
(je nach Sorte)
Wuchshöhe: bis zu 20 cm
(je nach Sorte)
Standort: ○ – ◐
Feuchtebedürfnis: ◌ – ◍
❄ ❄ ❄

Primeln sind schon seit langer Zeit in den Gärten zu Hause. Die Polyantha-Primeln entstanden durch komplexe Kreuzungsversuche aus der Echten Schlüsselblume (*Primula veris*), der Hohen Schlüsselblume (*P. elatior*) und den Kissen-Primeln (*P. vulgaris*, *P. juliae*). Sie bilden dichte, immergrüne Rosetten. Die grundständigen Blätter sind dunkelgrün, oval und ihre Aderung ist meist deutlich erkennbar. Die kräftigen, leicht behaarten Blütentriebe tragen Dolden aus bis zu fünfzehn stieltellerförmigen Blüten in diversen Farbtönen, die von Weiß über Gelb und Rot bis zu Blauviolett reichen. Häufig haben die Blüten ein gelbes Zentrum, das auch Auge genannt wird.

Polyantha-Primeln werden meist zweijährig kultiviert. Professionelle Gärtner ziehen sie im Gewächshaus als Topfware heran und bringen sie im späten Winter zur Blüte. Man kann sie dann auf der Fensterbank halten oder schon als Frühlingsboten ins Freie pflanzen, wobei sie sich mit jedem frischen Gartenboden zufrieden geben. An vollsonnigen Standorten ist eine gleichmäßige Bodenfeuchtigkeit wichtig. Die ausdauernden Stauden kann man selbst leicht durch Teilung im Frühling oder Herbst vermehren. Die angebotenen Samenmischungen sät man im Sommer für eine Blüte im kommenden Frühling aus.

Etagen-Primeln

Primula pulverulenta

In einem Wassergarten sollten Etagen-Primeln nicht fehlen. Zur Blütezeit im Frühling ergeben sie zusammen mit frischem Farnlaub und den jungen Trieben von Funkien (*Hosta*) einen herrlichen Anblick. Die Stauden wünschen sich einen mäßig nährstoffreichen, feuchten Boden und sind sehr gut zur Teichrandbepflanzung geeignet. Die Form ihrer Blütenstände war ausschlaggebend, als man verschiedene Wildarten und ihre Sorten zur Gruppe der Etagen-Primeln – seltener Kandelaber-Primeln genannt – zusammenfasste. Ihre kräftigen, teils grau bereiften Stängel tragen in mehreren »Etagen« Quirle aus stieltellerförmigen Blüten. Häufig werden auch die folgenden Arten angepflanzt: *Primula beesiana*, *P. × bullesiana*, *P. bulleyana*, *P. chungensis* und *P. prolifera*.

Etagen-Primeln bilden Rosetten aus grundständigen, sattgrünen, lanzettlichen bis eiförmigen Blättern, die kräftig geadert sind und meist eine auffällige Mittelrippe haben. Sie sind häufig halbimmergrün, verlieren also im Herbst nur einen Teil ihres Laubes und überwintern mit verkleinerten Rosetten oberirdisch. Man vermehrt sie durch Teilung im Frühling oder Herbst.

Primula pulverulenta

Familie: Primulaceae
Blütezeit: Frühling
Wuchsbreite: bis zu 60 cm
(je nach Sorte)
Wuchshöhe: bis zu 1 m
(je nach Sorte)
Standort: ○ – ◑
Feuchtebedürfnis: ◐ – ●
❀ ❀ ❀

Wiesen-Schlüsselblume

Primula veris (syn. P. officinalis)

Familie: Primulaceae
Blütezeit: Frühling
Wuchsbreite: 15 cm
Wuchshöhe: 20 cm
Standort: ◑
Feuchtebedürfnis: 💧 – 💧
✿ ✿ ✿
✖

Unsere heimische Wiesen-Schlüsselblume zählt gewiss zu den bekanntesten Primel-Arten. Ihre gelben Blüten sind sehr charakteristisch in meist zu einer Seite nickenden Dolden angeordnet. Sie duften leicht, erscheinen zahlreich und sind trichterförmig. Im Schlund der einzelnen Blüten kann man jeweils fünf orangefarbene Flecken entdecken – durch sie unterscheidet sich diese Wildstaude von der Hohen Schlüsselblume *(Primula elatior)*. Das grundständige Laub ist in Rosetten angeordnet. Die Blätter sind hellgrün, runzelig, lanzettlich bis eiförmig, gesägt und die Unterseite ist filzig behaart.

P. veris findet schon seit dem Altertum als Heilpflanze Verwendung, allerdings ist die richtige Dosierung wichtig, denn die Wirkstoffe können anderenfalls Vergiftungen auslösen. Mit den seltener gewordenen Wildblumenwiesen ist auch der Bestand von Wiesen-Schlüsselblumen zurückgegangen. Im Garten wirken sie am besten in naturnahen Pflanzungen, sie fühlen sich aber auch im wandernden Schatten von Sträuchern wohl. Der Boden sollte kalkhaltig, im Frühling eher feucht und im Sommer eher trocken sein. Die Vermehrung kann durch Teilung im Frühling oder Herbst erfolgen.

Primula veris

Gelber Lerchensporn

Pseudofumaria lutea (syn. Corydalis lutea)

Wenige Pflanzen gedeihen auf trockenem Boden im Halbschatten – der Gelbe Lerchensporn bringt in solche Gartenbereiche leuchtende Farbtupfer. Er blüht über einen langen Zeitraum, versät sich leicht selbst und bedeckt so schließlich größere Flächen. Die Staude wächst buschig und hat fleischige, reich verzweigte Triebe. Das feingliedrige Laub ist bläulich grün, zweifach gefiedert und gelappt. Die gelben Blüten sind in Trauben angeordnet. *Pseudofumaria lutea* stammt aus Bergregionen in Europa und ist in Laubwäldern zu Hause. Als Gartenstandort kommt jeder humusreiche, steinige und durchlässige Boden im Halbschatten in Frage. Zur Kombination eignen sich einige Storchschnabel- (*Geranium*) und Primel-Arten sowie Farne. Die einzelne Pflanze ist eher kurzlebig, wenn sich Sämlinge von selbst einfinden, können sie die Elternpflanze bei Bedarf ersetzen. Gezielt vermehrt man den Lerchensporn durch Teilung im zeitigen Frühling.

Familie: Fumariaceae
Blütezeit: Frühlings bis Sommer
Wuchsbreite: 25 cm
Wuchshöhe: 25 cm
Standort: ◑
Feuchtebedürfnis: ◊ – ◖
❀ ❀ ❀

Langblättriger Blauweiderich

Pseudodolysimachion longifolium (syn. Veronica longifolia)

Diese Staude wird vielen Gartenbesitzern unter den Namen Veronika oder Ehrenpreis bekannt sein. Ihre Blütenähren sind im Staudenbeet wie in Sträußen beliebt, denn sie haben die begehrte Farbe Blau. Im Garten dauert die Blütezeit lange an, weil die Seitentriebe in zeitlicher Folge erblühen. Der Kombinationslust mit Rosen oder Prachtstauden wie Sonnenbraut (*Helenium*) und Sonnenhut (*Rudbeckia*) sind keine Grenzen gesetzt. Die Einzelblüten vom Langblättrigen Blauweiderich sind klein und trichterförmig. Bei Bedarf kann man die schlanken Ähren abstützen. Das Laub ist sattgrün, lanzettlich, gesägt und bedeckt die Stängel quirlständig auf ganzer Höhe. Die stabilen Triebe wachsen straff aufrecht. Ältere Horste kann man im Frühling teilen. Das natürliche Verbreitungsgebiet der Wildstaude reicht von Mitteleuropa über Kleinasien bis nach Sibirien. Sie zählt zu den geschützten Pflanzen. Im Garten bevorzugt sie nährstoffreiche, lehmige, feuchte Böden in der Sonne und wächst gerne in Wassernähe.

Familie: Scrophulariaceae
Blütezeit: Sommer bis Herbst
Wuchsbreite: 50 cm
Wuchshöhe: 80 cm
Standort: ○
Feuchtebedürfnis: ◖
❀ ❀ ❀

Ähriger Blauweiderich

Pseudolysimachion spicatum
(syn. Veronica spicata)

Der Ährige Blauweiderich bleibt niedriger als sein Verwandter namens *Pseudolysimachion longifolium* – auch er wird häufig schlicht Ehrenpreis oder Veronika genannt. Seine Triebe wachsen zunächst niederliegend, dann senkrecht aufsteigend und bilden so Teppiche mittlerer Höhe. Er liebt warme Standorte mit mäßig nährstoffreichem, durchlässigem Boden und reagiert auf Trockenheit unempfindlich – das macht ihn sehr gut geeignet für die Bepflanzung von Kiesbeeten und Dachgärten. Die Wildstaude ist in Europa, Kleinasien und Sibirien zu Hause und steht unter Schutz. Im Sommer öffnen sich ihre kleinen, blauen oder blauvioletten Blüten mit langen, violetten Staubblättern. Sie sind in schlanken, endständigen Ähren angeordnet. Das Laub des Ährigen Blauweiderichs ist sattgrün, lineal bis lanzettlich geformt und gesägt. Es bedeckt auch die Blütentriebe. Man vermehrt ihn im Frühling oder Herbst durch Teilung oder nimmt im Sommer Stecklinge von nicht blühenden Seitentrieben.

Familie: Scrophulariaceae
Blütezeit: Sommer
Wuchsbreite: 30 cm
Wuchshöhe: 40 cm
Standort: ○
Feuchtebedürfnis: ◌ – ◑
❄ ❄ ❄

Adlerfarn

Pteridium aquilinum

Farne sind keineswegs nur unscheinbares Beiwerk: Der Adlerfarn nimmt imposante Ausmaße an und ergibt in Einzelstellung einen ungewöhnlichen Blickfang. Allerdings muss man seinen enormen Ausbreitungsdrang berücksichtigen, er bildet durch Ausläufer große Bestände. In großen Gärten mag das erwünscht sein, wenn weniger Platz zur Verfügung steht, sollte man diesen Farn in einen mit fester Folie abgeteilten Bereich pflanzen. Er kann auch in ein großes Plastikgefäß mit Abzugslöchern gesetzt werden, das man in den Gartenboden einlässt.
Der Adlerfarn ist ein Kosmopolit und zählt zu den geschützten Pflanzen. Er kommt sowohl in Wäldern der gemäßigten Zone als auch in tropischen Regionen vor. Seine hellgrünen, dreifach gefiederten Wedel haben sehr kräftige Stiele. Schneidet man einen Stiel quer durch, zeigen die inneren Gefäße eine Form, die an Adlerschwingen erinnert. Unter günstigen Bedingungen werden am gewellten

Familie: Dennstaedtiaceae
Wuchsbreite: unterschiedlich
Wuchshöhe: bis zu 2 m (je nach Standort)
Standort: ◑ – ●
Feuchtebedürfnis: ◌ – ◑
❄ ❄ ❄
✖

Rand der Fiederchen Sporenkapseln gebildet. Im Herbst nehmen die Wedel eine gelbe Färbung an. Auf frischen, humusreichen Böden mit niedrigem pH-Wert fühlt sich der Adlerfarn besonders wohl. Er gedeiht auch auf mageren, sandigen Böden, bleibt dann aber niedriger. Man vermehrt ihn durch Teilung im Herbst.

Spanisches Lngenkraut

Pulmonaria saccharata

Das Spanische Lungenkraut ist eine Blattschmuckstaude und ein schöner Bodendecker für den Vordergrund schattiger Rabatten. Es bildet kräftige Horste, seine ausgebreiteten Triebe unterdrücken Unkraut. Das elliptisch geformte Laub ist sattgrün gefärbt und mit weißen Flecken verziert. Zur Blütezeit bietet die Staude bunte Farbtupfer, denn ihre röhrenförmigen Blüten öffnen sich in endständigen Trauben zunächst rosa und nehmen später eine bläuliche und violette Tönung an. Nach der Blüte wird das Laub unansehnlich, man schneidet die Pflanzen dann zurück, damit sie neu austreiben. Die Wildstaude stammt aus Wäldern Mitteleuropas. Sie bevorzugt feuchte, nährstoff- und humusreiche Böden im Halbschatten oder Schatten; bei ausreichender Bodenfeuchtigkeit gedeiht sie auch in der Sonne. Schöne Kombinationen entstehen mit Farnen. Zur Vermehrung teilt man die Horste im zeitigen Frühling oder Herbst. Das Lungenkraut versät sich leicht selbst, die Jungpflanzen können verpflanzt oder eingetopft werden.

Familie: Boraginaceae
Blütezeit: Frühling
Wuchsbreite: 60 cm
Wuchshöhe: 30 cm
Standort: ◐ – ●
Feuchtebedürfnis: ◌ – ◗
❄ ❄ ❄
✖

Pulsatilla vulgaris

Gewöhnliche Küchenschelle

Pulsatilla vulgaris

ℹ

Familie: Ranunculaceae
Blütezeit: Frühling
Wuchsbreite: 20 cm
Wuchshöhe: 20 cm
Standort: ○
Feuchtebedürfnis: ◌ – ◖
✽ ✽ ✽
✖

Ein Küchenkraut ist diese Staude nicht – aus dem irreführenden volkstümlichen Namen darf man keine falschen Schlüsse ziehen. In einigen Regionen wird sie denn auch richtiger Kuhschelle genannt, und dieser Name spielt auf ihre glockenförmigen Blüten an. Sie erscheinen noch vor dem Laub, stehen einzeln und sind verhältnismäßig groß. Zur rotvioletten Farbe der Kronblätter bilden die orangegelben Staubblätter einen leuchtenden Kontrast. Inzwischen gibt es auch Züchtungen mit weißen oder roten Blütenglocken. Sie harmonieren allesamt sehr gut mit Zwerg-Schwertlilien (*Iris pumila*).

Die Wildstaude stammt aus Europa und zählt zu den heimischen geschützten Pflanzen. Sie bildet Horste und wächst buschig. Die Triebe sind silbrig behaart, die Blätter sehr fein gefiedert. *Pulsatilla vulgaris* wünscht sich einen kalkhaltigen, humusreichen und durchlässigen Boden in sonniger Lage. Die Vermehrung geschieht am besten durch Aussaat gleich bei Samenreife, denn die Keimfähigkeit lässt rasch nach. Die Staude gilt als Heilpflanze, ihre Wirkstoffe können jedoch bei falscher Dosierung zu Vergiftungserscheinungen führen!

Scharfer Hahnenfuß

Ranunculus acris

Der Scharfe Hahnenfuß ist eine heimische Wildpflanze, die schon früh in die Gärten geholt wurde, entsprechend viele volkstümliche Namen gibt es: Häufig wird er schlicht Butterblume genannt, in einigen Regionen heißt er Gold-Ranunkel. Diese Namen spielen auf die leuchtend gelben, seidig glänzenden Blüten an. Sie sind schalenförmig, haben eine grünliche Mitte und öffnen sich zu mehreren an schlanken, verzweigten Stängeln. Die Wildstaude ist in der nördlichen gemäßigten Zone verbreitet. Sie wächst buschig und bildet kurze Ausläufer, wuchert jedoch nicht wie einige ihrer Verwandten – etwa der Kriechende Hahnenfuß (*R. repens*). Das Laub ist dunkelgrün, fingerig geteilt, die Blättchen sind tief gesägt bis fiederteilig. Vorsicht: Sämtliche Pflanzenteile können bei Verzehr Übelkeit hervorrufen!
Als Standort sind sonnige Beete mit frischem Gartenboden ideal. Der Hahnenfuß kann auch als Teichrandbepflanzung bis in sumpfige Bereiche verwendet werden. Zur Vermehrung teilt man ihn im Frühling oder Herbst. Neben der Wildform ist unter dem Namen 'Flore Pleno' eine sehr alte Sorte mit gefüllten Blüten erhältlich.

Familie: Ranunculaceae
Blütezeit: Frühling/Sommer
Wuchsbreite: 50 cm
Wuchshöhe: 60 cm
Standort: ○
Feuchtebedürfnis: ◗ – ◆
❄ ❄ ❄
✖

Schaublatt

Rodgersia aesculifolia

Manche Stauden bestechen vor allem durch attraktives Laub, das Schaublatt betont seine Reize schon im Namen. Die Blattschmuckstaude kommt in Einzelstellung besonders gut zur Geltung. Im gemischten Staudenbeet sollte man die Nachbarpflanzen nicht zu nah setzen, damit man das Laub noch gut sehen kann. Es erinnert an Rosskastanien (*Aesculus*), ist dunkelgrün bis bronzefarben und fingerig geteilt. Die einzelnen Blättchen sind gesägt und auffällig geadert. Die Wildstaude stammt aus Feuchtwäldern in Zentralchina. Als Standort bevorzugt sie feuchte, nährstoff- und humusreiche Böden im Halbschatten. Bei gleichmäßiger Bodenfeuchtigkeit kann sie auch in die Sonne gepflanzt werden. Ihre Blüten sind winzig, weiß und leicht rosa getönt. Sie stehen in reich verzweigten Schirmrispen an stabilen, bräunlich behaarten Stängeln und duften schwach. Die Vermehrung erfolgt im Frühling durch Teilung oder im Herbst durch Aussaat.

Rodgersia aesulifolia

Familie: Saxifragaceae
Blütezeit: Sommer
Wuchsbreite: 1 m
Wuchshöhe: 1,50 m
Standort: ◐
Feuchtebedürfnis: ◗
❄ ❄ ❄

Sonnenhut

Rudbeckia fulgida

Familie: Asteraceae
Blütezeit: Sommer/Herbst
Wuchsbreite: 50 cm
Wuchshöhe: 70 cm
Standort: ○
Feuchtebedürfnis: ◊
❊ ❊ ❊

Er sieht gut aus, ist ausdauernd und erträgt sogar Vernachlässigung geduldig – die Rede ist vom Sonnenhut. Der pflegeleichte Dauerblüher stammt aus Nordamerika und überzeugt mit großen, an Margeriten erinnernden Strahlenblüten. Die äußeren Zungenblüten sind goldgelb, die aus kurzen Röhrenblüten gebildete Mitte ist schwarzbraun. Die Blütenstände stehen einzeln an verzweigten Stängeln und halten im Garten und auch in der Vase lange. Schneidet man Verblühtes nicht sofort ab, bieten die dunklen Köpfchen noch im Winter einen schönen Anblick, wenn die gelben Zungenblüten längst abgefallen sind.

Der Sonnenhut wächst straff aufrecht. Seine Blätter sind dunkelgrün, lanzettlich bis eiförmig und rau behaart. Er fühlt sich in jedem durchlässigen, nährstofffreichen Gartenboden wohl. Man kann ihn in die Sonne oder in absonnige Bereiche pflanzen, auf Trockenheit reagiert er unempfindlich. Durch seine lange Blütezeit kommt er für die Bepflanzung großer Gefäße in Frage. *Rudbeckia fulgida* var. *sullivantii* 'Goldsturm' bleibt mit bis zu 60 cm niedriger als die Art. Zur Kombination bieten sich Herbst-Astern und Ziergräser an. Man vermehrt den Sonnenhut durch Teilung im Frühling oder Herbst.

Gewöhnliches Pfeilkraut

Sagittaria sagittifolia

Im Garten gedeiht das Pfeilkraut in Teichen und mit Wasser gefüllten Gefäßen. Seine Heimat sind stehende oder ruhig fließende Gewässer in Europa, Russland und Sibirien. Es verankert sich mit seinem knolligen Wurzelstock im lehmigen Grund und erhebt sich über den Wasserspiegel. Sein Laub ist besonders charakteristisch: Es ist pfeilförmig, das einzelne Blatt hat also zwei lange Zipfel und wird von einem langen Stiel getragen. Die hohen Blütenstände fallen durch einzelne »Etagen« mit quirlständen weißen Blüten auf, deren gelbe Staubblätter schön kontrastieren.

Das Pfeilkraut wünscht sich einen sonnigen bis halbschattigen Standort. Es ist für die Flachwasser- und die Sumpfzone geeignet und überwintert im Gewässergrund – es zieht also ein, wie die Gärtner sagen. In der Natur versät sich das Pfeilkraut reichlich selbst und bildet große Kolonien. Man vermehrt es gezielt im Frühling durch Abtrennen von Brutknollen oder durch Aussaat.

Familie: Alismataceae
Blütezeit: Sommer
Wassertiefe: bis 40 cm
Wuchshöhe: bis 50 cm über dem Wasserspiegel
Ufer- und Sumpfpflanze
Wasserpflanze
Standort: ○ – ◑
Feuchtebedürfnis: ◆
❀ ❀ ❀

Sommer-Salbei

Salvia × sylvestris

Die intensiv blauviolett gefärbten Blüten und das würzig duftende Laub sprechen sehr für die Auswahl des Sommer-Salbeis, wenn eine Staude für sonnige Bereiche gesucht wird. Bienen und Schmetterlinge schätzen diese Qualitäten ebenfalls und tummeln sich gerne auf den hohen Blütentrauben. Im Staudenbeet passt der Sommer-Salbei sehr gut zu alten Gartenstauden mit kräftigen Blütenfarben wie Pfingstrosen (*Paeonia officinalis*) und Türken-Mohn (*Papaver orientale*), außerdem ist er ein hevorragender Rosenbegleiter. Er bildet Horste und wächst straff aufrecht. Seine Blüten sind zweilippig und von rotvioletten Hochblättern umgeben – ein Rückschnitt nach der ersten Blüte fördert bei guter Nährstoffversorgung die Chance auf eine Nachblüte im Spätsommer. Sein Laub ist sattgrün gefärbt und derb. Die grundständigen Blätter sind herzförmig, die Stängelblätter lanzettlich; sie haben gewellte, teils gebuchtete Blattränder. Der Sommer-Salbei fühlt sich auf durchlässigen, warmen Böden wohl und reagiert auf Trockenheit unempfindlich. Die Vermehrung erfolgt durch Stecklinge im Sommer oder durch Teilung im Herbst.

Familie: Lamiaceae
Blütezeit: Frühling / Sommer
Wuchsbreite: 30 cm
Wuchshöhe: 80 cm
Standort: ○
Feuchtebedürfnis: ◊ – ◐
❀ ❀ ❀

Graue Heiligenblume

Santolina chamaecyparissus

Santolina chamaecyparissus

Familie: *Asteraceae*
Blütezeit: *Sommer*
Wuchsbreite: *40 cm*
Wuchshöhe: *40 cm*
Standort: ○
Feuchtebedürfnis: ○

❁ ❁

Graulaubige Pflanzen stammen meist aus warmen Regionen mit hoher Sonnen-einstrahlung. Die Blätter schützen sich mit Hilfe feinster, wie eine graue Schicht wirkender Haare vor zu großen Wasserverlusten durch Verdunstung. Im Garten behaupten sie sich als Hungerkünstler, und ihr Laub ermöglicht ausgefallene Farbkompositionen. Die Graue Heiligenblume bildet zwar hellgelbe Blütenköpf-chen, doch weit attraktiver ist ihr fein gefiedertes, filzig behaartes, silbriges Laub, das zudem noch aromatisch duftet. Die Triebe der buschig wachsenden Pflanze verholzen leicht, sie wird deshalb als Halbstrauch bezeichnet. Ihr schönes Laub behält sie auch im Winter. Durch regelmäßiges Beschneiden kann man sie for-men, etwa zu einer Kugel. Ihre Heimat ist die Mittelmeerregion, sie braucht daher viel Wärme und sollte an einen geschützten Platz in eher mageren, sehr durchläs-sigen, kalkhaltigen Boden gepflanzt werden. Sie bietet sich auch zur Kübel-bepflanzung an. Man vermehrt sie im Sommer durch halbverholzte Stecklinge.

Kaukasus-Skabiose

Scabiosa caucasica

Familie: *Dipsacaceae*
Blütezeit: *Sommer*
Wuchsbreite: *40 cm*
Wuchshöhe: *50 cm*
Standort: ○
Feuchtebedürfnis: ○

❁ ❁ ❁

Diese Staude blüht den gesamten Sommer, wenn man Verblühtes regelmäßig ent-fernt und ihr genügend Nährstoffe anbietet. Die Heimat der Kaukasus-Skabiose gibt der volkstümliche Name schon an. Als Gebirgspflanze wünscht sie sich einen kalkhaltigen, humusreichen und durchlässigen Boden in sonniger Lage. Sie eignet sich auch für die Kübelbepflanzung. Ihre blauvioletten Blüten sind in Stauden-rabatten und Sträußen sehr beliebt und haltbar. Was viele Menschen jedoch für eine große Einzelblüte halten, ist tatsächlich ein Blütenstand, der sich aus blau-violetten Randblüten und blasseren Röhrenblüten im Zentrum zusammensetzt. Diese Blütenköpfchen stehen an langen, verzweigten, drahtigen Stängeln – sie gefallen auch Bienen und Schmetterlingen. Die Kaukasus-Skabiose bildet Horste. Ihr Laub ist graugrün, die grundständigen Blätter sind lanzettlich und ganzrandig, die Stängelblätter fiederspaltig. Man vermehrt sie durch Teilung im Frühling. Eine ausgezeichnete Sorte mit hellblauen Blüten trägt den Namen 'Clive Greaves'.

Scabiosa caucasia

Sedum

Sedum-Arten

Die Gattung *Sedum* ist sehr umfangreich. Es zählen mehr als 500 Arten zur ihr, die überwiegend aus der nördlichen Hemisphäre stammen. Darunter sind keinesfalls nur Stauden, sondern auch Einjährige, Halbsträucher und Sträucher. Allen gemeinsam ist die Fähigkeit, in ihren fleischigen (sukkulenten) Blättern Wasser zu speichern, denn die Gattung gehört zu den Dickblattgewächsen. Daher rührt auch der volkstümliche Name Fetthenne. Für den Garten eignen sich vor allem die Teppiche bildenden, vielseitig einsetzbaren Stauden: Sie sind äußerst genügsam, ertragen Trockenheit und hohe Sonneneinstrahlung, geben sich mit einem mageren, durchlässigen Boden zufrieden und können darum hervorragend zur Dachbegrünung verwendet werden. Sie sind aber auch für den Vordergrund sonniger Beete, für den Kiesgarten und zur Gefäßbepflanzung geeignet. Die Blätter sind meist gegenständig oder quirlständig angeordnet. Die sternförmigen kleinen Blüten werden häufig in endständigen Rispen oder Schirmrispen gebildet. Zur Vermehrung kann man im Sommer Stecklinge verwenden. Vorsicht: Der Verzehr von Pflanzenteilen einiger Arten kann Übelkeit verursachen!

Familie: *Crassulaceae*
Blütezeit: *Sommer*
Wuchsbreite: *unterschiedlich*
Wuchshöhe: *unterschiedlich*
Standort: ○
Feuchtebedürfnis: ◌ – ◖
❋ ❋ ❋

223

Felsen-Fetthenne

Sedum reflexum (syn. S. rupestre)

ℹ

Familie: Crassulaceae
Blütezeit: Sommer
Wuchsbreite: unterschiedlich
Wuchshöhe: 10 cm
Standort: ○
Feuchtebedürfnis: ◌

❀ ❀ ❀

Die Felsen-Fetthenne stammt aus felsigen Lagen in Mittel- und Westeuropa. Sie wächst ebenso in Felsspalten wie an Wegrändern – Hauptsache der Untergrund ist wasserdurchlässig. Sie bevorzugt einen nährstoffarmen, kalkhaltigen Boden in der Sonne und ist ansonsten pflegeleicht. Man kann sie sehr gut im Vordergrund sonniger Beete oder als Dachbegrünung einsetzen. In Verbindung mit Steinen wirkt sie besonders attraktiv, denn ihre Triebe kriechen und bilden Teppiche, die gerne Steine überwachsen. Im Volksmund wird sie auch Tripmadam genannt. Ihr hellgrünes bis graugrünes Laub verliert sie im Winter nicht, es ist immergrün. Die einzelnen Blätter sind zylindrisch geformt, spitz und wechselständig angeordnet. Im Sommer öffnen sich gelbe Blüten in flachen Schirmrispen, die an belaubten, rötlich grünen Stielen über dem niedrigen Teppich stehen. Die Knospen hängen nach unten, die geöffneten gelben Blüten sind nach oben gerichtet und locken Bienen und andere Insekten an. Die Vermehrung erfolgt durch Stecklinge im Sommer.

Sedum spectabile

Schöne Fetthenne

Sedum spectabile

ℹ

Familie: Crassulaceae
Blütezeit: Sommer / Herbst
Wuchsbreite: 50 cm
Wuchshöhe: 50 cm
Standort: ○
Feuchtebedürfnis: ◌ – ◑

❀ ❀ ❀

Diese Fetthenne ist ganz gewiss eine Schönheit. Man pflanzt sie am besten in die Randlage von sonnigen Staudenbeeten, damit ihre aufrechten Triebe gut zu sehen sind. Im Sommer erscheinen endständige, flache, doldenähnliche Blütenstände mit kleinen, hell rosafarbenen Einzelblüten, die Insekten anlocken. Das graugrüne Laub ist ebenso wie die Triebe fleischig und gegenständig angeordnet. Die Blätter sind elliptisch bis eiförmig, gebuchtet oder gesägt. Die Heimat der Schönen Fetthenne liegt in Südostasien. Im Unterschied zu anderen *Sedum*-Arten bevorzugt sie einen gleichmäßig feuchten Boden, der niemals vollständig austrocknen sollte. Zur Bildung großer Blütenstände benötigt sie ein gutes Nährstoffangebot, über reife Komposterde freut sie sich im Frühling. Die Blütenstände sollte man erst zum Winterende abschneiden, denn sie sehen auch abgetrocknet noch attraktiv aus. Die Vermehrung erfolgt durch Teilung im Frühling. Eine der beliebtesten Sorten heißt 'Brilliant' und bildet leuchtend rosafarbene Blüten.

Hauswurz

Sempervivum-Arten und Hybriden

Die heimische Hauswurz findet schon seit langer Zeit als Heilpflanze Verwendung und ist eng mit ländlichen Traditionen verbunden: Man pflanzte sie früher auf Hausdächer, weil sie in dem Ruf stand, Blitzschläge abzuwehren. Die bekannteste Art, *Sempervivum tectorum*, wird denn auch im Volksmund Dach-Hauswurz genannt. Wie die meisten Vertreter dieser Gattung hat sie fleischige (sukkulente) Blätter, die in der Lage sind, Wasser zu speichern. Ihr Laub ist oval geformt, spitz und in Rosetten angeordnet. Es ist blaugrün gefärbt und an den Spitzen mehr oder weniger rötlich getönt – der Farbton ist sehr variabel. Die Staude wächst polsterförmig, indem Ausläufer weitere Rosetten hervorbringen. Die Blüten sind rotviolett und öffnen sich in endständigen Schirmrispen – sie erinnern an Sedum. Rosetten, die einen Blütenstand gebildet haben, sterben nach der Blüte ab. Zur Blütezeit erreicht sie eine Höhe von etwa 15 cm. Die Berg-Hauswurz (*S. montanum*) bleibt mit bis zu 10 cm niedriger und hat dunkelgrüne Blätter. Ihr Blüten sind kräftig rotviolett gefärbt.

Die Hauswurz bevorzugt einen durchlässigen, mageren Boden mit niedrigem pH-Wert und liebt die Sonne. Phasen der Trockenheit übersteht sie unbeschadet. Man kann sie sehr gut in den Vordergrund von Beeten pflanzen und in flache Schalen oder Balkonkästen. Zur Vermehrung teilt man ältere Polster oder trennt bewurzelte Rosetten ab.

Familie: Crassulaceae
Blütezeit: Sommer
Wuchsbreite: unterschiedlich
Wuchshöhe: bis 15 cm (je nach Art)
Standort: ○
Feuchtebedürfnis: ◌
❄ ❄ ❄

Sempervivum

225

Solidago virgaurea

Gewöhnliche Goldrute

Solidago virgaurea

Familie: Asteraceae
Blütezeit: Sommer / Herbst
Wuchsbreite: 80 cm
Wuchshöhe: 80 cm
Standort: ○
Feuchtebedürfnis: ○
✿ ✿ ✿

Pflanzen umgeben uns auf Schritt und Tritt: Wer bei Bahnfahrten vorbeiziehende Gewächse im Blick hat, wird die Gewöhnliche Goldrute kennen. Sie lenkt die Aufmerksamkeit im Spätsommer mit leuchtend gelben Blüten auf sich. Bahndämme und Schuttplätze bedeckt sie in großen Gruppen, denn sie bevorzugt einen durchlässigen, mageren Boden in sonniger Lage. Im Garten ist sie sowohl für den Hintergrund von Rabatten als auch zur Begrünung von Böschungen geeignet. Ihre winzigen einzelnen Blüten öffnen sich in verzweigten, überhängenden Rispen und sind langlebig. Sie dienen als Bienenweide und wirken in Sträußen farbenfroh. Zur Kombination eignen sich Herbst-Astern. Das sattgrüne Laub ist lanzettlich, gesägt und leicht behaart, die Stängel sind auf ganzer Höhe belaubt.

Das natürliche Verbreitungsgebiet der Gewöhnlichen Goldrute reicht von Europa über die Türkei und den Kaukasus bis nach Sibirien und Südostasien. Die meisten anderen Vertreter der Gattung stammen dagegen aus Nordamerika. Man vermehrt sie durch Teilung im Frühling. Die Sorte namens 'Goldenmosa' wächst kompakter als die Wildart und bildet größere Blütenrispen.

Woll-Ziest

Stachys byzantina (syn. S. lantana)

Es gibt Stauden, die ausschließlich wegen ihrer Blätter angepflanzt werden. Beim Woll-Ziest sehen sie nicht nur schön aus, sie fühlen sich auch gut an, nämlich weich wie Fell. In manchen Regionen nennt man die Staude daher Eselsohr. Die Blätter sind graugrün, filzig behaart und elliptisch geformt. Die Grundblätter stehen in einer Rosette beisammen, die Stängelblätter sind gegenständig angeordnet. Im Sommer erscheinen endständige, ebenfalls grau behaarte Ähren mit kleinen, rosafarbenen Blüten, die röhrenförmig und zweilippig sind. Auf Menschen wirken sie weniger ansprechend, doch Insekten locken sie zahlreich an. Es wurde sogar eine Sorte gezüchtet, die kaum blüht, sie heißt treffend 'Silver Carpet' (Silberteppich).

Die Heimat des Woll-Ziest liegt in Kleinasien. Er breitet sich mit kriechenden Trieben flächig aus und dient im Vordergrund sonniger Beete als Bodendecker. Als Standort sollte man einen durchlässigen, eher mageren Boden wählen. Winternässe kann leicht zu Fäulnis und Ausfällen führen. Zur Vermehrung teilt man ältere Pflanzen nach der Blüte. Eine ungewöhnliche Kombination gelingt mit rotviolett blühenden Herbst-Zeitlosen (*Colchicum*), die man in den Laubteppich einsetzt. Der Großblumige Ziest (*Stachys macrantha*) ist ein naher Verwandter, der gut zu Rosen passt. Er hat sattgrüne, herzförmige, raue Blätter und bildet zahlreiche rotviolette Blüten, die in Quirlen etagenförmig angeordnet sind. Diese Art wird bis zu 50 cm hoch.

Familie: Lamiaceae
Blütezeit: Sommer
Wuchsbreite: unterschiedlich
Wuchshöhe: 40 cm
Standort: ○
Feuchtebedürfnis: ◌
❀ ❀ ❀

Chinesische Trollblume

Trollius chinensis

ⓘ

Familie: Ranunculaceae
Blütezeit: Frühling bis Sommer
Wuchsbreite: 50 cm
Wuchshöhe: 1 m
Standort: ○ – ◑
Feuchtebedürfnis: ◖ – ◗
✿ ✿ ✿
✖

An Teichufern wirkt die Chinesische Trollblume sehr natürlich. Ihre Heimat sind Feuchtwiesen und Flussufer in Bergregionen Chinas. Auch im Garten bevorzugt sie daher feuchte Lehmböden, die niemals vollständig austrocknen. Sie bildet Horste aus verzweigten Trieben. Ihre sattgrünen, lang gestielten Blätter sind überwiegend grundständig und fingerig geteilt, die einzelnen Blättchen sind grob gesägt. Im Frühling und Sommer genießt die Wildstaude durch orangegelbe, schalenförmige Blüten mit langen Honigblättern (Nektarien) einen großen Auftritt. Ein sofortiger Rückschnitt nach der Blüte und eine gute Nährstoffversorgung werden häufig mit einer Nachblüte belohnt. Zur Vermehrung teilt man ältere Exemplare nach der Blüte. Schöne Kombinationen ergeben sich in feuchten Bereichen mit der Wiesen-Schwertlilie (*Iris sibirica*) und dem Mädesüß (*Filipendula*). Aus Europa stammt die verwandte Art *Trollius europaeus*. Ihre Blüten sind becherförmig, sie haben fast kugelig gewölbte Kronblätter und öffnen sich etwas früher. Vorsicht: Sämtliche Pflanzenteile sind giftig!

Trollius chinensis

228

Kandelaber-Königskerze

Verbascum olympicum

Graulaubige Pflanzen verbreiten im Garten eine mediterrane Atmosphäre. Stellt man sie bei der Gestaltung in den Mittelpunkt, kann man sich durchaus ans Mittelmeer versetzt fühlen. Eine wichtige Voraussetzung ist allerdings reichlich Sonne, ansonsten sind graulaubige Pflanzen genügsam. Die Kandelaber-Königskerze findet man bei uns sogar verwildert auf Schuttplätzen und an Bahndämmen. Ihre grauen, filzig behaarten, breit lanzettlichen und fleischigen Blätter sind in großen Rosetten angeordnet. Die Art ist kurzlebig: Im ersten Jahr erscheint nur die grundständige Rosette, spätestens im übernächsten Jahr erscheint dann der hohe, kandelaberähnlich verzweigte Blütenstand – daher der volkstümliche Name. Dicht gedrängt öffnen sich leuchtend gelbe, schalenförmige Blüten. Nach der Samenbildung stirbt die Rosette ab.

Verbascum olympicum stammt aus felsigen Lagen in Griechenland und der Türkei. Die Staude benötigt einen warmen, durchlässigen, kalkhaltigen Boden; Winternässe wirkt sich schädlich aus. Die Art versät sich selbst und kann gezielt im Frühling ausgesät werden. Es sind auch langlebigere Hybriden erhältlich (*V.* × *hybridum*).

Familie: Scrophulariaceae
Blütezeit: Frühling bis Sommer
Wuchsbreite: 60 cm
Wuchshöhe: 2 m
Standort: ○
Feuchtebedürfnis: ○
❀ ❀ ❀

Kräuter

Ob als zierender Blickfang, Gewürz-, Heil- oder Duftpflanze – Kräuter bieten reichlich Gründe, im Garten, auf der Terrasse oder auf dem Balkon bedacht zu werden. Zudem holen Sie sich die Natur ein Stück näher, denn das herrliche Aroma lockt Bienen und Schmetterlinge sogar bis auf hoch gelegene Balkone an. Kräuter gedeihen und entwickeln ihr Aroma am besten an warmen Standorten in voller Sonne, sind ansonsten aber pflegeleicht. Mit dem Gießen sollte man es nicht übertreiben, denn sie nehmen Trockenheit weit weniger übel als zu viel Nässe. Stickstoffreiche Jauchen aus Brennnessel, Rainfarn oder Schafgarbe unterstützen das Wachstum, vermeiden Sie aber, beim Ausbringen die Blätter zu benetzen. Bei der Gestaltung sind dem Kräuterfreund keine Grenzen gesetzt. Sie lassen sich auf eine Kräuterspirale oder in bunte Kräuterbeete pflanzen und machen auch als Einzelpflanzen in Töpfen eine hübsche Figur. Letzteres hat den Vorteil, dass man sie über Winter ins Haus holen kann. Mediterrane Vertreter wie Basilikum, Oregano oder Salbei verleihen jedem Platz obendrein eine südliche Atmosphäre. Versuchen Sie es doch einmal mit Kräutern an Wegrändern, dann können Sie bei Berührung jedesmal den herrlichen Duft genießen. Ein kleines Sortiment für die Kräuterküche sollte auf jeden Fall immer in Hausnähe sein. Denn frisch geerntet, am besten noch vor der Blüte, schmecken sie einfach am besten. Kräuter kann man leicht aussäen oder als Jungpflanzen kaufen, Wärme liebende Arten sollten dabei im Haus vorkultiviert werden. Wenn der Winter naht bedenken Sie, dass viele mehrjährige Kräuter im Topf nicht so frosthart sind wie ausgepflanzt. Deshalb sollten sie mit Reisig oder ähnlichem Material abgedeckt oder im frostfreien, hellen Raum überwintert werden.

Kriechender Günsel

Ajuga reptans

Familie: Lamiaceae
Blütezeit: Frühjahr bis Sommer
Wuchsbreite: 60–90 cm
Wuchshöhe: 15 cm
Standort: ◑
Feuchtebedürfnis: ◐
❁ ❁ ❁

Der Kriechende Günsel zählt zur Gattung *Ajuga* mit etwa 50 winterharten einjährigen oder gruppenbildenden, immergrünen und halbimmergrünen, mit Rhizomen kriechenden Staudenarten. *A. reptans* wächst in Europa, Nordwestafrika, der Türkei, dem Iran und im Kaukasus. Von Frühjahr bis Frühsommer bilden sich ungeteilte, attraktive, gegenständige, zuweilen gezähnte dunkelgrüne Blätter und zweilippige, röhrige, meist dunkelblaue Blüten. Als Bodendecker wächst er unter feuchten Bedingungen an sonnigen oder schattigen Standorten, da die Triebe üppig von Rhizomen oder Ausläufern aufsteigen, aber auch als Rabattenpflanze. Ausgesät werden kann im Herbst oder Frühjahr, die Vermehrung erfolgt über Teilung oder Abtrennen bewurzelter Ausläufer nach der Blüte. *A. reptans* – alle Teile der Pflanze sind verwendbar – ist ein mildes schmerzstillendes, adstringierendes Kraut mit abführender Wirkung und wird zur Behandlung von Quetschungen, Wunden und Verbrühungen eingesetzt.

Knoblauch

Allium sativum

Familie: Alliaceae
Blütezeit: Sommer
Wuchsbreite: bis 30 cm
Wuchshöhe: 30–90 cm
Standort: ○
Feuchtebedürfnis: ◐
❁ ❁ ❁
✿

Knoblauch gehört zu den Lauchen, einer Gruppe von etwa 800 Zwiebelpflanzenarten, die im Frühjahr, Sommer oder Herbst blühen. Die meisten Arten stammen aus den trockenen und gebirgigen Regionen der Nordhalbkugel. Die aufrechten bis gebogenen graugrünen Blätter geben beim Zerreiben einen zwiebelartigen Duft ab und sind zur Blütezeit oft verwelkt. Die an der Basis röhrigen Blüten sind glocken-, stern- oder becherförmig und stehen in meist kugeligen oder eiförmigen, zuweilen hängenden Dolden, meist 1–10 cm. *A. sativum* ist ein scharfes wärmendes Kraut, das medizinisch eingesetzt werden kann und in der Küche den Geschmack der meisten Fleischarten, Meeresfrüchte und vieler Gemüse unterstreicht. Im Herbst setzt man die Zwiebeln oder Zehen etwa 5–10 cm tief in den Boden, im folgenden Spätsommer oder Herbst können die Zwiebeln der weiß oder rosa blühenden Pflanze, die aus 5–18 Zehen bestehen, dann geerntet werden. Sie sollten an der Luft getrocknet und frostfrei aufbewahrt werden.

Schnittlauch

Allium schoenoprasum

Schnittlauch weist ähnliche Eigenschaften wie die anderen Lauche auf, ist aber milder und wird selten medizinisch eingesetzt. Die Pflanze wird meist wegen ihrer hohlen, drehrunden, dunkelgrünen Blätter angepflanzt, aber auch die Zwiebeln und ihre Blüten werden verwendet. Die Vermehrung erfolgt durch Aussaat im Frühjahr oder Teilung im Herbst beziehungsweise Frühjahr in nährstoffreiche Böden in sonniger Lage, die Pflanze toleriert aber auch absonnige Standorte. Juni bis Juli blühen ca. 2,5 cm breite Dolden mit blasspurpurnen, manchmal reinweißen, glockenförmigen Blüten. Schnittlauch passt besonders gut zu Kartoffeln und Eiern. Blätter sowie Zwiebeln nimmt man zum Garnieren und Würzen von Suppen, Salaten, Frischkäse, Omeletts und Saucen wie Remoulade. Die Blüten zeichnen sich durch ihren milden Zwiebelgeschmack aus.

Familie: Alliaceae
Blütezeit: Sommer
Wuchsbreite: 10 cm
Wuchshöhe: 30–60 cm
Standort: ○
Feuchtebedürfnis: ◑
❄ ❄ ❄
✿

Allium schoenoprasum

233

Ackerdill

Anethum graveolens

Familie: *Apiaceae*
Blütezeit: *Sommer*
Wuchsbreite: *45 cm*
Wuchshöhe: *120 cm*
Standort: ○
Feuchtebedürfnis: ◌
✷ ✷ ✷
✿

A. graveolens ist eine aromatische einjährige Pflanze mit aufrechten, hohlen und fein gerillten Stielen. Sie stammt vermutlich aus Südwestasien und ist heute im Mittelmeerraum und in Westasien beheimatet. Im Nahen Osten ist Dill ein wichtiges Heilkraut, und auch in Indien wird Dill seit langem in der Heilkunst wie in der Küche verwendet. Dill treibt drei- bis vierfach gefiederte, längliche ca. 35 cm lange Blätter, die in zahlreiche fädrige, blaugrüne Fiederchen geteilt sind. Die Vermehrung erfolgt vom Frühjahr bis zum Sommer durch wiederholte Aussaat ins Freiland. Im Juli bis August wachsen große Dolden von sehr kleinen gelben Blüten, später entstehen eiförmige, flache Samen. Verwendet werden die Blätter, die frisch geschnitten ein scharfes, kühlendes, aromatisches Kraut ergeben, das hervorragend zu Fisch, Eiern und Kartoffeln passt, das Verdauungssystem beruhigt und reguliert sowie harntreibend wirkt. Dillzweige verwendet man zum Einlegen etwa von Gurken in Essig, die Samen in Currypulvermischungen.

Gartenkerbel

Anthriscus cerefolium

ⓘ

Familie: *Apiaceae*
Blütezeit: *Frühsommer*
Wuchsbreite: *25 cm*
Wuchshöhe: *bis 50 cm*
Standort: ◑
Feuchtebedürfnis: ◌ – ◖
✷ ✷ ✷
✿

A. cerefolium, aus Europa und Westasien stammend, ist eine aromatische zweijährige, vielfach einjährig angebaute Pflanze, mit hohlen gefurchten Stielen und hellgrünen zwei- oder dreifach gefiederten, nach Anis duftenden Blättern. Es ist auch eine gute Kübelpflanze für kalte und schattige Standorte; sie verträgt sich gut mit anderen schattenliebenden Küchenkräutern. Vom zeitigen Frühjahr bis in den Hochsommer kann man Kerbel ins Freiland aussäen. Die Pflanze erinnert im Aussehen an Petersilie. Im Frühsommer erscheinen in den Blattachseln Dolden mit kleinen weißen Blüten, gefolgt von schmalen Früchten. Die Blätter werden vor der Blüte geschnitten und frisch verzehrt. Trocknen empfiehlt sich nicht, da das Aroma verloren geht, erfolgreicher ist Einfrieren. Kerbel ist ein unentbehrliches Küchenkraut, das schon die alten Römer kannten und heute hauptsächlich in der französischen Küche Verwendung findet, besonders zu Fisch, aber auch zu Geflügel; beliebt ist auch eine Kerbelsuppe.

Bergarnika

Arnica montana

Die Bergarnika oder Berg-Wohlverleih kommt wild in den Gebirgen Mitteleuropas vor. Dort wächst sie auf sauren Moorflächen oder sonnigen, kalkarmen Wiesen. Sie steht unter Naturschutz. Ihr Wuchs ist aufrecht und wenig verzweigt, die Blütenstängel entspringen einer kräftigen Blattrosette. Die länglichen Blätter sind weich behaart und duften wie die Blüten aromatisch. Blickfang sind die leuchtend gelben Blütenköpfe mit einem Durchmesser bis 8 cm, die gerne von Bienen und Schmetterlingen aufgesucht werden. Die Fruchtstände im Spätsommer erinnern an den Löwenzahn. Arnika mag auch in Kultur am liebsten trockene, saure, nährstoffarme Böden und wächst in der Sonne wie im Halbschatten. Die Staude eignet sich gut für Steingärten oder Staudenrabatten. Die reifen Samen können leicht geerntet und schon direkt im Herbst an Ort und Stelle ausgesät werden. Arnika ist eine altbekannte Heilpflanze, die vor allem die Wundheilung beschleunigt. Doch Vorsicht: Alle Pflanzenteile verursachen bei Verzehr starke Übelkeit, der Pflanzensaft kann bei empfindlichen Personen Allergien auslösen.

Familie: Asteraceae
Blütezeit: Sommer
Wuchsbreite: 50 cm
Wuchshöhe: 30 cm
Standort: ○ – ◑
Feuchtebedürfnis: ◑
❀ ❀ ❀
Heilpflanze
❀
Bienen- und Schmetterlingspflanze

Weißer Beifuß, Staudenwermut

Artemisia ludoviciana

Die Gattung *Artemisia* besteht aus etwa 300 immergrünen oder einjährigen Arten, die auf Feldern und Steppen der Nordhalbkugel wachsen. Weißer Beifuß wird wegen seiner wechselständigen, aromatisch duftenden, verschieden geformten, oft fiederteiligen, grauen oder silbrigen Blätter kultiviert. Die Aussaat erfolgt im Herbst oder Frühjahr im Kalten Kasten. *A. dracunculus* (Estragon, auch Drachenkraut) wird als Küchengewürz angepflanzt. Andere Beifußarten werden als bittere Kräuter, etwa zur Behandlung von Fieber eingesetzt. *A. ludoviciana* ist eine horstbildende Rhizomstaude mit lanzettlichen, flaumigen, silbrig weißen bis graugrünen Blättern; die bräunlichgelben Blütenköpfchen entwickeln sich von Hochsommer bis Herbst.

Familie: Asteraceae
Blütezeit: Sommer
Wuchshöhe: bis 120 cm
Wuchsbreite: variabel
Standort: ○
Feuchtebedürfnis: ○
❀ ❀ ❀
❀

Borretsch

Borago officinalis

ⓘ

Familie: Boraginaceae
Blütezeit: Frühjahr bis Sommer
Wuchsbreite: 45 cm
Wuchshöhe: 60 cm
Standort: ○
Feuchtebedürfnis: ◊

❀ ❀ ❀

B. officinalis (Borretsch oder Gurkenkraut) ist ein behaartes einjähriges Kraut mit aufrechten Hohlstämmen und lanzettförmigen Blättern. Es gehört zu einer Gattung von drei Arten winterharter Ein- oder Mehrjähriger, die im Mittelmeerraum und in Westasien wachsen. Sie haben behaarte Sprosse und einfache, wechselständige, ebenfalls rau behaarte Blätter. Die leuchtend blauen Blüten stehen in sternförmigen, doldenartigen Rispen, die im Sommer hervorkommen, gefolgt von kleinen braunen bis schwarzen Samen. Einige Arten tragen buntes Laub. Ihr Name kommt von dem lateinischen borra (steifes Haar) und spielt auf das borstige Laub an. Die Aussaat erfolgt im Frühjahr ins Freiland. Borretsch ist ein salzhaltiges, harntreibendes Kraut, das geschädigtes oder gereiztes Gewebe beruhigt, schweißtreibend wirkt und von milder sedativer und antidepressiver Wirkung ist. Die Blätter verleihen Getränken einen gurkenähnlichen Geschmack. Kleingeschnitten verwendet man sie für Salate und Kräuterkäsezubereitungen. In Italien kocht man sie auch als Gemüse. Frische Blüten werden für Salate oder zur Garnierung benutzt.

Borago officinalis

Schwarzer Senf

Brassica nigra

Der Gattung *Brassica* gehören etwa 30 Arten winterharter, meist ein- oder zweijähriger Kräuter an, die überall in Eurasien auf Ackerland und an Ufern wachsen. *B. nigra* ist eine einjährige Pflanze mit vielfach verzweigtem Stamm und lappigen, länglich bis lanzettförmigen, grau- bis blaugrünen Blättern; sie entwickelt im Sommer goldgelbe Blüten, die kreuzförmig in Trauben stehen, gefolgt von kleinen aufrechten, vierkantigen Schoten, die schwarzbraune Samen enthalten. Die Aussaat erfolgt im Frühjahr direkt ins Freiland. Verwendbar sind Blätter und Blüten, Samen und Öl aus den Körnern. Es ist ein beißendes, wärmendes Kraut, das die Blutzirkulation und das Verdauungssystem anregt; Haut und Schleimhäute werden gereizt; äußerlich kann man es als Breiumschlag, Senfpflaster und Badezusatz bei Rheuma und Muskelschmerzen sowie bei Infektionen der Atemwege anwenden. Die jungen Blätter und Blüten werden Salaten beigegeben, denen sie eine angnehme Schärfe verleihen. Die Samenkörner werden zur Senfherstellung gemahlen, im Ganzen finden sie in Currygerichten und eingelegtem Gemüse Verwendung.

Familie: Brassicaceae
Blütezeit: Frühjahr bis Frühsommer
Wuchsbreite: 120 cm
Wuchshöhe: 90–300 cm
Standort: ○
Feuchtebedürfnis: ◌
✳ ✳ ✳
❀

Gartenringelblume

Calendula officinalis

Die Gattung *Calendula* unfasst 20–30 Arten buschige, schnellwüchsige, winterharte Einjährige, Mehrjährige und immergrüne Halbsträucher, die im Mittelmeerraum heimisch sind. Nur *C. officinalis* und ihre Sorten werden auch als Zierpflanzen, für die Küche oder als Heilkraut kultiviert. Die Ringelblume ist eine buschige, aromatische, langlebige Einjährige mit verzweigten Stielen und spitzen, wechselständigen und aromatischen Blättern. Die margeritenartigen Köpfchen mit orangefarbenen oder gelben Zungenblüten und gelben, orangefarbenen, violetten, purpurnen oder braunen Röhrenblüten blühen vom Sommer bis Herbst. Vermehrung erfolgt durch Erstaussaat im Frühjahr oder Herbst, danach durch Selbstaussaat. Im alten Griechenland und Rom wie auch im indischen und arabischen Kulturraum war die Pflanze ein Heilkraut, Farbstoff für Gewebe, Lebensmittel oder wurde in Kosmetika verarbeitet. Verwendung finden die Blütenblätter auch in der Küche als Safranersatz in Reis und Suppen, aber auch frisch in Salaten.

Calendula officinalis

Familie: Asteraceae
Blütezeit: Sommer bis Herbst
Wuchsbreite: 50–70 cm
Wuchshöhe: 50–70 cm
Standort: ◐
Feuchtebedürfnis: ◌
✳ ✳ ✳
❀

237

Gartenkoriander

Coriandrum sativum

Familie: Apiaceae
Blütezeit: Sommer
Wuchsbreite: 20 cm
Wuchshöhe: 50–70 cm
Standort: ○
Feuchtebedürfnis: ○
❀ ❀ ❀
❀

Zur Gattung *Coriandrum* gehören zwei Arten einjähriger Pflanzen, die in Südostasien und Nordafrika heimisch sind. *C. sativum* zählt zu den ältesten bekannten Kräutern und wurde bereits vor etwa 3000 Jahren kultiviert. Schon in antiken Schriften wird es erwähnt wie auch in nahezu allen Kräuterbüchern des Mittelalters. Es ist ein aufrechtes Kraut mit stechend riechenden Blättern, die eiförmig und entweder ein- bis dreifach gefiedert mit gezähnten, linealen oder länglichen Fiedern oder fiederteilig sind. Kleine becherförmige, weiße oder purpurgetönte Blüten bilden endständige Dolden, die von größeren fertilen Blüten umgeben sind und später zu kugeligen, blassbraunen Früchten reifen. Die Vermehrung erfolgt durch Aussaat der Samen im Frühjahr. Blätter und Samen werden in der Küche verwendet, wobei sie unterschiedliche Aromen haben und so auch in der Eignung unterschieden werden, die Blätter sind frisch geschnitten besonders in der südostasiatischen Küche beliebt.

Echte Artischocke

Cynara scolymus

Familie: Asteraceae
Blütezeit: Spätsommer bis Herbst
Wuchsbreite: 120 cm
Wuchshöhe: 200 cm
Standort: ○
Feuchtebedürfnis: ○
❀ ❀ ❀

Die Gattung *Cynara* besteht aus zehn frostharten, mehrjährigen, distelartigen Staudenarten, die auf wasserdurchlässigen, sonnigen Hängen im Mittelmeerraum, in Nordafrika und auf den Kanarischen Inseln heimisch sind. *C. scolymus* ist eine große, aufrechte, attraktive Staude mit tief gelappten oder ein- bis zweifach fiederspaltigen, silbrigen oder graugrünen Blättern mit zugespitzten Fiedern, oberseits grauhaarig, unterseits dicht weißwollig, und großen, kugeligen Blütenköpfen, die einzeln oder in Schirmrispen stehen. Im Sommer entfalten sich die distelähnlichen Blüten mit purpurnen Blümchen. Die Vermehrung erfolgt durch Aussaat im Frühjahr in den Kalten Kasten und durch Ausläufer im Frühjahr und Herbst sowie durch Wurzelschnittlinge im Winter. Die Hüllblätter der Köpfchen und die Böden beziehungsweise die Herzen der Blüten einiger Arten sind im Knospenzustand essbar, ebenso die Blattstiele und Mittelrippen. Die Artischocke ist ein bitteres, leicht salzig schmeckendes Kraut, dessen Wirkstoff Cynarin die Leber- und Gallenblasenfunktion stärkt und den Colesterinspiegel im Blut senkt.

Purpursonnenhut

Echinacea purpurea (syn. Rudbeckia purpurea)

Echinacea purpurea, Purpurroter Igelkopf oder Purpurrudbeckie ist eine der neun Arten winterharter, mehrjähriger Stauden dieser Gattung, die im Osten Nordamerikas auf trockenen Prärien, steinigen Berghängen und offenen Gehölzen heimisch sind. Sie wurde schon von den eingeborenen Nordamerikanern zur Behandlung von Wunden eingesetzt. *Echinacea* hat in der Regel dünne, schwarze Wurzelstöcke und kurze Rhizome. Die aufrechten, behaarten Sprosse tragen lanzettliche, ganzrandige, gezähnte oder tief fiederspaltige, borstig behaarte, dunkelgrüne Blätter. Die einzelnen, an Margeriten erinnernden, purpurnen, roten oder rosa Blütenköpfchen sind auf der Unterseite mit zugespitzten Schuppen besetzt und besitzen ein auffälliges, ei- oder zapfenförmiges, braungelbes oder orangefarbenes Zentrum. Vermehrung erfolgt durch Aussaat im Frühjahr, durch Wurzelstecklinge im Herbst bis frühen Winter und durch Teilung im Herbst und Frühjahr. Schon früh fand die Pflanze in der ayurvedischen Heilkunde Beachtung, und in der westlichen Medizin wird sie heute als ein wirksames Entgiftungsmittel für Kreislauf-, Lymph- und Atmungssysteme angesehen.

Familie: Asteraceae
Blütezeit: Sommer
Wuchsbreite: 45 cm
Wuchshöhe: 90–120 cm
Standort: ○
Feuchtebedürfnis: ◊
❄ ❄ ❄

239

Ölrauke, Senfrauke

Eruca sativa ssp. sativa

Familie: Brassicaceae
Blütezeit: Frühjahr
Wuchsbreite: 15–20 cm
Wuchshöhe: 60–90 cm
Standort: ○
Feuchtebedürfnis: ◊
❄ ❄

Zur Gattung *Eruca* gehören fünf Arten ein- und mehrjähriger Pflanzen, die in den Ländern des Mittelmeers vorkommen. *E. sativa* ssp. *sativa*, die Ölrauke, ist im Mittelmeerraum und in Ostasien heimisch, wird jedoch seit langem auch in anderen Regionen angepflanzt. Bei den alten Römern war sie unter dem Namen Senfkohl eine beliebte Salatpflanze. *E. sativa* ssp. *sativa* ist eine aufrechte, senfähnliche, robuste einjährige Pflanze mit asymmetrisch geformten gezähnten Blättern; sie treibt vierblättrige cremefarbene Blüten, die purpur geädert sind und sich vom Spätwinter bis zum Herbst öffnen, danach folgen schlanke, aufrechte Schoten. Die Vermehrung erfolgt durch wiederholte Aussaat ins Freiland von März bis Juni oder noch im Spätsommer für eine Herbsternte. Rauke neigt außerdem zur Selbstaussaat. Heute dient sie hauptsächlich als Salatkraut, denn die Blätter schmecken leicht pfeffrig. Pflanzen, die bei trockener Hitze gezogen werden, haben ein schärferes Aroma als solche von feuchten, nährstoffreichen Böden.

Foeniculum vulgare

Echter Fenchel

Foeniculum vulgare

Familie: Apiaceae
Blütezeit: Juli–September
Wuchsbreite: 45 cm
Wuchshöhe: bis 200 cm
Standort: ○
Feuchtebedürfnis: ◊
❄ ❄ ❄
❀

Foeniculum ist eine winterharte zwei- oder mehrjährige Staude, die ursprünglich in den europäischen Mittelmeergebieten und in Asien vorkommt und an trockenen, sonnigen Standorten besonders in Küstennähe gut gedeiht. Heute ist Fenchel nahezu weltweit verbreitet. Alle Teile der Pflanze schmecken aromatisch nach Anis. Beide Formen sind tief wurzelnd und entwickeln einen schlanken Spross und fein gefiederte, nach Anis duftende und schmeckende Blätter. Sie bilden flache Dolden aus sehr kleinen gelben Blüten, die zu aromatischen, graubraunen Früchten heranreifen. Die Vermehrung erfolgt im Frühjahr durch Aussaat oder durch Sämlinge aus Selbstaussaat. Die zweijährige Art bildet zwiebelartig verdickte, grundständige Blattscheiden an der Sprossbasis, die als Gemüse kultiviert werden. Blätter und Samen werden sowohl in der Küche als auch in der Medizin, besonders bei Verdauungsstörungen, Blähungen und Koliken, angewandt. Zerdrückte Samen brüht man in Kräutertees auf, und das Öl findet in der Parfumherstellung Verwendung.

Waldmeister

Galium odoratum

Galium ist eine weit verbreitete Gattung mit etwa 400 Arten ein- und mehrjähriger Pflanzen, die im Wald, in Hecken, auf Wiesen und Brachflächen vorkommen. Eine überaus bekannte Gartenpflanze ist das laubwechselnde *G. odoratum*, der Waldmeister, der auch in Sibirien und Nordafrika anzutreffen ist. An schattigen Standorten gilt die Pflanze als guter Bodendecker. *G. odoratum* ist eine Ausläufer treibende Rhizomstaude mit aufrechten, vierkantigen, fast unbehaarten Sprossen und Wirteln aus sechs bis neun lanzettlichen bis elliptischen, hellgrünen Blättern mit winzigen randständigen Zacken. Es bildet sternförmige, duftende, reinweiße Blüten, die vom Spätfrühjahr bis Hochsommer in achsel- oder endständigen Trugdolden stehen. Samen werden bei Reife in einen beschatteten Kalten Kasten gesät und die Rhizome im Herbst oder zeitigen Frühjahr geteilt. Waldmeister ist ein adstringierendes, leicht bitteres Kraut, das getrocknet viel Aroma entwickelt.

Familie: Rubiaceae
Blütezeit: spätes Frühjahr bis Hochsommer
Wuchsbreite: variabel
Wuchshöhe: bis 45 cm
Standort: ○ – ◑
Feuchtebedürfnis: ◗
❀ ❀ ❀
✿

Niederliegende Scheinbeere

Gaultheria procumbens

Die Gattung *Gaultheria* umfasst etwa 170 Arten immergrüner kleiner, zuweilen rhizombildender Sträucher. Sie wächst vor allem in den Anden, ist aber auch in Nordamerika, in Australien und in Ostasien in Waldformationen und an offenen, feuchten Standorten im Himalaja zu finden. Viele Arten werden wegen der wächsernen Blüten und der farbenfrohen Früchte angebaut. *G. procumbens*, auch Teebeerenstrauch oder Rebhuhnbeere genannt, wächst in trockenen Wäldern im Osten Nordamerikas. Es ist ein kriechender, daher als Bodendecker gut geeigneter, rhizombildender Strauch mit elliptischen bis elliptisch-länglichen, zugespitzten oder an der Spitze drüsigen, gebuchteten oder borstigen, glänzenden dunkelgrünen Blättern, die beim Zerreiben stark nach Wintergrün riechen. Im Sommer bilden sich blassrosa Blüten, die entweder einzeln oder in Trauben stehen; sie reifen später zu scharlachroten Früchten, die häufig bis zum Frühjahr an der Pflanze bleiben. Die Samen werden im Herbst in den Kalten Kasten gesät.

Gaultheria procumbens

Familie: Ericaceae
Blütezeit: Juni–August
Wuchshöhe: 15 cm
Wuchsbreite: 90 cm und mehr
Standort: ◑
Feuchtebedürfnis: ◗
❀ ❀ ❀
✿

Kahles Süßholz, Lakritze

Glycyrrhiza glabra

ℹ

Familie: Fabaceae
Blütezeit: Sommer
Wuchsbreite: 90 cm
Wuchshöhe: 120 cm
Standort: ○
Feuchtebedürfnis: ◐ aber ○
✻ ✻ ✻

Glycyrrhiza ist eine Gattung von 20 Arten im Sommer blühender Mehrjähriger, die im Mittelmeergebiet, im tropischen Asien, in Australien und Amerika verbreitet sind. *G. glabra*, Kahles Süßholz oder Lakritze, findet man im südwestlichen Asien und im Mittelmeerraum. Das Süßholz war im schon alten Ägypten, Assyrien und China ein unentbehrliches Kraut, da das enthaltene Glycyrrhizin 50mal süßer ist als Rohrzucker, gelangte aber erst im 15. Jahrhundert nach Europa. *G. glabra* ist eine variable Mehrjährige mit Ausläufer treibenden Wurzeln, flaumigen Stielen und gefiederten, selten dreifingrigen, mit klebrigen Drüsenhaaren besetzten Blättern. Die blassblauen bis violetten, wickenartigen Blüten erscheinen in lockeren Ähren, danach reifen längliche Schoten. Die Vermehrung erfolgt durch Aussaat im Herbst oder Frühjahr in Töpfen im Freiland oder durch Wurzelteilung im zeitigen Frühjahr. Verwendung finden die Wurzeln und Ausläufer, es ist ein sehr süßes, linderndes Kraut, das entzündungshemmend und schleimlösend wirkt.

Johanniskraut

Hypericum

ℹ

Familie: Clusiaceae
Blütezeit: Sommer
Wuchsbreite: 60 cm
Wuchshöhe: 60–110 cm
Standort: ○
Feuchtebedürfnis: ○
✻ ✻ ✻
✿

Hypericum, Johanniskraut, zählt zu einer Gattung von über 400 Arten laubwechselnder, halbimmergrüner oder immergrüner Bäume, Sträucher, Einjähriger und krautiger Stauden, die weltweit in vielen Lebensräumen, von Wald- und Strauchformationen bis zu Gebirgen und auf Felsen, zumeist in gemäßigten Zonen vorkommen. Sie haben gegenständige, zuweilen auch wirtelige Blätter, die manchmal eine auffällige Herbstfärbung zeigen. Die gelben Blüten mit den deutlichen Staubblättern stehen meist über längere Zeit einzeln in endständigen, auch achselständigen Cymen. Einige Arten haben beerenartige Früchte, die auch aus drei- bis fünfklappigen Kapseln bestehen können. Die Vermehrung erfolgt durch Aussaat im Herbst oder Frühjahr in den Kalten Kasten. *H. perforation*, das Echte Johanniskraut, ist in Wäldern und Hecken Europas und gemäßigten Zonen Asiens heimisch und ist ein bittersüßes, kühlendes, adstringierendes Kraut. Das Laub ist giftig und für den Verzehr nicht geeignet.

Echter Ysop

Hyssopus officinalis

Die Gattung *Hyssopus* beinhaltet fünf oft variable Arten aromatischer, krautiger Stauden, immergrüner oder halbimmergrüner Sträucher trockener Standorte vom Mittelmeergebiet bis Zentralasien. Die linealen bis lanzettlichen, eiförmigen oder länglichen Blätter sind mittel- bis blaugrün. Im Spätsommer entstehen dichte Ähren röhriger, zweilippiger purpurblauer, selten weißer oder rosafarbener Blüten. *H. officinalis* wird wegen der aromatischen Blätter und Blüten gezogen. Die Vermehrung erfolgt im Herbst oder Frühjahr durch Aussaat in den Kalten Kasten, im Sommer durch krautige Stecklinge. Die Pflanze eignet sich für Stein- oder Kräutergärten, als niedrige Hecken, für sonnige, warme Mauern oder für Töpfe. Ysop wird schon im Alten Testament als reinigende Pflanze erwähnt. Es ist ein bitteres, aromatisches, adstringierendes Kraut, das schleimlösend, entzündungshemmend und fiebersenkend wirkt und neben dem kampferartigen ätherischen Öl Verbindungen enthält, die bei bronchialen Beschwerden wirksam sind.

Familie: Lamiaceae
Blütezeit: Sommer
Wuchsbreite: 60–90 cm
Wuchshöhe: 45–60 cm
Standort: ○
Feuchtebedürfnis: ◊
❄ ❄ ❄
❀

Echter Lorbeerbaum

Laurus nobilis

Es gibt zwei Arten der Gattung *Laurus*. Sie zählen zu den immergrünen Sträuchern oder kleinen Bäumen und sind auf den Azoren, Kanaren und im Mittelmeergebiet heimisch, wo sie niedrige Gehölze und felsige Standorte bevorzugen. Sie werden als Zierpflanzen angebaut, aber *L. nobilis*, der Echte Lorbeerbaum, wird wegen der eiförmigen, aromatischen, glänzend dunkelgrünen Blätter als Küchengewürz besonders geschätzt und in Kräutergärten kultiviert. Im Frühjahr entwickeln sich Büschel mit kleinen cremefarbenen bis gelben Blüten und deutlichen Staubblättern, denen an weiblichen Pflanzen breite, eiförmige schwarze Beeren folgen. Die Vermehrung erfolgt im Sommer durch halbausgereifte Stecklinge oder im Herbst durch Aussaat in den Kalten Kasten. Der Lorbeerbaum eignet sich gut als Kübelpflanze, in Gegenden mit härteren Wintern und Frost sollten die Pflanzen im kühlen Gewächshaus überwintern. Geerntet werden ganze Zweige, die an einem gut gelüfteten Ort mit der Spitze nach unten aufgehängt und getrocknet werden.

Laurus nobilis

Familie: Lauraceae
Blütezeit: Frühjahr
Wuchsbreite: bis 10 m
Wuchshöhe: bis 12 m
Standort: ○
Feuchtebedürfnis: ◊
❄ ❄
❀

243

Echter Lavendel

Lavandula angustifolia

Lavandula angustifolia und Malva moschata

Familie: Lamiaceae
Blütezeit: Sommer bis Herbst
Wuchsbreite: 30–150 cm
Wuchshöhe: 25–120 cm
Standort: ○
Feuchtebedürfnis: ○

❅– ❅❅❅
❀

Als Gattung umfasst *Lavandula* etwa 25 Arten aromatisch duftender, immergrüner Sträucher und Halbsträucher, die an trockenen, sonnigen, offenen, felsigen Standorten des Mittelmeerraums, der Kanaren, Nordafrikas bis Südwestasiens und Indiens gedeihen. Die meist graugrünen Blätter sind gegenständig angeordnet, gezähnt bis fiederspaltig und gefiedert, die Blattränder meist eingerollt. Lavendel wird in erster Linie wegen der meist langstieligen Ähren zweilippiger, duftender, oft für Bienen attraktiver nektarreicher Blüten geschätzt, deren Färbung vom sanften Blau bis zu Purpur und Weiß reicht. Die Vermehrung erfolgt im Frühjahr oder Frühherbst durch Aussaat in den Kalten Kasten oder Kalthaus, im Sommer durch halbausgereifte Stecklinge. Bei Frostgefahr sollten die empfindlicheren Arten geschützt oder in Töpfen im kühlen Gewächshaus oder Wintergarten überwintert werden. Zum Trocknen werden die Blütenstände abgeschnitten, bevor sie vollständig erblüht sind.

Liebstöckel

Levisticum officinale

Familie: Apiaceae
Blütezeit: Juli–August
Wuchsbreite: 90 cm
Wuchshöhe: 200 cm
Standort: ○
Feuchtebedürfnis: ○

❅❅❅
❀

Liebstöckel, auch Maggikraut genannt, ist eine Gattung mit einer einzigen mehrjährigen Art, die aus dem östlichen Mittelmeerraum stammt und besonders im italienischen Ligurien beheimatet ist. Es bildet kräftige, fleischige Wurzeln, hohle Stiele und weiche gefiederte, dreieckige bis rautenförmige, dunkelgrüne Blätter, die bis zu 70 cm lang werden können und einen interessanten Geschmack aufweisen, der an Sellerie und Hefe erinnert. Im Sommer entfalten sich gelbe bis grüne, sehr kleine sternförmige Blüten in Schirmdolden, die zu eiförmigen, schwach geflügelten, grünen Früchten heranreifen. Die Vermehrung erfolgt durch Aussaat nach der Reife in einem Saatbeet oder durch Teilung im Frühjahr. Liebstöckel ist ein bittersüßes, beruhigendes, scharf aromatisches Kraut, das verdauungsfördernd ist, Krämpfe löst, die Schweißbildung verstärkt, harntreibend und schleimlösend wirkt. Junge Triebe kann man als Gemüse zubereiten, die Blätter für Suppen und Eintopfgerichte sowie Salate verwenden. Das Laub kann bei Berührung Hautreizungen hervorrufen und photosensibilisierend wirken.

Echte Kamille

Matricaria recutita

Die Echte Kamille, die fast überall in Europa bis etwa zum 60° nördlicher Breite, in Kleinasien, Iran, Indien und sogar in China anzutreffen ist, ähnelt in ihrer chemischen Zusammensetzung der Römischen Kamille, *Chamaemelum nobile*, weist aber ein weniger ausgeprägtes Aroma auf. Es ist eine süß duftende, einjährige Pflanze mit einem aufrechten, meist dicht verzweigten Stängel, an dessen Enden die einzelnen Blütenköpfchen stehen. Die gefiederten, schmalen, spitz zulaufenden Blättchen sind von frischgrüner Farbe. Auf dem zu Beginn der Blütezeit flachen, später sich kegelförmig verlängernden, hohlen Blütenboden stehen fünfzählige goldgelbe Scheibenblüten, von einem Kranz weißer Zungenblüten umgeben, deren Zunge durch die Vergrößerung des Blütenbodens im Verlauf der Blütezeit wie zurückgeschlagen erscheint. Im Frühjahr oder Herbst erfolgt die Vermehrung durch Aussaat, Kamille neigt aber auch stark zur Selbstaussaat. Es ist ein bitteres, aromatisches, beruhigendes Kraut, das Entzündungen hemmt, Krämpfe löst, Schmerzen lindert und die Heilung fördert.

Zitronenmelisse

Melissa officinalis

Zur Gattung *Melissa* sind drei mehrjährige, krautige Arten zusammengefasst, die von Europa, Nordafrika bis nach Zentralasien vorkommen. *M. officinalis*, die Zitronenmelisse, wird schon seit mehr als 2000 Jahren angebaut. Es ist eine buschige, aufrechte Staude mit behaarten, vierkantigen, verzweigten Sprossen, die eiförmige, runzelige, gesägte, blass- oder mittelgrüne Blätter tragen, die zerrieben nach Zitrone duften. Im Sommer wachsen unregelmäßige Ähren zweilippiger, blassgelber, später weiß oder fliederfarben überhauchter Blüten an den Blattachseln. Die Vermehrung erfolgt im Frühjahr durch Aussaat in den Kalten Kasten, es empfiehlt sich, die Pflanzen mit einsetzendem Wachstum oder im Herbst zu teilen. *M. officinalis* ist ein beruhigendes, kühlendes Kraut, das fiebersenkend, verdauungsfördernd, krampflösend ist und die peripheren Blutgefäße entspannt. Es enthält ätherische Öle, die gegen Viren wirksam sind.

Familie: Asteraceae
Blütezeit: Frühjahr bis Herbst
Wuchsbreite: 10–40 cm
Wuchshöhe: 15–60 cm
Standort: ○
Feuchtebedürfnis: ○
❋ ❋ ❋
❀

Melissa officinalis

Familie: Lamiaceae
Blütezeit: Sommer
Wuchsbreite: 45 cm
Wuchshöhe: 60–120 cm
Standort: ○
Feuchtebedürfnis: ◗ *aber* ○
❋ ❋ ❋
❀

Minze

Mentha

Die Gattung *Mentha* umfasst 25 Arten, die allesamt aromatisch duften. Die Krause Minze (*M. spicata*) duftet wie Kaugummi, die Apfel-Minze (*M.* × rotundi-folia) verleiht dem in Nordafrika beliebten Apfeltee sein Aroma und die Echte Pfefferminze (*M.* × piperita) kennt sowieso jeder. Die vorwiegend Rhizom bilden-den Stauden kommen von Europa, Afrika bis Asien natürlich auf feuchten Böden vor. Minzen werden vorwiegend als Gewürz- oder Heilkräuter angebaut, ihre hell- bis dunkelgrünen oder sogar rötlichen Blätter sind aber auch optisch eine wahre Zierde. Im Sommer kommen dann noch – je nach Art – die weißen, rosa oder violetten Blüten hinzu, die zumeist in dichten Ähren sitzen und bei Bienen und Schmetterlingen sehr beliebt sind. Wer Minze im eigenen Garten anbaut, kann ständig frische Blätter ernten, um damit Gerichte zu würzen oder sich fri-sche Tees aufzubrühen. Der Standort im Garten sollte sonnig bis halbschattig und möglichst warm sein, ideal ist dazu ein humusreicher, eher feuchter Lehmboden. Da die meisten Arten sich durch ihre unterirdischen Wurzelstöcke stark ausbrei-ten, dämmt man ihren Ausbreitungsdrang am besten ein, indem man sie mitsamt Topf (ohne Boden) in die Erde pflanzt. Die Triebe frieren im Winter zwar zurück, treiben aber im Frühjahr wieder aus. Eine Abdeckung mit Reisigzweigen ist als Frostschutz – besonders in Gebieten mit strengen Wintern – anzuraten. Vermehrt werden kann über Aussaat im Frühjahr, über Teilung der Rhizome im Herbst oder Frühjahr oder über Kopfstecklinge, die man im Frühjahr oder Sommer schneiden kann. Außerdem gibt es im Handel eine große Auswahl an Jungpflanzen.

Echte Pfefferminze

Mentha × piperita

Zur Gattung *Mentha* gehören 25 Arten aromatisch duftender, rhizombildender Stauden, selten Einjährige, die weit verbreitet in Europa, Afrika und Asien auf feuchtem oder nassem Boden und sogar im flachen Wasser gedeihen. Aufrechte, verzweigte Sprosse tragen lanzettförmige bis rundliche, hell- bis dunkelgrüne, blau-, purpur- oder graugrüne Blätter. *M. x piperita* besitzt aufrechte, vierkantige Stengel und hat am Grund einen holzigen, verdickten Wurzelstock. Die Sprosse sind oft rötlich überlaufen, die glatten, länglichen Blätter deutlich gestielt mit scharf gesägtem Rand. Die rosa bis lila gefärbten Blüten stehen in meist lockeren Scheinähren. Die Vermehrung erfolgt durch Teilung im Frühjahr oder Herbst oder im Frühjahr und Sommer durch Triebstecklinge. Rhizomschnittlinge wachsen während der Wachstumsperiode jederzeit an. Sie hat einen würzigen Geruch. Pfefferminzblätter gehören zu den meistverwendeten Heilkräutern, deren Wirkung unter anderem auf den krampflösenden und desinfizierenden Eigenschaften des ätherischen Öls beruht.

Rote Minze

Mentha × smithiana

M. x smithiana, die Rote Minze, ist eine kriechende, wüchsige, ausladende, mehrjährige Pflanze mit süßlich duftenden ovalen bis eiförmigen, gesägten, schwach behaarten, rot überlaufenen dunkelgrünen Blättern. Sie trägt rosarote bis fliederfarbene, meist sterile Röhrenblüten in Wirteln, die überwiegend in einigem Abstand, manchmal auch dicht gedrängt an den Spitzen der Sprosse stehen. Es ist ein aromatisches, anregendes Kraut mit Spearmintgeschmack, das die Verdauung fördert und Krämpfe löst. Sein Öl ist weniger beißend als das Öl der Pfefferminze und nicht so reizend. Es wird innerlich bei Verdauungsbeschwerden, Koliken, Blähungen, Schluckauf, fiebrigen Erkältungen der Kinder angewandt und dient zur Geschmacksverstärkung in Lebensmitteln, in erster Linie im Kaugummi, und in Mundhygienepräparaten. In der Küche sind die Blätter wichtiger Bestandteil der englischen Minzsauce, zu Lammgerichten sowie des griechischen ›Tzatziki‹.

Apfelminze

Mentha suaveolens

M. suaveolens, Apfelminze oder auch Duftminze genannt, ist unter den Minzen, die in West- und Südeuropa, besonders im Mittelmeerraum beheimatet sind, eine der attraktivsten. Sie ist eine wuchsfreudige, kriechende, mehrjährige Pflanze mit unregelmäßigen Stielen, länglich-ovalen bis runden gesägten, unregelmäßig runzeligen, weich behaarten, am Rand manchmal welligen oder eingerollten, graugrünen Blättern und röhrigen, rosa bis weißen Blüten, die sich in dichten Wirteln in endständigen, oft verzweigten Ähren im Sommer entfalten; in praller Sonne kann *M. suaveolens* leicht verdorren. Das aromatische Kraut verbreitet einen fruchtigsüßen Apfelduft und zeichnet sich durch einen Spearmintgeschmack aus. Obwohl ihr Geschmack manch anderen *Mentha*-Arten überlegen ist, wird sie wegen ihrer behaarten Blätter in der Küche, etwa zum Dekorieren, kaum verwandt. Gerade durch die feinen Härchen lassen sich die Blätter aber sehr gut kandieren.

Familie: Lamiaceae
Blütezeit: Sommer
Wuchsbreite: variabel
Wuchshöhe: bis 90 cm
Standort: ○ – ◑
Feuchtebedürfnis: ◑
❀ ❀ ❀
❀

Indianernessel

Monarda

Die etwa 15 Arten Einjähriger und horstbildender Rhizomstauden der Gattung *Monarda* sind in den trockenen Prärien und im Buschland sowie in feuchten Waldgebieten Nordamerikas beheimatet. Die Monarda-Arten wurden schon von vielen nordamerikanischen Indianerstämmen verwendet. An einfachen oder wenig verzweigten, vierkantigen Sprossen treiben die aromatischen mittel- bis dunkelgrünen oder purpurgrünen Blätter wechsel- oder gegenständig. Ihre Form ist lanzettlich bis oval mit meist gesägtem, aber manchmal auch glattem Rand. Deutlich hervorgehoben sind die Blattnerven. Die röhrigen, salbeiartigen, weißen, roten oder violetten Blüten haben häufig farbige Tragblätter und bilden kopfige, endständige Quirle. Die obere Lippe der Blüten ist helmförmig und aufrecht, die untere dreilappig und ausgebreitet. Die Vermehrung erfolgt durch Aussaat im Frühjahr oder Herbst in den Kalten Kasten, durch Teilung im Frühjahr oder durch Basalstecklinge im Frühsommer. Einige Arten der Indianernessel strömen einen Duft aus, der dem der Bergamotte ähnelt.

Familie: Lamiaceae
Blütezeit: Sommer
Wuchsbreite: 45 cm
Wuchshöhe: 90–130 cm
Standort: ○
Feuchtebedürfnis: ◑
❀ ❀ ❀
❀

Nepeta cataria mit Geum

Familie: Lamiaceae
Blütezeit: Sommer bis Frühherbst
Wuchsbreite: bis 60 cm
Wuchshöhe: 30–60 cm
Standort: ○
Feuchtebedürfnis: ○
✳ ✳ ✳
❀

Gewöhnliche Katzenminze

Nepeta cataria

Nepeta ist eine Gattung mit ungefähr 250 Arten mehrjähriger, selten einjähriger Kräuter, die in Eurasien, Nordafrika und auf den Bergen des tropischen Afrikas beheimatet sind und an kühlen, feuchten, aber auch heißen, trockenen Standorten und an steinigen Hängen oder im Hochgebirge vorkommen. Die Gewöhnliche Katzenminze, *N. cataria*, hat eiförmige bis lanzettliche, ganzrandige, gebuchtete oder gesägte, häufig aromatische, gegenständige Blätter. Bei einigen Sorten sind sie behaart und wirken silbrig- bis graugrün. Die ährenartigen, oft über lange Zeit blühenden Cymen, manchmal auch Rispen oder Trauben, tragen wirtelig stehende, unregelmäßig zweilippige, weiße, gelegentlich gelbe und verschieden blaue und purpurne Röhrenblüten. Im Herbst erfolgt die Aussaat in den Kalten Kasten, im Frühjahr oder Herbst können die Pflanzen geteilt oder im Frühjahr bis Frühsommer durch Triebstecklinge vermehrt werden. Es ist ein bitteres, adstringierendes, kühlendes Kraut mit kampferartigem Aroma, das fiebersenkend, krampflösend, schweißbildend und beruhigend wirkt. Es hat einen stimulierenden Effekt auf Katzen, die die Pflanze fressen und sich darin wälzen.

Basilienkraut, Basilikum

Ocimum basilicum

In der Gattung *Ocimum* sind etwa 65 Arten aromatischer Ein- und Mehrjähriger, immergrüner Kräuter und Sträucher aus trockenen, heißen Regionen im tropischen Afrika und Asien zusammengefasst. Vom alten Ägypten gelangte das nach Gewürznelken duftende Kraut in die Mittelmeerländer, wo es von den Griechen und Römern sehr geschätzt wurde. Am häufigsten wird *O. basilicum* und seine Varietäten angebaut. Es ist eine aufrechte, buschige, aromatische einjährige Staude mit gegenständigen, linealischen, ovalen bis elliptischen, ganzrandigen oder gesägten, manchmal schwach behaarten Blättern, die hellgrün, gelegentlich dunkelpurpur überhaucht sind. Im Spätsommer bilden sich lockere, schwach behaarte Ähren röhriger, zweilippiger, manchmal rosapurpur überlaufener weißer Blüten. Die Vermehrung erfolgt im Frühjahr ab mindestens 13 °C durch Aussaat in

Töpfen unter Glas, in warmen Regionen im späten Frühjahr oder Frühsommer auch im Freien. Im Frühjahr kann man *Ocimum* auch durch Triebstecklinge vermehren. Da die Pflanzen sehr kälteempfindlich sind, sollten sie nicht zu früh oder bei zu niedrigen Temperaturen ausgesät oder ausgepflanzt werden. Es ist ein stärkendes, wärmendes, aromatisches Kraut, das krampflösend, fiebersenkend, verdauungsfördernd sowie gegen bakterielle Infektionen und Darmparasiten wirkt. In der Küche findet Basilikum in erster Linie zusammen mit Tomaten und in ›Pesto‹ Verwendung. Öle werden zur Parfumherstellung und in der Aromatherapie, in Mundhygienepräparaten und Insektenbekämpfungsmitteln verwendet. *O. basilicum* var. *citriodorum*, ein Basilienkraut aus Nordwestindien, ist eine buschige Einjährige oder Staude mit schmalen ovalen Blättern, die nach Zitronen duften. Auch die Samen der weißen, röhrigen, zweilippigen Blüten duften nach Zitrone. Diese Pflanze eignet sich besonders gut für Kräuteressige und zu Fischgerichten. *O. basilicum* var. *purpurascens* ist eine aufrechte, buschige, stark verzweigte Einjährige oder Staude mit kleinen, röhrigen, zweilippigen, rosa Blüten in Scheinähren. Die eiförmigen, purpurrot überlaufenen Blätter duften würzig.

Familie: Lamiaceae
Blütezeit: Sommer
Wuchsbreite: 15–45 cm
Wuchshöhe: 20–60 cm
Standort: ○
Feuchtebedürfnis: ◊
❋
❀

Gemeine Nachtkerze

Oenothera biennis

Die überwiegend in Nord- und nur vereinzelt in Südamerika beheimateten Pflanzen der Gattung *Oenothera* umfassen etwa 125 Arten Einjähriger, Zweijähriger und Stauden mit Pfahlwurzeln sowie einige Arten mit Rhizomen oder Ausläufern. *O. biennis*, die Gemeine Nachtkerze, auch Schinkenkraut, ist eine zweijährige, behaarte Pflanze, deren aufrechte oder niederliegende Sprosse wechselständige, mehr oder minder lanzettliche, einfache oder fiederspaltige, ganzrandige oder gesägte Stengelblätter und gelegentlich grundständige Rosetten etwas größere Blätter tragen; im Sommer entwickeln sich aus den nachts duftenden, anfangs blassgelben, später dunkel goldgelben Blüten beflaumte Schoten mit winzigen Samen. Die Vermehrung erfolgt im Juni durch Aussaat in den Kalten Kasten oder von Juni bis August ins Freiland. Aus den Samen wird Nachtkerzenöl gewonnen, das Gamma-Linolsäure enthält, eine ungesättigte Fettsäure, die zur Herstellung hormonähnlicher Substanzen dient und blutreinigend wirkt. Das Öl wird auch zur Herstellung von Hautpflegemitteln und Kosmetika verwendet.

Familie: Onagraceae
Blütezeit: Sommer bis Frühherbst
Wuchsbreite: bis 60 cm
Wuchshöhe: bis 150 cm
Standort: ○
Feuchtebedürfnis: ◊
❋ ❋ ❋

Echter Majoran

Origanum majorana

Familie: Lamiaceae
Blütezeit: Sommer bis Frühherbst
Wuchsbreite: 45 cm
Wuchshöhe: bis 50 cm
Standort: ○
Feuchtebedürfnis: ◌

❀ ❀

❀

Origanum ist eine Gattung mit 20 Arten aromatischer, häufig rhizombildender, krautiger, sommerblühender Stauden und immergrüner oder halbimmergrüner Halbsträucher und Sträucher aus offenen, oft gebirgigen Regionen des Mittelmeerraums und Südwestasiens. Die meisten Arten schätzt man hauptsächlich wegen ihres stark aromatischen Dufts und verwendet sie zum Würzen. *O. majorana* (Majoran) ist ein mehrjähriger, immergrüner Halbstrauch mit drahtigen, aufrecht stehenden, rotbraunen Stengeln und flaumigen, graugrünen, eiförmigen oder elliptischen Blättern; im Spätsommer öffnen sich unscheinbare weiße bis rosafarbene, röhrige Blüten. Die Vermehrung aller *Origanum*-Arten erfolgt im Frühjahr durch Aussaat in den Kalten Kasten oder durch Teilung. Man kann die Pflanzen auch im Frühsommer durch Basal- oder Triebstecklinge nicht blühender Triebe ziehen. *O. majorana* hat einen feineren Geschmack als *O. vulgare* und wird am besten frisch verarbeitet.

Gewöhnlicher Dost

Origanum vulgare

Familie: Lamiaceae
Blütezeit: Sommer bis Frühherbst
Wuchsbreite: 45 cm
Wuchshöhe: 40–60 cm
Standort: ○
Feuchtebedürfnis: ◌

❀ ❀ ❀

❀

O. vulgare, der Gewöhnliche Dost oder wilde Majoran, manchmal auch Oregano genannt, wächst wild von Europa bis Zentralasien. Es ist eine variable, buschige, rhizombildende, mehrjährige, an der Basis verholzte Staude mit aufrechten bis abstehenden purpurbraunen Stengeln und sehr aromatischen, rundlichen bis eiförmigen dunkelgrünen, oft rötlich gefärbten Blättern. Von Hochsommer bis Frühherbst erscheinen lockere rispen- oder schirmrispenartige Wirtel von dunkel- bis blassrosa oder weiß variierenden Röhrenblüten in verzweigten Büscheln mit purpur überlaufenen grünen Tragblättern. Es ist ein scharf aromatisches, antiseptisches Kraut, das krampflösend, schweißtreibend, verdauungsfördernd und leicht schleimlösend wirkt. Blätter und blühende Spitzen werden als Tee aufgegossen und lindern die Beschwerden bei Erkältung, Grippe, Verdauungsstörungen und schmerzhafter Menstruation. Als Küchenkraut ist es besonders in italienischen, griechischen und mexikanischen Rezepten bei stark gewürzten Speisen mit Chillies, Knoblauch, Tomaten und Zwiebeln von Bedeutung.

252

Pelargonie

Pelargonium

Die Gattung *Pelargonium* besteht aus etwa 250 Arten immergrüner Stauden, Halbsträucher, Sträucher und Sukkulenten, die vorwiegend in Südafrika vorkommen. Die Blätter sind gewöhnlich wechselständig, fingerförmig gelappt oder gefiedert, häufig lang gestielt und manchmal aromatisch. Aufrechte Triebe tragen endständige, doldenartige Gruppen fünfzähliger Blüten. Die Blüten sind schalen-, stern-, trompeten- oder trichterförmig. Pelargonien lassen sich aus Triebstecklingen zwischen Frühjahr und Herbst ziehen, können aber nicht ganzjährig im Freien kultiviert werden, man sollte sie daher in Kübeln geschützt im Wintergarten ziehen und nur während der Sommermonate nach draußen stellen. Duftpelargonien, strauchige, immergrüne Stauden und Stäucher, werden meist wegen ihrer Blätter kultiviert, die vor allem mittelgrün, manchmal gemustert, golden oder silbrig, meist aber sehr vielgestaltig in Farbe und Form sind. Beim Zerreiben entwickeln sie einen aromatischen Geruch nach Muskat oder Zitrone und werden in Salaten gegessen, ihre Blüten in Malve-, Rosa-, Purpur- oder Weißtönen sind klein und sehr dekorativ.

Familie: Geraniaceae
Blütezeit: Sommer
Wuchsbreite: 0,15 m – 1,50 m
Wuchshöhe: 0,20 m – 1,50 m
Standort: ○
Feuchtebedürfnis: ◌
Frosthärte: Mind. 2 °C
❀

Pelargonium

253

Echte Petersilie

Petroselinum crispum

Petroselinum crispum

Familie: Apiaceae
Blütezeit: Sommer
Wuchsbreite: 60 cm
Wuchshöhe: bis 80 cm
Standort: ○
Feuchtebedürfnis: ○
❋ ❋ ❋

Zur Gattung *Petroselinum* zählen drei Arten zweijähriger Pflanzen mit dicken Wurzelstöcken, die auf Brachen, felsigen Hängen und Ödland im europäischen Mittelmeergebiet vorkommen. Die kräftigen, steifen Sprosse tragen dreieckige, gefiederte, mittelgrüne Blätter mit gesägten Fiederchen. Im zweiten Jahr erscheinen endständige, zusammengesetzte Dolden winziger, sternförmiger, weißer oder grünlichgelber, manchmal rot überlaufener Blüten, die zu kleinen, eiförmigen Früchten reifen. Petersilie kann man von Frühjahr bis Spätsommer ins Freiland säen. *P. crispum*, die krause Petersilie, ist eine Zweijährige mit weißer, rübenförmiger Wurzel und dreieckigen, gefiederten Blättern, deren Ränder gekräuselt sind. *P. crispum* var. *neapolitanum*, die glatte Petersilie, hat flaches, dunkelgrünes, glattes Laub mit deutlich herzhafterem Geschmack. Die Pflanzen sind winterhärter, größer und weniger wetterempfindlich als gekräuselte Sorten. *Petroselinum* und seine Varianten sind besonders reich an Vitamin A und C.

Gewöhnliches Scharbockskraut

Ranunculus ficaria

Familie: Ranunculaceae
Blütezeit: Frühjahr
Wuchsbreite: 30 cm
Wuchshöhe: 15 cm
Standort: ○
Feuchtebedürfnis: ◑
❋ ❋ ❋
✖

Die Gattung *Ranunculus* (Hahnenfuß) umfasst etwa 400 Arten von Ein- und Zweijährigen sowie laubabwerfenden Stauden, die in den nördlichen gemäßigten Breiten beheimatet sind. Viele Arten sind Wasserpflanzen oder gedeihen an feuchten Standorten. *Ranunculus ficaria*, Scharbockskraut oder Feigwurz, wächst in Europa, Westasien und Nordafrika. Es ist eine kleine, mattenbildende Staude mit fleischigen Wurzeln und herzförmigen, dunkelgrün glänzenden Blättern, die am Rand gebuchtet oder gesägt sind und häufig Achselzwiebeln am Blattende bilden. Im Frühjahr erscheinen leuchtend gelbe, einzeln stehende Blüten. Die Vermehrung erfolgt durch Aussaat im Sommer oder Teilung im Frühjahr bzw. Herbst. Hahnenfußgewächse enthalten reizauslösende Bestandteile, die eine innere Anwendung verbieten.

Wunderbaum

Ricinus communis

Die Gattung *Ricinus* mit einer einzigen Art immergrüner Sträucher wächst wild von Nordostafrika bis Westasien und ist in vielen tropischen Regionen eingebürgert. In den Tropen erreicht diese Pflanze die Größe von Bäumen, kann aber in gemäßigten Zonen auch als halbwinterharte Einjährige kultiviert werden. *R. communis*, auch Palma Christi oder Rizinus genannt, ist ein aufrechter, verzweigter, gewöhnlich einjähriger Strauch. Er besitzt wechselständige, sehr breit eiförmige, gezähnte Blätter, die glänzend mittelgrün, rötlichpurpur oder bronzerot gefärbt sind. Im Sommer tragen eiförmige Ähren grünlichgelbe Blüten; die kleinen roten weiblichen Blüten zeigen auffällige rote Narben. Graubraune Samen reifen in kugeligen, rötlichbraunen Kapseln mit braunen Stacheln heran. Zur Vermehrung setzt man im späten Frühjahr vorgequollene Samen bei 21°C einzeln in Töpfe. Alle Teile der Pflanze, besonders die Samen, sind äußerst giftig; Kontakt mit den Blättern kann Hautallergien verstärken.

Echter Rosmarin

Rosmarinus officinalis

Zwei Arten immergrüner Sträucher prägen die Gattung *Rosmarinus*, die in trockenem Buschland, Felslagen und lichten Wäldern des Mittelmeerraums beheimatet ist. *R. officinalis* ist ein aufrechter, dichter, buschiger, immergrüner Strauch. Seine ledrigen, linealen dunkelgrünen Blätter sind gegenständig angeordnet und duften sehr aromatisch, ihre Blattränder sind häufig zur Unterseite hin eingerollt. Die vom Frühjahr bis zum Frühsommer erscheinenden Blüten sind zweilippig, röhrig und stehen in kurzen, wirteligen Blütenständen mit purpurblauen bis weißen Blüten. Häufig treiben im Herbst noch einmal Blüten aus. Im Frühjahr wird in den Kalten Kasten ausgesät und im Sommer können halbausgereifte Stecklinge abgenommen werden. Rosmarin bevorzugt sonnige Standorte und muss vor kaltem Windzug geschützt werden. Es ist ein aromatisches, stärkendes Kraut, das viele ätherische Öle enthält, die stark antiseptisch und entzündungshemmend, krampflösend, schmerzstillend und schweißtreibend wirken.

Familie: Euphorbiaceae
Blütezeit: Frühherbst
Wuchsbreite: 90 cm
Wuchshöhe: 100–200 cm
Standort: ○
Feuchtebedürfnis: ◗
❄
✖

Rosmarinus officinalis

Familie: Lamiaceae
Blütezeit: Frühsommer
Wuchsbreite: 150–200 cm
Wuchshöhe: bis 200 cm
Standort: ○
Feuchtebedürfnis: ◌
❄ ❄
✿

Weinraute

Ruta graveolens

Familie: Rutaceae
Blütezeit: Sommer
Wuchsbreite: 60 cm
Wuchshöhe: 60 cm
Standort: ○
Feuchtebedürfnis: ◊
❁ ❁ ❁
❁

In der Gattung *Ruta* findet man acht Arten stark riechender immergrüner oder halbimmergrüner Halbsträucher oder am Grund verholzter Stauden, die im Mittelmeerraum, in Nordostfrika und von Osteuropa bis Südwestasien verbreitet sind. *R. graveolens* ist ein kleiner immergrüner oder halbimmergrüner Halbstrauch mit wechselständigen, manchmal gegenständigen, breit eiförmigen bis rundlich und fiederteilig bis gefiederten, tief geteilten Blättern. Im Sommer bilden sich schöne senfgelbe, becherförmige Blüten mit vier gefransten Blütenblättern, auf die vierlappige Kapseln folgen. Die Vermehrung erfolgt durch Aussaat in den Kalten Kasten im frühen Frühjahr oder durch halbreife Stecklinge im Sommer. *R. graveolens* ist ein bitteres, scharfes, wärmendes Kraut, das in der Medizin bei Menstruationsbeschwerden, Koliken, Epilepsie, rheumatischen Schmerzen und Augenentzündungen angewandt wird. Der Verzehr von Raute kann zu schwerem Unwohlsein, Hautkontakt bei gleichzeitiger Sonneneinstrahlung zu Reizungen führen. In der Küche wird es nur in geringen Mengen als Gewürz zu Fleichgerichten eingesetzt.

Ruta graveolens

256

Echter Salbei, Würzsalbei

Salvia officinalis

Weltweit, besonders in wärmeren gemäßigten Regionen, ist die Gattung *Salvia* mit ihren 900 Arten verbreitet. Es sind meist aromatische ein-, zwei- oder mehrjährige, in der Regel immergrüne Sträucher und Halbsträucher, von denen einige rhizom- oder knollenbildend und außer *S. officinalis* nahezu alle empfindlich oder halb-winterhart sind. Kantige Sprosse tragen in der Regel gegenständige Blattpaare, die Blätter sind einfach bis gefiedert, gebuchtet oder gesägt; viele der überwiegend aromatischen Arten sind zum Teil wollig behaart. Die zweilippigen Blüten haben eine gerade oder helmförmige Oberlippe und eine gelappte und weiter ausgebreitete Unterlippe. Die Blütenkelche sind röhrig, glockig oder trichterförmig. Echter Salbei, *S. officinalis*, als Küchenkraut äußerst beliebt, hat vielfach verzweigte Stiele, blass grüngraue Blätter und blüht im Sommer rosa bis violett, selten weiß. Die Vermehrung erfolgt im Spätsommer durch Stecklinge. Salbeipflanzen enthalten je nach Art viele unterschiedliche ätherische Öle mit entsprechend vielfältigen Aromen und Anwendungsmöglichkeiten. Als Tee für seine Heilwirkung bekannt wird er auch gerne in Kräuterölen und -essig verwendet.

Familie: Lamiaceae
Blütezeit: Sommer bis Herbst
Wuchsbreite: variabel
Wuchshöhe: 30–300 cm
Standort: ○
Feuchtebedürfnis: ◌
❄ – ❄ ❄ ❄
❀

Salvia

Sambucus nigra

ⓘ

Familie: Caprifoliaceae
Blütezeit: Juni–Juli
Wuchsbreite: bis 600 cm
Wuchshöhe: bis 600 cm
Standort: ○
Feuchtebedürfnis: ◑
❄❄❄
✖
❀

Schwarzer Holunder

Sambucus nigra

Sambucus ist eine Gattung kleiner, laubwechselnder Bäume, Sträucher und Mehrjähriger mit etwa 20 Arten, die in den meisten gemäßigten und subtropischen Regionen in Gehölzen und Dickichten verbreitet sind. *S. nigra*, der Schwarze Holunder, ist ein aufrechter, buschiger Strauch mit kräftigen Sprossen, der in Europa, Westasien und Nordafrika wächst. Er hat eine korkige, graubraune Rinde und Blätter, die aus fünf eiförmigen, gesägten, mittelgrünen Fiedern bestehen. Im Frühsommer wachsen breite, flache Rispen oder Dolden kleiner, weißer bis cremefarbener Blüten, die nach Moschus duften und zu schwarzen, kugeligen, etwa 8 mm dicken Beeren reifen. Die Vermehrung erfolgt durch Aussaat im Herbst in den Kalten Kasten oder durch Steckholz im Winter. Die Blätter der Pflanze und die rohen Beeren enthalten Giftstoffe, die bei letzteren allerdings durch Erhitzen neutralisiert werden können. Die Blütenstände ergeben in Eierkuchenteig ausgebacken schmackhafte Holunderbeignets. Besonders die Blüten des Holunder sind Grundlage für Heilmittel der gängigsten Beschwerden, sodass man die Pflanze einst auch als »medizinisches Schatzkästlein des Volkes« würdigte. Auch als Geschmackgeber in Likör oder Sekt bzw. als Bowle sind Holunderblüten sehr schmackhaft. Aus den Beeren lässt sich im Herbst ein Saft herstellen, der im Winter heiß getrunken wird und Erkältungen lindert.

ⓘ

Familie: Asteraceae
Blütezeit: Sommer bis Herbst
Wuchsbreite: 30–90 cm
Wuchshöhe: 15–90 cm
Standort: ○
Feuchtebedürfnis: ◇
❄❄❄
✖
❀

Tanacetum, Rainfarn

Tanacetum

In der Gattung *Tanacetum* gibt es etwa 70 Arten Einjähriger und immergrüner, krautiger Stauden und Halbsträucher, die in nördlichen gemäßigten Zonen verbreitet sind und an Felswänden, trockenen Hängen und Wiesen gedeihen. Einige Arten wurden früher zu den Gattungen *Balsamita, Chrysanthemum, Matricaria* und *Pyrethrum* gezählt. Ihre einfachen oder bis dreifach gefiederten, ganzrandigen, gesägten oder gebuchteten, meist aromatischen, vor allem grundständigen Blätter sind wenig bis stark behaart und manchmal silbrig. Im Sommer wachsen endständige, knopfförmige oder margeritenartige Blütenköpfchen, einzeln oder in

Schirmrispen, mit gelben Röhrenblüten und manchmal wenig sichtbaren, weißen, roten oder gelben Zungenblüten. *Tanacetum*- oder Rainfarn-Arten werden durch Aussaat bei 10 – 18 °C im Frühjahr vermehrt. Es sind aromatische bis beißend scharfe, äußerst wirksame Kräuter, die ätzende ätherische Öle und Bitterstoffe enthalten, welche, im Übermaß angewandt, unliebsame Nebenwirkungen haben können. *T. vulgaris* (Rainfarn) enthält insektenabweisende Wirkstoffe, und *T. parthenium* (Mutterkraut) hilft bei Migräne und Rheumatismus.

Echter Thymian

Thymus vulgaris

Die Gattung *Thymus* umfasst etwa 350 Arten an der Basis verholzender, aromatischer, immergrüner, kleiner Stauden, Sträucher und Halbsträucher, die in Eurasien in trockenem Grasland meist auf kalkhaltigen Böden gedeihen. Sie haben lippenförmige Blüten, fünf Blätter sind jeweils zu einer zweilippigen Röhre, einer bärtigen Kehle und drei großen gezähnten Oberlippen verschmolzen. Da es zahlreiche Synonyme gibt, fällt die Systematik dieser Gattung äußerst komplex aus. Viele Arten sind wegen ihres ansprechenden und mattenbildenden Wuchses, des duftenden Laubs und der die Bienen anziehenden Blüten in Gärten für sonnige Rabatten oder Steingärten beliebt. Man sät Thymian im Frühjahr in den Kalten Kasten aus, trennt im Frühsommer krautige Stecklinge ab und lässt im Hoch- oder Spätsommer halbausgereifte Stecklinge bewurzeln. Im Frühjahr oder Sommer nimmt man bewurzelte Ausläufer ab und topft sie ein, bis sie angewachsen sind. Viele Thymianarten werden mit ihren ätherischen Ölen in der Küche als geschmacksintensive Zutat geschätzt.

T. vulgaris, der Echte oder Gartenthymian, ist ein buschiger, polsterbildender, winterharter, ausdauernder Halbstrauch mit linealen bis elliptischen, behaarten, aromatischen, graugrünen Blättern. Im späten Frühjahr und Frühsommer entstehen wirtelige Trauben mit weißen bis purpurfarbenen Blüten. Gartenthymian ist ein wärmendes, adstringierendes, schleimlösendes, verdauungsförderndes, krampflösendes und hustenstillendes Kraut, das stark antiseptisch und fungizid wirkt und zum Beispiel in Mundhygienepräparaten Verwendung findet. Thymian ist besonders in der mediterranen Küche ein unverzichtbarer Bestandteil, und er behält sein Aroma auch bei langsam gegarten Gerichten. Er ist eine wichtige Komponente des ›Bouquet garni‹ und eignet sich hervorragend zur Herstellung von Kräuterölen und -essig.

Familie: Lamiaceae
Blütezeit: Sommer
Wuchsbreite: 60 cm
Wuchshöhe: 30–45 cm
Standort: ○
Feuchtebedürfnis: ◊
❀ ❀ ❀
❀

Zitronenthymian

Thymus × citriodorus

T. x *citriodorus*, eine variable Hybride zwischen *T. pulegioides* (Feldthymian, Arzneithymian) und *T. vulgaris*, ist ein buschiger, rundlicher Strauch mit verzweigten Sprossen und nach Zitrone duftenden schmalen, oval-rhombischen bis lanzettlichen, mehr oder minder unbehaarten, mittelgrünen Blättern und blass lavendelrosafarbenen Blüten mit blattartigen Tragblättern an unregelmäßigen, länglichen Köpfchen. Zitronenthymian ist als aromatisches, entspannendes Kraut ein beliebter Bestandteil von Potpourris und Kräuterkissen und findet in der Aromatherapie bei Asthma und anderen Atemwegserkrankungen, besonders bei Kindern, Anwendung, da das Öl weniger reizauslösend wirkt. Auch zum Würzen von pikanten Gerichten ist es geeignet.

Familie: Lamiaceae
Blütezeit: Sommer
Wuchsbreite: 60 cm
Wuchshöhe: 25–30 cm
Standort: ○
Feuchtebedürfnis: ◊
✲ ✲ ✲
✽

Sandthymian

Thymus serpyllum

Der Sandthymian oder Quendel ist ein variabler, flacher, mattenbildender Halbstrauch mit fein behaarten, schlanken, kriechenden Sprossen und linealen bis elliptischen oder eiförmigen, behaarten, mittelgrünen Blättern. Im Sommer bilden sich gedrungene Wirtel mit röhrigen, zweilippigen, rosa- bis purpurfarbenen Blüten. Das beruhigende, harntreibende und schleimlösende, krampflösende und verdauungsfördernde Kraut ist stark antiseptisch und wird bei der Behandlung von Atemwegserkrankungen, Kehlkopf- sowie Zahnfleischentzündungen ebenso eingesetzt wie bei Alkoholismus. In der Küche wird es wie Gartenthymian verwendet.

Familie: Lamiaceae
Blütezeit: spätes Frühjahr bis Herbstbeginn
Wuchsbreite: 90 cm
Wuchshöhe: bis 10 cm
Standort: ○
Feuchtebedürfnis: ◊
✲ ✲ ✲
✽

Große Kapuzinerkresse

Tropaeolum majus

Familie: Tropaeolaceae
Blütezeit: Sommer bis Herbst
Wuchsbreite: 150–200 cm
Wuchshöhe: 90–300 cm
Standort: ○
Feuchtebedürfnis: ◌

Die ursprünglich in den kühlen Gebirgsregionen Mittel- und Südamerikas beheimatete Gattung *Tropaeolum* schließt etwa 90 Arten unbehaarte, kletternde, kriechende oder buschige Einjährige und krautige Stauden ein, die äußerst wuchsfreudig sind und häufig knollige Wurzeln bilden. Ihre wechselständigen, schildförmigen Blätter sind ganzrandig oder fingerförmig gelappt bis geteilt mit fünf bis sieben Lappen oder Fiedern; kletternde Arten besitzen lange Blattstiele, um sich an der Unterlage festhalten zu können. In den Blattachseln stehen trichterförmige, einzelne rote, gelbe oder orangefarbene Blüten mit fünf genagelten Kronblättern, die häufig auffällige Sporne und fünf unauffällige, spitze Kelchblätter aufweisen, auf die kugelige Früchte folgen. Ab April kann man Kapuzinerkresse in Töpfe, ab Mai ins Freiland aussäen, Sämlinge sollte man erst aussetzen, wenn keine Frostgefahr mehr besteht. Es ist ein bitteres, antiseptisches, stärkendes Kraut, das harntreibend und schleimlösend sowie bakterizid und fungizid wirkt. Blätter und Blüten isst man in Salaten, besonders die gehackten, frischen Blätter haben einen angenehmen Pfeffergeschmack, Blütenknospen dienen als Kapernersatz.

Valeriana officinalis

*E*chter Baldrian

Valeriana officinalis

Außer in Australien ist die Gattung *Valeriana* mit ihren etwa 200 Arten Einjähriger weltweit in feuchten Wäldern, auf Wiesen und an Bachufern, aber auch im Gebirge anzutreffen. Es sind häufig rhizom- oder pfahlwurzelbildende Stauden, halbimmergrüne oder immergrüne Halbsträucher oder Sträucher. *V. officinalis* ist eine variable Mehrjährige mit kurzem Rhizom und unregelmäßigen, aromatischen, gefiederten, hellgrünen Grund- und Stängelblättern, die sieben bis zehn Paare lanzettlicher, gesägter Fiedern besitzen. Im Sommer erscheinen kleine rundliche Trugdolden röhriger, weißer oder rosafarbener Blüten, die kleine, weißbehaarte Samen bilden. Die Vermehrung erfolgt durch Aussaat im Frühjahr im offenen Kasten oder durch Teilung im Frühjahr beziehungsweise Herbst. Baldrian ist ein bitteres, beruhigendes, krampflösendes, verdauungsförderndes, schmerzstillendes und blutdrucksenkendes Kraut mit Moschusaroma, das schon Hippokrates im 4. Jahrhundert v. Chr. empfohlen hat, da es als wichtiges Mittel zur Behandlung von Schlafstörungen gilt. Das Öl findet auch in der Moschusparfumherstellung Verwendung.

Familie: Valerianaceae
Blütezeit: Sommer
Wuchsbreite: 40–80 cm
Wuchshöhe: 100–150 cm
Standort: ○
Feuchtebedürfnis:
❋ ❋ ❋
❀

263

Rosen

Gegenüberliegende Seite:
Kletterrosen im Garten ›Ton ter Linden‹

Die Rosenkultur in Gärten reicht zurück in eine rund 5000-jährige Vergangenheit, die vermutlich in China ihren Anfang nahm. Noch weiter zurück, also tief in vorgeschichtliche Zeiten müsste man wohl gehen, wollte man die Frage nach der allerersten Rose beantworten. Heute zeigt die Gattung Rosa eine außergewöhnliche Vielfalt. Die Gruppe der einfachen, naturnahen **Wildrosen**, die nur einmal blühen und im Herbst dekorative Früchte, die Hagebutten, tragen. Die wunderbar duftenden, zart getönten **Alten Rosen**, zu denen die Klassen der Alba-, Bourbon-, China-, Damaszener-, Gallica- und Moosrosen, Noisette-, Portland-, Remontant-, Sempervirens und Teerosen sowie Zentifolien (Provence-Rosen) zählen. Und die farbenprächtigen **Modernen Rosen**, innerhalb derer wiederum eine Vielzahl von Arten, Hybriden, zufälligen Mutationen und gezielt gezüchteten Sorten hervorgebracht wurde. Dazu gehören die bodendeckenden Rosen, Floribunda-Rosen (büschelförmig) und kompakte Floribunda-Rosen, Kletterrosen, Polyantha-Rosen, Rambler, Strauchrosen, Teehybride und Zwergrosen.

Rosen im Garten zu kultivieren ist dennoch keineswegs Fachleuten vorbehalten. Neben Auswahlkriterien wie Duft oder Blütenfarbe sollten Sie im Vorfeld auch Standort und Verwendungszweck bedenken, zum Beispiel ob Sie ein Rosenbeet anlegen wollen oder nur Platz für eine Zwergrose im Kübel haben, ob die Sorte remontieren, also mehrmals pro Saison blühen soll oder nur einmal, und das über einen längeren Zeitraum hinweg, wie viele Alte Rosen es tun. Ihre modernen Formen, die Englischen Rosen, blühen mittlerweile von Mai bis zum ersten Frost, sind meist schön gefüllt und duften herrlich. Beetrosen sind ideal für die Bepflanzung größerer Flächen. In diese Gruppe gehören zum einen die Edelrosen, die an langen Blütenstielen eine (wie die Teehybriden) oder mehrere große, längliche Blüten bilden, die häufig duften. Polyantha- und Floribunda-Rosen zählen ebenfalls zu den Beetrosen, bilden ihre Blüten jedoch in dichten Büscheln. Als Strauch- oder Parkrosen werden große und kräftige Sorten

265

bezeichnet, die sich je nach Sorte zur Einzelstellung genauso wie für Hecken oder Pflanzgruppen eignen und dabei sehr robust und pflegeleicht sind. Flächen- oder Bodendeckerrosen wachsen ihrem Verwendungszweck entsprechend mehr in die Breite als in die Höhe. Kletterrosen schließlich verschönern Hauswände oder Lauben, brauchen jedoch immer eine Kletterhilfe, an der sie festgebunden werden müssen. Die sogenannten Rambler (»Rankrosen«) sind stark wachsende Varianten, die in einem Jahr zwei bis drei Meter in die Höhe wachsen können. Für naturnahe Gärten eignen sich hervorragend Wildrosen wie R. arvensis, R. gallica oder R.-Rugosa-Hybriden, die der Vogelwelt Nahrung und Unterschlupf bieten.

Voraussetzungen für Wachstum und Gedeihen aller Arten und Sorten sind unschwer zu schaffen: Rosen brauchen einen sonnigen, luftigen Standort und Schutz vor starkem, kaltem Wind. Sie bevorzugen fruchtbaren, feuchten, aber gut durchlässigen Boden, der regelmäßig gemulcht und gedüngt werden muss. Gegen Schädlinge und Krankheiten – Rosen werden am häufigsten von Blattläusen, Sternrußtau, Echtem und Falschem Mehltau sowie Rost befallen – muss sofort mit geeigneten biologischen Bekämpfungsmitteln eingeschritten werden. In der Ruheperiode, also im Winter oder zeitigen Frühjahr, ist das Entfernen von altem oder beschädigtem Holz und gegebenenfalls ein der jeweiligen Art gemäßer Rückschnitt zu empfehlen. In der Regel sind Wildrosen und ihre Hybriden anspruchsloser und widerstandsfähiger als Moderne Rosen, aber, um nur zwei Beispiele jüngerer Züchtungen zu nennen, auch unter diesen sind robuste Pflanzen wie die Teehybride R. 'Gloria Dei' oder die Floribunda-Rose R. 'Queen Elizabeth' längst keine Ausnahme mehr. Über den traditionellen, formal angelegten Rosengarten hinaus sind der Gartengestaltung mit Rosen kaum Grenzen gesetzt. Neben der eigenen Vielgestaltigkeit und ihren zahlreichen Verwendungsmöglichkeiten können Rosen in Kombination mit anderen Pflanzen oft reizvolle Kontraste ebenso wie harmonische Einheiten schaffen. Ein farb- und formschönes Zusammenspiel ergeben beispielsweise Alte Rosen und hoch wachsende Pflanzen wie die Königslilie oder der Rote Fingerhut. Ein ausgezeichneter Partner ist Lavendel aufgrund seines Dufts und seiner kontrastierenden Farbe, aber auch Sträucher wie Sommerjasmin eignen sich, da sie dem sommerlichen Rosenduft eigene Nuancen hinzufügen.

Rambler-Rose

Rosa 'Albertine'

Familie: Rosaceae
Blütezeit: Sommer
Wuchsbreite/-höhe: 4 m × 5 m
Standort: ○
Feuchtebedürfnis: ◌
❀ ❀ ❀
anfällig für: Mehltau

Der von Barbier in Frankreich gezüchtete und 1921 eingeführte Rambler ist von starkem, buschig verzweigtem Wuchs mit überhängenden, hakig bestachelten Trieben. die jung rötlich-grün getönt sind. R. 'Albertine' ist eine Kreuzung zwischen R. wichuraiana × R. 'Mrs Arthur Robert Waddell', eine Teehybride, und gehört zu einer der beliebtesten Sorten dieser Gruppe. Sie ist reichlich mit kleinen, dicken, glänzend dunkelgrünen Blättern belaubt. Im Hochsommer öffnen sich aus lachsrosa Knospen gut gefüllte, schalenförmige, 8 cm große Blüten in Kupferrosa, die in kleinen Büscheln stehen und einen intensiven Duft verbreiten. Der Blütenflor reicht über mehrere Wochen. Wie die meisten Wichuraiana-Rambler ist R. 'Albertine' robust und widerstandsfähig gegen Krankheiten, jedoch anfällig für Mehltau. Diese Rose eignet sich besonders zur Bedeckung von Zäunen oder kletternd an einer Pergola, kann aber auch einen dichten, gut 1,5 m hohen Strauch bilden. Sie benötigt selten einen Rückschnitt, von Zeit zu Zeit sollte aber altes Holz entfernt werden.

Teehybride

Rosa 'Alexander'

Familie: Rosaceae
Blütezeit: Sommer bis Herbst
Wuchsbreite/-höhe: 0,80 m × bis 2 m
Standort: ○
Feuchtebedürfnis: ◌
❀ ❀ ❀

Eine kräftige Sorte von aufrechtem, hohem Wuchs ist diese Züchtung von Harkness in England, die 1972 eingeführt wurde. Sie stammt von R. 'Super Star' × (R. 'Ann Elizabeth' × R. 'Allgold') ab. Die großblumige, langgestielte Teehybride hat die für ihre Gruppe typische elegante Blütenform. Die gefüllten, 12 cm großen Blüten mit kompakter, hoch gebauter Spitze erscheinen in leuchtendem Zinnoberrot und duften leicht. Sie ist üppig mit glänzenden, dunkelgrünen Blättern belaubt und blüht wiederholt zwischen Sommer und Herbst. R. 'Alexandra', wie sie auch genannt wird, ist eine gesunde, gegen Krankheiten und Schädlinge widerstandsfähige Teehybride und gedeiht auch auf kargerem Boden. Sie lässt sich ideal als Hecke pflanzen. Das dominierende Rot ihrer Blüten bedarf einer umsichtigen Farbzusammenstellung mit anderen Pflanzen. In der Ruheperiode sollte altes oder beschädigtes Holz entfernt, sich überkreuzende oder überlange Triebe ausgeschnitten und die Haupttriebe bis auf 60 cm über der Basis gekürzt werden.

Floribunda-Rose (kompakt)

Rosa 'Anna Ford'

Die kompakten Floribunda-Rosen sind nicht unbedingt niedriger, aber zierlicher im Wuchs als ihre büschelblütigen Verwandten, im Vergleich zu Zwergrosen wachsen sie jedoch höher und buschiger. Harkness in England züchtete aus R. 'Southampton' × R. 'Minuetto' diese überaus verlässliche, breitwüchsige, buschig dichte Sorte mit kleinem, glänzendem, dunkelgrünem Laub, die den ganzen Sommer über bis in den Herbst hinein mit reichem Blütenflor prunkt. In Büscheln stehend öffnen sich becherförmige Knospen zu flachen, halbgefüllten, 4 cm großen Blüten von intensivem Orangerot, das zur Mitte hin in ein blasses Gelb übergeht. Sie duften nur schwach. R. 'Harpiccolo', wie sie ebenfalls genannt wird, wurde 1981 in den Handel gebracht und erweist sich als ausgezeichnete Rose zur Anpflanzung in Kübeln, für Beete oder niedrige Hecken. Der Pflegeaufwand ist vergleichsweise gering: verwelkte Blüten sollten entfernt und alte oder schwache Triebe im Winter ausgeschnitten werden.

Familie: Rosaceae
Blütezeit: Sommer bis Herbst
Wuchsbreite/-höhe: 40 cm × 45 cm
Standort: ○
Feuchtebedürfnis: ◊
❋ ❋ ❋

Englische Rose

Rosa 'Charles Austin'

Die Sorte 'Charles Austin' ist eine der ältesten Englischen Rosen und teilweise noch unter dem Synonym 'Ausfather' bekannt. Sie wurde 1973 von dem berühmten Rosenzüchter David Austin kreiert. Mit ihrem natürlichen, aufrecht strauchförmigen Wuchs passt sie hervorragend in gemischte Rabatten zusammen mit Stauden und Ziergehölzen. Die rosettenförmige, stark gefüllte Blüte ist zunächst apricot und hellt beim Verblühen auf. Sie verströmt einen intensiven fruchtigen Duft. Englische Rosen sind in den siebziger Jahren durch Kreuzungen Alter Rosen mit modernen Teehybriden oder Floribunda-Rosen entstanden. Als Alte Rosen gelten dabei die Sorten, die vor 1867, also vor der Einführung der ersten Teehybride, auf dem Markt waren. Die neuen Sorten vereinen den romantischen Charme und den Duft Historischer Rosen mit der großen Farbpalette und langen Blühdauer moderner Rosen. Mehr als die Leuchtkraft oder der Blütenreichtum zählt bei Englischen Rosen der romantische Charakter und die Duftnote.

Rosa 'Charles Austin'

Familie: Rosaceae
Blütezeit: Sommer
Wuchsbreite/-höhe: 1,20 m × 1,50 m
Standort: ○
Feuchtebedürfnis: ◊
❋ ❋ ❋
❀

269

Englische Rose

Rosa 'Charles de Mills'

Rosa 'Charles de Mills'

Familie: Rosaceae
Blütezeit: Sommer
Wuchsbreite/-höhe: 1,20 m × 1,50 m
Standort: ○
Feuchtebedürfnis: ○
❋ ❋ *(Winterschutz)*
❋

Die Sorte 'Charles de Mills' (Synonym 'Bizarre Triomphant') gehört zu den echten Alten Rosen, die einen frühen europäischen Ursprung besitzen. Es sind einmalblühende Sorten, die ihre Blütenpracht und ihren herrlichen Duft im Frühsommer entfalten. 'Charles de Mills' ist eine stark wachsende Gallica-Rose, die sich durch äußerst große, dicht gefüllte Blüten in kräftigem Karmesinrot auszeichnet. Gallica-Rosen wurden schon von den Griechen und Römern kultiviert; im 17. Jahrhundert hat in den Niederlanden die Züchtungsarbeit begonnen, die später von den Franzosen im großen Maßstab fortgesetzt wurde. Im Gegensatz zu den typisch dichten Blütenbällen anderer historischer Sorten haben sie eine sehr flache Form. Die aufrechten, leicht überhängenden Sträucher sind sehr robust und brauchen nur wenig Pflege. Schnittmaßnahmen beschränken sich auf das Entfernen von alten, schwachen Trieben. Will man größere Blüten erhalten, rät der Züchter, die restliche Pflanze um ein Drittel zurückzunehmen. Wegen ihres kompakten Wuchscharakters empfehlen sie sich sehr für kleinere Gärten.

China-Rose

Rosa chinensis 'Cécile Brunner'

Familie: Rosaceae
Blütezeit: Sommer - Herbst
Wuchsbreite/-höhe: 60 cm × 75 cm
Standort: ○
Feuchtebedürfnis: ○
❋ ❋ ❋

Aufrechter, schlanker, niedriger Strauch, wenig mit zierlichen, dunkelgrünen, glatten Blättern belaubt. Die gut gefüllten, becherförmigen, perfekt gestalteten Blüten sind 4 cm groß und stehen einzeln in üppigen, locker gesetzten Büscheln. Jede Blüte, in blassem Muschelrosa, erscheint aus spitzen, teerosenförmigen Knospen an einem langen Blütenstiel, was sie zur idealen Knopflochrose macht. In ihrer Blütezeit von Sommer bis Herbst verbreitet sie einen schwachen, aber charakteristischen Duft. *R.* 'Mignon' oder *R.* 'Sweetheart Rose', so ihre weiteren Namen, wird oftmals mit *R.* 'Bloomfield Abundance' verwechselt, die aber einen deutlich höheren Wuchs aufweist und über weniger schöne Blüten verfügt. *R.* 'Cécile Brunner' ist die Kreuzung einer Polyantha-Rose × *R.* 'Mme de Tartas', von Pernet-Ducher in Frankreich gezüchtet und 1881 eingeführt. Sie eignet sich besonders gut für jede Art von Pflanzgefäß oder für Mischrabatten.

China-Rose

Rosa chinensis 'Old Blush'

Aufrechter, buschig-kompakter, kaum bestachelter Strauch mit glänzenden, mittelgrünen, zugespitzten Blättern. Die zierlichen, etwa 6 cm großen, schalenförmigen, gefüllten Blüten stehen in Büscheln, sind von blassem silbrigem Rosa, das mit der Zeit nachdunkelt, und verbreiten einen nicht zu starken, wickenartigen Duft. Wie bei den meisten China-Rosen reicht die Blütezeit von Sommer bis Herbst, wobei 'Old Blush' reich und ausdauernd blüht. Die ebenfalls unter dem Namen *R.* 'Parson's Pink Monthly' bekannte Alte Rose ist anspruchslos in der Pflege und sehr widerstandsfähig. Sie toleriert auch arme Böden sowie Nordlagen und gilt als eine der am besten für den Garten geeigneten China-Rosen. An einer geschützten Wand kann sie als kleine Kletterrose gezogen werden und wächst dann deutlich höher. In China entdeckt und ausgelesen, wurde sie 1789 in Europa eingeführt.

Familie: Rosaceae
Blütezeit: Sommer bis Herbst
Wuchsbreite/-höhe: 0,80 m × 1 m
Standort: ◑
Feuchtebedürfnis: ◌
❄ ❄ ❄

Gallica-Rose, Essig-Rose

Rosa 'Complicata'

Stark wüchsiger, offener, bogig überhängender Strauch mit graugrünem, matt glänzendem Laub. Reich an ungefüllten, flachen, weit geöffneten, etwa 11 cm großen Blüten in leuchtendem Rosa mit blasserer Mitte und goldgelben Staubgefäßen. Die Blüten verströmen einen leichten, lieblich-frischen Duft. Die Abstammung dieser Alten Rose ist ungewiss, man nimmt aber eine Beteiligung von *R. canina* oder *R. macrantha* an. Sie kann mit einer geeigneten Kletterhilfe wunderschön in alte Bäume ranken, die sie im Sommer mit einer Vielzahl von herabhängenden, über die gesamte Länge der Triebe sprießenden Blüten dekoriert. Sie eignet sich zudem als Naturhecke, wie sie überhaupt ideal für Gartenbereiche ist, die sich selbst überlassen sind. *R.* 'Complicata' ist anspruchslos in der Pflege und widerstandsfähig gegen Krankheiten. Sie toleriert auch arme Böden und ist schattenverträglich. Ihre Herkunft und Einführung in Europa sind bis heute unbekannt.

Familie: Rosaceae
Blütezeit: Sommer
Wuchsbreite/-höhe: 2,50 m × 2,20 m
Standort: ○
Feuchtebedürfnis: ◌
❄ ❄ ❄

Rosa 'Constance Spry'

Englische Rose

Rosa 'Constance Spry'

ⓘ

Familie: Rosaceae
Blütezeit: Sommer
Wuchsbreite/-höhe: 1,50 m × 2,00 m
Standort: ○
Feuchtebedürfnis: ◊
❋ ❋ *(Winterschutz)*
❀

Diese Sorte ist ein Werk des berühmten Rosenzüchters David Austin und seit 1961 auf dem Markt. Sie wächst strauchförmig mit leicht überhängenden Trieben und ist sehr ausladend. 'Constance Spry' gehört zu den wenigen Englischen Rosen, die auch als Kletterrosen geeignet sind und mit ihrem dichten Blätterkleid rasch Mauern oder Pergolen begrünt. Die Blätter sind tiefgrün, im Austrieb rotbraun. Die päonienartigen, reinrosa Blüten sind sehr dicht gefüllt und duften intensiv nach Myrrhe. Sie hellen zum Rand auf und können einen Durchmesser von 12 cm erreichen. Trotz ihrer Größe wirken sie auffällig zart. Die Verwendungsmöglichkeiten sind vielfältig: Neben ihren Kletterkünsten eignet sich diese einmalblühende Strauchrose auch zur Einzelstellung oder zur Gruppenpflanzung. Soll sie Mauern begrünen, empfiehlt es sich, sie im Abstand von 30 cm zum Fundament zu pflanzen. So hat die Rose immer ausreichend Feuchtigkeit. Wichtig ist, den Boden zu mulchen, regelmäßig zu wässern und düngen. Sehr apart ist auch 'Shropshire Lass' mit flachen, rosa Blüten.

Alba-Rose

Rosa 'Cuisse de Nymphe'

Aufrechter, wüchsiger Strauch mit überhängenden Trieben und mit dem für Alba-Rosen typischen graugrünen Laub. Im Hochsommer erscheinen in reichen Mengen gut gefüllte, etwa 8 cm große Rosetten rosaweißer Blüten mit intensivem, aber feinem Duft. Die Blütenblätter biegen sich während des Flors leicht zurück und werden zum Rand hin blasser. Die sehr beliebte Alte Rose entstand mit großer Wahrscheinlichkeit im 15. Jahrhundert, möglicherweise sogar schon früher. Über ihre Herkunft und Abstammung ist allerdings nichts bekannt. *R.* 'Cuisse de Nymphe', die auch unter den Namen *R.* 'Maiden's Blush Great' und *R.* 'La Séduisante' firmiert, entfaltet sich besonders schön als Heckenrose und eignet sich zudem gut für Mischrabatten. Gleich nach der Blüte sollte altes Holz zum Teil herausgeschnitten und überlange Triebe gekürzt werden.

Familie: Rosaceae
Blütezeit: Sommer
Wuchsbreite/-höhe: 1,30 m × 2,00 m
Standort: ○
Feuchtebedürfnis: ◊
❊ ❊ ❊

Damaszener-Rose

Rosa 'Duc de Cambridge'

Das besonders schöne Beispiel einer Alten Rose wurde in Frankreich gezüchtet und wohl vor 1848 eingeführt. Die Elternsorten von *R.* 'Duc de Cambridge' sind unbekannt. In der älteren englischen Literatur wird sie häufig auch *R.* 'Duke of Cambridge' genannt. Sie wächst als aufrechter, reich bestachelter Strauch mit anfangs rötlichen, dann matt grünen, gerundeten Blättern. Die großen, gefüllten, in Büscheln erscheinenden Blüten sind von tiefem Purpurrosa mit hellerem Rand und duften stark. Es lässt sich heute schwerlich eine farblich noch dunklere Sorte unter den Damaszener-Rosen finden als *R.* 'Duc de Cambridge'. In der Regel blühen die Rosen dieser Gruppe während des Sommers am zweijährigen Holz, oftmals bringen sie aber im Spätsommer noch eine zweite Blüte an Jungtrieben hervor. Nach dem Flor sollten die Haupt- und Seitentriebe kräftig gekürzt und im Herbst überlange Triebe entfernt werden, um Windschäden an der Pflanze vorzubeugen. *R.* 'Duc de Cambridge' eignet sich hervorragend zur Anpflanzung in Rabatten.

Rosa 'Duc de Cambridge'

Familie: Rosaceae
Blütezeit: Sommer
Wuchsbreite/-höhe: 1,00 m × 1,30 m
Standort: ○
Feuchtebedürfnis: ◊
❊ ❊ ❊

Rosa 'Duchesse de Montebello'

Familie: Rosaceae
Blütezeit: Sommer
Wuchsbreite/-höhe: 0,90 m × 1,20 m
Standort: ○
Feuchtebedürfnis: ○
❋ ❋ ❋

Gallica-Rose, Essig-Rose

Rosa 'Duchesse de Montebello'

Aufrechter, recht locker wachsender, überhängender Strauch mit graugrünem Laub, das schön mit den in Büscheln erscheinenden, gut gefüllten, für eine Gallica-Rose ungewöhnlich blassrosa Blüten harmoniert. Ihre Knospen blühen ballförmig zu mittelgroßen flachen Schalen auf. Die Farbe dieser Alten Rose gibt immer wieder Anlass zu der Vermutung, dass sie vielleicht doch keine reine Gallica-Rose ist; darauf weisen auch Züchtungsversuche in England hin, wo sie zum Teil öfterblühende Sämlinge hervorbrachte. Sie wurde von Laffay in Frankreich gezüchtet und vor 1829 eingeführt. R. 'Duchesse de Montebello' verbreitet während ihrer Blütezeit im Sommer einen leichten, süßen Duft. Sie verträgt Halbschatten, toleriert arme Böden und eignet sich besonders für Hecken oder Pflanzgefäße.

Familie: Rosaceae
Blütezeit: Sommer bis Herbst
Wuchsbreite/-höhe: 0,75 m × 1,00 m
Standort: ○
Feuchtebedürfnis: ○
❋ ❋ ❋

Teehybride

Rosa 'Duftzauber 84'

In die Gruppe der großblumigen Teehybriden gehört auch diese von Kordes in Deutschland gezüchtete Sorte, die 1984 eingeführt wurde. Sie wächst als kräftiger, aufrechter, dicktriebiger Strauch, der mit großen, matt glänzenden, dunkelgrünen Blättern belaubt ist. In üppiger Fülle erscheinen zwischen Sommer und Herbst langgestielte, gut gefüllte, 12 cm große Blüten von samtigem Blutrot und eleganter Form. Sie verströmen einen starken lieblichen Duft. Die robuste Rose eignet sich zur Anpflanzung in Beete und Rabatten oder kann als Hochstamm gezogen werden. Sie ist darüber hinaus wie geschaffen für die Vase, in der sich ihre imponierenden Blüten durch lange Haltbarkeit und sauberes Verblühen auszeichnen. Die auch R. 'Royal William' und R. 'Korzaun' genannte Teehybride ist widerstandsfähig gegen Krankheiten und Schädlinge und bedarf keiner aufwändigen Pflege. Im Herbst oder Frühjahr ist ein rigoroser Schnitt erforderlich, der dem verzweigten Strauch wieder zu einer offenen, luftigen Mitte verhilft. R. 'Duftzauber 84' wurde aus R. 'Feuerzauber' und einem unbenannten Sämling gezogen.

Kletterrose

Rosa 'Félicité et Perpétué'

Die starkwüchsige, überhängende, fast stachellose Kletterrose hat vergleichsweise sehr biegsame, schlanke Triebe und wird deshalb in manchen Katalogen auch als Rambler-Rose beschrieben. Sie ist eine Züchtung von Jacques in Frankreich und wurde 1827 eingeführt; ihre Elternsorten sind unbekannt. Die auch 'Félicité Perpétué' genannte Rose ist eine Hybride der *R. sempervirens*, der Immergrünen-Rose, und hat wie diese die Eigenschaft, das Laub bis spät in den Winter hinein zu behalten. Kleine, glänzend dunkelgrüne, zugespitzte Blätter erscheinen zahlreich. Die einmalblühende Rose bringt im Sommer eine Fülle von großen, kaskadenförmigen Blütenbüscheln hervor, aus deren roten Knospen rahmweiße, manchmal rosa überhauchte, gut gefüllte Rosetten von 4 cm Größe erblühen. Sie duften lieblich und zart. Diese vielseitige Rose bezaubert vor allem an Rosenbögen und Pergolen oder rankt in Bäume; besonders reizvoll ist dabei die Nähe zu einem ruhigen Gewässer, in dem sie sich spiegeln kann. Sie kommt auch mit weniger guten Boden- und Lichtverhältnissen zurecht und dankt einen nur minimalen Rückschnitt mit umso reicherer Blütenpracht.

Familie: Rosaceae
Blütezeit: Sommer
Wuchsbreite/-höhe: 4 m × 5 m
Standort: ○
Feuchtebedürfnis: ○
❀ ❀ ❀

275

Gallica-Rose, Essig-Rose

Rosa gallica 'Versicolor'

Rosa gallica 'Versicolor'

Familie: Rosaceae
Blütezeit: Sommer bis Herbst
Wuchsbreite/-höhe: 1,00 m × 0,80 m
Standort: ○ – ◑
Feuchtebedürfnis: ⬙
❁ ❁ ❁

Aufrechter, buschig-rundlicher, niedriger Strauch mit mittelgrünem, rauem, mattem Laub. Die bei uns Rosa Mundi genannnte Alte Rose ist ein Sport der sehr alten, legendenumwobenen Apotheker- bzw. Provins-Rose, der *R. gallica* var. *officinalis.* Beide Rosen sind sich bis auf die Blütenfarbe in jeder Hinsicht ähnlich. Die halbgefüllten, flachen, 5 cm großen Blüten von Rosa Mundi erscheinen mit deutlichen, hell karmesinroten Streifen und Sprenkeln auf blassrosa Grund und haben einen ausgeprägten, aber zarten Duft. Im Hochsommer reichblühend am mehrjährigen Holz. Sie ist wohl die älteste und am besten bekannte gestreifte Rose. In Europa und Südwestasien beheimatet, wurde sie wahrscheinlich im 16. Jahrhundert eingeführt. Kaum eine andere Rose eignet sich besser für niedrige, zierliche Hecken; sie macht sich aber auch ausgezeichnet in Mischrabatten. Rosa Mundi bevorzugt gut gemulchten Boden, kann aber auch arme Böden tolerieren und ist zudem schattenverträglich. Nach dem Flor sollten die Triebe um ein Drittel eingekürzt werden.

Floribunda-Rose (kompakt)

Rosa 'Gentle Touch'

Familie: Rosaceae
Blütezeit: Sommer bis Herbst
Wuchsbreite/-höhe: 40 cm × 50 cm
Standort: ○
Feuchtebedürfnis: ⬙
❁ ❁ ❁

Die Gruppe der kompakten Floribunda-Rose werden in manchen Katalogen auch als so genannte Patio-Rosen vorgestellt, weil sie sich – ähnlich wie Zwergrosen – ausgezeichnet auf Terrassen oder in Innenhöfen als Topfpflanzen ziehen lassen. R. 'Gentle Touch', eine Kreuzung zwischen *R.* 'Liverpool Echo' × ('Woman's Own' × 'Memento'), ist eine Züchtung von Dickson in Nordirland und wurde 1986 eingeführt. Buschig-aufrecht und dicht wachsend, trägt sie üppiges, kleines, glänzend dunkelgrünes Laub, das von zahlreichen, in großen Büscheln stehenden blassrosa Blüten kontrastiert wird. Die gefüllten, becherförmigen, 5 cm großen Blüten, die schwach, aber lieblich-fein duften, sind verlässlich von Sommer bis Herbst. Die auch *R.* 'Diclulu' genannte Sorte kann als niedrige Hecke, Bodendecker-Rose oder als Hochstamm gezogen werden und eignet sich gut zur Anpflanzung in Töpfen. Robust und widerstandsfähig gegen Krankheiten und Schädlinge bedarf sie keiner aufwändigen Pflege. Der im Winter empfohlene Schnitt dient zur Ausdünnung.

Englische Rose

Rosa 'Gertrude Jekyll'

Rosa 'Gertrude Jekyll'

'Gertrude Jekyll' ist auch unter dem Synonym 'Ausbord' bekannt. Es handelt sich um eine kräftig aufrecht wachsende Englische Rose. Überraschend ist, wie sich aus den kleinen, festen Knospen plötzlich die bis 10 cm großen, rosettenförmigen Blüten in kräftigem rosa Farbton entfalten. Auffällig sind dabei die nach innen gefalteten Kronblätter. Die Blüten sind stark gefüllt und verströmen einen sehr intensiven Duft in bester Alter-Rosen-Qualität. Aus diesem Grund werden sie auch für Rosenessenzen verwendet. Im Garten erfreuen sie Auge und Nase vom Sommer bis zum Herbst. Sie ist eine ideale Pflanze für die Gestaltung von Rabatten, wegen ihrer Höhe passt sie besonders gut in den hinteren Bereich. 'Gertrude Jekyll' ist eine Schwester der bekannten rosaroten Sorte 'The Countryman', die wiederum das Ergebnis einer Rückkreuzung von Englischer Rose mit einer alten Portland-Rose ist. Portland-Rosen zeichnen sich dadurch aus, dass sie remontieren, also mehrmals im Jahr blühen, in der Regel mit einer Hauptblüte im Sommer und einer schwächeren Nachblüte im Herbst.

Familie: Rosaceae
Blütezeit: Sommer bis Herbst
Wuchsbreite/-höhe: 1,00 m × 1,50 m
Standort: ○
Feuchtebedürfnis: ○
❋ ❋ *(Winterschutz)*
❀

Rotblättrige Rose, Hechtrose

Rosa glauca

Die Wildrose bildet einen aufrechten, wüchsigen, überhängenden Strauch mit bereiften Trieben und besonders schönem Laub. Ihre zierlichen Blätter sind anfangs violett überhaucht und erscheinen später im Sonnenlicht purpurgrau getönt, bis sie im Herbst eine intensive Pflaumenfärbung annehmen. In kleinen, lockeren Büscheln öffnen sich von Juni bis Juli einfache, flache, 4 cm große kirschrosa Blüten mit weißer Mitte und goldgelben Staubgefäßen. Die oft auch *R. rubrifolia* genannte Rose, deren Heimat die Gebirgsregionen Mitteleuropas sind, schmückt sich im Herbst mit zahlreichen kleinen, kugeligen, in Dolden stehenden orange bis scharlachroten Früchten, was sie über den Sommer hinaus zu einem lohnenswerten Zierstrauch im Garten macht. Die gesunde und sehr widerstandsfähige Pflanze kommt mit fast allen Standort- und Bodenbedingungen zurecht und kann unter Umständen sogar Nordlagen tolerieren.

Familie: Rosaceae
Blütezeit: Sommer
Wuchsbreite/-höhe: 1,50 m × 2,00 m
Standort: ○ – ◑
Feuchtebedürfnis: ○
❋ ❋ ❋

277

Noisette-Rose

Rosa 'Gloire de Dijon'

Gegenüberliegende Seite:
Rosa 'Gloire de Dijon'

Diese wüchsige, steif verzweigte Noisette-Rose ist eine berühmte alte Kletterrose, die von Jacotot in Frankreich gezüchtet und 1853 in den Handel gebracht wurde. Sehr wahrscheinlich ist sie die Kreuzung zwischen einer unbekannten Teerose x R. 'Souvenir de la Malmaison', eine alte Bourbon-Rose. Aus verschiedenen Gründen bleibt umstritten, ob sie tatsächlich den Noisette-Rosen zuzurechnen ist. R. 'Gloire de Dijon' erweist sich beispielsweise als wesentlich winterhärter als die typische Noisette-Rose. Ihr dunkelgrünes, matt glänzendes Laub ist im Austrieb rötlich schattiert. Sie ist öfterblühend zwischen Frühsommer und Herbst mit gut gefüllten, 10 cm großen Blüten, deren Farbe von hell orangegelb bis rahmweiß zum Rand variiert. Sie öffnet sich flach und geviertelt und wird vor allem zum Herbstflor hin orange und rosa überlaufen. Ihr Duft ist süß und von verschwenderischer Fülle. R. 'Gloire de Dijon' gedeiht am besten an einer warmen, sonnigen Wand.

Familie: Rosaceae
Blütezeit: Sommer bis Herbst
Wuchsbreite/-höhe: 4,00 m × 4,50 m
Standort: ○
Feuchtebedürfnis: ◌
❋ ❋ ❋

Teehybride

Rosa 'Gloria Dei'

Ein Meilenstein in der Geschichte der Modernen Rose war von Meilland in Frankreich gesetzt worden, als diese Sorte 1942 eingeführt wurde. R. 'Gloria Dei' zählt nicht nur zu den weltweit beliebtesten und verbreitetsten Rosen überhaupt, sondern sie hatte auch als Elternsorte maßgeblichen Einfluss auf die folgenden Rosengenerationen. Ihren Züchter mag detektivischer Spürsinn geleitet haben, als er aus [('George Dickson' × 'Souvenir de Claudius Pernet') × ('Joana Hill' × 'Charles P. Kilham')] × 'Margaret McGredy' diese außergewöhnlich wüchsige, strauchige Teehybride schuf, die mit üppigem, großem, gesundem, glänzend sattgrünem Laub aufwartet. Im Sommer und Herbst erscheinen eine Fülle von elegant bis kugelig geformten, gut gefüllten Blüten in hellem Gelb, das zum Rand hin rosa überhaucht ist. Die mit 15 cm fast pfingstrosengroßen Blüten haben einen weniger starken, dafür sehr lieblichen Duft. Auch als R. 'Peace', R. 'Gioia' oder R. 'Mme. A. Meilland' bekannt, eignet sich die Sorte hervorragend für Beete, Rabatten, Hecken oder als Hochstamm. Darüber hinaus ist sie eine exzellente Schnittrose.

Familie: Rosaceae
Blütezeit: Sommer bis Herbst
Wuchsbreite/-höhe: 0,75 m × 1,00 m
Standort: ○
Feuchtebedürfnis: ◌
❋ ❋ ❋

Moderne Strauchrose

Rosa 'Graham Thomas'

Rosa 'Graham Thomas'

Familie: Rosaceae
Blütezeit: Sommer bis Herbst
Wuchsbreite/-höhe: 1,50 m × 1,20 m
Standort: ○
Feuchtebedürfnis: ◊
❀ ❀ ❀

Mit David Austins so genannten Englischen Rosen wird ein ganz eigenes Kapitel in der Gruppe der Modernen Strauchrosen aufgeschlagen: die geglückte Zusammenführung von Blütencharme, Duft und Wuchsform der Alten Rosen mit den Eigenschaften der Modernen Rosen, öfter oder ausdauernd im Jahr zu blühen und ein reiches Spektrum an Farben abzudecken. *R.* 'Graham Thomas', eine Kreuzung zwischen *R.* 'Charles Austin' × (*R.* 'Schneewittchen' × Sämling), ist eine wüchsige Strauchrose mit buschigem, überhängendem Wuchs und glattem, glänzendem, mittelgrünem Laub. Einen intensiven, lieblichen Teerosenduft verströmend, öffnen sich die gut gefüllten, tief schalenförmigen, 11 cm großen Blüten, die von einem unvergleichlichen satten klaren Gelb sind. Für einen reichen, wiederholten Flor ist das regelmäßige Entfernen welker Blüten zu empfehlen. In der Ruheperiode sollte altes Holz ausgeschnitten werden und hin und wieder ein behutsamer Rückschnitt erfolgen. *R.* 'Graham Thomas' wurde 1983 eingeführt.

Bodendecker-Rose

Rosa 'Heidetraum'

Familie: Rosaceae
Blütezeit: Sommer bis Herbst
Wuchsbreite/-höhe: 1,20 m × 0,75 m
Standort: ○
Feuchtebedürfnis: ◊
❀ ❀ ❀

Die Kreuzung *R.* 'Immensee' × *R.* 'Amanda' des deutschen Züchters Noack kam 1988 in den Handel. Sie erweist sich ohne besondere Pflege als robust und widerstandsfähig gegen Schädlinge und Krankheiten. Im Wuchs kräftig, dicht und ausladend mit üppigem, glänzend sattgrünem Laub ist sie ein nützlicher Bodendecker für sonnige Böschungen, Rabatten oder Terrassen. Ab Sommer bis teilweise in den späten Herbst hinein erscheinen ihre kaum duftenden Blüten in tiefem Rosarot. Sie sind gefüllt, schalenförmig, 5 cm groß und zeigen sich in zahlreichen Gruppen entlang der Triebe. *R.* 'Flower Carpet' oder *R.* 'Noatraum', so ihre weiteren Namen, weiß sich auch als Stammrose zur Geltung zu bringen und eignet sich auch gut zur Pflanzung in große Kübel. Die vielfältigen Verwendungsmöglichkeiten von *R.* 'Heidetraum' zeigen, dass viele Sorten dieser Gruppe nicht länger nur als charmante unkrautverdrängende, den Boden vor Erosionen schützende Pflanzen gesehen werden sollten, sondern eigene Akzente in der Gartengestaltung setzen können.

Moosrose
(= R. × centifolia 'Muscosa')

Rosa 'Henri Martin'

Wüchsiger, aufrechter Strauch mit biegsamen Zweigen, die vom Gewicht der Blüten nach unten gebogen werden. Dichtes, frischgrünes, raues Laub. Die gut gefüllten, kugeligen, 8 cm großen Blüten in leuchtendem Karmesinrot erscheinen an drahtigen Stielen. In voller Blüte zeigen sich goldgelbe Staubgefäße. Die Kelchblätter sind zart hellgrün bemoost. Kräftiger, lieblicher Duft. R. 'Red Moss', so ihr weiterer Name, ist eine im Hochsommer äußerst reichblühende Sorte, die besonders schön an pyramidenförmigen Stützen zur Geltung kommt. Ihre in Kaskaden herabfallenden Blüten erreichen dann fast den Boden. Heiße, trockene Sommer übersteht diese Moosrose gut, sie ist gleichzeitig extrem winterhart, schattenverträglich und kann in Nordlagen gedeihen. Nach der Blüte wird ein leichter Rückschnitt empfohlen. Sie wurde von Laffay in Frankreich gezüchtet und 1863 eingeführt.

Familie: Rosaceae
Blütezeit: Sommer
Wuchsbreite/-höhe: 1,20 m × 1,80 m
Standort: ◯ – ◐
Feuchtebedürfnis: ◌
❄ ❄ ❄

Moderne Strauchrose

Rosa 'Heritage'

Eine besonders schöne Englische Rose, die aufgrund ihrer vollendet gestalteten, schalenförmigen Blüten besticht, ist diese Züchtung von Austin, die 1984 in den Handel kam. Sie bildet einen buschig-aufrechten, rundlichen Strauch mit glatten, kaum bestachelten Trieben, der mit spitzen, leicht glänzenden, dunkelgrünen Blättern belaubt ist. Über die gesamte Länge der Triebe werden in kleineren und größeren Büscheln zartrosa Blüten hervorgebracht, die je nach Lichtverhältnissen auch ein sanftes Apricotrosa annehmen. R. 'Ausblush', wie sie ebenfalls genannt wird, stammt von einem unbenannten Sämling × (R. 'Wife of Bath' × R. 'Schneewittchen') ab. Sie ist eine zwischen Sommer und Herbst öfterblühende Rose. Die stark duftende Sorte braucht fruchtbaren, gut gemulchten Boden und eignet sich vor allem für Rabatten. Wird sie in Gruppen gepflanzt, dankt diese Rose mit einem buschigeren Aussehen und einem kaum enden wollenden Blütenflor.

Familie: Rosaceae
Blütezeit: Sommer bis Herbst
Wuchsbreite/-höhe: 1,20 m × 1,20 m
Standort: ◯
Feuchtebedürfnis: ◌
❄ ❄ ❄

Damaszener-Rose

Rosa 'Ispahan'

Familie: Rosaceae
Blütezeit: Sommer
Wuchsbreite/-höhe: 1,20 m × 1,50 m
Standort: ○
Feuchtebedürfnis: ○
❀ ❀ ❀

Anmutiger, aufrechter, wüchsiger Strauch mit dichtem, graugrünem, dekorativen Laub. Die gut gefüllten, schalenförmigen, 8 cm großen Blüten sind von einem warmen, nicht verblassenden Rosa und verströmen einen starken, betörenden Duft, was den meisten Damaszener-Rosen eigen ist. R. 'Pompon des Princes' oder R. 'Rose d'Isfahan', so ihre weiteren Namen, blüht schon früh im Jahr und hat dann, im Vergleich zu anderen Sorten dieser Gruppe, eine recht lange Saison. Sie eignet sich gleichermaßen für Hecken und Mischrabatten, aber auch für Pflanzgefäße, und verträgt kargeren Boden. Sie ist zudem empfehlenswert für Vasen, weil sie sich lange im Wasser hält. Diese Alte Rose entstand möglicherweise in Persien und wurde wahrscheinlich schon vor 1832 kultiviert.

Englische Rose

Rosa 'Jayne Austin'

Familie: Rosaceae
Blütezeit: Sommer
Wuchsbreite/-höhe: 0,75 m × 1,50 m
Standort: ○
Feuchtebedürfnis: ○
❀ ❀ (Winterschutz)
❀

R. 'Jayne Austin' stammt, wie der Name schon vermuten lässt, aus der Züchtungsarbeit von David Austin und ist auch als R. 'Ausbreak' im Handel. Sie wächst ausgesprochen dicht und verzeigt. Die Blüte ist rosettenförmig, von zartem Gelb mit einer Tendenz zu Apricot und häufig mit einem Auge versehen. Der Duft erinnert sehr an Flieder. Durch die feinen, transparenten Blütenblätter wirkt diese Sorte sehr zierlich, fast schon vornehm. Diese Eigenschaft verdankt sie ihrer Verwandtschaft zu den mehrmals blühenden Noisette-Rosen, die sich durch kleine, äußerst zarte Blüten auszeichnen und wegen ihrer schlanken Triebe als Kletterrosen Verwendung finden. R. 'Charity' ähnelt R. 'Jayne Austin' in dieser Hinsicht, hat aber größere, leicht schalenförmige Blüten in einem zarten Apricot-Gelb. Sie remontiert und duftet herrlich nach Myrrhe. R. 'Graham Thomas' ist eine der bekanntesten gelben Sorten mit mittelgroßen Blüten von außergewöhnlich reiner Blütenfarbe und klassischem Teerosenduft. Sie ist dem Gartenfachmann und Buchautor gewidmet.

Rosa 'Jayne Austin'

Alba-Rose

Rosa 'Königin von Dänemark'

Wüchsiger, lockerer, bestachelter Strauch mit matt graugrünen Blättern. Die gut gefüllten, vollendet geviertelten, 8 cm großen Blüten erscheinen in einem warmen, dunkleren Rosa; voll erblüht präsentieren sie ein grünes Knopfauge in der Mitte. Während der einmaligen Blüte am vorjährigen Holz verbreitet diese Alte Rose einen herausragenden, intensiven, lieblichen Duft. Wie die meisten Alba-Rosen ist sie leicht zu kultivieren; sie toleriert arme Böden oder Waldgelände und gedeiht auch im Halbschatten. Sie eignet sich besonders gut für die Anpflanzung von Hecken oder für Mischrabatten. *R.* 'Belle Courtisanne' oder *R.* 'Queen of Denmark', wie diese berühmte, für manche Rosenkenner schönste Alte Rose auch genannt wird, wurde 1816 in Hamburg von John Booth wahrscheinlich aus einem Sämling von *R.* 'Cuisse de Nymphe' gezogen und 1826 in den Handel gebracht.

Rosa 'Königin von Dänemark'

Familie: Rosaceae
Blütezeit: Sommer
Wuchsbreite/-höhe: 1,20 m × 1,50 m
Standort: ○
Feuchtebedürfnis: ◊
❀ ❀ ❀

Moderne Strauchrose

Rosa 'Magenta'

Familie: Rosaceae
Blütezeit: Sommer
Wuchsbreite/-höhe: 1,00 m × 1,20 m
Standort: ○
Feuchtebedürfnis: ○
❄ ❄ *(Winterschutz)*
✿

Diese 1954 von der deutschen Rosenbaumschule Kordes eingeführte Floribunda-Rose gehört in die Gruppe der Strauchrosen. Die ledrigen, dunkelgrünen Blätter bilden einen hübschen Farbkontrast zu den gefüllten, lilarosa Blüten, die in dichten Büscheln sitzen und mehrmals im Jahr erscheinen. Die Blüten erreichen einen Durchmesser von 9 cm und hängen so zahlreich an den Trieben, dass diese sich biegen. Der Duft ist sehr intensiv. Strauchrosen vom Typ »Englische Rosen« sind das Ergebnis jahrelanger Züchtungsarbeit, dementsprechend groß ist auch das Sortiment. Es sind in der Regel kräftig wachsende, robuste und reich blühende Pflanzen, die bis 180 cm hoch werden können. Die meisten Sorten remontieren, blühen also mehrmals im Jahr und bringen so noch Farbe in den Garten, wenn andere Sträucher schon verblüht sind. Die Blütenfarben reichen von Rosa Über Rot zu Gelb bis Weiß, die Blüten können einfach oder gefüllt sein. Für Kübel eignen sich niedrige Zwergsorten wie die gelbe 'Baby Love' (75 x 75 cm) oder 'Little White Pet' mit kleinen weißen Pomponblüten (60 x 75 cm).

Kletterrose

Rosa 'Maigold', Rosa pimpinellifolia

Familie: Rosaceae
Blütezeit: Sommer bis Herbst
Wuchsbreite/-höhe: 2,50 m × 2,50 m
Standort: ○
Feuchtebedürfnis: ○
❄ ❄ ❄

Kaum eine moderne Kletterrose ist so robust und widerstandsfähig wie R. 'Maigold'. Sie kommt mit den verschiedensten, selbst widrigen Boden- und Umgebungsbedingungen zurecht und ist extrem winterhart. Diese Eigenschaften hat sie von ihren Elternsorten R. 'Poulsens Pink' × R. 'Frühlingstag' geerbt. Gezüchtet von Kordes in Deutschland, wurde sie 1953 in den Handel gebracht. Sie beginnt als eine der Ersten zu blühen, und schmückt sich dann mit einem reichen Blütenflor mit wiederholter späterer Nachblüte. Von kräftigem, leicht überhängendem Wuchs bringt sie steife Triebe hervor mit zahlreichen rötlichen Stacheln und üppigem, frischgrünem, glänzendem Laub. Die halbgefüllten, schalenförmigen, 10 cm großen, duftenden Blüten erscheinen in Büscheln und zeigen ein sattes Goldgelb, das orange überhaucht ist. Sie ist eine der besten Rosen für ungeschützte Lagen wie eine Hauswand oder Pergola und kann auch als Strauchrose gezogen werden.

Rosa 'Magenta'

Damaszener-Rose

Rosa 'Mme Hardy'

Aufrechter, wüchsiger Strauch mit üppigem, ledrigem, dunkelgrünem Laub. Während der Blütezeit im Sommer erscheinen elegante, reinweiße, 10 cm große Blüten in Form von gut gefüllten, geviertelten Rosetten, die in der Mitte ein grünes Knopfauge haben. Sie verströmen einen starken, aber frischen und lieblichen Duft. Diese prächtige Alte Rose gedeiht auch auf armen Böden und ist schattenverträglich. Sie macht sich ausgezeichnet in Mischrabatten. Sie wurde von Hardy in Frankreich gezüchtet und 1832 eingeführt. Über ihre Abstammung ist nichts bekannt. Eine sehr verlässliche, robuste und widerstandsfähige Sorte, die ohne aufwändige Pflege auskommt. Die Blütentriebe sollten aber nach dem Flor eingekürzt und ein Formschnitt vorgenommen werden.

Familie: Rosaceae
Blütezeit: Sommer
Wuchsbreite/-höhe: 1,20 m × 1,50 m
Standort: ○
Feuchtebedürfnis: ○
❄ ❄ ❄

285

Kletterrose

Rosa 'New Dawn'

Familie: Rosaceae
Blütezeit: Sommer bis Herbst
Wuchsbreite/-höhe: 2,50 m × 3,50 m
Standort: ○ – ◑
Feuchtebedürfnis: ◌
❄ ❄ ❄

Der mehrfachblühende Sport der einmalblühenden Rambler-Rose *R.* 'Dr. W. Van Fleet' wurde 1930 von der Somerset Rose Nursery in den USA ausgelesen; erst mit ihrer Einführung im selben Jahr begannen zielgerichtete Versuche, moderne Kletterrosen zu züchten. *R.* 'New Dawn' ist demnach als Elternsorte vieler moderner Kletterrosen von großer Bedeutung. Ihr Wuchs ist kräftig, mit breiten schönen Verzweigungen, und sie hat üppiges, leicht glänzendes, dunkelgrünes Laub. Aus spitzen Knospen öffnen sich gefüllte, schalenförmige, 8 cm große Blüten in großen Büscheln, die sich in blassem Perlrosa präsentieren und einen lieblichen Duft verbreiten. Ihr üppiger Blütenflor dauert bis in den Herbst hinein. *R.* 'Everblooming Dr. W. Van Fleet' oder *R.* 'The New Dawn', wie sie auch genannt wird, ist eine unkomplizierte Kletterrose, die sich sehr widerstandsfähig gegen Krankheiten zeigt, und ideal ist für Hauswände, Bögen und Säulen oder Pergolen. Sie kann aber auch als Hecken- oder Strauchrose gezogen werden. *R.* 'New Dawn' toleriert sowohl arme Böden als auch Nordlagen.

Moosrose

Rosa 'Nuits de Young'

Moosrosen sind das Ergebnis einer Mutation von Zentifolien, die an ihren Kelch-blättern moosartige Auswüchse herausgebildet haben. Genauere Angaben, wann die erste Mutation zu einer Moosrose stattfand, gibt es allerdings nicht. Quellen belegen die Existenz der Urform der Moosrose, deren botanischer Name *R. × centifolia* 'Muscosa' lautet, um 1700 in Frankreich. *R.* 'Nuits de Young' ist eine Züchtung von Laffay in Frankreich und wurde 1845 eingeführt. Sie ist die Dunkelste aller Moosrosen und im Vergleich zu anderen nur gering bemoost. Ihr Wuchs ist aufrecht und schlank mit steifen Trieben sowie kleinen, zierlichen, tief-grünen Blättern. Ihre gefüllten, flachen Blüten erscheinen im Sommer in samtigem Tiefpurpur mit kastanienbraunen Schattierungen, von goldgelben Staubgefäßen kontrastiert, und verbreiten einen feinen Fruchtduft. Ihre Kelchblätter sind dunkel rotbraun bemoost. Macht sich besonders schön zu helleren Farben in Misch-rabatten und eignet sich zur Anpflanzung von Hecken oder für Pflanzgefäße. *R.* 'Old Black', wie sie auch genannt wird, gilt für viele Rosenkenner als eine der Besten ihrer Gruppe.

Familie: Rosaceae
Blütezeit: Sommer
Wuchsbreite/-höhe: 0,90 m × 1,20 m
Standort: ○
Feuchtebedürfnis: ◌
❄ ❄ ❄

Moderne Strauchrose (büschelblütig)

Rosa 'Penelope'

Familie: Rosaceae
Blütezeit: Sommer bis Herbst
Wuchsbreite/-höhe: 1,10 m × 1,10 m
Standort: ○
Feuchtebedürfnis: ○
❀ ❀ ❀

Es ist vor allem dem englischen Züchter Joseph Pemberton zu verdanken, dass in unseren Gärten die anmutigen, meist stark duftenden Rosen der so genannten Moschata-Hybriden anzutreffen sind, die im Übrigen nur geringe Anteile von der eigentlichen Moschus-Rose haben. Diese Gruppe Moderner Strauchrosen hat eine kurze, wenig wechselvolle Geschichte, die eigentlich mit den Züchtungserfolgen von Pemberton auch schon ihr Ende nahm. *R.* 'Penelope' stammt von der Teehybride 'Ophelia' und einem unbenannten Sämling ab und wurde 1924 eingeführt. Sie ist eine überaus verlässliche Rose, dabei robust und widerstandsfähig gegen Krankheiten. Mit ihrem dicht verzweigten, buschigen Wuchs und ihrem großen, matt glänzenden, dunkelgrünen Laub empfiehlt sie sich besonders für Hecken und Mischrabatten. Im Sommer erscheinen halbgefüllte, schalenförmige, 8 cm breite, moschusartig duftende Blüten in üppigen Büscheln, die zarte Rosatönungen variieren, bis sie am Ende weiß abblühen. Das Entfernen verwelkter Blüten dankt *R.* 'Penelope' mit einer Nachblüte bis zum Herbst, andernfalls trägt sie kleine, leuchtend rosafarbene Früchte.

Rosa 'Penelope'

Moderne Strauchrose

Rosa 'Pink Grootendorst'

Die buschig-aufrecht wachsende Strauchrose ist ein Sport von *R.* 'F. J. Grooten-dorst', das heißt eine Hybride der aus Japan und Westasien stammenden Wildrose *R.* rugosa. Sie wurde von Grootendorst in den Niederlanden ausgelesen und 1923 eingeführt. *R.* 'Pink Grootendorst' ist eine zwischen Sommer und Herbst reich und kontinuierlich blühende Sorte, deren charmante, in dichten Büscheln er-scheinenden Blüten Beachtung verdienen. Sie werden als gefüllte, 5 cm große Rosetten mit gekerbten, fast zerfranst wirkenden Blütenblättern hervorgebracht und duften schwach. Sie ist üppig belaubt mit kleinen, ledrigen, dunkelgrünen Blättern, ihre Triebe sind bestachelt. Im Vergleich zur formalen Eleganz vieler an-derer Sorten strahlt *R.* 'Pink Grootendorst' in ihrem gesamten Erscheinungsbild eine geradezu heitere Lässigkeit aus und eignet sich deshalb vor allem zur An-pflanzung in Mischrabatten oder als Heckenrose. Darüber hinaus ist sie bekannt für ihre lange Haltbarkeit als Schnittblume in Vasen. Sie ist leicht schattenverträg-lich, gedeiht auch auf armem Boden und veträgt einen kräftigen Rückschnitt.

Familie: Rosaceae
Blütezeit: Sommer bis Herbst
Wuchsbreite/-höhe: 1,10 m × 1,30 m
Standort: ○
Feuchtebedürfnis: ○
❄ ❄ ❄

Weihrauch-Rose

Rosa primula

Aufrechter, buschiger, reich bestachelter Strauch mit glänzendem, farnartigem Laub. Die mittelgrünen Blätter verströmen einen aromatischen, weihrauch-ähnli-chen Duft. Die einfachen, schalenförmigen, 4 bis 5 cm großen, blass primelgel-ben Blüten mit auffälligen Staubgefäßen stehen einzeln an bogig überhängenden Seitentrieben und erscheinen im späten Frühjahr. Die Blüten reifen zu kleinen, kugeligen, rotbraunen Früchten. Diese Wildrose eignet sich vor allem für ge-schützte, windstille Lagen, wo sich ihr Duft besonders gut entfalten kann. Sie ge-deiht auf armen Böden ebenso wie in Gärten mit Waldgelände. Die robuste, wi-derstandsfähige Rose, eine der schönsten ihrer Art, kommt ohne spezielle Pflege aus, verträgt gegebenenfalls aber auch einen kräftigen Rückschnitt im Winter. Sie stammt aus Zentralasien beziehungsweise Nord-China und wurde 1910 von Samarkand eingeführt.

Familie: Rosaceae
Blütezeit: Frühling
Wuchsbreite/-höhe: 2 m × 2 m
Standort: ○
Feuchtebedürfnis: ○
❄ ❄ ❄

Gegenüberliegende Seite:
Rosa 'Rosy Cushion'

Floribunda-Rose

Rosa 'Queen Elizabeth'

Mit ihrer Einführung im Jahr 1954 trat die von Dr. W. E. Lammerts in den USA gezüchtete Rose einen weltweiten Siegeszug an; es lässt sich bis heute wohl kaum
eine anspruchslosere, dabei so reich und ausdauernd blühende Moderne Garten-
rose finden. Von kräftigem, aufrechtem, hohem Wuchs ist sie mit großen, ledrigen,
glänzend dunkelgrünen Blätter belaubt. Aus langen Knospen öffnen sich anfangs
kugelige, dann schalenförmige, gut gefüllte, 10 cm große Blüten von reinem Rosa.
Sie erscheinen in großen Büscheln und duften zart. 'The Queen Elizabeth Rose',
wie sie auch genannt wird, macht sich einerseits schön in Mischrabatten, wo sie
aufgrund ihres hohen, schlanken Wuchses einen reizvollen Hintergrund abgibt,
erweist sich andererseits aber auch als hervorragende Heckenrose, gedeiht ebenso
in Pflanzgefäßen und ist auch als Schnittrose beliebt. Den Elternsorten R. 'Charlotte
Armstrong' und R. 'Floradora' verdankt sie große Widerstandsfähigkeit gegen
Krankheiten, Anspruchslosigkeit im Hinblick auf Bodenbedingungen und Schattenverträglichkeit. In der Ruheperiode sollte ein kräftiger Rückschnitt erfolgen.

Familie: Rosaceae
Blütezeit: Sommer bis Herbst
Wuchsbreite/-höhe: 1 m × 2 m
Standort: ○
Feuchtebedürfnis: ◊
❊ ❊ ❊

Bodendecker-Rose

Rosa 'Rosy Cushion'

Die 1979 eingeführte Sorte von Ilsink in den Niederlanden bildet mit ihrem ausladenden, mehr in die Breite als in die Höhe gehenden dichten Wuchs gleichsam einen Hügel von überhängenden Blütentrieben, der üppig mit schönen, glänzend
dunkelgrünen Blättern belaubt ist. Die einfachen bis halbgefüllten, 6 cm großen
Blüten öffnen sich schalenförmig und werden in großen Büscheln hervorgebracht.
Die zart rosarote Blütenfarbe nimmt zur Mitte hin eine hell elfenbeinerne bis weiße
Tönung an, von der sich goldgelbe Staubgefäße abheben. Die zwischen Sommer
und Herbst verlässlich öfterblühende, leicht duftende Kreuzung zwischen R.
'Yesterday' und einem unbenannten Sämling eignet sich am besten zur Pflanzung
in Rabatten oder als Heckenrose. R. 'Interall', wie sie auch genannt wird, ist eine
robuste, gegen Krankheiten und Schädlinge widerstandsfähige Pflanze, die mit vergleichsweise wenig Pflege auskommt..

Familie: Rosaceae
Blütezeit: Sommer bis Herbst
Wuchsbreite/-höhe: 1,20 m × 1,00 m
Standort: ○
Feuchtebedürfnis: ◊
❊ ❊ ❊

Rosa rubiginosa

Wein-Rose, Zaunrose

Rosa rubiginosa

ℹ

Familie: Rosaceae
Blütezeit: Sommer
Wuchsbreite / -höhe: 2,40 m × 2,40 m
Standort: ○
Feuchtebedürfnis: ◌
❋ ❋ ❋

Aufrechter, wüchsiger, vielverzweigter Strauch mit bogig überhängenden, stark bestachelten Trieben und dunkelgrünem Laub. Die fein gezähnten Blätter sind unterseits mit Apfel- und Weinduft verströmenden Drüsen besetzt. Die einfachen, schalenförmigen, 2,5 cm großen, dunkel rosaroten Blüten mit blasser Mitte und goldgelben Staubgefäßen stehen einzeln oder in kleinen Büscheln und erscheinen überreich im Sommer. Sie bringen ab Herbst bis in den Winter hinein eine Fülle von eiförmigen, leuchtend roten Früchten hervor. Diese heimische, bei uns auch Schottische Zaunrose genannte Wildrosenart ist robust und widerstandsfähig gegen Krankheiten und eignet sich ideal für eine naturnahe Gartengestaltung, dabei macht sie sich besonders schön als Heckenrose. Sie toleriert arme Böden sowie Gärten mit Waldgelände und verträgt Halbschatten. Um das Wachstum neuer Triebe anzuregen und damit ihren unvergleichlichen Duft zu fördern, kann sie jeden Winter kräftig in Form geschnitten werden. Die Herkunft der auch *R.* eglanteria genannten Wildrose reicht von Europa bis Kleinasien.

Floribunda-Rose

Rosa 'Schneewittchen'

Beschäftigt man sich mit den vielfältigen Züchtungen der Floribunda-Rose, streng genommen sind sie Kreuzungen zwischen einer Polyantha-Rose und einer Teehybride, stößt man auf diese berühmte Sorte von Kordes in Deutschland, die 1958 eingeführt wurde. Sie ist von aufrechtem, buschig verzweigtem Wuchs mit überhängenden Blütentrieben und trägt üppiges, schlankes, glänzend hellgrünes Laub. Aus wohlgeformten Knospen öffnen sich blendend schneeweiße, gut gefüllte, anfangs kugelige, dann schalenförmige, 7 cm große Blüten. Sie werden ausdauernd von Sommer bis spät in den Herbst hinein in zahlreichen, großen Büscheln hervorgebracht und verbreiten einen lieblich-vollen, flüchtigen Duft. Die Kreuzung *R.* 'Robin Hood' × *R.* 'Virgo' erinnert nicht ohne Grund an die Anmut von Moschata-Hybriden. *R.* 'Schneewittchen' ist eine exzellente Schnittblume und eignet sich zur Anpflanzung in Beete oder als Heckenrose. Bei leichtem Rückschnitt bildet sie einen schönen Strauch von gut 1,2 m Höhe. *R.* 'Iceberg' oder *R.* 'Fée des Neiges', so ihre weiteren Namen, ist robust und widerstandsfähig gegen Krankheiten.

Familie: Rosaceae
Blütezeit: Sommer bis Herbst
Wuchsbreite/-höhe: 65 cm × 80 cm
Standort: ○
Feuchtebedürfnis: ◌
❋ ❋ ❋

Rambler-Rose

Rosa 'Seagull'

Einer der schönsten und verlässlichsten Rambler unter den Multiflora-Hybriden ist sicherlich diese Züchtung von Pritchard, die 1907 eingeführt wurde. Umstritten bleibt, ob *R.* 'Général Jacqueminot' zur Kreuzung verwendet wurde. Ihr Wuchs ist kräftig, breit und überhängend, was sie zur ausgezeichneten Kletterrose in kleinere Bäume oder für Pergolen macht. Die üppige Belaubung mit länglich zugespitzten, graugrünen Blättern wird im Sommer mit einer Fülle von kleinen weißen, in großen kompakten Büscheln stehenden Blüten dekoriert, die gelbe Staubgefäße zeigen. Die sich flach oder schalenförmig öffnenden, etwa 3 cm großen Blüten sind einfach oder halbgefüllt und haben einen ausgeprägten, lieblichen Duft. Wie allgemein bei Rambler-Rosen ist ein Rückschnitt selten erforderlich; Multiflora-Hybriden treiben jedoch stark aus der Basis aus und bilden mit der Zeit, wird altes Holz nicht entfernt, ein dichtes Geflecht, was die Pflanze für Pilzerkrankungen anfällig macht.

Familie: Rosaceae
Blütezeit: Sommer
Wuchsbreite/-höhe: 4 m × 6 m
Standort: ○
Feuchtebedürfnis: ◌
❋ ❋ ❋

Zwergrose

Rosa 'Sheri Anne'

Familie: Rosaceae
Blütezeit: Sommer bis Herbst
Wuchsbreite/-höhe: 25 cm × 30 cm
Standort: ○
Feuchtebedürfnis: ◌
✽ ✽ ✽

Die Vorfahren unserer heutigen Zwergrosen sind mit ziemlicher Sicherheit Minia-turformen einer China-Rose gewesen. Eine der frühesten Sorten gelangte Anfang des 19. Jahrhunderts nach England und später nach Frankreich. In der jüngeren Geschichte hat sich vor allem der Amerikaner Ralph Moore um die Züchtung die-ser Rosen verdient gemacht. Von ihm stammt auch *R.* 'Sheri Anne', eine Kreuzung zwischen *R.* 'Little Darling' und *R.* 'New Penny', die 1973 eingeführt wurde. Sie bildet einen aufrechten, kompakten Strauch mit ledrigem, glänzend mittelgrünem Laub. Aus kleinen, spitzen Knospen öffnen sich gefüllte, becher-, später rosetten-förmige, 2,5 cm große Blüten von hellem Orangerot, in der Mitte mit goldgelben Staubgefäßen verziert, die in lockeren Büscheln stehen. *R.* 'Morsheri', so ihr wei-terer Name, ist eine gesunde, verlässlich dauerblühende Sorte, die freie, sonnige Lagen bevorzugt und fruchtbare Bodenbedingungen braucht. Sie ist eine dankba-re kleine Schnittrose und kann bei entsprechender Düngung auch in Pflanzge-fäßen und Fensterkästen prächtig gedeihen.

Rosa 'Sommerwind'

Zwergrose

Rosa 'Snow Carpet'

Der Name dieser kleinen Rose ist sozusagen Programm: Ihre niederliegenden, kriechenden Triebe bilden eine Art Teppich oder Polster mit dichter, glänzender, leuchtend grüner Belaubung, das in der Regel einmal im Sommer mit einer Fülle reinweißer, sternförmig erscheinender Blüten übersät wird. Die gut gefüllten, 3 cm großen Blüten öffnen sich pomponförmig und werden in Büscheln hervorgebracht. Ihr Duft ist schwach. Die Kreuzung R. 'New Penny' × R. 'Temple Bells' von McGredy in Neuseeland, die 1980 in den Handel kam, macht sich besonders hübsch als Bodendecker an sonnigen Böschungen oder im Steingarten, und eignet sich gleichermaßen als Vordergrund in Rabatten. Wie fast alle Zwergrosen braucht sie einen sonnigen Standort, an dem sie auch vor starkwüchsigen, schattenspendenen Nachbarpflanzen geschützt sein sollte. R. 'Snow Carpet', die bisweilen unter dem Namen R. 'Maccarpe' aufgeführt wird, kann unter günstigen Klimabedingungen im Herbst noch einmal nachblühen.

Familie: Rosaceae
Blütezeit: Sommer
Wuchsbreite/-höhe: 50 cm × 15 cm
Standort: ○
Feuchtebedürfnis: ◌
❋ ❋ ❋

Bodendecker-Rose

Rosa 'Sommerwind'

Ihren buschigen, verzweigten, fast kuppelförmigen Wuchs hat R. 'Sommerwind' ihrer bekannten Elternsorte R. 'The Fairy' zu verdanken, die Kordes mit einem unbenannten Sämling kreuzte; die Sorte wurde 1985 eingeführt. Sie hat dichtes, leicht glänzendes, dunkelgrünes Laub. Über die gesamte Länge der Triebe öffnen sich in lockeren Büscheln gefüllte, schalenförmige, 6 cm große Blüten mit gekerbten Blütenblättern in reinem Rosa. Die robuste, lieblich duftende Rose schmückt sich ab dem Sommer bis zum ersten Frost mit einem reichen Blütenflor. Sonnige Böschungen sind ihr ebenso willkommen wie die Anpflanzung in Rabatten, sie kann aber auch als niedrige Hecke oder kleine Stammrose gezogen werden. Niedrig wachsende, also nicht kriechende Bodendecker-Rosen wie R. 'Sommerwind' sind beim Rückschnitt ähnlich zu behandeln wie Strauchrosen. In den ersten Jahren reicht es, altes Holz zu entfernen, später kann ein behutsamer Erneuerungsschnitt erfolgen. Auch als R. 'Korlanum', R. 'Surrey' und R. 'Vent d'Eté' bekannt.

Familie: Rosaceae
Blütezeit: Sommer bis Herbst
Wuchsbreite/-höhe: 0,80 m × 1,20 m
Standort: ○
Feuchtebedürfnis: ◌
❋ ❋ ❋

Bodendecker-Rose

Rosa 'Sonnenschirm'

Familie: Rosaceae
Blütezeit: Sommer bis Herbst
Wuchsbreite/-höhe: 1,30 m × 0,75 m
Standort: ○
Feuchtebedürfnis: ○
✸ ✸ ✸

Die zahlreichen Sorten dieser Gruppe werden zwar in dem etwas irreführenden Namen Bodendecker vereint, lassen sich aber bei weitem nicht auf diese Eigenschaft reduzieren. Allein schon ihre variantenreiche Wuchsform und -stärke, von niederliegend schwach wachsend bis hoch, aufrecht und überhängend wachsend, erlauben eine vielfältige, abwechslungsreiche Verwendung im Garten. Bodendecker-Rosen kommen im Allgemeinen immer dann zum Einsatz, wenn ein Wuchs in die Breite und nicht in die Höhe erwünscht ist. *R.* 'Sonnenschirm', eine Züchtung von Tantau in Deutschland und 1993 eingeführt, ist von kräftigem, dichtem und ausladendem Wuchs mit üppigem, gesundem, mittelgrünem Laub. Ihre gefüllten, schalenförmigen, 9 cm großen Blüten erscheinen in blassem Cremegelb mit goldgelben Staubgefäßen und zeigen sich unermüdlich reichblühend von Sommer bis Herbst. Ihr Duft ist nicht stark, aber lieblich und frisch. Sie kommt besonders schön an sonnigen Böschungen zur Geltung und eignet sich ebenso für Rabatten oder große Pflanzgefäße. Auch als *R.* 'Broadlands' bekannt.

Bourbon-Rose

Rosa × *borboniana 'Mme Isaac Pereire'*

Familie: Rosaceae
Blütezeit: Sommer bis Herbst
Wuchsbreite/-höhe: 2,00 m × 2,20 m
Standort: ○
Feuchtebedürfnis: ○
✸ ✸ ✸
anfällig für: Mehltau

Aufrechter, wüchsiger Strauch mit großen, dunkelgrünen Blättern. Die 12 bis 15 cm großen, gut gefüllten Blüten sind schalenförmig, geviertelt und erscheinen in dunklem Purpurrosa. Sie verströmen einen vollen, intensiven, himbeerähnlichen Duft. Charakteristisch für diese mehr oder weniger dauerblühende Alte Rose ist, dass sie während des ersten Flors im Sommer häufig missgestaltete Blüten hervorbringt, die aber umso vollkommener werden, je näher der Herbst rückt. Diese herausragende Bourbon-Rose unbekannter Abstammung wurde von Garçon in Frankreich gezüchtet und 1881 eingeführt. Sie eignet sich auch gut als Kletterrose, toleriert arme Böden und verträgt Halbschatten. Allerdings ist sie vergleichsweise anfällig für Mehltau und neigt zu Kindl-Bildung.

Bourbon-Rose

Rosa × borboniana 'Variegata di Bologna'

Aufrechter, schlanker, überhängender Strauch mit glattem Holz und üppigem, hellgrünem Laub. Die 8 bis 10 cm großen, gut gefüllten Blüten sind anfangs kugelig, dann schalenförmig und geviertelt mit auffallenden, purpur- bis karminroten Streifen und Flecken auf cremeweißem Grund. Sie verströmen einen intensiven, süßen Duft. Die Blütezeit ist in der Regel im Sommer, nicht selten kommt es aber zu einer Nachblüte im Herbst. Diese besondere Bourbon-Rose bevorzugt warme, sonnige sowie geschützte Lagen mit fruchtbarem, gut gemulchtem Boden. Sie zeigt sich dankbar für eine Stütze und sollte im Spätwinter einen leichten Schnitt erhalten. Sie ist vergleichsweise anfällig für Sternrußtau. Ihre Elternsorten sind unbekannt. Sie wurde von Bonfiglioli in Italien gezüchtet und 1909 eingeführt.

Familie: Rosaceae
Blütezeit: Sommer
Wuchsbreite/-höhe: 1,40 m × 2,00 m
Standort: ○
Feuchtebedürfnis: ○
❀ ❀ ❀

Sträucher

Ziergehölze bieten dauerhafte Freude, egal ob Blütenstrauch oder Nadelgehölz, als Bodendecker, Hecke oder am Spalier. Dem kreativen Gärtner dienen sie sogar – wie der Buchsbaum – als Grundlage von Skulpturen. Die meisten Ziergehölze sind wahre Anpassungskünstler hinsichtlich ihres Standortes. Doch am schönsten werden sie, wenn sie einen lockeren, durchlässigen Gartenboden und ideale Lichtbedingungen vorfinden. Schwere Böden sollten deshalb vor der Pflanzung unbedingt aufbereitet werden. Rhododendron, Azaleen oder andere immergrüne Laubgehölze (sogenannte Moorbeetpflanzen) brauchen ein saures Substrat. In diesem Fall sollten Sie die Erde mit Torf oder spezieller Rhododendronerde aufbereiten. Gehölze machen eine Winterruhe durch, die mit dem Laubfall im Herbst beginnt und mit dem Austrieb der Blätter im Frühjahr endet. Deshalb sind die besten Pflanzzeiten die Perioden nach dem Laubfall – sofern der Boden noch nicht gefroren ist – oder das Frühjahr vor dem Laubaustrieb. Das Pflanzloch sollte doppelt so groß und tief sein wie der Wurzelballen, der vor der Pflanzung unbedingt gut gewässert werden muss. Die Pflanze sollte nicht tiefer stehen als zuvor in der Baumschule, was man am Wurzelhals deutlich erkennt. Verpflanzen bedeutet generell Stress. Der Pflanzschnitt hilft dabei, ein Gleichgewicht zwischen dem oberirdischen Pflanzenteil und den Wurzeln herzustellen und erleichtert das Anwachsen. Er sollte aber erst im Frühjahr vor dem Blattaustrieb erfolgen, auch wenn im Herbst gepflanzt wurde. In der Regel werden die Zweige um ein Drittel gekürzt, doch ist es immer ratsam, sich schon beim Kauf fachmännischen Rat einzuholen. Einige Gehölze, dazu gehören auch Magnolien oder Rhododendron, möchten lieber in Ruhe gelassen werden.

Akazie

Acacia pulchella

Familie: Mimosaceae
Blütezeit: Frühling
Wuchsbreite/-höhe: 150 cm × 150 cm
Standort: ○
Feuchtebedürfnis: ◌
❄
Schädlinge: Spinnmilben und Schildläuse

Diese Akazien-Art stammt aus dem Südosten Australiens. Sie bildet einen buschigen Strauch mit überhängenden Zweigen und wächst im Alter zu einem kleinen Baum heran. Ihre kleinen kugelförmigen hellgelben Blüten sind in lockeren Ähren arrangiert. Charakteristisch für diesen immergrünen Strauch ist, dass er keine Blätter, sondern so genannte Phyllodien trägt – blattartig verbreiterte Blattstiele. Diese sind beidseitig blaugrün, dreieckig und besitzen an der Unterseite einen einzelnen Dorn. Da der Strauch frostempfindlich ist, wird er meist als Kübelpflanze gezogen, sodass er im Winter nach drinnen gebracht werden kann. Die Akazie benötigt humusreiche Erde und regelmäßiges Wässern. Nach der Blüte sollten die Triebe zurückgeschnitten werden. Vermehrt wird die Akazie im Frühjahr durch vorgequollene Samen. Anfällig für Spinnmilben- und Schildlausbefall.

Fächer-Ahorn

Acer palmatum

Familie: Aceraceae
Blütezeit: Frühling
Wuchsbreite/-höhe: 3-4 m × 3-4 m
Standort: ○ – ◑
Feuchtebedürfnis: ◑
❄ ❄ ❄

Ursprünglich ist der Fächer-Ahorn in Japan und Korea heimisch. Es gibt Hunderte von Züchtungen mit jeweils unterschiedlichen Wuchs- und Blattformen sowie Laubfärbungen. Die Art selbst bildet einen großen Strauch oder kleinen Baum mit niedriger, kompakter Krone aus dünnen purpurroten Zweigen. Die kleinen, ebenfalls purpurroten Blüten in Doldenrispen sind eher unscheinbar. Die Früchte bestehen aus stumpfwinklig gespreizten Flügeln und sind zu hängenden oder aufrechten Büscheln angeordnet. Das Hauptaugenmerk gilt uneingeschränkt dem schönen Laub: Die Blätter sind fünf- bis siebenlappig, wobei jeder Lappen am Ende spitz ausläuft. Während sie im Frühjahr meist hellgrün sind, färben sie sich im Herbst vor dem Laubfall je nach Sorte leuchtend orangefarben, feuerrot oder gelb. Der Fächer-Ahorn gedeiht am besten in tiefgründigem, humosem Boden. Besonders wichtig ist ein Platz, an dem er vor kalten Winden geschützt ist. Ein Schnitt ist nicht erforderlich. Im Frühjahr kann er durch krautige Stecklinge vermehrt werden.

Hängende Felsenbirne, kahle Felsenbirne

Amelanchier laevis

Die Heimat der Hängenden Felsenbirne sind die feuchten Wälder und Flussauen im Osten Nordamerikas. Der sommergrüne Strauch besitzt eine ausladende, offene Wuchsform und wird mit zunehmendem Alter baumartig. Seine sternförmigen weißen Blüten hängen in Trauben herab und verströmen einen honigartigen Duft, der zahlreiche Insekten anlockt. Zusammen mit den bronzebraunen jungen Blättern ergeben sie im Frühling einen hübschen Anblick. Die im August folgenden roten bis purpurschwarzen beerenartigen Früchte sind saftig und schmecken süß. Im Herbst färbt sich das ansonsten dunkelgrüne eiförmige Laub kräftig orange und rot. Die Hängende Felsenbirne gedeiht am besten auf neutralem bis saurem Humusboden und benötigt keinen Schnitt; bei veredelten Sträuchern sollten jedoch bodennahe Wildtriebe entfernt werden. Die Vermehrung erfolgt durch Aussaat oder Absenker im Herbst.

Familie: Rosaceae
Blütezeit: Frühling
Wuchsbreite / -höhe: 3-6 m × 8 m
Standort: ○
Feuchtebedürfnis: ◐

❋ ❋ ❋

❀

301

Gartenbambus

Arundinaria

Arundinaria 'Immergrün'

Familie: Poaceae
Wuchsbreite/-höhe: 2-5 m × 4-5 m
Standort: ◐
Feuchtebedürfnis: ◌
❀ ❀ ❀

Botaniker hatten den aus dem Himalaja und aus China stammenden immergrünen Gartenbambus früher der Gattung *Sinarundinaria* zugeordnet, sodass er auch heute noch unter dieser Bezeichnung im Handel geführt wird. Besonders zwei Arten sind für westliche Gärten aufgrund ihrer Winterhärte geeignet: *A. murieliae* (syn. *S. murieliae*), wegen ihres überhängenden Wuchses auch Schirmbambus genannt, und die aufrecht wachsende *A. nitida* (syn. *S. nitida*). Während *A. murieliae* etwa 10 cm langes, 1,2 cm breites hellgrünes Laub an orangegelben Halmen trägt, sind die Blätter von *A. nitida* feiner und dunkelgrün, die dunkelgrünen Halme haben rotbraune Spitzen; die Blätter des Schirmbambus färben sich im Herbst gelb. Diese Bambus-Arten sind zwar nicht sehr anspruchsvoll, vertragen aber weder staunassen Boden noch windige Plätze. Da sie einen hohen Nährstoff- und Wasserbedarf haben, sollten sie bei Trockenheit (an frostfreien Tagen auch im Winter) regelmäßig gewässert und von Mai bis August gedüngt werden; eingerollte Blätter weisen auf zu große Trockenheit hin. Vermehrt wird im Frühjahr durch Teilung der Horste.

Bodendeckender Bambus

Arundinaria

Familie: Poaceae
Wuchsbreite/-höhe: 20-60 cm × 20-60 cm
Standort: ◐
Feuchtebedürfnis: ◌
❀ ❀ ❀

Diese in Japan und China heimische Gattung umfasst Bambusse ganz unterschiedlicher Wuchsform – manche Pflanzen erreichen bis zu 4 m Höhe. *A. variegatus* (syn. *A. fortunei* 'Variegatus'), *A. pumilus* und *A. viridistriatus* sind jedoch niedrige immergrüne Sträucher, die sich gut als Bodendecker eignen. *A. variegatus* trägt an grünen Halmen auffällig weiß oder gelb gestreiftes grünes Laub. Der etwas höhere *A. pumilus* besitzt ebenfalls grüne Halme, aber einfarbig grüne Blätter. Das Laub von *A. viridistriatus* ist dagegen im Austrieb meist gelb und färbt sich den Sommer über grün. Diese Bambus-Arten bilden in nährstoffreichem Boden schnell Ausläufer. Staunässe vertragen sie jedoch genauso wenig wie Gartenbambusse. Und wie sie benötigen sie bei Trockenheit regelmäßiges Wässern und in den Sommermonaten Düngergaben. Ein bodennaher Schnitt im Frühjahr fördert den Neuaustrieb, dessen Färbung besonders leuchtend ist.

Japanische Aukube
Aucuba japonica

Die Japanische Aukube ist im südlichen Japan, in China und Taiwan heimisch. Mit ihren dicken, gabelig verzweigten Trieben bildet sie einen kompakten, runden Strauch. Die Pflanze ist zweihäusig, das heißt, männliche und weibliche Blüten sitzen jeweils an verschiedenen Exemplaren. Die kleinen purpurbraunen männlichen Blüten stehen in etwa 10 cm hohen, aufrechten Rispen. Auch die weiblichen Blüten sind rötlichbraun und nicht sehr auffallend – ihnen folgen jedoch 1 bis 2 cm große elliptische Steinfrüchte, die mit ihrem kräftigen Rot einen schönen Kontrast zu den glänzend dunkelgrünen Blätter ergeben. Diese sind eiförmig länglich, von lederner Textur und immergrün. Besonders hübsch ist das goldfarben panschierte Laub der Sorte 'Crotonifolia'. Da der Strauch nur bedingt winterhart ist, braucht er in der kalten Jahreszeit unbedingt einen Bodenschutz; junge Pflanzen müssen auch vor der intensiven Wintersonne geschützt werden. Im Frühjahr sollten alte Triebe zurückgeschnitten werden, damit der Strauch seine Form behält. Die Pflanze wird durch Stecklinge im Sommer vermehrt.

Familie: Cornaceae
Blütezeit: Frühling
Wuchsbreite/-höhe: 250 cm × 250 cm
Standort: ◑
Feuchtebedürfnis: ◊
❄ ❄

303

Großblättrige Berberitze

Berberis julianae

Familie: Berberidaceae
Blütezeit: Frühling
Wuchsbreite/-höhe: 300 cm × 300 cm
Standort: ◯ – ◑
Feuchtebedürfnis: ◇
❋ ❋ ❋
❋

Die Heimat dieser beliebten Berberitzen-Art ist China. Sie bildet einen herrlich dichten immergrünen Strauch und eignet sich daher gut als Heckenpflanze. Hinzu kommt, dass ihre kräftigen Triebe mit vielen Dornen versehen sind, sodass sie als Einfriedungspflanze auch unerwünschte Tiere und Menschen verlässlich abhält. Die ledrigen schmalen Blätter besitzen einen stachelig gezähnten Rand und zeigen ein schönes Dunkelgrün, das auf der Oberseite auch glänzt. Die kleinen gelben Blütenbüschel erscheinen zur Frühlingsmitte und verströmen einen leichten Duft. Im Herbst folgen ihnen längliche grau bereifte blauschwarze Früchte. Der Strauch bevorzugt humosen, nährstofffreichen Boden und verträgt auch schattige Standorte. Nach der Blüte sollte er zurückgeschnitten werden. Er lässt sich durch Stecklinge, die im Sommer genommen werden, vermehren.

Wintergrüne Berberitze

Berberis linearifolia

Familie: Berberidaceae
Blütezeit: Frühling
Wuchsbreite/-höhe: 100 cm × 150 cm
Standort: ◯ – ◑
Feuchtebedürfnis: ◇
❋ ❋

Diese immergrüne Berberitze stammt aus Chile und Argentinien. Sie besitzt steife, aufrechte Triebe und wächst zu einem mittelgroßen Strauch heran. Zwischen den schmalen glänzend dunkelgrünen Blättern öffnen sich im Frühling orangegelbe Blüten, die in Doldentrauben angeordnet sind. Am beliebtesten ist die starkwüchsige Selektion 'Orange King', die noch dunklere und schmalere Blätter besitzt als die Art und deren große Blüten ein leuchtendes Orangerot zeigen – sie blüht so üppig, dass die zahlreichen Blüten das Laub fast vollständig verdecken. Im Herbst zieren längliche, blau bereifte schwarze Früchte den Strauch. Wie Julianes Berberitze bevorzugt diese Art humus- und nährstofffreichen Boden. Sie benötigt jedoch einen geschützten Platz im Garten. Die Vermehrung erfolgt im Sommer durch Steckling.

Heckenberberitze

Berberis thunbergii

Diese aus Japan stammende Art ist vermutlich die beliebteste und weitverbreitetste unter den sommergrünen Berberitzen; im Handel sind zahlreiche Gartenformen erhältlich, die sich hauptsächlich in Farbe und Form der Blätter unterscheiden. Die Heckenberberitze bildet mit ihren dicht verzweigten Trieben einen kompakten Strauch, der im Mai gelbe Blütendolden hervorbringt. Herausragendes Merkmal ist jedoch die leuchtend orangefarbene bis scharlachrote Herbstfärbung der ansonsten meist hellgrünen ei- bis spatelförmigen Blätter. Zusätzlicher Pluspunkt im Herbst: kräftig rot glänzende elliptische Früchte, die lange am Strauch verbleiben. Im Gegensatz zu den immergrünen Berberitzen braucht diese Art für eine schöne Blüte und Herbstfärbung einen sonnigen Platz. Da der Strauch aber robust und anspruchslos ist, gedeiht er auch im Halbschatten. Die Pflanze kann im Sommer durch krautige oder halbausgereifte Stecklinge vermehrt werden und ist gut schnittverträglich.

Familie: Berberidaceae
Blütezeit: Frühling
Wuchsbreite/-höhe: 3 m × 2-3m
Standort: ◐ – ◑
Feuchtebedürfnis: ◊
❄ ❄ ❄

Berberis thunbergii

305

Gewöhnlicher Sommerflieder

Buddleja davidii

ℹ

Familie: Buddlejaceae
Blütezeit: Sommer
Wuchsbreite/-höhe: 3-4 m × 3-5 m
Standort: ○
Feuchtebedürfnis: ◌

❄ ❄

❀

Der Sommerflieder ist ursprünglich in China beheimatet, wurde aber in Teilen Mittel- und Westeuropas sowie in Kalifornien eingebürgert. Der starkwüchsige Strauch entwickelt aufrechte, leicht überhängende Triebe mit gegenständigen lanzettlichen Blättern, die oberseits dunkelgrün, unterseits weiß filzig sind. Besonders hübsch ist der Strauch im Sommer, wenn er in voller Blüte steht: Dann locken die üppigen violetten Blütenrispen der Art oder die weißen, blauen, rosa- oder purpurfarbenen Blüten der Sorten mit ihrem intensiven Duft zahlreiche Schmetterlinge an – eine Eigenschaft, die die meisten Arten der Gattung *Buddleja* besitzen und ihr deshalb auch den Namen Schmetterlingsstrauch verliehen hat. Der Strauch muss jährlich im Frühjahr stark zurückgeschnitten werden, um zurückgefrorene Triebe zu entfernen und eine reiche Blüte am diesjährigen Holz zu garantieren. Um die Pflanze zu vermehren, nimmt man im Sommer krautige Stecklinge.

Schmetterlingsstrauch

Buddleja globosa

ℹ

Familie: Buddlejaceae
Blütezeit: Sommer
Wuchsbreite/-höhe: 5 m × 5 m
Standort: ○
Feuchtebedürfnis: ◌

❄

Diese sommergrüne Schmetterlingsstrauch-Art stammt aus den Anden in Argentinien, Chile und Peru und ist bekannt für ihre Anspruchslosigkeit. Zudem verfügt sie über hübsches Laub und interessante Blüten. Der große Strauch besitzt locker angeordnete, aufrechte Triebe, die leicht überhängen. An ihnen sitzen lanzettförmige dunkelgrüne Blätter mit einer braun wolligen Unterseite. Im Hochsommer erscheinen zahlreiche kugelförmige orangegelbe Blüten an vorjährigem Holz, die einen starken Kontrast zum dunklen Laub bilden. Der Strauch bevorzugt kalkhaltigen Boden und einen windgeschützten sonnigen Platz. Ein Rückschnitt ist meistens nicht erforderlich, totes Holz und unschön gewachsene Äste sollten jedoch im Spätwinter entfernt werden. Diese Art lässt sich durch halbreife Stecklinge, die man im Sommer nimmt, vermehren.

Gewöhnlicher Buchsbaum

Buxus sempervirens

Familie: *Buxaceae*
Blütezeit: *Frühling*
Wuchsbreite/-höhe: *0,5-3 m × 0,5-3 m*
Standort: ◯ – ◑
Feuchtebedürfnis: ◌
❋ ❋ ❋
✖

Diese immergrüne Pflanze ist in Südwest- und Mitteleuropa, Nordafrika sowie Westasien heimisch. Aufgrund ihrer Robustheit und der vielfältigen Wuchsformen ihrer Sorten ist sie in unseren Gärten weit verbreitet. Je nach Sorte bildet sie einen dichten Strauch oder kleinen Baum, der manchmal sogar bis zu 7 m Höhe erreichen kann. Häufiger werden jedoch niedrige Sorten für Einfassungen verwendet, wie etwa die knapp 1 m hohe 'Suffruticosa'. So variationsreich wie die Wuchsform ist auch die Farbe der Blätter. Während die der Art dunkelgrün ist, zeigt zum Beispiel 'Golden Tip' goldfarbene Spitzen, 'Elegantissima' cremeweiße Ränder und 'Aureovariegata' cremeweiße Flecken. In den Achseln der eiförmigen ledrigen Blättern, die gegenständig angeordnet sind, erscheinen im Frühjahr unauffällige grünlichgelbe Blüten. Im Herbst öffnen sich dann braune Fruchtkapseln. Der Gewöhnliche Buchsbaum wächst nur langsam und eignet sich hervorragend für den Formschnitt. Zudem bildet er schöne Hecken und einen idealen Hintergrund für Rosen. Er liebt kalkhaltigen, humosen Boden und kann durch Stecklinge vermehrt werden. Besonders beim Schneiden sollte man beachten, dass die Pflanze giftig ist.

Buxus im Garten ›Ton ter Linden‹

Liebesperlenstrauch

Callicarpa bodinieri

Der aus China stammende rundliche laubabwerfende Strauch besitzt eiförmige, zugespitzte Blätter in einem gedämpften Grün. Die jungen Blätter der Varietät *giraldii* sind dunkelbraun getönt. Im Hochsommer erscheinen violette Blüten, die zwischen den gegenständigen Blättern jedoch kaum auffallen. Ihnen folgen aber zahlreiche beerenartige violette Steinfrüchte, die in Büscheln angeordnet sind und den Strauch im Herbst in einen Blickfang verwandeln. Selbst nach dem Laubfall zieren die Früchte noch lange den Strauch, denn für Vögel sind sie uninteressant. Die Pflanzen benötigen einen geschützten Platz, junge Exemplare brauchen auch Frostschutz in Bodennähe. Außer gelegentlichem Auslichten und Entfernen von frostgeschädigten Trieben ist kein Schnitt erforderlich. Es sollten stets mehrere Sträucher gepflanzt werden, damit durch die Fremdbestäubung ein besserer Fruchtansatz erzielt wird. Die Vermehrung erfolgt im Sommer durch Stecklinge.

Familie: Verbenaceae
Blütezeit: Sommer
Wuchsbreite/-höhe: 2 m × 2 m
Standort: ○
Feuchtebedürfnis: ◊
✻ ✻ ✻

Heidekraut, Besenheide

Calluna

Das Heidekraut kommt in ganz Europa, im nördlichen Kleinasien sowie in Nordmarokko vor. Die Gattung *Calluna* umfasst mit *C. vulgaris* nur eine Art, von der es jedoch zahlreiche Sorten gibt. Es handelt sich um robuste niedrige immergrüne Sträucher von kräftigem, meist dichtem Wuchs, die je nach Sorte unterschiedliche Größen und eine breite Palette an Blatt- und Blütenfarben aufweisen. Bei den schuppenförmig angeordneten linealischen Blättern reicht die Skala von Dunkel- über Hellgrün und Grau bis zu Braun- und Goldgelb. Manche Sorten zeigen im Herbst eine prächtige orangefarbene oder rote Laubfärbung. Die krug- bis glockenförmigen Blüten entwickeln sich an einem sonnigen Platz am schönsten und zeigen von Weiß über Hellrosa bis dunkles Purpurrot fast jede Nuance. Heidekraut kommt in der Natur großflächig vor und prägt ganze Landschaften. *Calluna* benötigt humosen, sauren Boden und sollte im Frühjahr zurückgeschnitten werden. Die Art kann im Sommer durch Teilung oder Absenker, im Frühjahr durch Aussaat vermehrt werden; Sorten werden nur vegetativ vermehrt.

Familie: Ericaceae
Blütezeit: Sommer bis Herbst
Wuchsbreite/-höhe: 10-60 cm × 10-60 cm
Standort: ○
Feuchtebedürfnis: ◊
✻ ✻ ✻

Kamelie

Camellia

Die Kamelie stammt ursprünglich aus China und Japan. Der immergrüne Strauch mit den spitzen glänzend dunkelgrünen Blättern besticht durch seine herrlichen Blüten. Trotz ihres Rufs, in der Pflege anspruchsvoll zu sein, ist die Kamelie eine begehrte Gartenpflanze – über 10 000 Sorten zeugen davon. Besonders zu Frühjahrsbeginn, wenn sich die Knospen zu eleganten Blüten öffnen, ist der kräftige aufrecht wachsende Strauch ein Blickfang. Die Blüten erscheinen je nach Art und Sorte in einer nuancierten Skala von Weiß bis Karminrot; eine Ausnahme bildet die Art *C. chrysantha* mit ihren gelben Blüten. Die Blütenform ist sehr vielseitig: Man unterscheidet zwischen einfachen, halbgefüllten, gefüllten, anemonen-, päonien- und rosenartig geformten Blüten, die eine Größe von 5 bis 16 cm Durchmesser erreichen. Kamelien sind leider nicht ganz winterhart und benötigen einen geschützten Standort; besonders winterliche Morgensonne und Regen müssen vermieden werden, denn sie verursachen Blütenschäden. Deshalb wird die Pflanze auch häufig in Gefäßen gezogen, sodass sie bei ungünstigem Wetter und im Winter in einen kühlen Raum gebracht werden kann. Und da Kamelien nur in kalkfreier Erde gedeihen, bietet sich bei ungeeigetem Gartenboden zudem eine Kübelkultur an. Ein Schnitt ist, außer bei Jungpflanzen, die zu sparrig wachsen, nicht erforderlich. Kamelien können von Spätsommer bis Herbst durch halbausgereifte Stecklinge vermehrt werden.

Familie: Theaceae
Blütezeit: Winter bis Frühling
Wuchsbreite/-höhe: 2,5-5 m × 2,5-10 m
Standort: ○ – ◑
Feuchtebedürfnis: ○
❄❄ – ❄❄❄ *(bis – 5°C)*

Japanische Kamelie

Camellia japonica

Familie: Theaceae
Blütezeit: Frühling
Wuchsbreite/-höhe: 3-5 m × 4-10 m
Standort: ◐
Feuchtebedürfnis: ⬡
❁ ❁

Die reine Art wird nur noch selten gezogen – die vielen Sorten der Japanischen Kamelie dafür umso häufiger. Sie bildet je nach Sorte einen großen Strauch oder kleinen Baum mit ei- bis lanzettförmigen glänzend dunkelgrünen Blättern. Die Blütenfarbe reicht von Weiß über Hellrosa zu Dunkelrot. Auch mehrfarbige Blüten sind erhältlich, wie z. B. die regelmäßig gefüllte weiße oder blaßrosa 'Lavinia Maggi' ('Contessa Lavinia Maggi') mit kirschroten Streifen. Die Japanische Kamelie ist bis etwa -15 °Celsius winterhart und somit etwas robuster als viele anderen Arten, trotzdem braucht auch sie die für Kamelien geeigneten Wachstumsbedingungen.

Kamelie

Camellia reticulata

Familie: Theaceae
Blütezeit: Frühling
Wuchsbreite/-höhe: 3-5 m × 5-10 m
Standort: ◐
Feuchtebedürfnis: ⬡
❁ ❁

Auch diese Art zählt mit ihren zahlreichen Sorten zu den beliebtesten der Gattung. Sie bildet einen imposanten großen Strauch oder Baum, dessen Wuchs kräftiger ist als bei anderen Kamelien. Seine glänzend dunkelgrünen Blätter sind meist eiförmig. Wenn sich im Frühling die Blüten öffnen, bietet er einen atemberaubenden Blickfang. Eine besonders schön blühende Sorte ist 'Captain Rawes': Von März bis April erscheinen zahlreiche große, halbgefüllte karminrote Blüten. Im Gegensatz zu vielen anderen Kamelien kann *C. reticulata* in geschützten Lagen ganzjährig im Freien gezogen werden; in sehr kalten oder exponierten Regionen muss sie jedoch ebenfalls im Gewächshaus überwintern. Ansonsten benötigt sie die gleichen Wachstumsbedingungen wie andere Kamelien-Arten und kann wie diese vermehrt werden.

Williamsii-Hybriden

Camellia × williamsii

Diese beliebten Hybriden gingen aus *C. japonica* und *C. saluenensis* hervor und sind kleine bis mittelgroße aufrechte Sträucher von meist ausladendem Wuchs. Die Blätter ähneln dem Laub der Japanischen Kamelie, die Blüten erinnern an die von *C. saluenensis*. Die Hybriden zeichnen sich durch große Blühwilligkeit aus und zeigen je nach Sorte bereits im Winter ihre hübschen Blüten in unterschiedlichen Formen und in der für Kamelien üblichen Skala von Weiß bis Rot. Wie *C. japonica* und *C. reticulata* zeichnen sich diese Pflanzen durch ihre relativ große Winterhärte aus. Die Hybriden benötigen die gleichen Wachstumsbedingungen wie die beschriebenen Arten und können wie sie vermehrt werden.

Familie: Theaceae
Blütezeit: Winter bis Frühling
Wuchsbreite/-höhe: 1,5-3 m × 2,5-4 m
Standort: ◑
Feuchtebedürfnis: ◌
❄ ❄

313

Chamaecyparis lawsoniana 'White Spot'

Familie: Cupressaceae
Blütezeit: Frühling
Wuchsbreite/-höhe: 0,5-5 m × 0,5-10 m
Standort: ○ – ◑
Feuchtebedürfnis: ○
✺ ✺ ✺
✤
✖

Lawsons Scheinzypresse

Chamaecyparis lawsoniana

Diese Art der immergrünen Scheinzypresse ist im Nordwesten der USA heimisch und erreicht in freier Natur bis über 60 m Höhe. Für den Garten ist sie daher ungeeignet – um so beliebter sind jedoch ihre vielen Gartenformen, die unterschiedliche Silhouetten und Höhen aufweisen: Sie reichen von der zwergförmigen buschigen 'Gnom' mit nur 50 cm Höhe bis zur über 10 m hohen säulenförmigen 'Alumii'. Die meisten Sorten bilden einen schmal kegel- bis säulenförmigen Baum mit überhängender Spitze und schuppenartigen Blättern von Goldgelb über Grün zu Blaugrün und Silbergrau. Männliche und weibliche Blüten sitzen getrennt an der Pflanze und sind unscheinbar. Im Herbst reifen zahlreiche kleine kugelige Zapfen heran. Die Lawsons Scheinzypresse ist besonders anspruchslos und robust. Die hohen Sorten eignen sich gut als Solitärpflanzen, die mittelhohen ergeben hervorragende Hecken und bilden einen guten Wind- und Sichtschutz. Vermehrt wird durch Stecklinge. Vorsicht: Alle Teile der Scheinzypresse sind giftig!

Cornus mas

Familie: Cornaceae
Blütezeit: Frühling
Wuchsbreite/-höhe: 3,5-5 m × 3,5-6 m
Standort: ○
Feuchtebedürfnis: ○
✺ ✺ ✺

Gelber Hartriegel

Cornus mas

Diese sommergrüne Hartriegel-Art, auch Kornelkirsche genannt, ist in Mittel- und Südeuropa sowie in Kleinasien heimisch. Die kompakten dicht verzweigten Sträucher oder kleinen Bäume sehen besonders im Spätwinter oder zeitigen Frühjahr, wenn an den kahlen Zweigen viele kleine gelbe Blütendolden erscheinen, außergewöhnlich hübsch aus. Erst nach der Blüte entwickeln sich eiförmige, zugespitzte dunkelgrüne Blätter, die sich im Herbst gelb färben. Vorher erscheinen jedoch zwischen dem grünen Laub ovale kirschrote Steinfrüchte. Diese sind zwar roh ungenießbar, es lässt sich jedoch Marmelade oder Gelee aus ihnen machen, das nicht nur köstlich schmeckt, sondern zudem reich an Vitamin C ist. Die Kornelkirsche zählt zu den robusten, anspruchslosen Hartriegel-Arten und kann als Solitärpflanze, aber auch als Heckenpflanze eingesetzt werden. Sie benötigt keinen Schnitt, verträgt jedoch notwendige Korrekturen ohne Einbußen. Aus Stecklingen oder Absenkern lassen sich Jungpflanzen ziehen.

Baum-Zwergmispel

Cotoneaster frigidus

Diese sommergrüne Zwergmispel-Art stammt ursprünglich aus dem Himalaja. Sie bildet einen raschwüchsigen großen Strauch oder kleinen Baum mit großen elliptischen Blättern, die an Magnolienlaub erinnern. Anfangs sind sie hellgrün und silbrig behaart, später werden sie dunkelgrün und glatt. Im Juni erscheinen Dolden von kleinen gelblich weißen Blüten, denen im Herbst orange- bis korallenrote Früchte folgen. Sie sind zwar ungenießbar, schmücken den Strauch aber den gesamten Winter über. Die Baum-Zwergmispel ist robust und leicht zu ziehen. Leider ist sie jedoch wie alle Zwergmispeln anfällig für Feuerbrand. Falls notwendig verträgt sie einen starken Rückschnitt. Die Pflanze kann durch Stecklinge vermehrt werden.

Familie: Rosaceae
Blütezeit: Sommer
Wuchsbreite/-höhe: 6-7 m × 6-7 m
Standort: ○ – ◑
Feuchtebedürfnis: ◊
❄ ❄ ❄

Fächer-Zwergmispel

Cotoneaster horizontalis

Diese Zwergmispel-Art ist in Westchina heimisch. Sie ist je nach Standort halbimmergrün oder nur sommergrün und von niederliegendem Wuchs. Vor einer Mauer gezogen kann sie jedoch bis zu 2 m hohe Triebe entwickeln, sodass sie wie eine Kletterpflanze wirkt. Die Äste mit den fischgrätenartig angeordneten Zweigen stehen waagerecht ab. An ihnen sitzen eiförmige glänzend dunkelgrüne Blätter, die sich im Herbst orange- bis scharlachrot färben. Im Frühsommer erscheinen kleine rötlich weiße Blüten, ab August schmücken zahlreiche erbsengroße korallenrote Früchte den Strauch. Die Fächer-Zwergmispel stellt keine besonderen Ansprüche und gedeiht auch an einem leicht schattigen Platz; an einem sonnigen Standort bildet sie jedoch einen schöneren Fruchtbehang. Sie verträgt, wenn nötig, einen Rückschnitt und ist durch Stecklinge zu vermehren.

Familie: Rosaceae
Blütezeit: Sommer
Wuchsbreite/-höhe: 1,50 m × 0,50-2 m
Standort: ○ – ◑
Feuchtebedürfnis: ◊
❄ ❄ ❄

Wintergrüne Zwergmispel

Cotoneaster sternianus

Familie: Rosaceae
Blütezeit: Frühling bis Sommer
Wuchsbreite/-höhe: 3 m × 3 m
Standort: ○ – ◑
Feuchtebedürfnis: ◊
❊ ❊ ❊

Dieser elegant wirkende Strauch stammt aus dem Tibet. Er ist je nach Standort halbimmergrün bis immergrün und besitzt eine feine Verzweigung sowie eine leicht bogige Wuchsform. Seine kleinen elliptischen derben Blätter haben eine graugrüne Oberseite und eine etwas hellere, mit weißsilbrigen Haaren versehene Unterseite. Im Spätfrühling erscheinen kleine weißrosa Blüten, denen im Herbst viele große orangerote Früchte folgen. Diese Zwergmispel bildet eine schöne Solitärpflanze, eignet sich jedoch auch gut als Heckenpflanze. Sie ist einfach zu ziehen und benötigt keine besonderen Pflegemaßnahmen, staunassen Boden verträgt sie jedoch nicht. Durch halbreife Stecklinge lässt sie sich im Sommer vermehren.

Schwarzwerdender Geißklee

Cytisus nigricans 'Cyni'

Die Geißklee-Art ist in Mittel- und Südosteuropa sowie im nordöstlichen Russland heimisch. Der sommergrüne Strauch bringt viele Triebe mit sehr kleinen dunkelgrünen Blättern hervor und besitzt eine aufrecht-buschige Form. Die Art kann bis zu 2 m Höhe erreichen, die Sorte 'Cyni' bleibt jedoch meistens darunter. Der hübsche Strauch fällt vor allem im Frühsommer durch seine üppigen gelben Schmetterlingsblüten auf, die in dichten Trauben am Ende der Triebe sitzen. Mit etwas Glück kann man sich im September noch einmal an einer Nachblüte erfreuen. Wegen ihrer duftenden Sommerblüten wird diese Pflanze auch Sommer- oder Duftginster genannt. Der Strauch ist anspruchslos und gedeiht am besten auf nicht zu nährstoffreichem Boden. Im Frühjahr benötigt er einen Rückschnitt. Durch halbausgereifte Stecklinge lässt sich diese Pflanze vermehren. Wie jedes Geißblatt ist auch diese Sorte giftig.

Familie: Fabaceae
Blütezeit: Sommer
Wuchsbreite/-höhe: 0,75 m × 1-1,50 m
Standort: ○
Feuchtebedürfnis: ◊
❄ ❄ ❄

✖

❀

Cytisus nigricans 'Cyni'

Cytisus × praecox

Familie: Fabaceae
Blütezeit: Frühling
Wuchsbreite/-höhe: 1,50 m × 0,75 m
Standort: ○
Feuchtebedürfnis: ◌

❀ ❀ ❀

✖

❀

Elfenbeinginster

Cytisus × praecox

Diese Hybride bildet einen dicht verzweigten, etwas gedrungenen Strauch, der im Alter mannshoch werden kann. Sie ist weit verbreitet, da sie im Frühling einen unvergleichlichen Anblick bietet: An ihren dünnen, leicht bogigen Trieben reihen sich dann dicht an dicht wunderschöne cremegelbe Blüten; je nach Sorte können sie auch weiß, goldgelb oder sogar purpurrot ('Hollandia') sein. Ihr strenger Duft ist nicht überall beliebt, doch die Üppigkeit der Blüte entschädigt vollkommen. Dagegen wirken die sommergrünen kleinen Blätter völlig unscheinbar. Der Strauch ist durch seine außergewöhnliche Blütenpracht zwar eine schöne Solitärpflanze, sieht das übrige Jahr aber wenig ansprechend aus und sollte deshalb mit anderen Sträuchern oder Stauden kombiniert werden. Nach der Blüte schneidet man die Triebe stark zurück, damit der Neuaustrieb gefördert wird. Die Pflanzen lassen sich im Spätsommer durch Stecklinge vermehren. Bei der Pflege ist Vorsicht angebracht: Alle Pflanzenteile sind giftig.

Familie: Ericaceae
Blütezeit: Sommer bis Herbst
Wuchsbreite/-höhe: 20-60 cm × 20-50 cm
Standort: ○
Feuchtebedürfnis: ◌

❀ ❀

Irische Heide

Daboecia

Diese Gattung findet man in freier Natur in den Küstenregionen Westeuropas sowie auf den Azoren. Sie umfasst nur zwei Arten von immergrünen Sträuchern mit länglichen dunkelgrünen Blättern und kräftigem, niedrigem Wuchs: *D. azorica* und *D. cantabrica*. Zudem gibt es aber einige Sorten, die sich sowohl in der Größe und der Wuchsform als auch in der Blütenfarbe unterschieden. Die Skala der nickenden krugförmigen Blüten reicht von Weiß über Rosa zu Purpurrot. Die Irische Heide ist mit den Gattungen *Erica* und *Calluna* verwandt und sollte wie diese flächig gepflanzt werden. Sie ist ebenfalls ein Kalkflieher und benötigt daher sauren Boden. Auch wenn sie Halbschatten und sogar Schatten verträgt, entwickelt sie an einem sonnigen Standort die schönste Blüte. Im Frühjahr sollten die Sträucher regelmäßig zurückgeschnitten werden. Die Pflanzen neigen zum Wuchern und können gut durch Teilung vermehrt werden; auch Absenker sind möglich. Arten kann man im Frühjahr auch durch Aussaat vermehren.

Maiblumenstrauch

Deutzia gracilis

Wie die deutschen Bezeichnungen andeuten, handelt es sich bei diesem elegant wirkenden sommergrünen Strauch um eine kleinwüchsige Art der umfangreichen Gattung *Deutzia*, die im Mai hübsche Blüten trägt. Die Deutzie stammt ursprünglich aus Japan, gehört aber inzwischen zum unverzichtbaren Repertoire westlicher Gärten. An den aufrecht wachsenden Trieben sitzen eiförmig bis elliptische hellgrüne Blätter mit gesägtem Rand. Im Spätfrühling erscheinen in aufrechten Trauben oder Rispen charakteristische weiße Blüten mit 5 Kronblättern. Der Maiblumenstrauch gedeiht auf jedem Gartenboden, vorausgesetzt, er ist durchlässig und nährstoffreich. Während der Blüte benötigt er ausreichend Bodenfeuchtigkeit. Abgeblühte Triebe müssen an der Basis herausgeschnitten werden. Durch Stecklinge kann der Strauch im Sommer vermehrt werden.

Familie: *Hydrangeaceae*
Blütezeit: *Frühling bis Sommer*
Wuchsbreite/-höhe: *1-2 m × 0,80-1 m*
Standort: ○
Feuchtebedürfnis: ◌
❋ ❋ ❋

Deutzia gracilis

319

Heide

Erica

Die Gattung umfasst über 550 immergrüne Arten, von denen die meisten aus Südafrika, einige auch aus Süd- und Westeuropa stammen. In ihrer Heimat kommen sie in großen Flächen vor, sodass sie Landschaften ein charakteristisches Aussehen verleihen. Kennzeichen der Zwergsträucher sind ihre kleinen nadelförmigen Blätter, die in Wirteln stehen, sowie die ebenfalls kleinen glocken-, krug- oder röhrenförmigen Blüten. Neben den niedrigen Sträuchern wartet die Gattung jedoch auch mit Arten auf, die kleine Bäume bilden, wie etwa die Baum-Heide (*E. arborea*), die eine Höhe von über 5 m erreichen kann. Meistens wird die Heide jedoch als Bodendecker eingesetzt, der je nach Art und Sorte das ganze Jahr über mit unterschiedlichen Blatt- und Blütenfarben für einen interessanten Anblick sorgt. Bei den Blättern reicht die Palette von Gold- und Kupferfarben über Grau zu Dunkelgrün, bei den Blüten von Weiß über Gelb zu Rosa bis Violettrot. Wie *Calluna* und *Daboecia* benötigt auch *Erica* sauren Boden; es gibt jedoch einige Arten, die kalkhaltige Erde tolerieren, wie etwa die Schnee-Heide (*E. carnea*). Die meisten Arten und Sorten sind nicht ganz winterhart und brauchen daher im Winter etwas Schutz. Ein Rückschnitt im Frühjahr fördert einen buschigen Wuchs. Vermehrt wird die Heide durch Stecklinge.

Familie: Ericaceae
Blütezeit: variiert je nach Art und Sorte
Wuchsbreite/-höhe: 15 cm × 60 cm,
bei Baum-Heiden: 1-5 x 1-5 m
Standort: ○ – ◐
Feuchtebedürfnis: ○
❋❋ – ❋❋❋

Spanische Baum-Heide

Erica arborea ‘Alpina’

Familie: Ericaceae
Blütezeit: Frühling
Wuchsbreite/-höhe: 1 m × 1 m
Standort: ○ – ◑
Feuchtebedürfnis: ○

❄ ❄
✿

Diese Varietät der Baum-Heide stammt aus dem westlichen Spanien. Die Art bringt bis zu 5 m hohe Bäume hervor, doch die Spanische Baum-Heide bleibt mit bis zu 1 m Höhe weit darunter. Sie ist von dichtem, aufrechtem Wuchs und trägt nadelförmige Blätter in einem helleren Grün als bei der Art üblich. Im Frühling öffnen sich große duftende reinweiße Blüten, die in dichten Rispen angeordnet sind. Im Gegensatz zu den meisten *Erica*-Arten und -Sorten verträgt die Spanische Baum-Heide kalkhaltigen Boden, wenn er humos und tiefgründig ist. Obwohl sie winterhärter ist als die Art, braucht auch sie bei strengen Wintern etwas Schutz. Etwaige Frostschäden übersteht sie jedoch meistens gut, denn sie regeneriert sich aus altem Holz.

Erica carnea

Schnee-Heide

Erica carnea

Familie: Ericaceae
Blütezeit: Winter/Frühling
Wuchsbreite/-höhe: 15-30 cm × 15-30 cm
Standort: ○ – ◑
Feuchtebedürfnis: ○

❄ ❄ ❄

Diese *Erica*-Art stammt aus Südeuropa. Sie ist eine beliebte Gartenpflanze, da sie im Gegensatz zu den meisten anderen Arten und Sorte nicht nur relativ strenge Winter gut übersteht, sondern auch im Spätwinter blüht und so in der meist düsteren Zeit für Farbe im Garten sorgt. Von diesem stark verzweigten kleinen Strauch gibt es zahlreiche Sorten, die sich in Blatt- und Blütenfarbe unterscheiden. Die beliebte ‘Ann Sparkes’ trägt zum Beispiel goldgelbe Blätter, die im Winter bronzefarben werden, und karminrosa Blüten; ‘Loughrigg’ besitzt hingegen dunkelgrüne Blätter und dunkelrosarote Blüten; ‘Foxhollow’ zeigt gelbgrüne Blätter und blassrosa Blüten. Anders als fast alle ihre Verwandten gedeiht die Schnee-Heide auf kalkhaltigem Boden, vorausgesetzt, dieser ist humos und nicht zu flachgründig. Zudem sollte sie auch nicht, wie bei Heidepflanzen üblich, im Frühjahr zurückgeschnitten werden.

Wimper-Heide

Erica ciliaris

Die Wimper-Heide ist in den Küstenregionen Südirlands und Südwestenglands sowie im Nordwesten Marokkos heimisch. Sie ist von niederliegendem Wuchs und besitzt ei- bis lanzettförmige dunkelgrüne Blätter, deren grauweiße Unterseite lange Drüsenhaare aufweist – die der Pflanze zu ihrem Namen verholfen haben. Im Frühsommer erscheinen in bis zu 10 cm langen Trauben je nach Sorte weiße ('White Wings') oder rosarote ('Corfe Castle') Blüten; auch die Blütenkelche sind bewimpert. Diese *Erica*-Art benötigt wie fast alle ihre Verwandten sauren Boden und im Frühjahr einen Rückschnitt. Da die Wimper-Heide nicht vollständig winterhart ist, braucht sie im Winter ausreichenden Schutz.

Familie: Ericaceae
Blütezeit: Sommer
Wuchsbreite/-höhe: 30 cm × 30 cm
Standort: ○ – ◑
Feuchtebedürfnis: ◌
❊ ❊

Graue Heide

Erica cinerea

Diese *Erica*-Art kommt in freier Natur in den Küstengebieten Westeuropas und Nordwestafrikas vor. Der stark verzweigte kleine Strauch ist von niederliegendem Wuchs und besitzt grau filzige Triebe mit lanzettlichen dunkelgrünen Blättern. Es sind zahlreiche Gartenformen der Grauen Heide erhältlich, deren Blütenfarbe meist intensiver ist als das helle Violettrot der Art. 'C. D. Eason' besitzt beispielsweise dunkelrosa, 'P. S. Patrick' karminrote Blüten, und die Sorten 'Eden Valley' hat sogar weiße Blüten mit violettrosa Spitzen. Der Strauch ist ein Kalkflieher und benötigt deshalb sauren Boden. Da er wie die meisten Heidepflanzen nicht vollständig winterhart ist, muss er im Winter vor Frost geschützt werden. Im Frühjahr sollte er einen Rückschnitt bekommen.

Familie: Ericaceae
Blütezeit: Sommer
Wuchsbreite/-höhe: 15-60 cm × 15-60 cm
Standort: ○ – ◑
Feuchtebedürfnis: ◌
❊ ❊

Kriechspindel

Euonymus fortunei

Familie: Celastraceae
Blütezeit: Frühling
Wuchsbreite/-höhe: 1-1,50 m × 0,50-2 m
Standort: ○ – ◑
Feuchtebedürfnis: ○
❄ ❄

Der immergrüne Strauch, auch als kletternder Spindelstrauch bekannt, stammt aus China und ist in westlichen Gärten aufgrund seines Wuchses und seiner Winterhärte sehr beliebt. Seine langen kriechenden Triebe machen ihn zum idealen Bodendecker, aber aufgrund seiner Haftwurzeln ist er auch als Begrünungspflanze für Mauern geeignet. Die eiförmig bis elliptischen Blätter sind bei der Art dunkelgrün; es gibt jedoch einige Sorten mit sehr unterschiedlich panaschiertem Laub, etwa bei 'Emerald 'n' Gold' (dunkelgrün mit gelbgoldenem Rand), 'Silver Queen' (dunkelgrün mit cremeweißem Rand) oder 'Sunspot' (dunkelgrün mit gelben Flecken in der Blattmitte). Im Herbst verfärben sich die Blätter meist rötlich. Im Frühsommer erscheinen unauffällige grünlich weiße Blüten, denen im Herbst grünlich weiße Früchte folgen, die bei manchen Sorten giftig sind. Die Kriechspindel ist anspruchslos und verträgt sogar schattige Plätze. Sie benötigt keinen Schnitt, nur totes Holz sollte entfernt werden. Die Vermehrung erfolgt durch Stecklinge im Sommer.

Hybrid-Forsythie

Forsythia × intermedia

Familie: Oleaceae
Blütezeit: Frühling
Wuchsbreite/-höhe: 2-3 m × 2-3 m
Standort: ○
Feuchtebedürfnis: ○ – ◐
❄ ❄

Die Hybride ging aus den Elternpflanzen *F. suspens*a und *F. viridissima* hervor, die beide in China heimisch sind. Der kräftige, aufrecht bis ausladend wachsende sommergrüne Strauch zählt zu den beliebtesten Frühjahrsblühern, stellt er doch mit seinen üppigen leuchtend goldgelben Blüten einen auffallenden Blickfang im Garten dar: Da die Blüten vor dem Blattaustrieb erscheinen, wirkt der Strauch wie eine einzige Blütenwolke; besonders gut zur Geltung kommt er, wenn mehrere Exemplare eine Hecke bilden. Auch in der Vase sehen aufblühende Forsythienzweige sehr dekorativ aus. Nach der Blüte erscheinen etwa 10 cm lange, ei- bis lanzettförmige dunkelgrüne Blätter mit gesägtem Rand. Die Hybride ist anspruchslos und gedeiht auf jedem nährstoffreichen Gartenboden. Sie bevorzugt zwar Sonne, nimmt aber auch mit halbschattigen Plätzen Vorlieb. Um eine reiche Blüte und schöne Wuchsform zu garantieren, muss der Strauch regelmäßig nach der Blüte ausgelichtet werden. Er lässt sich durch Stecklinge im Sommer vermehren.

Forsythia × intermedia

Hänge-Forsythie

Forsythia suspensa

Von dieser Forsythien-Art gibt es zwei Varietäten: die aus China stammende var. *fortunei*, deren zunächst aufrechte Triebe erst im Alter überhängen, und die in Japan heimische var. *sieboldii*, die bereits als Jungpflanze hängende Zweige besitzt. Während *fortunei* 3 m Höhe erreicht und viele dunkelgelbe Blüten trägt, ist *sieboldii* mit maximal 2,50 m kleiner und öffnet im Frühling weniger Blüten in einem blassen Hellgelb. Die dunkelgrünen Blätter der Art sind eiförmig und etwas kleiner als bei der Hybrid-Forsythie. Wie diese ist die Hänge-Forsyhtie einfach zu ziehen; vor einer Mauer kommt sie besonders gut zur Geltung. Sie benötigt einen nährstoffreichen Boden und einen sonnigen Platz, begnügt sich aber auch mit Halbschatten. Nach der Blüte ist ein Auslichtungsschnitt erforderlich, damit Wuchsform und Blühwilligkeit erhalten bleiben. Die Vermehrung erfolgt durch Stecklinge im Sommer.

Familie: Oleaceae
Blütezeit: Frühling
Wuchsbreite/-höhe: 2 m × 2-3 m
Standort: ○
Feuchtebedürfnis: ◊
❄ ❄

325

Fuchsie

Fuchsia

Die Gattung umfasst etwa 100 Arten, die in Mittel- und Südamerika sowie auf Tahiti und Neuseeland heimisch sind. Die je nach Klima sommer- oder immergrünen blühfreudigen Sträucher, kleinen Bäume oder Kletterpflanzen waren in Mitteleuropa so begehrt, dass seit ihrer Einführung im 18. Jahrhundert Züchter mehrere tausend Sorten kreiert haben – doch nur einige von ihnen werden heute im Handel angeboten. Ihre Beliebtheit hat die Pflanze ihren grazilen auffallenden Blüten zu verdanken: Am Ende einer verlängerten Kelchröhre spreitzen sich meist vier Kelchblätter und geben den Blick auf die Kronblätter frei. Charakteristisch sind die herausragenden Staubblätter sowie ein überlanger Griffel. Es gibt einfache, halbgefüllte und gefüllte Blüten in allen Rotnuancen, aber auch in Weiß- und Orangeschattierungen. Häufig sind die Kelchröhre und -blätter anders gefärbt als die Kronblätter; unter den Farbkombinationen finden sich auch so extravagante wie etwa Gelb und Purpurviolett. Die hängenden Blüten sind meist in Trauben oder Rispen angeordnet oder stehen achselständig und können sowohl 4 mm klein, als auch 11 cm groß sein. Neben den spektakulären Blüten tritt das Laub fast in den Hintergrund. Einstweilen gibt es auch interessante Blattfarben: von Dunkelgrün über Gelbgrün hin zu panaschierten Formen. Die oval bis lanzettlichen Blätter stehen entweder quirlig oder gegenständig am Trieb. Fuchsien sind sehr vielseitig einsetzbar: Sie können je nach Wuchs als buschiger Strauch, als Pyramide oder als Hochstamm gezogen werden. Die hängenden Formen eignen sich zudem als Balkon- und Ampelpflanzen. Ein Nachteil ist jedoch, dass sie – mit Ausnahmen – nicht winterhart sind. Sie gedeihen auf nährstoffreichem, feuchtem Boden und schätzen einen geschützten Platz. Ein regelmäßiger Rückschnitt im Frühjahr fördert buschigen Wuchs. Fuchsien lassen sich das ganze Jahr über durch Stecklinge vermehren.

Familie: Onagraceae
Blütezeit variiert je nach Art und Sorte:
Frühling bis Herbst
Wuchsbreite/-höhe variiert je nach Art und
Sorte: 0,15-2m × 0,10-5 m
Standort: ○ – ◐
Feuchtebedürfnis: ◊
❄ – ❄ ❄

Fuchsie

Fuchsia boliviana

Diese elegant anmutende Fuchsien-Art ist im Regenwald Südamerikas heimisch. Sie bildet einen aufrechten kompakten sommergrünen Strauch oder sogar einen kleinen Baum mit gegenständig angeordneten hell- bis dunkelgrünen großen Blättern, die bis zu 24 cm Länge erreichen. Aus den schlanken dunkelroten Kelchröhren, an deren Ende kurze gleichfarbene Kelchblätter sitzen, ragen relativ kurze rote Kronblätter und Staubblätter hervor. Die Sorte 'Alba' ist mit weißer Kelchröhre und -blättern kontrastreicher als die Art. Besonders dekorativ sind die 2 cm großen dunkelpurpurroten Beeren. Da diese Fuchsie im Kalthaus überwintern muss, ist eine Kübelhaltung ratsam – dadurch kann man ihr auch im Sommer einen vor praller Sonne geschützten Platz garantieren.

Fuchsia 'Rose of Castile'

Familie: Onagraceae
Blütezeit: Sommer
Wuchsbreite/-höhe: 1 m × 3 m
Standort: ◑
Feuchtebedürfnis: ⬤
❄

Fuchsie

Fuchsia fulgens

Diese Art stammt ursprünglich aus Mexiko. Der aufrecht wachsende große sommergrüne Strauch besitzt große ei- bis herzförmige Blätter mit einem fein gesägten Rand und einen verdickten knolligen Wurzelstock, was bei Fuchsien ungewöhnlich ist. Das Graugrün der Blätter harmoniert wunderbar mit den grazilen leuchtend orangefarbenen Blüten, die im Frühsommer in Büscheln erscheinen. Auffallend an ihnen ist ihre lange schmale Kelchröhre und die blassgrünen Spitzen der Kelchblätter über den dunkelorangefarbenen Kronblättern. Die nachfolgenden großen Beeren sind von kräftigem Purpurrot. Diese Fuchsien-Art muss zu Beginn der kalten Jahreszeit ins Gewächshaus gebracht werden, denn sie benötigt mindestens 5 °Celsius.

Familie: Onagraceae
Blütezeit: Sommer
Wuchsbreite/-höhe: 1 m × 3 m
Standort: ○ – ◑
Feuchtebedürfnis: ◊
❄

328

Scharlach-Fuchsie

Fuchsia magellanica

Die Scharlach-Fuchsie stammt aus dem Süden Chiles und Argentinien, der Region, die an die Magellan-Straße grenzt. Der sommergrüne, äußerst blühfreudige Strauch besitzt einen aufrechten, kompakten Wuchs. Seine ei- bis lanzettförmigen dunkelgrünen Blätter sind purpurrot geadert und nur etwa 2,5 cm lang. Den ganzen Sommer über öffnen sich schlanke dunkelkarminrote Blüten mit violetten Kronblättern. Ihnen folgen im Herbst saftige schwarzrote Beerenfrüchte. Im Gegensatz zu den meisten Fuchsien ist diese Art und ihre Sorten winterhart. Dies bezieht sich aber nicht auf die Triebe, sondern vielmehr auf die Wurzeln. Die Pflanze wird jedoch im Frühjahr vor Wachstumsbeginn bis etwa 10 cm über dem Boden abgeschnitten, so dass sie neu austreiben kann. Sie benötigt einen halbschattigen Platz mit humosem Boden.

Familie: Onagraceae
Blütezeit: Sommer
Wuchsbreite/-höhe: 2 m × 1,50-3 m
Standort: ◑
Feuchtebedürfnis: ◌ – ◐
❋ ❋ ❋

Fuchsie

Fuchsia procumbens

Charakteristisches Merkmal dieser aus Neuseeland stammenden sommergrünen Fuchsien-Art ist ihre Wuchsform – die kleinblättrige Kriechpflanze wird nur etwa 10 cm hoch und eignet sich gut als Ampelpflanze. Doch auch ihre aufrecht stehenden Blüten, die im Frühling zahlreich erscheinen, unterscheiden sie von anderen Fuchsien. Sie besitzen zwar keine Kronblätter, dafür aber eine außergewöhnliche Farbkombination: Die Kelchröhre ist gelb, die Kelchblätter sind purpurviolett und die Staubblätter zeigen sich in Rot und Blau. Den Blüten folgen große tiefrote Beeren, die lange am Strauch verbleiben und sehr dekorativ wirken. In Regionen mit milden Wintern ist *F. procumbens* relativ winterhart, sodass sie auch als Bodendecker eingesetzt werden kann.

Familie: Onagraceae
Blütezeit: Frühling
Ausmaße: 10 cm × variabel
Standort: ◑
Feuchtebedürfnis: ◌ – ◐
❋ ❋

Spanischer Ginster

Genista hispanica

Familie: Fabaceae
Blütezeit: Frühling bis Sommer
Wuchsbreite/-höhe: 1,50 m × 0,50-0,70 m
Standort: ○
Feuchtebedürfnis: ◌
❄ ❄
✖

Der in Spanien und im Süden Frankreichs heimische Ginster bildet einen kompakten, niedrigen sommergrünen Strauch. An seinen bedornten Trieben sitzen kleine lanzettliche Blätter in einem kräftigen Grün. Von Spätfrühling bis Frühsommer öffnen sich zahlreiche goldgelbe Schmetterlingsblüten, die in endständigen Trugdolden angeordnet sind. Der Spanische Ginster gedeiht gut auf nährstoffarmem, durchlässigem Boden und verträgt auch kalkhaltige Erde. Da er nicht vollständig winterhart ist, benötigt er etwas Schutz gegen Frost. Nach dem Winter sollte geschädigtes Holz entfernt werden, nach der Blüte sorgt ein Rückschnitt für buschigen Wuchs. Die Pflanze kann durch Stecklinge im Sommer vermehrt werden. Achtung: Alle Teile des Ginsters sind giftig!

Chinesische Zaubernuss

Hamamelis mollis

Familie: Hamamelidaceae
Blütezeit: Winter bis Frühling
Wuchsbreite/-höhe: 6 m × 5 m
Standort: ○ – ◑
Feuchtebedürfnis: ◌
❄ ❄ ❄
✿

Wie der Name andeutet, kommt diese Zaubernuss aus China. Der sommergrüne Strauch besitzt eine trichterförmige, ausladende Wuchsform und ovale grüne Blätter, die an der Oberseite metallisch glänzen, während die Unterseite grau filzig ist. Im Herbst nimmt das Laub eine schöne Gelbfärbung an. Bevor sich jedoch die Blätter zeigen, erscheinen bereits Anfang des Jahres an kahlen Zweigen spinnenförmige goldgelbe Blüten und verbreiten ihren süßen Duft. Selbst Frost tut der Blüte keinen Abbruch – sie wird vorübergehend eingestellt und später wieder fortgesetzt, die Blütenblätter kringeln sich in der Zwischenzeit ein. Im Herbst reifen holzige Fruchtkapseln heran, die mit einem lauten Knacken aufplatzen und ihre Samen verstreuen. Der Strauch ist anspruchslos in der Pflege und sollte auf keinen Fall geschnitten werden. Vermehrt wird er durch Aussaat.

Hamamelis mollis

Virginische Zaubernuss

Hamamelis virginiana

Das westliche Pendant der Chinesischen Zaubernuss ist im Osten Nordamerikas heimisch. Der Strauch ist von aufrechtem Wuchs und besitzt ebenfalls sommergrüne, aber etwas breitere Blätter als seine Verwandte. Im Gegensatz zu ihr blüht er im Herbst – vor oder nach dem Laubfall der gelb verfärbten Blätter. Dann öffnen sich streng duftende hellgelbe Blüten, die jedoch aufgrund der Laubfärbung nicht sehr gut zur Geltung kommen. Die Früchte reifen erst im kommenden Jahr heran. Wie die Chinesische Zaubernuss ist auch diese Pflanze unkompliziert zu pflegen und verträgt sogar kalkhaltigen, tiefgründigen Boden, auch wenn sie leicht sauren vorzieht. Ein Schnitt bekommt ihr jedoch genauso wenig wie anderen Zaubernuss-Arten. Der Strauch kann durch Aussaat vermehrt werden.

Familie: Hamamelidaceae
Blütezeit: Herbst
Wuchsbreite/-höhe: 3,50-5 m × 3,50-5 m
Standort: ○ – ◑
Feuchtebedürfnis: ◊
❀ ❀ ❀
❁

Garten-Hortensie

Hydrangea macrophylla

Die Garten-Hortensie ist in Japan und Korea heimisch und zählt zu den wertvollsten sommergrünen Blütensträuchern für unsere Gärten. Es gibt zahlreiche Sorten, die sich hauptsächlich in Form und Farbe der Blüten unterscheiden. Allen Sträuchern gemeinsam ist ein aufrechter Wuchs und eiförmig bis elliptische Blätter, die je nach Sorte 8 bis 20 cm lang und unterschiedlich grün sind. Herausragendes Merkmal der Garten-Hortensie sind jedoch ihre außergewöhnlich dekorativen Blütenstände, die selbst im Verblühen, wenn sie immer blasser werden, nicht an Reiz verlieren und sowohl an der Pflanze als auch als Trockenblumen in der Vase einen hübschen Anblick bieten. Neben weißen, rosafarbenen, roten und violetten Blüten gibt es auch blau blühende Sträucher; bei hohem ph-Wert, also alkalischem Boden, färben sich die Blüten rot, bei niedrigem ph-Wert, also saurer Erde, wechseln sie zu Blau. Die Blüten stehen meist in 10 bis 20 cm großen ball- oder schirmförmigen Rispen oder Doldenrispen und setzen sich im Gegensatz zu den Blüten der Teller-Hortensie nur aus großen sterilen Randblüten zusammen. 'Bouquet Rose' hat besonders große ballförmige, 'Masja' große flachkugelige Blütenstände. Garten-Hortensien benötigen einen humosen, tiefgründigen Boden und einen windgeschützten Platz. Im Sommer steigt ihr Feuchtigkeitsbedarf, sodass sie regelmäßig gewässert werden müssen, in strengen Wintern brauchen sie in Bodennähe Schutz. Ein Schnitt ist nicht unbedingt notwendig, beschädigte oder dünne Triebe sollte man aber entfernen, und ein Rückschnitt der abgeblühten Triebe im Frühjahr fördert eine schöne Blüte. Durch Stecklinge lassen sie sich im Sommer vermehren.

Familie: Hydrangeaceae
Blütezeit: Sommer
Wuchsbreite/-höhe: 1-3 m × 1-3 m
Standort: ◯ – ◑
Feuchtebedürfnis: ◗
❁ ❁

Teller-Hortensie

Hydrangea macrophylla

Die Teller-Hortensie oder Lacecap-Hortensie ist eine Garten-Hortensie, wird jedoch aufgrund ihrer abweichenden Blütenform gesondert geführt. Im Gegensatz zu den ball- oder schirmförmigen Blütenständen der Mophead-Hortensien setzen sich die flachen Blütenköpfe der Teller-Hortensie aus kleinen unscheinbaren, aber fertilen Innenblüten und auffallenden großen sterilen Randblüten zusammen, die Insekten anlocken sollen: Die Anordnung der verschiedenen Blüten wirkt so grazil, dass man bei ihrem Anblick an Spitze denkt, was ihnen in England den Namen »Lacecap« (Spitzenhäubchen) eintrug. Die Randblüten sind meist anders gefärbt als die Innenblüten: Bei 'Veitchii' sind die Innenblüten violettblau, die Schaublüten weiß, bei 'Mariesii Perfecta' sind die Innenblüten blau und die Außenblüten bläulich oder rosa. Wie die Mophead- sind auch die Lacecap-Hortensien nicht vollständig winterhart und benötigen deshalb Schutz im Wurzelbereich. Schneidet man im Frühjahr die abgeblühten Triebe zurück, folgt eine schönere Blüte.

Hydrangea macrophylla

Familie: Hydrangeaceae
Blütezeit: Sommer
Wuchsbreite/-höhe: 1-3 m × 1-3 m
Standort: ◯ – ◑
Feuchtebedürfnis: ◐
❄❄

Familie: Hydrangeaceae
Blütezeit: Sommer
Wuchsbreite/-höhe: 2-3 m × 2-3 m
Standort: ◯ – ◑
Feuchtebedürfnis: ◐
❄❄❄

Wald-Hortensie

Hydrangea arborescens

Die ursprünglich in den östlichen USA beheimatete, auch Schneeball-Hortensie genannte Hotensien-Art bildet einen aufrechten sommergrünen Strauch von offenem Wuchs. Seine leuchtend grünen eiförmig bis elliptischen Blätter haben einen gesägten Rand und sind je nach Sorte 6 bis 20 cm lang. Den gesamten Sommer über trägt er flachrunde cremeweiße, meist sterile Blütenstände, die bei der Sorte 'Grandiflora' 18 cm, bei 'Anabella' sogar bis zu 25 cm Durchmesser erreichen – und die Assoziation an Schneebälle wecken. Diese winterharte Hortensie fühlt sich an einem hellen, aber vor praller Sonne geschützten Platz wohl und benötigt im Sommer bei Trockenheit ausreichende Wässerung. Ein Schnitt ist zwar nicht unbedingt erforderlich, fördert aber schönere Blüten.

Samt-Hortensie

Hydrangea aspera ssp. sargentiana

Die aus dem Südwesten Chinas stammende Unterart der Rauen Hortensie (*H. aspera*) bildet einen sommergrünen aufrechten Strauch, der nur gering verzweigt ist, aber dafür kräftige, dicht behaarte Triebe besitzt. Ihren Namen hat diese Hortensie jedoch aufgrund ihrer stumpfgrünen Blätter, die oberseits samtig behaart, unterseits weißgrau wollig sind; je nach Sorte sind sie bis zu 35 cm lang. Besonders attraktiv sind die sehr großen flachen Blütenstände, die aus rosa überlaufenen weißen Randblüten und purpurfarbenen Innenblüten bestehen. Die Samt-Hortensie braucht einen vor Wind und praller Sonne geschützten Platz und gut durchlässigen, feuchten Boden. Ein leichter Rückschnitt im Frühjahr fördert eine schöne Blüte.

Familie: Hydrangeaceae
Blütezeit: Sommer
Wuchsbreite/-höhe: 1-3 m × 1-3 m
Standort: ○ – ◑
Feuchtebedürfnis: ◗
✿ ✿

Rispen-Hortensie

Hydrangea paniculata

In ihrer Heimat China und Japan kann die sommergrüne Rispen-Hortensie zu einem Baum von bis zu 10 m Höhe heranwachsen. In westlichen Gärten entwickelt sie sich jedoch meist zu einem aufrechten, ausladenden Strauch, der durch häufigen Rückschnitt niedrig gehalten wird. Seine eiförmigen bis elliptischen dunkelgrünen Blätter haben einen gesägten Rand und sind an der Unterseite mit borstigen Haaren versehen. Im Hochsommer, wenn die bis zu 25 cm langen kegelförmigen Blütenrispen erscheinen, bildet der Strauch einen hübschen Blickfang. Während die kleinen Innenblüten weiß bleiben, färben sich die großen weißen Randblüten im Verblühen rosa. Die Blütenrispen der weit verbreiteten Sorte 'Grandiflora' bestehen fast nur aus sterilen Randblüten. Ein Rückschnitt im Frühjahr sorgt für eine schöne Blütenbildung.

Hydrangea

Familie: Hydrangeaceae
Blütezeit: Sommer
Wuchsbreite/-höhe: 2-3 m × 2-3 m
Standort: ○ – ◑
Feuchtebedürfnis: ◗
✿ ✿ ✿

Gewöhnliche Stechpalme

Ilex aquifolium

🛈

Familie: Aquifoliaceae
Blütezeit: Frühling/Sommer
Wuchsbreite/-höhe: 0,50-6 m × 0,50-10 m
Standort: ◑
Feuchtebedürfnis: ◌ – ◖

❄ ❄

✖

✿

Die immergrüne Stechpalmen-Art findet man im atlantischen Europa, in Nordafrika und Kleinasien in freier Natur, wo sie zu einem Baum von bis zu 12 m Höhe heranwächst. Die für den Garten geeigneten Formen erreichen jedoch nicht diese Größe und bilden meist einen großen kegelförmigen Strauch, der besonders wegen seines Fruchtbehangs beliebt ist. Die elliptisch bis lanzettlichen dunkelgrün glänzenden ledrigen Blätter der Art haben einen gewellten oder stachelig gezähnten Rand und sind etwa 9 cm groß. Es gibt viele Sorte, die sich hauptsächlich in Form und Farbe der Blätter unterscheiden: die von 'Argentea Marginata' etwa besitzen einen weißen Rand, die von 'Aurea Marginata' einen goldgelben Rand. Im Spätfrühling öffnen sich kleine duftende weiße Blüten. Um einen üppigen Schmuck aus glänzend roten, aber giftigen Früchten – der auch in der Vase sehr dekorativ wirkt – zu erhalten, benötigt man männliche und weibliche Exemplare, denn die Pflanze ist zweihäusig. Sie gedeiht auf feuchtem, humosem Boden, der jedoch nicht staunass sein darf, und nimmt auch mit schattigen Plätzen vorlieb. Die Stechpalme benötigt keinen Schnitt, außer sie dient als Heckenpflanze, und lässt sich durch Stecklinge vermehren.

Ilex aquifolium

336

Japanische Winterbeere, Siebold Stechpalme

Ilex serrata (syn. I. sieboldii)

Die aus Japan und China stammende Ilex-Art bildet einen großen Strauch von aufrechtem Wuchs. Im Gegensatz zu vielen Stechpalmen ist sie sommergrün: Ihre elliptisch bis lanzettlichen dunkelgrünen Blätter besitzen einen gesägten Rand und sind mit ca. 5 cm etwas kleiner als die von *I. aquifolium*, warten aber im Herbst mit einer dekorativen Gelbfärbung auf. Den hellroten Blüten im Frühsommer folgen runde rote Früchte, die nach dem Laubfall noch lange am Strauch verbleiben und sich auch als Zimmerschmuck eignen; die Sorte 'Leucocarpa' bringt cremeweiße Früchte hervor. Voraussetzung für den reichen Fruchtbehang sind jedoch neben weiblichen auch männliche Pflanzen im Garten. Die Japanische Winterbeere bevorzugt sauren Boden, einen sonnigen Platz und lässt sich durch Stecklinge vermehren.

Familie: Aquifoliaceae
Blütezeit: Sommer
Wuchsbreite/-höhe: 2,50 m × 4 m
Standort: ○
Feuchtebedürfnis: ◐
❋ ❋

Amerikanische Winterbeere, Rote Winterbeere

Ilex verticillata

Der deutsche Name deutet bereits an, dass diese Art aus Nordamerika stammt. Wie seine Verwandte *I. serrata* ist der große, sparrig wachsende Strauch sommergrün. Seine elliptisch bis lanzettlichen mattgrünen Blätter sind etwa 7 cm groß, haben einen gesägten Rand und verfärben sich im Herbst gelb. Den unscheinbaren kleinen weißen Blüten der weiblichen Pflanzen folgen zahlreiche glänzend rote Früchte, die lange am Strauch verbleiben, aber auch einen dekorativen Zimmerschmuck ergeben. Voraussetzung für den üppigen Fruchtbehang ist jedoch die Pflanzung von weiblichen und männlichen Stechpalmen. Diese Art verträgt weder kalkreichen Boden noch schattige Plätze, dafür aber Staunässe und strengen Frost. Wie viele Stechpalmen ist auch die Rote Winterbeere giftig.

Familie: Aquifoliaceae
Blütezeit: Sommer
Wuchsbreite/-höhe: 3 m × 3 m
Standort: ○
Feuchtebedürfnis: ◐
❋ ❋ ❋

Niedriger Jasmin

Jasminum humile

Familie: Oleaceae
Blütezeit: Sommer
Wuchsbreite/-höhe: 2-2,50 m × 2-2,50 m
Standort: ○
Feuchtebedürfnis: ◌
❄ ❄

Von Myanmar über Indien bis zum westlichen China ist der buschige Strauch in freier Natur zu finden. Seine immergrünen oder halbimmergrünen Blätter sind eiförmig bis elliptisch und leuchtend grün. Wenn sich im Frühsommer an den Enden von dünnen Zweigen die sternförmigen hellgelben Blüten öffnen, verwandelt sich der Strauch in einen anmutigen Anblick. Die Blüten sind zwar klein, aber zahlreich, und zudem verströmen sie noch einen zarten Duft. An einer Mauer gepflanzt, kann dieser Jasmin sogar als Kletterpflanze gezogen werden, benötigt dann jedoch stabile Kletterhilfen. Er liebt nährstoffreichen Boden und einen geschützten warmen Platz. Außer einem Auslichtungsschnitt nach der Blüte sind keine Schnittmaßnahmen notwendig. Im Spätsommer lässt sich der Strauch durch Stecklinge vermehren.

Juniperus procumbens

Familie: Cupressaceae
Wuchsbreite/-höhe: 2 m × 0,30-0,45 m
Standort: ○
Feuchtebedürfnis: ◌
❄ ❄ ❄
✖

Japanischer Kriech-Wacholder

Juniperus procumbens

Diese sehr niedrige Wacholder-Art stammt ursprünglich aus den Bergen im Süden Japans. Die kräftigen Äste der Zwergkonifere breiten sich langsam flächig aus und schmiegen sich dem Boden an, wobei sich die Triebenden leicht aufrichten. Ihre Zweige sind dicht mit kurzen, spitzen immergrünen Nadeln besetzt, die oberseits hell- bis gelbgrün, unterseits blaugrün sind und aromatisch duften. Die fast kugelförmigen schwarzbraunen Beerenzapfen haben etwa einen Durchmesser von ca. 1 cm. Die besonders kleinwüchsige Sorte 'Nana' bildet mit ihren kompakten Ästen und Zeigen sogar Matten und eignet sich deshalb auch gut für Steingärten. Wacholder ist in der Pflege anspruchslos und gedeiht auch auf nährstoffarmem Boden, schätzt jedoch einen hellen Platz. Er kann durch Stecklinge vermehrt werden. Wie die meisten Wacholder-Arten ist auch diese giftig.

Felsengebirgs-Wacholder, westliche Rotzeder

Juniperus scopulorum

Dieser Baumwacholder ist im Westen Nordamerikas heimisch, wo er in den Bergregionen zu finden ist. Charakteristisch ist sein schmaler, hoher säulenartiger Wuchs. Bei der Gartenform 'Skyrocket', die den deutschen Namen Raketenwacholder trägt und häufig auch als Sorte von *J. virginiana* geführt wird, liegen die aufrechten Äste und Zweige eng aneinander; selbst die bläulichgrünen Nadeln pressen sich schuppenförmig dicht an die dünnen Zweige. Die kugelförmigen Beerenzapfen sind ebenfalls bläulich und bereift und mit 6 mm etwas kleiner als beim Kriech-Wacholder. Wie dieser benötigt auch der Raketenwacholder keine besonderen Pflegemaßnahmen und nimmt mit nährstoffarmem Boden an einem sonnigen Platz vorlieb. Eine Vermehrung ist durch Stecklinge möglich. Beim Umgang mit der Pflanze ist Vorsicht geboten: Alle Teile sind giftig.

Familie: Cupressaceae
Wuchsbreite/-höhe: 0,75 m × 8 m
Standort: ○
Feuchtebedürfnis: ◌
❋ ❋ ❋
✖

Glänzender Liguster

Ligustrum lucidum

Diese immergrüne Liguster-Art ist in China und Korea heimisch und bildet einen großen Strauch oder kleinen Baum, der bis zu 10 m hoch wird; Gartenformen erreichen diese Größe jedoch meist nicht. Die bis zu 12 cm langen ledrigen Blätter sind eiförmig bis lanzettlich und glänzend dunkelgrün. Im Herbst erscheinen fast 20 cm lange weiße Blütenrispen, denen kleine blauschwarze giftige Früchte folgen. Blätter und Blüten sind zwar nicht unattraktiv, doch der Wert des Glänzenden Ligusters liegt in seiner Schnittverträglichkeit. Er ist daher eine ideale Heckenpflanze, lässt sich aber auch als Hochstamm ziehen und eignet sich selbst für einen Formschnitt. Auf mäßig nährstoffhaltigem Boden und an einem nicht zu sonnigen Platz stellt er kaum Pflegeansprüche. Vermehrt wird er durch Steckhölzer oder Stecklinge.

Familie: Oleaceae
Blütezeit: Sommer/Herbst
Wuchsbreite/-höhe: 6 m × 6 m
Standort: ○ – ◑
Feuchtebedürfnis: ◌
❋ ❋
✖

Gegenüberliegende Seite:
Magnolia

Magnolie

Magnolia

Magnolien sind im Osten Asiens, aber auch im östlichen Nordamerika und in Mittelamerika heimisch. Die umfangreiche Gattung bringt sommer- und immergrüne große Sträucher und kleine Bäume hervor, wobei die früh blühenden Arten oft laubabwerfend, die im Sommer blühenden überwiegend immergrün sind. Die ostasiatischen Magnolien sind kleiner als die nordamerikanischen und finden deshalb in unseren Gärten häufiger Verwendung. Obwohl die Pflanzen über schöne hell- bis dunkelgrüne große kräftige Blätter verfügen, gilt das Hauptaugenmerk den Blüten: Die meisten Magnolien besitzen atemberaubend elegante Blüten, die sich aus samtig behaarten Knospen am Ende der Triebe entfalten; die großen Einzelblüten weisen alle Töne der Skala von Weiß über Rosa bis hin zu Purpurrot auf. Die strauchig wachsenden ostasiatischen Magnolien öffnen ihre Blüten bereits im zeitigen Frühjahr noch vor dem Blattaustrieb, wodurch sie einen spektakulären Blickfang bilden und fast alle anderen Pflanzen in ihrer Umgebung in den Schatten stellen. Magnolien sind Flachwurzler und benötigen deshalb einen Platz mit lockerem, nährstoffreichem Boden, an dem sie ungestört wachsen können. Die meisten bevorzugen leicht saure Erde, auch wenn es einige Arten gibt, die kalktolerant sind. Magnolien sind zwar winterhart, aber eine dicke Mulchschicht schützt bei strengem Frost die flachen Wurzeln. Und da die frühe Blüte oft von Spätfrösten beeinträchtigt wird, ist auch ein geschützter Standort notwendig. Magnolien vertragen keinen Schnitt. Vermehrt werden sie im Sommer durch Stecklinge oder durch Veredlung.

Familie: Magnoliaceae
Blütezeit je nach Art und Sorte:
Winter – Sommer
Wuchsbreite/-höhe variiert je nach Art und
Sorte: 2-10 × 2-20 m
Standort: ○ – ◑
Feuchtebedürfnis: ◊
❄ ❄

Magnolia liliiflora 'Nigra'

Purpur-Magnolie
Magnolia liliiflora 'Nigra'

ℹ

Familie: Magnoliaceae
Blütezeit: Frühling
Wuchsbreite/-höhe: 3-4 m × 3-4 m
Standort: ○
Feuchtebedürfnis: ◊
✿ ✿ ✿

Von der in China heimischen Art wird in westlichen Gärten meist die kompakte Sorte 'Nigra' gezogen. Der große sommergrüne Strauch ist von langsamem, aufrechtem Wuchs und besitzt große dunkelgrün glänzende Blätter. Sobald sich im Mai die Blätter entfalten, erscheinen aus behaarten purpurroten Knospen bis zu 12 cm lange Blüten. Diese Sorte zeigt das dunkelste Purpurrot von allen Magnolienblüten – jedoch nur außen: Haben sich die festen Blütenblätter geöffnet, geben sie eine weißrosa Innenseite frei; bei der Art sind die Blütenblätter außen purpur und innen weiß. Die spektakulären Blüten der Purpur-Magnolie machen sie zu einem hinreißenden Solitärstrauch. Die Pflanze schätzt einen nährstoffreichen, leicht sauren Boden und einen geschützten sonnigen Platz. Die Vermehrung erfolgt durch Stecklinge.

Stern-Magnolie

Magnolia stellata

Diese aus Japan stammende schwachwüchsige Magnolie ist die zierlichste Art der Gattung. Als Jungpflanze ist sie von kompakter rundlicher Form, wird aber mit zunehmendem Alter baumartig. Ihre sommergrünen dunkelgrünen Blätter sind im Gegensatz zu denen vieler anderer Magnolien schmal und länglich und erscheinen erst nach den Blüten, die sich aus seidig behaarten Knospen öffnen. Im zeitigen Frühjahr ist der Strauch übersät mit weißen duftenden Blüten, deren Sternform die Pflanzen ihren Namen verdankt. Es gibt gefüllt blühende Sorten wie etwa 'Royal Star' sowie purpurrosa blühende wie 'Rubra'; 'Waterlily' besitzt größere Blüten als die Art. Da die Stern-Magnolie sehr früh blüht, ist sie besonders durch Spätfröste gefährdet und benötigt deshalb unbedingt einen geschützten Platz. Sie gedeiht gut in leicht saurem, humosem Boden und verträgt auch Halbschatten. Durch Stecklinge im Spätsommer kann sie vermehrt werden.

ⓘ

Familie: Magnoliaceae
Blütezeit: Frühling
Wuchsbreite/-höhe: 2-3 m × 2-3 m
Standort: ◯ – ◑
Feuchtebedürfnis:
✳ ✳ ✳
❀

Gewöhnliche Mahonie

Mahonia aquifolium

Mahonia aquifolium

Familie: Berberidaceae
Blütezeit: Frühling
Wuchsbreite/-höhe: 1,50 m × 1 m
Standort: ◐
Feuchtebedürfnis: ○ – ◐
❀ ❀ ❀

Diese Mahonien-Art findet man im Westen Nordamerikas in freier Natur, wo sie in Nadelwäldern niedrige buschige immergrüne Sträucher bildet. Die unpaarig gefiederten Blätter sind eiförmig und besitzen einen gewellten, dornig gezähnten Rand. Ihr glänzendes Dunkelgrün verwandelt sich im Winter in ein intensives Bronzerot. Im Frühling erscheinen an den Triebenden zahlreiche aufrechte Blütentrauben aus hell- bis goldgelben Blüten, die manchmal rötlich überlaufen sind. Ihnen folgen blauschwarze bereifte Beeren. Die Gewöhnliche Mahonie eignet sich aufgrund ihrer guten Schattenverträglichkeit besonders für Unterpflanzungen. Durch einen regelmäßigen Schnitt lässt sie sich auch in der gewünschten Form halten. Sie ist robust und gedeiht auf jedem Boden, solange er gut durchlässig, nährstoffreich und feucht ist. Sie breitet sich durch unterirdische Ausläufer aus und kann durch Stecklinge vermehrt werden.

Brautmyrte

Myrtus communis

Familie: Myrtaceae
Blütezeit: Sommer
Wuchsbreite/-höhe: 3 m × 3 m
Standort: ○
Feuchtebedürfnis: ○
❀ ❀

Diese bekannte Pflanze ist im gesamten Mittelmeerraum, im Südwesten Europas und im Westen Asiens heimisch. Sie dient traditionell als Hochzeitsschmuck, und das ätherische Öl ihrer Blätter findet in der Kosmetikindustrie Verwendung. Die Brautmyrte ist ein buschiger immergrüner Strauch mit kleinen glänzend dunkelgrünen Blättern, die aromatischen duften. Im Hochsommer öffnen sich zahlreiche ebenfalls duftende kleine weiße Blüten, denen fast schwarze Beeren folgen. Da die Myrte nicht vollständig winterhart ist, wird sie häufig als Kübelpflanze gezogen, sodass sie im Winter ins kühle Gewächshaus gebracht werden kann; bei der Kübelkultur ist zu beachten, dass die Erde nie vollständig austrocknen darf. In der warmen Jahreszeit gedeiht die Myrte gut in der Sonne, vorzugsweise an einem geschützten Platz vor einer Mauer mit leicht saurem Boden. Im Frühjahr sollten die jungen Triebe etwas gestutzt werden. Vermehrt wird die Pflanze durch Stecklinge.

Torfmyrte

Pernettya mucronata
(syn. Gaultheria mucronata)

Das Heidekrautgewächs ist im Süden Chiles heimisch und bildet einen immergrünen Strauch von niedrigem, buschigem Wuchs. Seine ledrigen glänzend dunkelgrünen Blätter sind eiförmig bis lanzettlich und nur etwa 2 cm lang, aber dornig zugespitzt. Im Spätfrühling erscheinen kleine nickende weiße Blüten mit einem rosafarbenen Hauch. Die roten giftigen Beerenfrüchte, die im Herbst heranreifen, verbleiben lange am Strauch, manchmal den gesamten Winter über; unter den Gartenformen gibt es auch Sorten mit weißen, rosaroten und purpurvioletten Beeren. Da die Torfmyrte zweihäusig ist, muss man weibliche und männliche Exemplare pflanzen, um einen üppigen Fruchtbehang zu erhalten. Der Strauch benötigt sauren humosen Boden und einen halbschattigen Platz. Da er nicht ganz winterhart ist, braucht er bei strengem Frost in Bodennähe Schutz. Die Pflanze verbreitet sich durch unterirdische Ausläufer, kann aber auch durch Stecklinge vermehrt werden.

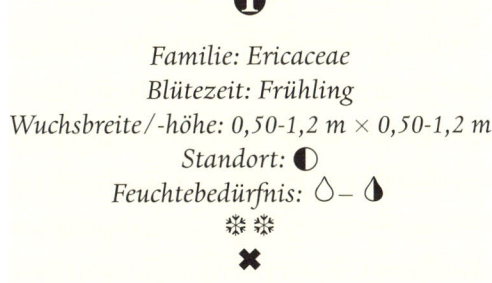

Familie: *Ericaceae*
Blütezeit: *Frühling*
Wuchsbreite/-höhe: 0,50-1,2 m × 0,50-1,2 m
Standort: ◗
Feuchtebedürfnis: ◌ – ◗
❄ ❄
✖

Pernettya mucronata

Krummholz-Kiefer, Bergkiefer, Latsche

Pinus mugo

Familie: Pinaceae
Blütezeit: Frühling
Wuchsbreite/-höhe: 2-3 m × 2-3 m
Standort: ○
Feuchtebedürfnis: ◌
❄ ❄ ❄

Diese Kiefern-Art ist in den Gebirgszügen Mittel- und Südeuropas heimisch und weist unterschiedliches Wuchsverhalten auf – sie ist als kleiner bis mittelgroßer Strauch, aber auch als kleiner Baum zu finden. Ihre Äste breiten sich niederliegend-ansteigend aus und sind dicht besetzt mit Nadeln, die zu zweit stehen; je nach Sorte sind sie unterschiedlich grün. Bis zu drei Zapfen sind zusammengefasst und symmetrisch angeordnet. Es gibt einige Gartenformen, von denen 'Gnom' zu den beliebtesten zählt: Sie besitzt dunkelgrüne Nadeln und wächst sehr kompakt zu einem kugelförmigen Strauch heran. Die Bergkiefer ist sehr genügsam und wächst auf jedem Boden, selbst auf nährstoffarmem. Als robuste und extrem winterharte Pflanze bietet sie einen guten Windschutz, braucht jedoch einen hellen Platz. Ein leichter Rückschnitt beugt einer unschönen Verkahlung vor. Durch Veredelung oder Aussaat kann die Pflanze vermehrt werden.

Strauch-Fingerstrauch

Potentilla fruticosa

Familie: Rosaceae
Blütezeit: Frühling bis Sommer
Wuchsbreite/-höhe: 0,50-1,5 × 0,50-1,5 m
Standort: ○
Feuchtebedürfnis: ◌
❄ ❄ ❄

Die große Gattung *Potentilla* umfasst hauptsächlich Stauden und nur wenig verholzende Arten – eine davon ist die sommergrüne *P. fruticosa*, die in Europa sowie im nördlichen Asien und Amerika heimisch ist. Sie bildet einen kleinen, aufrechten buschigen Strauch mit meist graugrünen, gefiederten länglichen Blättern, deren Rand sich einrollt. Vom Spätfrühling bis zum Spätsommer erscheinen zahlreiche schalenförmige gelbe Blüten. Es sind mehrere Sorten erhältlich, die sich hauptsächlich in der Farbe der Blüten unterscheiden: bei 'Abbotswood' sind sie weiß, bei 'Red Ace' orangerot, bei 'Tangerine' orangegelb. Der Fingerstrauch verträgt zwar schattige Plätze, gedeiht aber in der Sonne besser; allerdings verblassen in der prallen Sonne rote Blüten. Ein Rückschnitt im Frühjahr sorgt für eine üppige schöne Blüte. Durch Stecklinge lässt sich die Pflanze vermehren.

Potentilla fruticosa

Japanische Aprikose

Prunus mume

Ihr Name ist etwas irreführend, denn die Japanische Aprikose stammt eigentlich aus China. Doch sie war unter anderem wegen ihrer besonders am Abend intensiv duftenden weißen Blüten in Japan so beliebt, dass sie schon früh dort kultiviert wurde. Heute hat sie auch in europäischen Gärten Einzug gehalten, wo der bis zu 10 m hohe rundkronige Baum im Spätwinter, wenn seine noch kahlen Trieben übersät sind mit kleinen Blüten, einen wunderschönen Anblick bietet. Es sind einige japanische Sorten erhältlich, die die Farbskala der Blüten um Rosatöne erweitert und auch gefüllte Blüten tragen, wie etwa 'Omoi-no-mama' mit halbgefüllten weißrosa Blüten oder 'Beni-chidori' mit einfachen karminroten Blüten. Bemerkenswert sind auch die glänzend grünen Triebe mit den eiförmigen frischgrünen Blättern, deren Rand fein gesägt ist. Die gelben oder grünlichen runden Steinfrüchte schmecken bitter bis säuerlich und werden in Japan unterschiedlich verarbeitet. Ein Rückschnitt nach der Blüte sorgt im kommenden Jahr für üppige Knospenbildung. Die Vermehrung erfolgt im Sommer durch Stecklinge.

Prunus mume

Familie: Rosaceae
Blütezeit: Winter bis Frühling
Wuchsbreite/-höhe: 2-2,50 × 2-10 m
Standort: ○
Feuchtebedürfnis: ◊
❄ ❄ ❄

347

Gegenüberliegende Seite:
Rhododendron, Azalee

Alpenrose, Rhododendron, Azalee

Rhododendron

Diese umfangreiche Gattung bestand ursprünglich aus zwei Gattungen: den immergrünen Rhododendren (*Rhododendron*) und den sommergrünen Azaleen (*Azalea*), zu denen auch die so genannten Japanischen Azaleen, immergrüne Zwergsträucher, gezählt werden. Obwohl Botaniker diese wieder vereint haben, kommt es trotzdem manchmal zu Verwirrung, da es etwa 1300 Arten sowie zahllose Sorten und Hybriden gibt. Doch ganz unabhängig von taxonomischen Problemen sind Alpenrosen herrliche Blütensträucher und kleine Bäume, die in Ostasien, Nordamerika sowie Süd- und Mitteleuropa heimisch sind, wo man sie sowohl in Bergwäldern bis zur Schneegrenze als auch in Küstenregionen findet. In westlichen Gärten werden sie hauptsächlich wegen ihrer dekorativen Blüten gezogen, wenngleich manche sommergrüne Arten im Herbst mit schönem roten, orange- oder goldfarbenen Laub aufwarten. Die Blüten sind sehr vielgestaltig: Sie können glockig, trichter-, röhren- oder radförmig sein und entweder einzeln stehen oder vielblütige Doldentrauben (Stutze) am Ende eines Triebes bilden. Die Farbskala reicht von Weiß über Gelb und Rot bis hin zu Blau, wobei die Rottöne überwiegen. Auch die Blätter differieren: von linealisch bis kreisrund finden sich unterschiedliche Formen und Größen. Sie alle sind jedoch wechselständig angeordnet, ungeteilt und glattrandig. Rhododendren benötigen einen halbschattigen, windgeschützten Platz und sauren, feuchten Boden; manche Arten vertragen auch Sonne, doch der Boden darf nicht austrocknen. Da sie Flachwurzler sind, gedeihen sie nur unter tief wurzelnden Bäumen, die nicht mit ihnen um Wasser und Nährstoffe konkurrieren. Ein Schnitt ist nicht erforderlich. Die Vermehrung erfolgt durch Absenker oder Stecklinge.

Familie: Ericaceae
Blütezeit: Frühling bis Sommer
Wuchsbreite/-höhe: 0,20-5 m × 0,20-5 m
Standort: ◑
Feuchtebedürfnis: ◌ – ◐
❄ ❄ ❄

Alpenrose, Rhododendron

Rhododendron auriculatum

In ihrer Heimat China wächst diese Art bis zu einem 6 m hohen Baum heran. In westlichen Gärten bildet sie jedoch einen weitaus niedrigeren Strauch von aufrechtem, buschigem Wuchs mit immergrünen länglichen großen Blättern, die oberseits dunkel-, unterseits hellgrün sind. Im Hochsommer öffnen sich herrlich weiße, duftende röhren- bis trichterförmige Blüten, die zu vielen in großen Doldentrauben stehen. Ein halbschattiger Platz mit feuchtem, saurem Boden ist ideal für diesen Strauch. Obwohl er winterhart ist, können extrem niedrige Temperaturen Blätter und Zweige beschädigen. Ein geschützter Standort ist deshalb empfehlenswert.

Rhododendron repens

Forrests Rhododendron

Rhododendron forrestii var. repens

Diese ursprünglich *R. repens* genannte Varietät ist in China, im Südosten Tibets und in Myanmar heimisch. Sie ist von niederliegendem, kriechendem Wuchs und zählt mit maximal 15 cm Höhe zu den kleinsten Rhododendren. Ihre kleinen rundlichen immergrünen Blätter glänzen dunkelgrün, sind aber an der Unterseite manchmal purpurrot oder blaugrün gefärbt. Die karminroten glockigen Einzelblüten erscheinen bei der Art nicht immer zuverlässig, weshalb sich Züchter immer wieder um eine bessere Blühwilligkeit der Pflanze bemühten – mit Erfolg, die Repens-Hybriden bringen viele Blüten in verschiedenen Rotnuancen hervor. Hinzu kommt, dass die Pflanzen auch höher werden und sogar bis zu 1 m erreichen. Da die Blüten jedoch früh im Jahr erscheinen, sind sie von Spätfrösten bedroht und verlangen nach einem geschützten Platz im Garten. Auf saurem, feuchtem Boden bildet diese Rhododendron-Art im lichten Schatten dichte Teppiche.

Westliche Azalee

Rhododendron occidentale

Die Westliche Azalee kommt im Westen der USA vor, wo sie als Unterholz in Nadelwäldern wächst. Sie ist sommergrün und bildet einen rundlichen, aufrechten Strauch, der in seiner Heimat sogar 7 m Höhe erreicht. Die eiförmigen oder elliptischen glänzend grünen Blätter verfärben sich im Herbst gelb, orange- oder karminrot. Diese Art besticht jedoch besonders im Spätfrühling, wenn ihre großen Doldentrauben mit vielen duftenden weißen oder rosa Blüten erscheinen. Charakteristisch an der breit trichterförmigen Blüte ist ihr gelber Basalfleck – ein Merkmal, das zusammen mit ihrem intensiven Duft an die *Occidentale*-Hybriden weitergegeben wurde. Saurer, feuchter Boden und ein halbschattiger Platz sind die idealen Wachstumsbedingungen für diese Azalee.

Familie: Ericaceae
Blütezeit: Frühling/Sommer
Wuchsbreite/-höhe: 1,5-2,5 m × 1,5-2,5 m
Standort: ◑
Feuchtebedürfnis: ◌
❁ ❁ ❁
❀

»Indische Azalee«

Rhododendron simsii

Die als Indische Azaleen bekannten Pflanzen sind ursprünglich in China und Taiwan heimisch. Bei uns werden *Simsii*-Hybriden überwiegend als Topfazaleen angeboten, da sie im Gegensatz zu den meisten anderen Rhododendren nicht winterhart sind. Die buschig wachsende immergrüne Art besitzt schmale längliche dunkelgrüne Blätter mit borstigen Haaren. Im Spätfrühling erscheinen große trichterförmige Blüten in Rosa oder dunklem Rot. Die Hybriden tragen von Herbst bis Frühling einfache, halbgefüllte oder gefüllte Blüten in unterschiedlichen Farben – die Skala reicht von Weiß über Rosa zu Violettblau, es gibt aber auch Blüten mit andersfarbiger Zeichnung oder Flecken. Die Topfpflanzen benötigen kalkarmes Wasser, feuchte Erde und einen hellen Platz ohne pralle Sonne. Während der kalten Jahreszeit überwintern sie am besten in einem kühlen Raum.

Rhododendron simsii

Familie: Ericaceae
Blütezeit: Frühling,
Hybriden: Herbst – Frühling
Wuchsbreite/-höhe: 20-50 cm × 20-50 cm
Standort: ◑
Feuchtebedürfnis: ◌ – ◖
❁

Trauer-Weide

Salix babylonica

Familie: Salicaceae
Blütezeit: Frühling
Wuchsbreite/-höhe: 6 m × 10 m
Standort: ○
Feuchtebedürfnis: ◌ – ◑
❀ ❀ ❀

Die in China heimische sommergrüne Weide bleibt mit einer Höhe von maximal 10 m niedriger als die meisten Arten der Gattung und ist somit auch für kleine Gärten geeignet. Sie ist jedoch mit ihren bogigen Ästen und langen hängenden braunen Zweigen von ausladendem Wuchs. Ihre schmalen, länglichen dunkelgrünen Blätter besitzen eine graugrüne Unterseite und einen fein gesägten Rand. Zusammen mit den Blättern erscheinen im Frühjahr Kätzchen, die bei den männlichen Pflanzen dekorativ gelb, bei den weiblichen grün sind. Die Trauer-Weide ist zwar genügsam, benötigt aber einen hellen, sonnigen Platz mit feuchtem, jedoch nicht staunassem Boden. Ein Rückschnitt nach der Blüte fördert lange Ruten mit vielen Kätzchen. Durch Steckhölzer oder Stecklinge lässt sich die Trauer-Weide vermehren.

Spieß-Weide

Salix hastata

Familie: Salicaceae
Blütezeit: Frühling
Wuchsbreite/-höhe: 1,50 m × 1,50 m
Standort: ○
Feuchtebedürfnis: ◌ – ◑
❀ ❀ ❀

Der niedrige sommergrüne Strauch ist im nördlichen Europa sowie in den Gebirgen Süd- und Mitteleuropas, aber auch im Nordosten Asiens zu finden. Von der Spieß-Weide wird im Handel meist die männliche Sorte 'Wehrhahnii' angeboten. Ihre kräftigen behaarten Triebe wachsen aufrecht und tragen längliche dunkelgrüne Blätter mit einer graugrünen Unterseite. Am schönsten wirkt der Strauch im Frühling, wenn kurz vor oder mit dem Blattaustrieb viele dicht stehende Kätzchen erscheinen, die zunächst silberfarben glänzen und sich später gelb färben. Wie die verwandte Trauer-Weide benötigt diese Weide feuchten Boden und einen sonnigen Platz. Bei jungen Exemplaren ist kein Schnitt erforderlich, er fördert jedoch größere Kätzchen. Ältere Pflanzen sollten gelegentlich einen verjüngenden Rückschnitt erhalten. Die Vermehrung erfolgt durch Steckhölzer oder Stecklinge.

Japanische Skimmie

Skimmia japonica

Dieses Rautengewächs kommt in Japan und Taiwan in freier Natur vor, wo es in Bergwäldern wächst. Der immergrüne kompakte Strauch ist reich verzweigt und trägt eiförmig bis elliptische ledrige Blätter, die bei der Art hell- bis gelbgrün, bei der weit verbreiteten Sorte 'Rubella' dunkelgrün sind und an Lorbeerblätter erinnern. Die Skimmie sieht das ganze Jahr über dekorativ aus, ob im Frühling, wenn sich die kleinen, stark duftenden gelblich weißen Blüten in endständigen Rispen öffnen, oder im Herbst, wenn die weiblichen Pflanzen zahllose leuchtend rote fleischige Steinfrüchte tragen, die den ganzen Winter über am Strauch verbleiben. Die Japanische Skimmie ist zweihäusig, sodass neben weiblichen auch männliche Exemplare vorhanden sein müssen, damit es zu einem schönen Fruchtbehang kommt. Ein halbschattiger Platz mit leicht saurem, humosem Boden bietet ideale Wachstumsbedingungen. In Regionen mit sehr kalten Wintern muss der Strauch vor extrem niedrigen Temperaturen und Wintersonne geschützt werden. Ein Schnitt ist meist nicht erforderlich, bei unschönem Wuchs kann er jedoch vorgenommen werden. Durch Stecklinge lässt sich die Pflanze vermehren.

Familie: Rutaceae
Blütezeit: Frühling
Wuchsbreite/-höhe: 1,50 m × 1,50 m
Standort: ◑
Feuchtebedürfnis: ◌ – ◐
❄ ❄ ❄
✿

Grauer Spierstrauch

Spirea canecens

🛈

Familie: Rosaceae
Blütezeit: Frühling bis Sommer
Wuchsbreite/-höhe: 2 m ×2,50 m
Standort: ○
Feuchtebedürfnis: ◌

❀ ❀ ❀

Diese Spierstrauch-Art stammt aus dem Himajala und ist mit ihren im Alter über-hängenden Zweigen ein beliebter Blütenstrauch in westlichen Gärten. Als Jung-pflanze ist sie eher von aufrechtem Wuchs. Sie trägt an dünnen Zweigen sommer-grüne ovale Blätter in einem matten Grün mit einer grauen Unterseite. Im Spät-frühling bietet der Strauch einen wunderschönen Anblick: Eine Fülle von kleinen cremeweißen Blüten, die sich in Doldenrispen an mehrjährigen Zweigen öffnen, bedeckt die Pflanze. Die abgeblühten Triebe sollten bis knapp über dem alten Holz abgeschnitten werden. Ist ein Auslichtungsschnitt nötig, ist nach der Blüte der richtige Zeitpunkt. Der robuste Strauch gedeiht am besten an einem sonnigen Platz mit nährstoffreichem Boden. Durch halbausgereifte Stecklinge kann man im Sommer die Pflanze vermehren.

Japanischer Spierstrauch

Spirea japonica

Wie der deutsche Name andeutet, ist dieser Spierstrauch in Japan heimisch, aber er kommt auch in China in der freien Natur vor. Im Gegensatz zum Grauen Spierstrauch hängen seine laubabwerfenden Triebe nicht über, sondern wachsen steif aufrecht und tragen hellgrüne Blätter; bei Sorten findet man auch eine Skala von Dunkelgrün bis Gelb. Die Art gehört zu den sommerblühenden Spiersträuchern und öffnet in breiten, flachen Doldenrispen rosafarbene Blüten. Die niedrige, kompakte Sorte 'Little Princess' blüht besonders üppig und zeigt im Herbst auch noch schönes rot gefärbtes Laub. Spät blühende Spiersträucher benötigen im zeitigen Frühjahr einen Schnitt und während der Wachstumszeit einen nicht zu trockenen, durchlässigen Boden. Durch Stecklinge lassen sich die Pflanzen im Sommer vermehren.

Familie: Rosaceae
Blütezeit: Sommer
Wuchsbreite/-höhe: 0,50-1 m × 0,50-1 m
Standort: ○
Feuchtebedürfnis: ○
✳ ✳ ✳

355

Samtflieder
Syringa meyeri

Diese Flieder-Art ist im Norden Chinas beheimatet und bildet einen dichten, rundlichen kleinen Strauch. An seinen vielen Zweigen sitzen eiförmig bis elliptische sommergrüne Blätter in einem kräftigen Mittelgrün, deren unterer Teil behaart ist. Im Spätfrühling erscheinen viele kleine violette Blüten, die in endständigen, bis zu 10 cm langen, ebenfalls behaarten Rispen ihren zarten Duft verströmen. Am häufigsten wird die Sorte 'Palibin' gezogen, die einen sehr kompakten Wuchs hat und bereits an Jungpflanzen purpurrote Knospen hervorbringt, aus denen sich blass violette Blüten öffnen. *Syringa meyeri* benötigt einen nährstoffreichen Boden, der Wasser speichern kann. Junge Pflanzen mit noch wenigen Trieben sollten geschnitten werden, bei älteren Exemplaren ist ein Schnitt nicht erforderlich. Arten können durch Aussaat und Ausläufer, Sorten durch Stecklinge und Veredelung vermehrt werden.

Familie: Oleaceae
Blütezeit: Frühling
Wuchsbreite/-höhe: 1,50 m × 1,50 m
Standort: ○
Feuchtebedürfnis: ◌
❀ ❀ ❀
✿

Syringa vulgaris

Familie: Oleaceae
Blütezeit: Frühling
Wuchsbreite/-höhe: 4-6 m × 4-6 m
Standort: ○
Feuchtebedürfnis: ◌
❀ ❀ ❀
✿

Gewöhnlicher Flieder
Syringa vulgaris

Der Gewöhnliche Flieder ist ursprünglich im Südosten Europas heimisch, hat sich aber auch in Mitteleuropa eingebürgert. Der aufrechte sommergrüne Strauch oder kleine Baum erreicht manchmal bis zu 7 m Höhe; die als Edelflieder bekannten Sorten bleiben aber meist darunter. Zwischen den kräftig grünen, fast herzförmigen Blättern ragen zur Frühlingsmitte bis zu 20 cm lange duftende Blütenrispen hervor. Bei der Art sind die Blüten violett, doch es sind viele Sorten erhältlich, die gefüllte und einfache Blüten in einer großen Farbpalette bieten: von Weiß über Cremegelb und Malvenrosa zu Purpurrot. Manche weisen sogar zweifarbige Rispen auf, wie etwa 'Michel Buchner' in Weiß und Violettrosa. Allerdings haben einige Sorten ihren Duft eingebüßt. Die Pflanze braucht nährstoffreichen Boden und Sonne; die Art nimmt auch mit einem halbschattigen Standort vorlieb, blüht dann aber nicht so üppig. Flieder bildet Ausläufer und verbreitet sich dadurch, bei veredelten Exemplaren sollten Wildtriebe entfernt werden. Eine gezielte Vermehrung erfolgt durch Aussaat (Arten) oder Stecklinge und Veredelung (Sorten).

Gewöhnliche Eibe

Taxus baccata

Familie: *Taxaceae*
Blütezeit: *Frühling*
Wuchsbreite/-höhe: *2-8 m ×0,50-10 m*
Standort: ◐
Feuchtebedürfnis: ○
❄ ❄ ❄
✖

Die Eiben-Art ist in Eurasien und im nördlichen Afrika heimisch und bildet einen hohen immergrünen Baum mit vom Boden an mehreren Stämmen, die zunächst eine kegel-, später eiförmige Silhouette ergeben. An den Zweigen sitzen glänzend dunkelgrüne linealische Nadeln. Im Handel sind etliche Sorten erhältlich, die sich besonders in Wuchsform und Nadelfarbe von der Art unterscheiden: 'Fastigiata', die Säuleneibe, wächst zu einer 3 bis 5 m hohen Säule, 'Dovastoniana', die Adlerschwingeneibe, zu einem Kegel mit hängenden Triebspitzen heran; beide Sorten gibt es auch mit gelbgrünen Nadeln. Dagegen wird die Zwergform 'Repandens' nur etwa 50 cm hoch, ihre weit ausgebreiteten Äste erreichen jedoch bis zu 4 m Breite. Die Pflanze ist zweihäusig; die kleinen weiblichen Blüten sind unscheinbar und grün, die männlichen gelb. Den weiblichen Blüten folgen kleine leuchtend rote Samen. Herausragendes Merkmal der Eibe ist ihre hohe Schnittverträglichkeit, was sie zu einer beliebten Hecken- und Formschnittpflanze macht. Sie bevorzugt nährstoffreichen Boden und einen lichten, halbschattigen Platz, verträgt jedoch auch tiefen Schatten. Vermehrung erfolgt durch Stecklinge. Achtung: Alle Teile der Pflanze sind giftig.

Taxus baccata 'Eibenhecke' im Garten
Jan Boomkamp

Abendländischer Lebensbaum

Thuja occidentalis

Diese Art stammt aus dem nördlichen Amerika. Der immergrüne Abendländische Lebensbaum kann bis zu 20 m hoch werden und entwickelt vom Boden an mehrere Stämme mit aufgerichteten Ästen und einer meist schmalen, kegelförmigen Krone. Seine abgeflachten Zweige sind dicht mit nadelähnlichen, schuppenartigen aromatischen Blättern besetzt, deren Oberseite ein dunkles und deren Unterseite helleres Grün zeigt. Im Herbst reifen längliche, zunächst grünliche, späte braune Zapfen heran. Von dieser Art gibt es mehrere Gartenformen, die in hoch wachsende Sorten und Zwergformen unterschieden werden: Die säulenförmige 'Columna' besitzt glänzend dunkelgrünes, die gedrungen kegelförmige 'Smaragd' das ganze Jahr über hellgrünes Laub. 'Globosa', 'Danica' und 'Golden Globe' sind runde Zwergformen, die nur maximal 1 m Höhe erreichen. Die robuste Pflanze gedeiht an einem lichten Platz mit feuchtem, aber nicht staunassem Boden. Ihre hohe Schnittverträglichkeit macht sie zur idealen Heckenpflanze. Die Vermehrung erfolgt durch Stecklinge. Vorsicht: Alle Teile der Pflanze sind giftig.

Familie: *Cupressaceae*
Wuchsbreite/-höhe: *0,50-5 m × 0,50-20 m*
Standort: ○
Feuchtebedürfnis: ◌ – ◖
❄ ❄ ❄
✖

Morgenländischer Lebensbaum

Thuja orientalis

Das östliche Pendant zur *T. occidentalis* stammt aus China und Korea und wächst bis zu einem 15 m hohen Baum heran. In der Wuchsform, den aufrechten Ästen mit den abgeflachten Zweigen und schuppenartigen nadelähnlichen Blättern erinnert er an die Verwandte. Das Laub ist jedoch weniger aromatisch und die Zapfen sind blaugrün und bereift, bevor sie sich braun färben. Die im Handel erhältlichen Sorten unterscheiden sich hauptsächlich durch ihren Wuchs: 'Aurea Nana' bildet eine Kugel von ca. 60 cm, während 'Elegantissima' zu einer breiten Säule von bis zu 5 m Höhe heranwächst. Diese gelbgrünen Sorten sind etwas winterhärter als die Art, der aufgrund ihrer Frostempfindlichkeit der Abendländische Lebensbaum oft vorgezogen wird. Sie verträgt einen starken Schnitt, bevorzugt einen hellen Platz mit durchlässigem, feuchtem Boden und lässt sich durch Stecklinge vermehren. Vorsicht: alle Teile sind giftig.

Familie: *Cupressaceae*
Wuchsbreite/-höhe: *0,60-5 m × 0,60-15 m*
Standort: ○
Feuchtebedürfnis: ◌ – ◖
❄ ❄
✖

359

Duftender Zierschneeball

Viburnum × carlcephalum

Viburnum × carlcephalum

Die sommergrüne Hybride ist aus einer Kreuzung des Koreanischen Duft-Schneeballs (*V. carlesii*) mit dem Chinesischen Schneeball (*V. macrocephalum*) hervorgegangen. Der runde buschige Strauch mit den eiförmigen, oberseits dunkelgrünen, unterseits graugrünen Blättern wächst nur langsam. Im Herbst färben sich die Blätter vor dem Laubfall rötlich. Besonders hübsch sieht er zur Blüte aus, wenn sich die zahlreichen rosa Knospen zu großen kugeligen weißen Blütenbällen öffnen und ihren vanilleähnlichen Duft verbreiten. Der anspruchslose Strauch gedeiht auf nährstoffreichem Boden, der Wasser speichert, aber trotzdem durchlässig ist. Er bevorzugt zwar einen sonnigen Platz, nimmt jedoch auch mit Halbschatten vorlieb. Ein regelmäßiger Auslichtungsschnitt ist empfehlenswert. Vermehrt wird der Schneeball durch Stecklinge. Wie viele *Viburnum*-Arten ist diese Hybride giftig.

ℹ

Familie: Caprifoliaceae
Blütezeit: Frühling
Wuchsbreite/-höhe: 3,50 m × 3,50 m
Standort: ○
Feuchtebedürfnis: ◐ – ◑
❄ ❄ ❄
✿
✖

Wolliger Schneeball

Viburnum lantana

Diese Schneeball-Art ist in Europa, Kleinasien und Nordafrika heimisch und bildet einen mittelgroßen sommergrünen Strauch von zunächst aufrechter, im Alter ausladender Form. Wie die Zweige sind seine ovalen mattgrünen Blätter an der Unterseite dicht mit graubraunen Haaren bedeckt – denen der Strauch seinen Namen verdankt. Im Spätfrühling erscheinen in dichten, ebenfalls behaarten Trugdolden weiße Blüten mit nicht besonders wohlriechendem Duft. Ihnen folgen zunächst rote, später glänzend schwarze giftige Früchte. Dieser Wärme liebende Schneeball verträgt im Gegensatz zu anderen Arten trockenen Boden. Auch er sollte regelmäßig ausgelichtet werden, damit eine schöne Blüte gewährleistet ist. Vermehrt wird er durch Stecklinge.

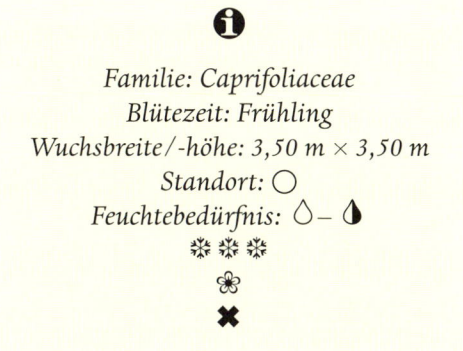

Viburnum lantana

ℹ

Familie: Caprifoliaceae
Blütezeit: Frühling bis Sommer
Wuchsbreite/-höhe: 2-5 m × 2-5 m
Standort: ○
Feuchtebedürfnis: ○
❄ ❄ ❄
✿
✖

Kletterpflanzen

Gegenüberliegende Seite:
Wisteria

Die Verwendung von Kletterpflanzen, also Pflanzen, die mit Hilfe von Spross- oder Blattranken, Haftfüßchen oder Luftwurzeln in die Höhe wachsen und sich dabei an Bäume, Mauern und Ähnlichem stützen, hat eine lange Tradition. Schon in der Antike ließ man zum Schutz vor der Sonne einfache Lauben von Weinstöcken beranken, die zudem noch köstliche Früchte spendeten. Im Zuge des neuen funktionalen Baustils der 20er und 30er Jahre mit seinen klaren Formen verschwanden die Kletterpflanzen zunächst aus dem Stadtbild. Sie galten als verstaubt und altmodisch. Heute sind sie beliebter denn je und werden nicht nur wegen ihrer gestalterischen und ästhetischen Wirkung, sondern auch wegen ihres bautechnischen und ökologischen Nutzens geschätzt. Besonders im städtischen Bereich, wo grüne Oasen Mangelware sind, bereichern Kletterpflanzen – ohne viel Platz zu beanspruchen – das Bild. Sie dienen zum Sicht- und Lärmschutz, zur Fassadenbegrünung oder Beschattung und zum Witterungsschutz am Haus. Die Gruppe der Kletterpflanzen ist vielfältig. Es gibt Stauden, Gehölze und Kletterer, einjährige oder mehrjährige, immergrüne oder sommergrüne, winterharte oder frostempfindliche Arten. Unterschieden werden sie gewöhnlich nach der Kletterform: Die Selbstklimmer wie Efeu und Wilder Wein halten sich mit Haftscheiben oder -wurzeln am Untergrund fest und benötigen keine Kletterhilfen. Rankenkletterer wie Clematis und Wicke halten sich mit Hilfe von Greif- oder Winkelranken an Rankgerüsten o.Ä. fest. Schlingpflanzen wie Hopfen, Blauregen und Geißblatt wachsen links- oder rechtswindend um Kletterhilfen herum. Spreizklimmer wie Kletterrose und Brombeere befestigen sich durch Widerhaken in Form von Dornen, Stacheln oder Haaren an ihrer Oberfläche – Klettergerüsten, Baumkronen oder Sträucher – fest.

Amur-Strahlengriffel

Actinidia kolomikta

🛈

Familie: Actinidiaceae
Blütezeit: Sommer
Wuchsbreite/-höhe: 4,50 m × 5,00 m
Standort: ○
Feuchtebedürfnis: ◗
❋ ❋ ❋

Die winterharte Kletterpflanze stammt aus den lichten Wäldern Ostasiens und wurde Ende des 19. Jahrhunderts nach Europa eingeführt. Sie wächst strauchförmig und windend in sonnigen bis halbschattigen, windgeschützten Lagen vor Mauern und Wänden oder an Spalieren. Im Garten wird sie vor allem wegen ihrer dekorativen Blattfärbung kultiviert. Die länglich-eiförmigen, bis zu 15 cm langen wechselständigen dunkelgrünen Blätter sind bei jungen Pflanzen rosa überlaufen, bei älteren Exemplaren in der oberen Hälfte weiß und rosa gemustert. Der Amur-Strahlengriffel – der Name bezieht sich auf die sternförmig abstehenden Griffel in den Blüten – entwickelt im Juni Büschel mit drei weißen, duftenden, jeweils 2 cm breiten Blüten. Zum Fruchtansatz sind weibliche und männliche Blüten nötig. Die etwa 2,5 cm langen, gelbgrünen, weichen und essbaren Früchte sind länglich-eiförmig und reifen an weiblichen Pflanzen im September bis Oktober. Die Vermehrung erfolgt im Spätsommer durch Stecklinge, die in nährstoffreichem, wasserdurchlässigem Boden und viel Sonne am besten gedeihen.

Actinidia kolomikta

Bougainvillea

Bougainvillea

Die Pflanzengattung mit 14 immergrünen Strauch- oder Baumarten und immergrünen Kletterpflanzen stammt aus den tropischen und subtropischen Breiten Südamerikas. Die Bougainvillea sind ein teils dorniger Spreizklimmer, der in südlichen Klimazonen mit seiner Blütenpracht komplette Häuserfronten überzieht. Bei unseren Klimaverhältnissen benötigt die temparaturempfindliche Pflanze einen geschützten, frostfreien Platz an hellen, sonnigen Mauern und sollte in Töpfen oder Kübeln im Haus überwintert werden. Die kleinen Röhrenblüten der Bougainvillea sind von drei blütenblattartigen Brakteen umgeben und wachsen in großen achsel- oder endständigen Büscheln. Sie blühen den ganzen Sommer über je nach Sorte in violetten, roten, rosafarbenen oder gelben Farben. Die wechselständigen Blätter sind meist ganzrandig und eiförmig. Zu den beliebtesten Sorten zählen die rosablühende 'Gruss aus Badenweiler', die gelbe 'Miggi Rusa', die orangegelbe 'Orange King' und die purpurviolette 'Alexandra'. Vermehrt wird die Pflanze durch Grünstecklinge im Frühjahr oder halbverholzte Stecklinge im Sommer. Für ein gutes Gedeihen ist wöchentliche Düngung und gleichmäßige Feuchte ohne Staunässe nötig.

ⓘ

Familie: Nyctaginaceae
Blütezeit: Sommer bis Herbst
Wuchshöhe: 1–12 m
Standort: ○
Feuchtebedürfnis: ◐
❄

Bougainvillea

Waldrebe

Clematis

Clematis, eine Gattung mit mehr als 200 immergrünen oder sommergrünen, meist rankenden Klettergehölzen, zählen aufgrund ihrer Blütenpracht und langen Blütezeit zu den beliebtesten Gartenpflanzen. Die Wildform ist auf der Süd- und Nordhemisphäre einschließlich Europa, im Himalaja, in China, Australien sowie Nord- und Zentralamerika verbreitet. Die einzelnen Arten und ihre mehr als 400 Sorten unterscheiden sich stark hinsichtlich ihrer Wuchs- und Blattformen. So gibt es sowohl niedrigwüchsige Stauden als auch Kletterpflanzen, die eine Höhe von 10–15 m erreichen können und sich hervorragend zur Begrünung von Lauben, Spalieren, Pergolen, aber auch unansehnlichen Gebäuden eignen. Die kletternden Arten befestigen sich mittels ihrer Blattstiele an Bäumen oder Stützstrukturen. Die Blätter sind blass- bis dunkelgrün, behaart oder unbehaart, einfach, dreifingrig oder ein- bis zweifach gefiedert mit ganzrandigen bis unregelmäßig eingeschnittenen Rändern. Auch die Blütenformen, -größen und -farben variieren stark: Sie stehen einzeln, in Cymen oder Rispen, besitzen 4–10 Kelchblätter und sind ungefüllt oder gefüllt, schalen-, stern- oder tulpenförmig, aber auch glockig oder röhrig. Die Hybride 'Jackmanii' gehört zu den frühblühenden, großblütigen Kletterpflanzen und besitzt ungefüllte, samtige, tiefpurpurne, später violette Blüten. Die Hybriden 'Fuji Musume' und 'Gillian Blades' sind frühblühende, großblütige, kletternde Sorte mit ungefüllten, reinweißen Blüten.

Alpenwaldrebe

Clematis alpina

Die von den Alpen bis Sibirien vorkommende Alpenwaldrebe zählt zur Gattung der Clematis mit mehr als 200 immergrünen oder laubwerfenden Arten, vielfältigen Sorten und Hybriden. Die bereits im März/April blühende, anspruchslose Kletterpflanze wird seit 1792 für die Gartenkultur verwendet, ist völlig frosthart, auch noch in Nordwestlagen zu pflanzen und erreicht eine Wuchshöhe von 2–3 m. Ihre eng glockig bis weit offen geformten laternenartigen Blüten stehen einzeln in den Blattachseln der Vorjahrestriebe. Neben der ursprünglichen Farbe blau mit weißem Zentrum zeigen Sorten wie 'Constance' halbgefüllte, tief purpurrosa, 'Frances Rivis' ('Blue Giant') leicht gedrehte, mittelblaue und 'Pink Flamingo' halbgefüllte blassrosa Blüten, die im Spätsommer bis Herbst zu flauschigen Balgfrüchten heranreifen. Vermehrt wird durch Stecklinge oder Aussaat ins Freie. Wie alle Clematis-Arten benötigt auch die Alpenwaldrebe Schatten an der Wurzel und der Basis, während der Kopf in der Sonne stehen darf.

Familie: Ranunculaceae
Blütezeit: Frühling bis Frühsommer
Wuchsbreite/-höhe: 1,50 m × 2-3 m
Standort: ○ – ◐
Feuchtebedürfnis: ◐
✽ ✽ ✽
anfällig für: Clematis-Welke

Clematis 'Jackmanii'

Familie: Ranunculaceae
Blütezeit: Frühling bis Frühsommer
Wuchsbreite/-höhe: 2-3 m × 5-14 m
Standort: ○, ◐, ●
Feuchtebedürfnis: ◐
✽ ✽ ✽
✿
anfällig für: Clematis-Welke

Bergwaldrebe

Clematis montana

Die sortenreiche Bergwaldrebe ist im Himalaja-Gebiet sowie in West- und Zentral-China verbreitet und wurde 1831 nach Europa eingeführt. Mit bis zu 14 m Höhenwuchs zählt sie zu den starken, extrem wüchsigen Kletterpflanzen, mit denen Gebäude und Gehölzgruppen begrünt werden können. Die kleinen, 5 cm breiten, gefüllten weißen Blüten mit gelben Staubblättern erscheinen zahlreich im Spätfrühjahr und Frühsommer. Einige Sorten wie 'Tetrarose', 'Pink Perfection' und var. 'rubens' blühen rosafarben. Im Sommer entwickeln sich aus den meist duftenden Blüten flauschige Balgfrüchte. Die Blätter sind durchgehend schwach gefiedert und schwach gesägt. Die Vermehrung erfolgt durch Aussaat oder Stecklinge. Ist aus Platzgründen ein Schnitt anzusetzen, sollte das sofort nach der Blüte erfolgen. Die Bergwaldrebe sollte mit der Spitze ihres Wurzelballens etwa 8 cm unter die Erdoberfläche gepflanzt werden, um das Risiko der Clematis-Welke zu reduzieren und die Bildung von basalen Jungtrieben zu unterstützen.

*I*talienische Waldrebe

Clematis viticella

Die reichblühende, eher zierliche Italienische Waldrebe stammt aus dem zentralen Süd-Europa und ist eine alte Gartenpflanze, die bereits im 16. Jahrhundert kultiviert wurde. Neben den großblumigen Hybriden der Viticella-Gruppe gibt es eine große Zahl von Sorten mit Wildcharakter (u.a. 'Albiflora', 'Purpurea Plena Elegans', 'Rubra'). Die Wildart besitzt gefiederte Blätter aus 5–7 Einzelblättchen. Ihre 4 cm breiten, offen glockigen Blüten erscheinen spät von Hochsommer bis Frühherbst und stehen einzeln in den Blattachseln. Sie blühen je nach Sorte in den Farbabstufungen purpurrosa bis violett. Aus der Blüte entwickeln sich Balgfrüchte. Die Vermehrung gelingt durch Aussaat und Stecklinge. Die Italienische Waldrebe benötigt einen kräftigen Rückschnitt im zeitigen Frühjahr, wobei die Vorjahrestriebe bis auf ein Paar kräftiger Knospen etwa 20 cm über der Erde gekappt werden.

Familie: Ranunculaceae
Blütezeit: Sommer bis Frühherbst
Wuchsbreite: 1,5 m
Wuchshöhe: 2–4 m
Standort: ○, ◑, ●
Feuchtebedürfnis: ◐
❄ ❄ ❄
anfällig für: Clematis-Welke

Schlingenknöterich

Fallopia baldschuanica

ⓘ

Familie: Polygonaceae
Blütezeit: Spätsommer bis Herbst
Wuchshöhe: 12 m
Standort: ◯ – ◑
Feuchtebedürfnis: ◗
❊ ❊ ❊

Der Bucharische Schlingenknöterich, der ursprünglich in Südost-Russland beheimatet ist, verbreitete sich im 19. Jahrhundert in ganz Europa und gehört heute zu den beliebtesten Kletterpflanzen. Die anspruchslose, mehrjährige Pflanze gedeiht in jeder Lage und bewuchert als windender Schlinger Wände, Mauern, Pergolen und hohe Bäume. Aufgrund seines starken Wuchses kann der Schlingenknöterich leicht außer Kontrolle geraten. Für sein schnell zunehmendes Gewicht benötigt er eine stabile Kletterhilfe. Problematisch kann er auf Hausdächern werden, wo er Ziegel anheben oder in Bodenräume wachsen kann. Zwischen Juli und Oktober entwickelt die Pflanze breite, fast unbehaarte Rispen aus zunächst weißen, dann rosa gefärbten kleinen Trichterblüten. Im Herbst zeigen sich kleine, dreikantige, blassrosa Früchte. Die dunkelgrünen Blätter der Laub werfenden Pflanze sind herzförmig und bis zu 10 cm lang. Die Vermehrung erfolgt im Frühjahr durch Samen, durch Sommerstecklinge oder Steckhölzer im Winter. Die Pflanze liebt feuchten, alkalischen Boden und sollte jährlich im zeitigen Frühjahr beschnitten werden, um eine Verkahlung des Fußes zu verhindern.

Fallopia baldschuanica

Flammenlilie

Gloriosa superba

Die Knollen bildende Kletterpflanze, die sich zu zahlreichen Varietäten und Formen weiterentwickelt hat, wächst ursprünglich in Gehölzformationen und Wäldern im tropischen Afrika und in Indien. Im Garten wird sie vor allem aufgrund ihrer auffälligen Blüten und ihrer Wuchseigenschaften – sie klettern an anderen Pflanzen empor – kultiviert. Nach dem warmen (15–20 °C) und trockenen Überwintern werden die Knollen im zeitigen Frühjahr ca. 7–10 cm tief in Kästen oder auch an warmer, geschützter Stelle im Garten vor einer geeigneten Kletterhilfe ausgepflanzt. Etwa acht Wochen später erscheinen in den Blattachsen die 5–10 cm großen Blüten, die je nach Sorte sechs mehr oder weniger zurückgeschlagene, wellig berandete rote oder purpurne, häufig gelb umrandete Blütenblätter besitzen. Die Pflanzenblätter sind lanzettlich, leuchtend grün und glänzend. Sie enden in einer Ranke, die sich fest um die Kletterhilfe ringelt. Die Frucht zeigt sich als dreiteilige Kapsel mit roten Samen. Die Feuerlilie ist bei Verzehr hoch giftig, das Berühren der Knollen kann zu Hautreizungen führen. Die Vermehrung erfolgt im Frühjahr durch die Aussaat der Samen bei 19–24 °C oder durch das Abtrennen der fingerförmigen Knollen.

ⓘ

Familie: Colchicaceae
Blütezeit: Sommer bis Herbst
Wuchsbreite: 30 cm
Wuchshöhe: bis 2 m
Standort: ○
Feuchtebedürfnis: ◗
❄
✖

371

Gemeiner Efeu

Hedera helix

Familie: *Araliaceae*
Blütezeit: *Herbst*
Wuchshöhe: *10 m*
Standort: ○, ◑, ●
Feuchtebedürfnis: ◐
❀ ❀ ❀
✖

Diese in Europa heimische Efeuart besitzt das größte Verbreitungsgebiet und wird am häufigsten kultiviert. Die immergrüne, sich an Mauerwerk und andere Kletterhilfen haftende Kletterpflanze oder kriechende Staude zählt zu den Haftwurzeln entwickelnden Selbstklimmern. Der Gemeine Efeu kommt in verschiedenen Unterarten und zahlreichen Kulturvarietäten vor. Er besitzt drei- bis fünflappige, breit eiförmige bis dreieckige Blätter, die je nach Variante 2–6 cm lang sind. Einige Sorten wie 'Atropurpurea' verfärben sich im Winter rötlich. Die hell bis dunkel graugrünen Blätter der Sorte 'Adam' werden im ausgewachsenen Zustand gelb überlaufen und gemustert. 'Goldheart' mit goldener Spreitenmitte bei dunkelgrünem Blattrand besitzt die auffälligste Färbung. Erst an älteren Pflanzen, die bei genügendem Licht die ungelappte Altersform der Blätter zeigen, erscheinen die kleinen, grünen Blüten, die im Herbst massenhaft von Insekten beflogen werden. Aus ihnen entstehen zahlreiche schwarze Beeren, die gern von Vögeln gefressen werden. Alle Efeuteile können bei Verzehr starkes Unwohlsein hervorrufen. Der Kontakt mit dem Pflanzensaft kann zu Hautirritationen führen. Die Vermehrung durch Stecklinge und bewurzelte Stiele gelingt leicht.

Hedera helix

Irischer Efeu

Hedera hibernica

Die ursprünglich aus dem atlantischen Küstenklima Westeuropas stammende Efeuart *H. hibernica* ist von geringerer Winterhärte als der Gemeine Efeu, eignet sich aber dennoch hervorragend zur Begrünung von Mauern und als schnellwüchsiger Bodendecker. Die Kletterpflanze hat dunkelgrüne, breit eiförmige bis dreieckige, fünflappige und 5–8 cm lange Blätter, die leicht nach oben geschlagen sind. Ebenso wie der Gemeine Efeu blüht auch nur die Altersform der *H. hibernica* im Herbst mit grünen, eher unscheinbaren Blüten, aus denen sich kleine, schwarze Beeren entwickeln. Die Pflanze bevorzugt frischen, humosen und nährstoffreichen Boden und vermehrt sich durch Stecklinge oder durch kreisförmige, dem Substrat im Topf aufgelegte und fixierte Triebe, die an den Knoten neue Wurzeln bilden. Als schattenverträglicher Bodendecker eignet sich der Irische Efeu besonders gut als Rasenersatz.

Familie: *Araliaceae*
Blütezeit: *Herbst*
Wuchshöhe: *10 m*
Standort: ○, ◑, ●
Feuchtebedürfnis: ◗
❄ ❄ ❄
✖

Japanischer Hopfen

Humulus japonicus

Der einjährige Japanische Hopfen stammt aus Japan und China und ist ein Verwandter des Bierhopfens (*H. lupulus*). Die Blüten im Hochsommer spielen im Gegensatz zu den duftenden weiblichen Blüten des Gewöhnlichen Hopfens eine eher untergeordnete Rolle. Dekorativer Blickfang sind die bis 20 cm großen, handförmigen und rau behaarten Blätter. Durch das kräftige Wachstum und die dichte Blattmasse eignet sich diese Kletterpflanze hervorragend zur Begrünung von Pergolen, Lauben oder auch Balkongittern und bildet schnell einen natürlichen Sichtschutz. Hopfen ist zweihäusig, das bedeutet, männliche und weibliche Blüten kommen getrennt auf verschiedenen Pflanzen vor. Ausgesät wird im Frühjahr im Haus, ausgepflanzt wird erst, wenn keine Frostgefahr mehr besteht. Da sich die Pflanzen rasch ausbreiten, sollten sie nicht zu dicht gepflanzt werden. Der Japanische Hopfen bevorzugt feuchte Böden, will aber keine Staunässe. Neben der grünen Art, die auch noch im Schatten wächst, gibt es die weißbunte Sorte 'Variegatus', die sich besonders für sonnige Lagen eignet.

Familie: *Cannabaceae*
Blütezeit: *Sommer*
Wuchshöhe: *bis 6 m hoch*
Standort: ○ – ●
Feuchtebedürfnis: ◗
❄

Winde

Ipomoea

Mit Kletterpflanzen kann man sich schnell und bequem vor neugierigen Blicken schützen oder sich ein lauschiges Schattenplätzchen gestalten. Sie schlingen sich rasch und farbenfroh – mit Hilfe einfacher Kletterspaliere, Schnüre oder Stäbe – manchmal mehrere Meter an Mauern, Zäunen, Balkonwänden oder Pergolen hinauf. In Kästen und Kübeln sind sie zudem noch mobil. Windengewächse sind in den tropischen Regionen der Welt heimisch und wachsen dort meist ausdauernd. In Gebieten mit gemäßigtem Klima werden sie aufgrund ihrer Frostempfindlichkeit meist einjährig gezogen. Blickfang sind ihre außergewöhnlich schönen Blüten, je nach Art groß und trichterförmig wie bei *Ipomoea tricolor* oder *I. indica*, oder röhrenförmig und exotisch anmutend wie bei *I. lobata*. Die Blüten bilden einen wirkungsvollen Kontrast zu den kräftig grünen Blättern, die herzförmig bis fein zerteilt sein können, und immer schnell einen dichten Laubvorhang bilden. Winden sind, sofern sie einen warmen, windgeschützten Standort haben, äußerst anspruchslos. An sehr windigen Plätzen sollten selbst junge Pflanzen lose an der Kletterhilfe befestigt werden. Während der Wachstumszeit brauchen sie ausreichend Wasser und Nährstoffe. Geben Sie entweder einmal wöchentlich Flüssigdünger oder bei der Pflanzung direkt Langzeitdünger in das Substrat. Wenn die untersten Blätter gelb werden, düngen Sie umgehend nach. Gute Starthilfe können Sie leisten, indem Sie der Pflanzerde reifen Kompost zugeben. Ausgesät wird im Frühjahr bei 18-20 °C, ausgepflanzt wird erst, wenn keine Frostgefahr mehr besteht. Von Stauden oder Halbsträuchern, die im warmen Gewächshaus überwintern können, lassen sich im Frühjahr auch Grünstecklinge schneiden.

Trichterwinde

Ipomoea hederacea

Familie: Convolvulaceae
Blütezeit: Sommer
Wuchshöhe: 2-3 m
Standort: ○
Feuchtebedürfnis: ◖
❋
✖

Die im tropischen Mittelamerika beheimatete windende Kletterpflanze wird wegen ihrer Frostempfindlichkeit in Mitteleuropa nur als einjährige Sommerpflanze gezogen. Im Garten findet sie zur Berankerung von Zäunen, Spalieren und Pergolen Verwendung, sie kann aber auch in Kästen oder Kübeln kultiviert werden. Die prachtvolle Schlingpflanze mit schlanken, dicht behaarten Sprossen hat herzförmige, meist dreilappige, an den Enden spitz zulaufende, mittel- bis tiefgrüne Blätter, die 5–12 cm lang sind. Im Sommer entwickeln sich Cymen aus 2–5 blauen, zuweilen auch purpurnen, 2–3,5 cm breiten Trichterblüten, die aus einer weißen Röhre und lang ausgezogenen grünen Kelchblättern bestehen. Die Samen sind bei Verzehr extrem giftig. Die Vermehrung erfolgt durch Vorkultur unter Glas oder im Frühling durch Aussaat im Freien an einem sonnigen, geschützten Standort. Dabei werden die Samen vor dem Säen angeritzt oder 24 Stunden zuvor eingeweicht. Die Trichterwinde benötigt einen humusreichen, gut gedüngten, durchlässigen Boden und volle Sonne.

Ipomoea hederacea

Winde

Ipomoea tricolor

Die aus dem tropischen Mittel- und Südamerika kommende Winde wurde 1834 von dem britischen Offizier Samuel Richardson aus Mexiko nach Großbritannien gesandt und dient seitdem zur Begrünung von Zäunen, Pfeilern und Trennwänden. Die einjährige, schnellwachsende, aber auch extrem zugempfindliche Schlingpflanze ist äußerst blühfreudig. Ihre hell- bis mittelgrünen Blätter sind ganzrandig mit herzförmiger Basis und schlanker Spitze. Die *I. tricolor* ist die in Mitteleuropa am weitesten verbreitete Sommer-winde. Ihre zahlreichen Sorten unterscheiden sich vor allem in der Farbe der trichterförmigen, bis zu 8 cm breiten Blüten, die im Sommer einzeln oder in drei- bis fünfblütigen Cymen erscheinen. Die Winde 'Heavenly Blue' hat azurblaue Blüten mit weißem Schlund, 'Flying Saucers' dagegen unterschiedlich marmorierte, weiße und purpurblaue und 'Crimson Rambler' rote mit weißem Schlund. Die Pflanze erblüht morgens und welkt am Nachmittag. Die Samen sind giftig. Die Vermehrung erfolgt durch Aussaat im Frühling, bei Stauden und Halbsträuchern auch durch Stecklinge.

Familie: Convolvulaceae
Blütezeit: Sommer
Wuchshöhe: 3-4 m
Standort: ○
Feuchtebedürfnis: ◗
❄
✖

Prunkwinde

Ipomoea indica

Die in allen Tropengebieten der Welt heimische Prunkwinde wird in Mitteleuropa als wüchsige und ausdauernde Kletterpflanze kultiviert. Im Garten benötigt sie mäßig fruchtbare, gut dränierte Erde, volle Sonne und Schutz vor kalten, austrocknenden Winden. Der Wuchs sollte durch Kletterhilfen gestützt werden. Ihre immergrünen, 6–17 cm langen Blätter sind herzförmig oder dreieckig geformt mit schlank auslaufender Spitze. Die Pflanze blüht vom Spätfrühjahr bis Herbst in purpurblauen bis blauen Farben. Ihre Trichterblüten sind 6–8 cm breit und wachsen in Cymen aus 3–5 Blüten, deren Farbe später meist zu purpurn wechselt. Die Samen sind bei Verzehr giftig. Vermehrt wird die Pflanze durch Samen im Frühling oder Stecklinge im Sommer. Die Prunkwinde ist anfällig für Viren und Echten Mehltau. Beim Kultivieren unter Glas können als Schädlinge auch Weiße Fliege und Rote Spinnmilbe auftreten.

Familie: Convolvulaceae
Blütezeit: Sommer bis Herbst
Wuchshöhe: 6 m
Standort: ○
Feuchtebedürfnis: ◗
❄

anfällig für: Viren, Echter Mehltau, Weiße Fliege, Rote Spinnmilbe

Jasminum mesnyi

Primeljasmin

Jasminum mesnyi

ℹ

Familie: Oleaceae
Blütezeit: Frühling bis Sommer
Wuchsbreite: 1–2 m
Wuchshöhe: 3 m
Standort: ◯, ◑
Feuchtebedürfnis: ◐
❄
✾
Schädlinge: Blattläuse, Schmierläuse

Der immergrüne Primeljasmin, der ursprünglich in den südwestlichen Regionen Chinas wächst, erreicht als lichter, schlankstämmiger Strauch eine Höhe von bis zu 3 m. An Pergolen, Zäune, Bögen oder große Sträucher gestützt, wächst er wie eine Kletterpflanze. Seine gefiederten, dunkelgrünen, glänzendenden Blätter sind gegenständig angeordnet und aus drei verkehrt länglichen bis lanzettlichen Fiedern zusammengesetzt. Der Primeljasmin zählt zu den Duftpflanzen und sein voller Duft begleitet die Blütezeit von Frühling bis Sommer. Dann erscheinen halbgefüllte, hellgelbe Blüten in wenig blütigen Gruppen. Die Früchte sind schwarze Beeren. Die Vermehrung erfolgt im Sommer durch Stecklinge von halbverholzten Trieben. Der Primeljasmin benötigt im Freiland einen fruchtbaren, wasserdurchlässigen Boden und volles Licht bis leichten Schatten. Die Pflanze sollte jährlich nach der Blüte zurückgeschnitten werden, um den Jungwuchs anzuregen. Blattläuse und Schmierläuse als Hauptschädlinge können die Pflanze gefährden.

Wicke, Platterbse

Lathyrus

Wicken, eine Gattung mit 150 verschiedenen Arten ein- und mehrjähriger, auch immergrüner Kräuter, stammen aus den nördlichen gemäßigten Zonen sowie aus Nord- und Ostafrika und dem gemäßigten Südamerika. Wegen ihrer attraktiven, häufig stark duftenden, weißen, blauen, roten und rosafarbenen Blüten werden sie als Gartenpflanze kultiviert. Einige der kletternden Arten eignen sich zur Begrünung von Zäunen, Spalieren und Bögen und können über Böschungen und durch Sträucher gezogen werden. Sie liefern auch haltbare Schnittblumen. Zu den verbreitetsten Arten zählt *Lathyrus odoratus* (Duftwicke), die sich wiederum in zahlreiche Sorten aufgliedert. Die Früchte und Samen sind ungenießbar. Die Vermehrung erfolgt je nach Art durch Aussaat, Stecklinge oder Teilung. Die Samen sollten vor dem Säen quellen oder angeritzt werden. Wicken benötigen fruchtbaren, humosen Boden ohne Staunässe und gedeihen am besten an sonnigen oder leicht schattigen Standorten. Regelmäßiges Schneiden und Düngen fördern nachhaltig den Blütenansatz. Zu den Hauptschädlingen zählen Blattläuse, Schnecken und Thripse.

Familie: Fabaceae
Blütezeit: Sommer bis Herbst
Wuchshöhe: bis zu 3 m
Standort: ○ – ◑
Feuchtebedürfnis: ◊
✿ ✿ ✿
Schädlinge: Blattläuse, Schnecken, Thripse

Wicke, Platterbse

Lathyrus grandiflorus

Familie: Fabaceae
Blütezeit: Sommer
Wuchshöhe: 1,5 m
Standort: ○ – ◑ ◐
Feuchtebedürfnis: ◗
❀ ❀ ❀

Die krautige, ausdauernde Kletterpflanzenart aus der Familie der Wicken kommt in Italien, Bulgarien und in den Regionen von Slowenien bis Albanien vor. Die Pflanze breitet sich mit Schösslingen aus und erreicht eine Höhe von etwa 1,5 m. Eine Kletterhilfe sollte ihren Wuchs stützen. Sie hat ungeflügelte Sprosse und mittelgrüne Blätter, die gewöhnlich mit einem Paar elliptischer, bis 5 cm langen Fiedern versehen sind. Im Sommer entwickeln sich in den Blattachsen Trauben mit 1–2, manchmal auch bis zu 4 Blüten, die etwa 3 cm groß und rosapurpurn oder rot gefärbt sind. *Lathyrus grandiflorus* benötigt zum guten Gedeihen einen nährstoffreichen, nicht zu trockenen Boden an einem möglichst sonnigen Standort. Abgeblühte Blütentriebe sollten regelmäßig entfernt werden.

Staudenwicke

Lathyrus latiflorus

Lathyrus odoratus

Familie: Fabaceae
Blütezeit: Sommer bis Herbst
Wuchshöhe: 2 m
Standort: ○ – ◑ ◐
Feuchtebedürfnis: ◗
❀ ❀ ❀

Die in mitteleuropäischen Gärten als kräftig wachsende, ausdauernde Kletterpflanze kultivierte Staudenwicke stammt aus Südeuropa. Sie treibt jedes Jahr wieder neue, bis zu 2 m hohe Triebe, für die sie Stützhilfen benötigt. Sie hat geflügelte Sprosse und blaugrüne Blätter, die mit einem Paar länglich-elliptischer, 8–11 cm langen Fiedern und zwei breiten Nebenblättern ausgestattet sind. Von Sommer bis Frühherbst trägt die Pflanze Rispen kleiner Blüten. Die Sorte 'Blushing Bride' hat rosa überlaufene, weiße Blüten, 'White Pearl' blüht reinweiß, 'Rose Queen' kräftig rosa. Damit der Samenansatz so gering wie möglich ist und die Weiterblüte gefördert wird, sollten die verwelkten Blütenstände regelmäßig herausgeschnitten werden. Auch sollten die Staudenwicken nach der Blühphase zurückgeschnitten werden. Die Vermehrung erfolgt im Herbst durch Aussaat entweder in milden Gebieten im Freiland oder in kalten Regionen in Töpfen im Kalten Kasten. Bei beiden Varianten sollte der Samen vorquellen. Staudenwicken gedeihen am besten auf fruchtbarem, wasserdurchlässigem Boden in voller Sonne oder leichtem Halbschatten.

*F*euergeißschlinge

Lonicera × heckrottii

Die Feuergeißschlinge, ein nur schwach kletterndes, mehr buschig-strauchig wachsendes Geißblatt ist eine Hybride, die wahrscheinlich aus *L. americana* und *L. sempervirens* hervorgegangen ist. Besonders geeignet für ihre Kultur im Garten sind Rankgitter, durch welche die Triebe gesteckt werden können. Die Pflanze besitzt paarige, von der Form her längliche, ovale oder elliptische, 3–6 cm lange Blätter mit einer dunkelgrünen Ober- und einer blaugrünen Unterseite. Im Sommer erscheinen röhrenförmige, zweilippige, etwa 4 cm lange, rosafarbene bis violettrote Blüten mit gelbweißem Inneren. Sie duften stark und ziehen vor allem Bienen an. Im Herbst reifen manchmal rote Beeren, die stark giftig sind. Von *L. x heckrottii* stammt die Sorte 'Goldflame' ab, deren Blüten heller gefärbt sind. Die Vermehrung erfolgt durch Stecklinge. Die Feuergeißschlinge zählt zu den langlebigsten und anspruchslosesten Kletterpflanzen. Sie benötigt fruchtbaren, humusreichen, feuchten, aber wasserdurchlässigen Boden und verträgt volle Sonne. Im Halbschatten ist die Pflanze jedoch weniger anfällig für Blattläuse.

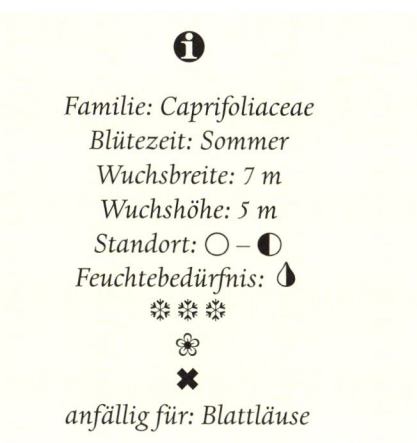

Familie: Caprifoliaceae
Blütezeit: Sommer
Wuchsbreite: 7 m
Wuchshöhe: 5 m
Standort: ○ – ◖
Feuchtebedürfnis: ◗
✳ ✳ ✳
❁
✖
anfällig für: Blattläuse

381

Parthenocissus tricuspidata

Familie: *Vitaceae*
Blütezeit: *Sommer*
Wuchshöhe: *20 m*
Standort: ○, ◑, ●
Feuchtebedürfnis: ◗
✽ ✽ ✽

*E*feuwein, Jungfernrebe

Parthenocissus tricuspidata

Der mit Hilfe von Haftscheiben selbstkletternde Efeuwein wurde 1862 aus seiner Heimat Ostasien nach Mitteleuropa eingeführt. Im Garten wird er vor allem wegen seiner langgestielten, breiten Blätter kultiviert, die sich im Herbst orange und scharlachrot färben. Die Pflanze wird an Mauern und Zäune gesetzt. Der Efeuwein ist eine sortenreiche Art mit bis zu 25 cm großen, dreilappigen, bei Jungpflanzen noch ungeteilten Blättern. Die Blattoberseite ist auffällig glänzend grün, der Austrieb bronzefarben. Die Sorte 'Beverley Brook' ist kleinblättriger und trägt im Sommer purpurn überlaufenes, im Herbst leuchtend rotes Laub; 'Veitchii' hat eine dunkel purpurrote Herbstfärbung; 'Lowii' hat kleine, tief 3–7-lappige Blätter. Im Sommer erscheinen unauffällige, grüngelbe Blüten, die zu schwarzen, bis zu 8 mm breiten Beeren reifen. Die Früchte führen bei Verzehr zu leichtem Unwohlsein. Die Vermehrung erfolgt im Herbst durch Aussaat in Töpfen oder durch Grünstecklinge im Frühsommer und Steckreiser im Winter. In sehr kalten Wintern kann die Pflanze etwas zurückfrieren. Sie baut sich jedoch im Frühling von unten her stets wieder auf. Der robuste Efeuwein stellt wenig Ansprüche und wächst in jedem fruchtbaren, nicht zu trockenen Gartenboden.

Parthenocissus tricuspidata

382

Passionsblume

Passiflora

Die Passionsblume umfasst eine Pflanzenfamilie von mehr als 400 Arten, die vorwiegend im tropischen Nord-, Mittel- und Südamerika, aber v. a. auch in Australien und Neuseeland vorkommt. Meist sind es verholzende Kletterpflanzen, die sich mit achselständigen Ranken festhalten. Frostharte Arten wie 'Passiflora caerulea' sind zur Bepflanzung von Spalieren und Wänden geeignet, frostempfindliche sollten im Haus überwintern. Die meist gefingerten Blätter der Passionsblume sind elliptisch oder eiförmig und stehen gewöhnlich wechselständig. Im Sommer bilden sich in den oberen Blattachseln einzeln oder in Trauben die exotischen Blüten aus. Jede davon hat eine breite röhrenförmige Basis und zehn, manchmal fünf, Blütenblätter. Der Stiel in der Mitte trägt den Fruchtknoten und die Staubblätter und ist von fleischigen Fäden (Korona) umgeben. Auf die Blüten folgen eiförmige oder kugelige, meist gelbe Früchte, die essbar sind (Maracujasaft, Passionsfruchtsaft). Die Vermehrung gelingt durch Stecklinge und durch Aussaat im Frühling. Die Passionsblume benötigt im Freiland mäßig fruchtbaren, feuchten, aber wasserdurchlässigen Boden. Sie verträgt volle Sonne oder Halbschatten.

Passiflora

Familie: Passifloraceae
Blütezeit: Sommer bis Herbst
Wuchshöhe: 5 m
Standort: ○ – ◑
Feuchtebedürfnis: ◐
❄ – ❄❄

Jasminähnlicher Nachtschatten

Solanum jasminoides

Die immergrüne oder halbimmergrüne Kletterpflanze stammt aus Brasilien. Ihre Triebe können in einer Gartensaison bis zu 6 m hoch werden. Sie hat eiförmige, drei- bis fünfteilige, dunkelgrüne Blätter, die etwa 5 cm lang sind, und duftet nicht. Im Sommer und Herbst entwickeln sich in Blattachseln an den Enden der Haupt- und Seitentriebe 5–7 cm breite Büschel von blauweißen Blüten. Die Sorte 'Album' trägt reinweiße Blüten. Die schwarzen Beerenfrüchte, die in mitteleuropäischen Lagen allerdings selten reifen, sind bei Verzehr giftig. Vermehrt wird durch Aussaat im Frühling oder durch die Bewurzelung von halbverholzten Sträuchern bis in den Frühherbst. Die Überwinterung gelingt durch bewurzelte Stecklinge. Die Pflanze sollte im Freiland in mäßig fruchtbarem, feuchtem, aber wasserdurchlässigem, neutralem bis schwach alkalischem Boden in voller Sonne gepflanzt werden.

Solanum jasminoides

Familie: Solanaceae
Blütezeit: Sommer bis Herbst
Wuchshöhe: 6 m
Standort: ○
Feuchtebedürfnis: ◐
❄
✖

383

Vitis vinifera

Echte Weinrebe

Vitis vinifera

Familie: *Vitaceae*
Blütezeit: *Sommer bis Herbst*
Wuchshöhe: *7 m*
Standort: ◯ – ◑
Feuchtebedürfnis: ◐
❊ ❊ ❊

Die Echte Weinrebe, deren verschiedene Sorten wohlschmeckende Trauben liefern, wurde bereits vor etwa 5500 Jahren in Ägypten kultiviert. Heute kommt sie in Wäldern, an Waldrändern und in Dickichten der gemäßigten nördlichen Breiten vor. Die holzige, laubwerfende Kletterpflanze gedeiht am besten in windgeschützter, sonniger Lage an Spalieren, Pergolen, Zäunen und Mauern oder in großen Sträuchern und Bäumen. Ihre rundlichen, 3–5-lappigen, bis zu 15 cm langen Blätter färben sich im Herbst weinrot-purpurn. Aus den grünlichen Blüten entwickeln sich je nach Sorte hellgrüne, gelbe oder blaue Früchte. Als Gewähr für reichtragende und gesunde Pflanze, sollte eine Sorte gewählt werden, die sich in örtlichen Baumschulen bewährt hat. Empfohlen werden die alte, auf römische Importe zurückgehende Sorte 'Weißer Gutedel' sowie 'Muscat Bleu', 'Medina' und 'Bianca'. In wasserdurchlässigen, am besten neutralen bis schwach alkalischen, humusreichen Boden gepflanzt werden veredelte Sorten, deren Wurzeln auf Streichholzlänge und deren Triebe auf zwei Knospen zurückgeschnitten werden. Die späteren Austriebe können ggf. im Winter und auch im Sommer zurückgeschnitten werden.

384

Wisteria floribunda

Langtraubige Glyzine, Japanischer Blauregen

Wisteria floribunda

Die im Uhrzeigersinn schlingende, laubwerfende Kletterpflanze aus der Familie der Glyzinen stammt ursprünglich aus Japan und wurde 1830 nach Belgien eingeführt. Heute gehört sie zu den in Mitteleuropa verbreitetsten Arten ihrer Gattung. Ihre Blütenpracht ist im Frühsommer an Häusern, Lauben oder Pergolen ein besonderer Blickfang. Sie besitzt gefiederte Blätter, die aus jeweils 11–19 eiförmigen bis lanzettlichen Einzelblättchen zusammengesetzt sind. Ihre duftenden, je nach Sorte blauen bis violetten, rosafarbenen oder weißen Blüten stehen in etwa 30 cm langen, hängenden Trauben. Die Blüten blühen vom Zweig bis zur Spitze hin auf. Sie reifen zu bohnenartigen, samtig behaarten, etwa 15 cm langen, grünen Hülsen. Die Sorte 'Alba' bildet bis zu 60 cm lange Trauben mit weißen Blüten, 'Macrobotrys' trägt fliederfarbene Blüten, die in bis zu 1,2 m langen Trauben angeordnet sind. Alle Pflanzenteile können bei Verzehr schwere Übelkeit hervorrufen. Die Vermehrung erfolgt im Herbst durch Stecklinge. Am besten gedeiht die langtraubige Glyzine in feuchtem, neutralem bis leicht saurem Boden.

ⓘ

Familie: Fabaceae
Blütezeit: Frühling bis Sommer
Wuchshöhe: 9 m und mehr
Standort: ○ – ◑
Feuchtebedürfnis: ◐

✿ ✿ ✿

✖

❀

Chinesischer Blauregen

Wisteria sinensis

Familie: Fabaceae
Blütezeit: Frühling
Wuchshöhe: 9 m und mehr
Standort: ○ – ◑
Feuchtebedürfnis: ◐

❋ ❋ ❋

✖

❀

Der entgegen dem Uhrzeigersinn schlingende Chinesische Blauregen stammt – wie der Name besagt – aus China und kam um 1816 nach Europa, wo er heute zu den am meisten gepflanzten Glyzinen-Arten zählt. Er besitzt wechselständige, gefiederte Blätter mit 7–13 eiförmigen bis lanzettlichen Einzelblättchen. Die je nach Sorte fliederblauen bis weißen, etwa 2,5 cm großen, duftenden Blüten stehen in 20–30 cm langen, hängenden Trauben und blühen etwa gleichzeitig auf. Blütezeit ist April–Mai, also vor dem Laubaustrieb. Die Sorte 'Alba' trägt weiße Blüten, 'Sierra Madre' besitzt lavendelviolette Blüten mit weiß überhauchten Fahnen. Reiche Blüte erscheint erst im vierten bis fünften Jahr nach der Pflanzung. Im Frühsommer reifen aus den Blüten bohnenartige, 15 cm lange, samtig behaarte, grüne Hülsen. Alle Pflanzenteile sind giftig. Die Pflanze wird im Herbst durch Stecklinge vermehrt. Bei der Wahl der Kletterhilfe sollten Größe und Gewicht der stark wachsenden Kletterpflanze berücksichtigt werden. Dabei gehören Regenrinnen zu den ungeeigneten Unterlagen, die von der Pflanze beschädigt werden können.

Blauregen-Hybride

Wisteria × formosa

Familie: Fabaceae
Blütezeit: Frühling bis Sommer
Wuchshöhe: 9 m und mehr
Standort: ○ – ◑
Feuchtebedürfnis: ◐

❋ ❋ ❋

✖

❀

Die entgegen dem Uhrzeigersinn schlingende Glyzinen-Art ist gärtnerischer Herkunft und als Kreuzung aus *W. floribunda* und *W. sinensis* hervorgegangen. Ihre gefiederten Blätter bestehen aus 9–15 eiförmigen bis elliptischen Einzelblättchen. Junge Triebe sind silberweiß behaart. Im späten Frühjahr und Frühsommer erscheinen ihre kräftig duftenden, violettblauen Blüten mit weißen und gelben Flecken. Sie öffnen sich fast gleichzeitig in hängenden, kaskadenartigen, bis zu 25 cm langen Trauben. Die Blüten reifen zu bohnenartigen, 15 cm langen, grünen Früchten heran. Bei Verzehr rufen alle Pflanzenteile schwere Übelkeit hervor. Die Vermehrung geschieht im Herbst durch Stecklinge oder im Winter durch Pfropfungen. Die Pflanze benötigt nährstoffreichen, gleichmäßig feuchten, aber wasserdurchlässigen Boden, der keinesfalls kalkhaltig sein darf. Die Hybride muss ebenso wie die anderen Arten bei der Pflanzung stark zurückgeschnitten und später nachgeschnitten werden.

Wisteria × *formosa*

Schädlinge und Krankheiten

Vorbeugung ist oft die beste Medizin. Deshalb sollte Pflanzenschutz nicht erst mit der Bekämpfung von Schädlingen und Krankheiten beginnen. Entscheidend für eine gute Entwicklung ist die Auswahl von gesunden, kräftigen Pflanzen und die Beachtung von Standort- und Kulturbedingungen. So können eine zu enge Pflanzung oder zu dunkle, feuchte Standorte das Auftreten von Schädlingen und Krankheiten ebenso fördern wie zu geringe oder übermäßige Wasser- und Düngergaben. Die Einarbeitung von Kompost verleiht dem Gartenboden eine lockere Struktur und fördert die Entwicklung von Bodelebewesen, die wiederum Nährstoffe für die Pflanzen verfügbar machen. Durch einen möglichst naturnahen Garten kann der Gartenliebhaber die Ansiedlung von Nützlingen fördern. Nachhelfen kann er zum Beispiel mit Nistkästen und Tränken für Vögel oder mit Reisig- oder Laubhaufen, die Schneckenvertilgern wie Igel und Spitzmaus Unterschlupf bieten.

Die Pflanze toleriert häufig eine gewisse Anzahl von Schädlingen ohne selbst Schaden zu nehmen. Sind genügend natürliche Feinde vorhanden und das biologische Gleichgewicht in Ordnung, ist eine chemische Bekämpfung meist nicht notwendig. Ist sie doch einmal unvermeidlich, fragen Sie im Fachhandel nach **nützlingsschonenden Präparaten**, um so unermüdliche Blattlausvertilger wie Marienkäfer, Florfliegen oder Schwebfliegen zu schonen. Bei der Behandlung von blühenden Pflanzen greifen Sie unbedingt auf bienenungefährliche Mittel zurück.

Empfehlenswert wegen ihrer pflanzenstärkenden und schädlingsabwehrenden Wirkung sind **Kräuterzubereitungen** wie Tees, Brühen oder Jauchen, die es mittlerweile auch schon als Fertigpräparate im Handel gibt. Sie lassen sich leicht selbst ansetzen, als Faustregel gilt 1 kg frische bzw. 150 g getrocknete Pflanzen auf 10 l Wasser. Tees werden wie gewöhnlich gekocht und müssen dann noch 24 Stunden ziehen, Brühen werden nach 24 Stunden noch einmal aufgekocht. Jauchen müssen etwa 14 Tage vergären und sollten nur verdünnt auf die Pflanze gespritzt werden. Beispiele:

- Brennessel, Wurm- und Adlerfarn als Jauche oder Brühe zur Düngung, verdünnt gegen Blattläuse
- Schachtelhalm-Jauche oder -Brühe gegen Mehltau, Rost und Schorf
- Knoblauch- und Zwiebeljauche stärken allgemein gegen Pilzkrankheiten.

Tierische Schädlinge:

Blattläuse: Blattläuse sind weit verbreitete Schädlinge mit über 220 Arten. Typisches Schadbild sind verkrüppelte, gekräuselte oder zusammengerollte Blätter, verkürzte Triebe und Welkerscheinungen. Die Blattlauskolonien sitzen an der Blattunterseite, besonders gerne saugen sie an jungen, weichen Pflanzenteilen. Durch die Honigtauabsonderung folgt häufig eine Besiedlung mit Rußtaupilzen. Zudem übertragen Blattläuse viele gefährliche Viruskrankheiten. Vorbeugen kann man mit einer ausgewogenen Düngung ohne zu viel Stickstoff. Bei leichtem Befall reicht es aus, die befallenen Pflanzenteile zu entfernen oder in Schmierseifenbrühe zu tauchen. Ein Kaltwasserauszug der Brennessel soll, als unverdünntes Spritzmittel eingesetzt, sehr wirksam gegen Blattläuse sein (1 kg Brennnesselkraut auf 10 l Wasser 12 bis 24 Stunden in kaltem Wasser ansetzen). *Bei stärkerem Befall kann man ein nützlingsschonendes Pflanzenschutzmittel einsetzen, das natürlichen Feinden wie Florfliegen oder Marienkäfer nicht schadet:* Für den Einsatz im Gewächshaus gibt es im Fachhandel zahlreiche Nützlinge, z.B. Florfliegen, Marienkäfer, Räuberische Gallmücken.

Schildläuse: Die flachen oder gewölbten, gelblich bis bräunlichen Läuse sitzen bewegungslos an Zweigen und Blättern. Sie befallen Nadel- und Laubgehölze, Obstbäume und –sträucher sowie Zimmer- und Kübelpflanzen. Durch die Absonderung von Honigtau kommt es häufig zum Befall mit Rußtaupilzen. Bei schwächerem Befall sammelt man die Tiere am besten ab. *Bei starkem Befall kann bei hartlaubigen Pflanzen wiederholt ein mineralölhaltiges Präparat eingesetzt werden, wobei die Läuse unter dem Ölfilm ersticken. Dies sollte nicht zu häufig geschehen, sonst verkleben die Spaltöffnungen der Blätter leicht.* Im Gewächshaus helfen nützliche Schlupfwespen, die über den Fachhandel zu bestellen sind.

Schmierläuse (Wollläuse): Die kleinen, mit weißen Wachsausscheidungen überzogenen Tiere sitzen an den Blattunterseiten, Blattstielen, Trieben und besonders in den Blattachseln. Im Gegensatz zu Schildläusen sind sie beweglich, aber genauso lästig. Durch die Absonderung von Honigtau folgt häufig ein Befall mit Rußtaupilzen. Die Blätter sind dann klebrig und glänzend. Bei Nadelbäumen vergilben die Nadeln und fallen ab; besonders gefährdet sind Kiefer, Lärche, Douglasie. Die Bekämpfung erfolgt wie bei Schildläusen. Tipp: Empfindliche Zimmer- und Kübelpflanzen sollten nicht zu warm überwintert werden, damit sich die Läuse nicht weiter vermehren.

Sitkafichtenläuse: Sie sind gefürchtete Schädlinge vor allem an Blau- und Sitkafichten (Picea pungens, P. sitchensis) und verursachen gelbliche Flecken auf den Nadeln, die dann verbräunen und abfallen. Betroffen sind zunächst die inneren, älteren Triebe, während die Maitriebe noch austreiben, im Spätsommer dann aber auch befallen werden. Als Folge verkahlen ganze Zweigpartien. Durch die Honigtaubildung folgen oft

Rußtaupilze, zudem übertragen Sitkafichtenläuse auch Viruskrankheiten. Das Schadbild ähnelt dem der Fichten- oder Nadelholzspinnmilbe, nicht selten treten sie auch gemeinsam auf. Die Eier überwintern am Baum, bei milder Witterung von Dezember bis März kommt es im Frühjahr zur Massenvermehrung. Wichtig ist deshalb eine frühzeitige Befallskontrolle, je nach Witterung schon ab Februar. Dabei klopft man die Zweige über weißem Papier ab und kann so die Befallsstärke abschätzen. *Bei stärkerem Befall empfiehlt sich die Behandlung mit einem mineralölhaltigem Pflanzenschutzmittel – am besten noch vor dem Austrieb.*

Spinnmilben: Die winzigen Schädlinge verursachen punktförmige, helle Flecken auf der Blattoberseite. Die Blätter vertrocknen und sterben schließlich ab. Sie selbst sitzen an der Blattunterseite und ihr Wirtsspektrum reicht von der Zimmerpflanze bis zum Obstbaum. Typisch sind weiße Gespinste zwischen den Blattachseln und auf den Blattunterseiten. Spinnmilben treten besonders bei trockener, warmer Witterung auf, die ihre Vermehrung fördert. Aus diesem Grund ist trockene Luft möglichst zu vermeiden. Im Garten sollte man wichtige Gegenspieler wie Raubmilben und Raubwanzen fördern *und nur bei starkem Befall auf nützlingsschonende Pflanzenschutzmittel (z.B. Kaliseifen-Präparate) zurückgreifen.* Für den Einsatz im Gewächshaus sind über den Fachhandel Raubmilben zu beziehen.

Weiße Fliegen (Mottenschildläuse): Die geflügelten, weiß bepuderten Insekten und ihre unbeweglichen Larven sitzen an den Blattunterseiten und legen dort ihre zahlreichen Eier ab. Die erwachsenen Tiere fliegen bei Berührung sofort auf. Ihre Saugtätigkeit verursacht gelbe Sprenkel auf der Blattoberseite, die Blätter vertrocknen und fallen schließlich ab. Durch die Honigtauabsonderung folgt häufig ein Befall mit Rußtaupilzen. Vorbeugend gilt es, eine zu hohe Stickstoffdüngung zu vermeiden, damit das Gewebe nicht zu weich und anfällig wird. Weiße Fliegen sind häufige Schädlinge im Winterquartier, deshalb dort Gelbtafeln zur Befallskontrolle aufhängen, ausreichend lüften oder bei Bedarf mit Schlupfwespen bekämpfen. *Bei stärkerem Befall frühzeitig handelsübliches, nützlingsschonendes Präparat einsetzen.*

Thripse (Blasenfüße): Typisch sind silbrig schimmernde Saugstellen an Laub- und Blütenblättern, die später verkorken. Die Blätter verkrüppeln, vertrocknen und sterben ab, der gesamte Wuchs ist kümmerlich. Die Tiere saugen oft an der Blattunterseite und treten besonders bei feuchter Witterung und hoher Luftfeuchtigkeit auf. Bei Freilandpflanzen empfiehlt sich ein Standort- oder Kulturwechsel, da die Tiere im Boden als auch an Pflanzenresten – auch auf dem Kompost – überwintern können. Im Gewächshaus dienen Blautafeln zur Befallskontrolle. Dort wie in anderen geschlossenen Räumen lassen sich erfolgreich Nützlinge wie Florfliegen, Raubmilben oder Raubwanzen einsetzen. *Nur bei sehr starkem Befall em-*

pfiehlt sich ein nützlingsschonendes Pflanzenschutzmittel gegen saugende Insekten, sehr stark befallene Pflanzen entfernt man am besten ganz.

Der **Gladiolenblasenfuß** verursacht weiße Flecken auf Laub- und Blütenblättern. Die Knospen vertrocknen und blühen nicht auf, befallene Blüten verkrüppeln oder verfaulen. Er befällt bevorzugt großblumige Gladiolen, aber auch Amaryllis, Narzisse oder Calla.

Blattwanzen: Wanzen erkennt man an ihrem flachen Körper und relativ kleinen Kopf. Die Vorderflügel liegen flach am Körper an und im Gegensatz zu Käfern überlappen sich die Deckflügel. Sie verursachen gelbe Flecken auf den Blättern, die später verbräunen und aufreißen. Das Blatt ist mehr oder weniger stark durchlöchert. Bei Rosen werden auch die Knospen und jungen Triebe befallen, die verkrüppeln. *Werden sie lästig, reicht häufig eine Behandlung mit nützlingsschonenden Kaliseife-Präparaten aus, die am besten morgens erfolgt, wenn die Tiere wegen der noch niedrigen Temperaturen flugunfähig sind.*

Zikaden: Erwachsene Tiere sowie Larven verursachen durch ihre Saugtätigkeit weiße Sprenkel auf der Blattoberseite, was einem Spinnmilbenbefall sehr ähnelt. Beide Gattungen kommen auch häufig gemeinsam an einer Pflanze vor, sind aber leicht voneinander zu unterscheiden. Die gelbgrünen Zikaden springen bei Berührung weg und lassen nach der Häutung ihre auffälligen weißen Häute zurück. Vorbeugen kann man mit einem luftigen Standort und einer ausgewogenen, nicht zu stark Stickstoff betonten Düngung. *Bei stärkerem Befall kann man die Blattunterseiten wiederholt mit einem handelsüblichem, nützlingsschonendem Präparat gegen saugende Insekten spritzen.* Häufiger Schädling an Rhododendron, Rosen, Laubgehölzen, Stauden (Schaumzikaden).

Stock- oder Stängelälchen: Typisch ist ein gestauchter, kümmerlicher Wuchs und ein angeschwollener, gekrümmter Stengel. Bei *Phlox* verursachen die Nematoden die sogenannte »Fadenblättrigkeit«, bei der nur noch die Mittelrippe der Blätter stehen bleibt. Befallene Pflanzenteile sollten umgehend entfernt werden. Vorbeugend ist ein lockerer, nicht zu enger Stand. Empfehlenswert sind Anbaupausen und Mischkulturen. »Unkräuter« sind häufig Wirtspflanzen und werden am besten entfernt, um Neuinfektionen zu vermeiden. Älchen treten neben Stauden an Zwiebel- und Knollenblumen (Tulpen, Narzissen, Krokus) und Sommerblumen (Nelken) auf.

Raupen (Frostspanner): Die grünen Raupen des Kleinen und Großen Frostspanners verursachen im Frühjahr starke Fraßschäden an Blättern und Trieben frisch austreibender Laubgehölze. Junge Blätter werden dabei zusammengesponnen. Spannerraupen lassen sich durch ihre fünf Beinpaare und typische Buckelbildung erkennen, wobei die Raupen des Großen Frostspanners auffällige weiße Seitenstreifen besitzen. Fördern Sie natürliche Feinde wie Schlupfwespen oder Vögel, denn ein Meisenpaar kann bei der Aufzucht seiner Jungen bis zu 30 kg Raupen verschlingen. Leimringe, die im Herbst um den Stamm gelegt werden, fangen die flugunfähigen Weibchen auf ihrem Weg zur Eiablage in die Baumkrone ab. Gefährdet sind vor allem Hainbuche, Eiche und Obstgehölze.

Gefurchter Dickmaulrüssler: Der Käfer verursacht einen buchtenförmigen Fraß an den Blatträndern und schont auch Knospen nicht. Die kleinen, weißen Larven fressen an Wurzeln, was zu Welkerscheinungen und schwächlichem Wuchs führt. Larven und Käfer überwintern im Boden. Die flugunfähigen, nachtaktiven Käfer kann man in den Abendstunden absammeln, denn tagsüber halten sie sich im Boden auf. Gegen die Larven lassen sich im Frühjahr und Herbst parasitäre Nematoden (Heterorhabditis) im Gießverfahren ausbringen. Sie sind im Fachhandel zu bestellen und auch bei Dachgärten, Kübeln und Balkonkästen einsetzbar. Häufige »Opfer« sind Rhododendron und Eibe, Stauden, Erdbeeren, Weinreben, aber auch Zimmerpflanzen wie Alpenveilchen.

Nacktschnecken: Schnecken zerfressen Blätter und Früchte und machen sich besonders gern über zartes, junges Pflanzengewebe her. Manchmal verursachen sie in einer Nacht einen totalen Kahlfraß. Nur bei Regenwetter treten sie auch tagsüber in Erscheinung. Sie hinterlassen immer deutliche Schleimspuren. Genauso lästig wie die Schädlinge ist der Einfallsreichtum der Gartenbesitzer, um sie von den Pflanzen fern zu halten. Dies reicht vom Einsammeln der Tiere, über das Ausbringen von Schutzstreifen aus Sägemehl oder Sand, Schneckenfallen (z.B. Biertränken) bis hin zu Schneckenschutzzäunen. Hilfreich ist auch, Schlupfwinkel zu entfernen, übermäßige Feuchtigkeit zu vermeiden und Lebensräume für natürliche Feinde wie Vögel, Igel, Frösche oder Kröten, zu schaffen. *Falls alles nicht hilft, kann man Schneckenkorn um die Pflanzen geben. Dabei sollte man aber bedenken, dass diese Mittel für Haustiere giftig sind.*

Wühlmäuse: Schermäuse, wie diese Plagegeister auch genannt werden, tauchen vor allem dort auf, wo der Garten an unbebaute Wiesen- oder Waldflächen grenzt und knabbern hemmungslos an Wurzeln, Rinden oder vernichten ganze Gemüsebeete. Junge Obstbäume und Rosen mögen sie besonders gern. Die bis 20 cm großen Tiere verlassen nur nachts ihre Gänge. Im Gegensatz zum Maulwurf bildet die Wühlmaus flache Erdhügel und ihre unterirdischen Gänge verlaufen schnurgerade. Wirksamer Schutz gleich beim Pflanzen: Das Pflanzloch mit Drahtgeflecht (»Kaninchendraht«) auskleiden und den Ballen damit umhüllen. Ihr Hauptfeind ist die Hauskatze, aber auch Greifvögel oder Iltis sind natürliche Gegenspieler. Stark riechende Pflanzen wie Kaiserkrone oder Knoblauch sollen Wühlmäuse abwehren. Hilfreich sind Fallen, die in den Gängen aufgestellt werden. Um den Maulwurf nicht zu gefährden, greifen Sie am besten zu Lebendfallen.

Pflanzenkrankheiten:

Grauschimmel (Botrytis): Dieser Fäulnispilz zeigt sich durch braune, faule Stellen auf Blättern und Blüten, die teilweise bis auf den Stengel übergehen. Bei Früchten bilden sich weiche Faulstellen mit grauem Schimmelrasen, sie schmecken zudem muffig. Der Befallsdruck ist besonders bei feuchtwarmer Witterung sehr stark. Beste Vorbeugung ist ein lockerer, luftiger Stand, damit die Pflanzen schnell abtrocknen können. Bäume und Sträucher sollten bei Bedarf ausgelichtet werden, bei bodennahen Pflanzen, z.B. Erdbeeren, empfiehlt sich eine Mulchdecke. Eine übermäßige Stickstoffdüngung ist zu vermeiden, damit das Pflanzengewebe nicht weich und anfällig wird. Abgestorbene Pflanzenteile, an denen der Pilz überwintern kann, entfernt man schnellstmöglich. *Ist eine chemische Behandlung während der Blütezeit nötig, unbedingt auf ein bienenungefährliches Präparat zurückgreifen.*

Rostpilze: Im Frühjahr bilden sich besonders auf der Blattunterseite pustelartige, je nach Erreger gelbliche bis rostbraune, stäubende Sporenlager, die sich im Herbst dunkel färben. Auf der Blattoberseite zeigen sich gelbliche Flecken. Die Blätter vertrocknen und faulen ab, die Pflanze kümmert im Wuchs. Um den Befallsdruck zu mindern, sollte eine hohe Luftfeuchtigkeit und Benetzung der Blätter vermieden werden, ebenso eine übermäßige Stickstoffdüngung. Die Sporen tragenden Pflanzenteile müssen unbedingt entfernt und vernichtet werden, da der Pilz an ihnen überdauert. Rostpilze leben häufig im Wirtswechsel mit anderen Pflanzen, deshalb sollte man diese ausschalten und sich dabei nicht scheuen, einen Fachmann zu Rate zu ziehen. Zum Beispiel überwintert der Birnengitterrost an Wacholder. Pflanzenstärkende Wirkung haben Extrakte aus Schachtelhalm und Rainfarn, die auch gleichzeitig gegen Mehltaupilze helfen. *Anfällige Pflanzen kann man vorbeugend mit einem handelsüblichem Präparat gegen Rostpilze behandeln. Dabei ist es wichtig, die Blattunterseite zu treffen.*

Wurzel- und Wurzelhalsfäulen: Wurzelhals und Stengelgrund verfärben sich braun, die Wurzeln faulen und schließlich welken die Pflanzen. Der Pilz dringt bevorzugt in ungeschütztes, junges Gewebe ein und befällt daher häufig Sämlinge. Das Auftreten von Pythium- und Phytophthora-Fäulen ist sehr häufig die Folge eines zu nassen Standortes, beispielsweise durch einen verdichteten Boden und zu häufiges Gießen. Deshalb ist besonders auf einen gut wasserdurchlässigen Boden zu achten, im Gewächshaus sollte die Luftfeuchtigkeit nicht zu hoch sein. Kranke Pflanzen müssen entfernt und vernichtet werden. *Empfindliche Pflanzen kann man im Vermehrungsbeet vorbeugend mit einem handelsüblichem Präparat gegen Keimlingskrankheiten angießen.* Gefürchtet ist das sogenannte »Erikensterben«, hervorgerufen durch Phytophthora cinnamomi, der ganze Bestände vernichten kann.

Welkekrankheiten: Zunächst welken die Blätter einseitig am Trieb und bleiben vertrocknet dort hängen. In anderen Fällen sterben einzelne Triebe ab. Die Pflanzen wachsen nur noch schwach und brechen später zusammen. Schneidet man den Stängel auf, zeigt sich, dass die Gefäßbündel braun verfärbt sind. Die Wurzeln sind nicht betroffen. Als einzige Möglichkeit bleibt nur, die befallenen Pflanzen zu entfernen und für *Fusarium*- oder *Verticillium* unempfindliche Pflanzen bzw. resistente Sorten (z.B. Astern) nachzupflanzen. Besonderen Wert sollte auf die Hygiene bei Pflanzenarbeiten gelegt werden, insbesondere auf saubere Gefäße und keimfreies Substrat. *Fusarium oxysporum* verursacht bei Blumenzwiebeln die sogenannte »Zwiebelgrundfäule«.

Echter Mehltau: Typisch ist der hauptsächlich auf der Oberseite mehlig weiße Belag an den Blättern, an Blütenkelchen und an jungen, weichen Trieben; bei Obst auch an Früchten und Blütenständen. Die Blätter verbräunen, rollen sich ein und vertrocknen. Der Pilz vermehrt sich besonders rasch bei feuchtwarmer Witterung, besonders bei sonnigen, warmen Tagen mit nächtlicher Taubildung. Deshalb empfiehlt sich ein luftiger Standort und eine nicht zu enge Pflanzung ebenso wie eine ausgewogene, nicht zu stickstoffreiche Düngung. Eine gute Wirkung zeigen Jauchen oder Brühen aus Schachtelhalm oder Rainfarn. Hilfreich ist auch, weniger anfällige bzw. mehltauresistente Sorten zu wählen (z.B. beim Wein). Bei mehrjährigen Pflanzen müssen befallene Pflanzenteile sorgfältig bis ins gesunde Holz zurückgeschnitten werden. *Bei starkem Befall ist der Einsatz eines handelsübliches Präparates gegen Echten Mehltau möglich (u.a. Schwefelpräparate).* Die Erreger echter Mehltaupilze sind oft auf eine Pflanzengattung spezialisiert.

Falscher Mehltau: Deutliche Symptome sind von den Blattadern begrenzte Flecken, je nach Erreger hell bis rot-violett (bei Rosen). Auf der Blattunterseite befinden sich weißliche bis bräunliche Sporenlager. Der Pilz befällt auch Früchte und Knollen; die Früchte der Weinrebe verfärben sich bläulich braun und trocknen ein (»Lederbeeren«). Gefördert wird die Ausbreitung des Pilzes bei kühler, feuchter Witterung. Deshalb sollten die Bestände nicht zu dicht gepflanzt werden, damit die Pflanzen immer gut abtrocknen können. Bei Sträuchern empfiehlt sich ein frühzeitiges Auslichten. Da der Pilz häufig auf befallenen Blattresten überwintert, sollten diese eingesammelt und am besten vernichtet werden. Stark infizierte Pflanzen entfernt man ganz aus dem Bestand. Im Gewächshaus ist für eine gute Lüftung zu sorgen. Fragen Sie im Fachhandel nach resistenten Sorten (z.B. Salat).

Blattfleckenkrankheiten: Dunkle, runde Blattflecken treten besonders bei länger andauernder Feuchtigkeit und häufiger Benetzung der Blätter auf. Je nach Erreger sind die Flecken rötlich bis violett umrandet und auf den Flecken können schwarze Fruchtkörper auftreten. Bei hoher Luftfeuchtigkeit und Verletzungen des Pflanzengewebes, beispielsweise durch saugende Insekten, breitet sich der Pilz rasch aus. Um die Verbreitung des Pilzes zu unterbinden, sollten befallene Pflanzenteile frühzeitig entfernt werden. Die Blätter müssen rasch abtrocknen, deshalb nicht zu eng pflanzen und Bäume und Sträucher bei Bedarf auslichten. Wichtig ist eine ausgewogene Düngung, denn wenig abgehärtetes, weiches Gewebe fördert den Befall ebenfalls.

Sternrußtau: Eine typische Rosenkrankheit, die sich durch violettschwarze, meist ausgefranste Flecken im Blatt äußert. Die Blätter vergilben und fallen vorzeitig ab. Besonders stark ist der Befallsdruck bei feuchter Witterung. Deshalb empfiehlt es sich, Rosen an einen sonnigen, luftigen Standort zu pflanzen, damit die Pflanzen schneller abtrocknen können. Hilfreich sind ebenso ein regelmäßiger Auslichtungsschnitt sowie die Auswahl widerstandsfähiger Sorten. Befallene Blätter sollten rasch entfernt und vernichtet werden, denn der Pilz überdauert in ihnen und infiziert die Pflanzen im Jahr darauf erneut. *Bei stärkerem Befall hilft häufig nur noch der wiederholte Einsatz von Pflanzenschutzmitteln, am besten eines, das Sternrußtau und Echten Mehltau gleichzeitig erfasst.*

Rotpustelkrankheit: Der Pilz dringt über Wunden in das Pflanzengewebe ein und bringt das Gewebe zum Absterben. Später bilden sich auf Trieben, Ästen und Stämmen rosafarbene bis rötliche, etwa stecknadelgroße Fruchtkörper. Hilfe bietet ein Rückschnitt des Baumes, wobei es sich empfiehlt, die Wunden mit einem Wundverschlussmittel zu behandeln. Wichtig ist, das abgeschnittene Holz zu entfernen, um eine Neuinfektion zu verhindern. *Bei einem starken Befall kann im Herbst nach dem Blattfall mit einem Kupferpräparat behandelt werden, um einer Infektion über die Blattnarben vorzubeugen.* Befallen wird zum Beispiel Ahorn.

Viruskrankheiten: Je nach Erreger zeigen sich die unterschiedlichsten Schadsymptome: Von Wachstumsstörungen verbunden mit mosaikartigen, scharf begrenzten Flecken auf Blättern und Blüten (Blüten wirken dabei fleckig), über Deformationen von Blättern, Blüten, Früchten, Trieben und Wurzeln bis hin zum völligen Absterben des befallenen Gewebes. Dabei sind die Erreger häufig auf eine Pflanzengattung spezialisiert. Wichtige Gegenmaßnahmen sind, Virusüberträger wie Blattläuse, Wanzen oder Zikaden zu bekämpfen; Wirtspflanzen, sprich Unkräuter, zu entfernen; gesundes Pflanzgut, widerstandsfähige oder virusresistente Sorten zu verwenden sowie sorgfältigste Hygiene bei Vermehrungsarbeiten (Werkzeuge und Gefäße desinfizieren).

Bakterienkrankheiten: Bakterien können, je nach Erreger, die unterschiedlichsten Schadsymptome hervorrufen. Sie reichen von Blattflecken über Gallenbildung bis hin zu Bakterienbrand, schleimiger Fäulnisbildung, Stengel- und Wurzelfäulen und Welkekrankheiten (z.B. *Erwinia, Pseudomonas, Xanthomonas*).

Eine meldepflichtige Quarantänekrankheit ist der **Feuerbrand**: Dabei färben sich zunächst die Blüten, dann die Blätter bräunlich schwarz. Sie bleiben wie verbrannt an den Trieben hängen. Bei hoher Luftfeuchtigkeit treten aus den Befallsstellen sogar Schleimtropfen aus, die die gefährlichen Bakterien enthalten. Die Übertragung erfolgt durch Blüten aufsuchende Insekten. Die wichtigsten Wirtspflanzen stammen aus der Familie der Rosengewächse (*Rosaceae*), z.B. Felsenbirne, Scheinquitte, Zwergmispel, Weißdorn, Quitte, Apfel, Feuerdorn, Birne, Eberesche.

Zur Bekämpfung von Bakterienkrankheiten, insbesondere auch des Feuerbrandes, gibt es keine chemischen Pflanzenschutzmittel. Befallene und auch verdächtige Pflanzen sind sofort aus dem Bestand zu entfernen und zu vernichten.

Literatur- und Adressenangaben

Weiterführende Literatur:

Die Royal Horticultural Society hat eine Vielzahl empfehlenswerter, fundierter Fachbücher herausgegeben, die auch in deutscher Sprache erschienen sind:

The Royal Horticultural Society (Hg.):
– Gartenhandbuch: Blumenzwiebeln und Knollen. (1998)
– Gartenhandbuch: Kräuter. (1998)
– Gartenhandbuch: Rosen. (1997)
– Gartenhandbuch: Sommerblumen. (1998)
– Gartenhandbuch: Stauden. (1997)
– Gartenhandbuch: Steingartenpflanzen. (1998)
– Gartenhandbuch: Sträucher und Kletterpflanzen. (1997)
– Gartenhandbuch: Bäume und Sträucher. (1997)
– DuMont's Großes Gartenhandbuch: Pflanzenschnitt und Formgebung. (1997)
Außerdem:
– DuMont's Große Garten-Enzyklopädie. (2000)
– DuMont's Große Kräuter-Enzyklopädie. (1998)
– DuMont's Große Pflanzen-Enzyklopädie von A-Z. (1998)
– DuMont's Großes Gartenhandbuch: Schädlinge & Krankheiten. (1998)

– Peter McHoy: DuMont's Großer Gartenratgeber für das ganze Jahr. Köln, 2000
– Roy Lancester: Wo pflanze ich was? Der beste Platz für alles, was im Garten wächst. Köln, 1996

Bezugsquellen:

Wenn Sie sich für Raritäten oder besonders ausgefallene Züchtungen interessieren, sollten Sie es einmal bei den folgenden Adressen versuchen:

Botanische Raritäten:
– Bernd Wetzel
  Kohlfurter Straße 141
  D- 42349 Wuppertal
  Tel.: 0202 - 47 04 43

Clematis-Kulturen:
– Friedrich Manfred Westphal
  Peiner Hof 7
  D-25497 Prisdorf
  Tel.: 04101 - 7 41 04

Dahlienkulturen:
– Jürgen Wagschal
  Klosterbergenstraße 26
  D-21465 Reinbeck

Staudenkulturen:
– Förster-Stauden GmbH
  Am Raubfang 6
  D-14469 Potsdam-Bornim
  Tel.: 0331- 52 02 94

– Staudengärtnerei Gräfin von Zeppelin (Inh. Aglaja von Rumohr)
  D-89257 Illertissen
  Tel.: 076 34 – 6 97 16

Rosen:
– W. Kordes Söhne
  25365 Klein Offenseth-Sparrieshoop
  Tel.: 04121 – 48700
– Noack Rosen
  33334 Gütersloh
  Tel.: 05241 – 20187

In England:
– David Austin Roses
  Lindsey Bousfield
  Acton Beauchamp
  GB-Worcestershire WR6 5 AE
  Tel.: 0044-1531-640 433
– Peter Beales
  London Road
  Attleborough
  GB-Norfolk NR17 1 AY

Sehenswerte Gärten:
Deutschland
– Hermannshof
  Babostr. 5
  69469 Weinheim/Bergstraße
  Öffnungszeiten erfragen unter:
  Tel.: 06201/13652

– Westfalenpark
  (Deutsches Rosarium)
  An der Buschmühle 3
  44139 Dortmund
  Öffnungszeiten /Eintrittspreise erfragen unter:
  Tel.: 0231/ 50 26 100 oder 26 116
– Westpark, München
  Ende der Westendstraße
  Ganzjährig geöffnet, Eintritt Freitag

Frankreich:
– Giverny
  Musée Claude Monet
  Giverny bei Vernon
  Geöffnet: April bis Oktober

Grossbritannien:
– Hestercombe
  Cheddon Fitzpaine (bei Tauton)
  Somerset
  Täglich geöffnet
– Sissinghurst Castle
  Sissinghurst (bei Cranbrook)
  Kent
  Geöffnet: April bis Oktober

Niederlande:
– Ton ter Lindens Garten
  Achterma 20
  Ruinen
  Drenthe
  April bis September
  Täglich außer Mo.

Glossar

Das Glossar erklärt botanische Fachausdrücke, wie sie in diesem Buch oder in der Fachliteratur verwendet werden. Kursiv gesetzte Wörter weisen auf ein entsprechendes Stichwort hin.

Abhärten: allmähliches Gewöhnen von Pflanzen an Freilandbedingungen nach Kultur im Frühbeet oder aber im Gewächshaus.

Abknospen: das Entfernen überschüssiger Knospen, um hochwertige Blüten oder Früchte zu erhalten.

Ablegen durch Anhäufeln: siehe *Ableger*

Ableger, Absenker: Vermehrungsmethode, bei der man einen *Spross* dazu bringt, *Wurzeln* zu bilden, während er noch Verbindung zur Mutterpflanze hat. Die Grundform ist das Bilden von Selbstablegern, was bei einigen Pflanzen natürlich vorkommt. Verschiedene Methoden, z.B. Luftablegerverfahren bzw. Abmoosen, *Anhäufeln*, Absenken in Wellenlinien und Absenken der Spitzen.

Achselknospe: siehe *Knospe*

Achselspross: ein aus einer Achselknospe entspringender Spross.

Ackerkrume, Bodengare: eine feine, krümelige Oberflächenschicht des Bodens, die durch Kultivierung entstanden ist.

adventiv (morphologisch): an Stellen entspringend, wo normalerweise kein Wachstum stattfindet (Adventivwurzeln können aus dem Spross entspringen); pflanzengeographisch: Adventivpflanzen sind in fremde Gebiete eingeschleppt (Samentransport durch Vögel; Schiffsverkehr etc.) und verdrängen einheimische Pflanzen, z.B. Agaven, Opuntien auf den Kanaren, Goldrute aus Kanda.

Adventivknospe: siehe *Knospe*

Ährchen: eine kleine Ähre; Teil eines zusammengesetzten Blütenstandes; oft bei Gräsern und Seggen, bei denen der Blütenstand aus mehreren Blütchen mit basalen Brakteen besteht.

Ähre: siehe *Blütenstand*

alkalisch (Boden): mit einem *pH-Wert* von über 7; der Boden ist kalkreich (siehe auch *sauer* und *neutral*).

alpine Pflanze: Pflanze, die über der Baumgrenze im Gebirge wächst; auch für Steingartenpflanzen verwendet, die in relativ geringer Höhenlage angepflanzt werden.

Alpinhaus: ungeheiztes, gut durchlüftetes Gewächshaus für alpine Pflanzen und Zwiebelpflanzen.

anerkannt: Pflanzen, die vom Landwirtschaftsministerium für frei von bestimmten Krankheiten und Schädlingen erklärt werden.

Anhäufeln: Erde um eine Pflanze herum aufschichten, um sie vor *Windwurf* zu schützen, die Stängel zu bleichen oder die Stammbewurzelung zu fördern.

Anplatten: siehe *Veredeln*

Anritzen, Anreißen, Samenritzung: abschürfen oder chemische Behandlung eines Samenmantels, um die Wasseraufnahme zu beschleunigen und die Keimung auszulösen.

Ansatz: das Stückchen Rinde oder reifes Holz an der Basis eines Ansatzstecklings.

Ansatzsteckling: Steckling mit einem Stückchen Rinde oder Holz an der Basis.

Anthere: siehe *Staubbeutel*

Anzuchtbeet, Pflanzenbeet: Fläche zum Keimen von Samen oder zum Anpflanzen junger Pflanzen, bevor man sie an ihren endgültigen Standort setzt.

apikal: siehe *terminal*

Apikalknospe: siehe *Knospe*

Art: eine Kategorie in der systematischen Einteilung der Pflanzen; niederste grundlegende Rangstufe unterhalb der *Gattung* (umfasst nahe verwandte, sehr ähnliche Individuen).

arttypisch: Pflanzen, die nach *Selbstbestäubung* Nachkommen hervorbringen, die ihren Eltern ähneln.

Astgerüst: die bleibende Aststruktur eines Baumes oder Strauches; die Hauptäste, die seine endgültige Form bestimmen.

aufrecht: mit senkrechten oder halbaufrechten Leittrieben.

Auge: 1) Eine ruhende latente Knospe, z.B. Stängelknospe bei Kartoffeln oder Wurzelknospen bei Dahlienknollen. 2) Die Mitte einer Blüte, v.a. wenn diese anders gefärbt ist als die Kronblätter.

Augensteckling: siehe *Steckling*

Augenveredlung: siehe *Veredeln*

Ausbrechen von Knospen: das Entfernen überzähliger Knospen, um die optimale Entwicklung der übrigen Blüten zu begünstigen.

Ausdünnen: das Entfernen von Sämlingen, Sprossen, Blüten oder Fruchtknospen, um das Wachstum und die Qualität der verbleibenden verbessern zu können.

Ausgeizen, Ausknipsen: Entfernen der Sprossspitze (mit Finger und Daumen), um die Bildung von Seitensprossen oder von Blütenknospen auszulösen.

Ausläufer: Seitensprosse, die sich bewurzeln und neue Pflanzen bilden: oberirdisch bei Erdbeere, unterirdisch bei Quecke und Giersch.

Auslichten: das jährliche Zurückschneiden von Bäumen und Sträuchern, um kräftige Sprossen zu bekommen; muss sehr differenziert geschehen, um die Struktur der betreffenden Pflanze erhalten zu können.

Auspflanzen: Sämlinge einzeln in Töpfe setzen.

Ballen: siehe *Wurzelballen*

ballenlose Pflanzen: Pflanzen, die ohne Erde an den Wurzeln verkauft werden.

Ballenpflanzung: beim Ausheben von Gehölzen werden Wurzelballen in Ballenleinen oder ein anderes Material gehüllt, um das Wurzelwerk während des Umpflanzens unversehrt zu erhalten.

Bart: gefurchter Aufwuchs, oft auf *Perigon*blättern, bei Orchideen und einigen Iris-Arten.

Basalfleck: Fleck am Grund eines *Kronblattes* oder einer *Blüte*.

basisch: mit pH-Wert über 7 (siehe auch *sauer* und *neutral*).

Bastverband: Band zum Schutz einer *Veredlungsstelle* während der Heilung.

becherförmig: (Tubus von Blüten) kugelig bis zylindrisch geformt mit etwas verengter Öffnung.

Beetdahlien: niedrige *Sorten*, die als Einjährige behandelt und somit jedes Jahr aus Samen neu herangezogen werden.

Beetpflanzen: ein- und zweijährige (oder als solche gezogene) Pflanzen, die fast bis zur Reife gezogen und dann ausgepflanzt werden, oft in großen Gruppen zu zeitweiliger Ausstellung.

Befruchtung: Verschmelzung des Kern eines Pollenkorns (männlich) mit einer *Samenanlage* (weiblich), woraus sich ein *fertiler* Samen bildet.

Belüften (Boden): lockern mit Hilfe mechanischer Mittel, damit Luft (Sauerstoff und Kohlendioxid) eindringen kann.

bereift: wachsartig blauweiß überzogen.

Bestäubung: die Übertragung von Pollen von Staubbeuteln auf Narben (siehe auch *Fremdbestäubung* und *Selbstbestäubung*).

Blatt: in Form und Farbe variables Pflanzenorgan, meist flach und grün und an einem Blattstiel; dient der Photosynthese, *Respiration* und *Transpiration* (siehe auch *Blattformen*).

Blattachsel: Winkel zwischen Blatt und Spross, zwischen Stängel und *Braktee* (siehe auch *Knospe*).

Blattformen: die zahlreichen Blattformen lassen sich grob in ungeteilte und geteilte Formen gliedern. Beispiele für UNGETEILTE BLÄTTER sind u.a.: nadelförmige (Erika); lineare (Nelke); elliptische (Vergissmeinnicht); lanzettliche (Kornblume); eiförmige (Breitwegerich); umgekehrt eiförmige (Schwarzerle); runde (Kapuzinerkresse); nierenförmige (Sumpfdotterblume); herzförmige (Veilchen). Beispiele für GETEILTE BLÄTTER sind u.a.: handförmig-gefingerte (Rosskastanie); dreiteilige (Erdbeere); fiederspaltige (Distel); paarig gefiederte (Rote Heckenkirsche); unpaarig gefiederte (Himbeere).

Blatthumus: faseriges, blättriges, aus abgebauten Blättern gewonnenes Material; dient als Bestandteil von Topfsubstraten und zur Bodenverbesserung.

Blattknospe: siehe *Knospe*

Blattknospensteckling: siehe *Steckling*

Blattsteckling: siehe *Steckling*

Blättchen: Bestandteil eines zusammengesetzten Blattes.

bleichen: Licht von sich entwickelnden Blättern oder Stängeln abhalten, um das pflanzliche Gewebe weich und wohlschmeckend zu erhalten.

Blindheit: siehe *Steckenbleiben*

Bluten: Verlust von Zellsaft durch einen Schnitt oder eine Wunde an der Pflanze; entsteht durch »Wurzeldruck«, der das Wasser hochpresst, bis der Grad der Lösungen im Wasser des Bodens und in den Zellen ausgeglichen ist.

Blütenhülle, Perianth: (Sammel-)Name für Kelch und Krone.

Blütenkörbchen: Blütenstand, in dem die Spitze der Achse gestaucht, scheibenförmig verbreitert und von Strahlenblüten umgeben ist.

Blütenscheide: großes, farbiges *Hochblatt*, das dem Anlocken von Insekten dient. Auch Spatha genannt.

Blütenstand: eine Menge kleiner Einzelblüten, die zusammen eine einzige Blüte zu bilden scheinen. Die häufigsten Blütenstände sind: TRAUBE, aufrecht allseitswendig (Lupine), einseitswendig (Maiglöckchen), hängend (Goldregen); DOLDE, vom Ende der Achse gehen lange Blütenstiele aus, gewölbte Dolde (Kerbel) mit gleich langen Blütenstielen, flache Dolde (Möhre) mit längeren äußeren Strahlen; BLÜTENKOPF, kleine, gleich lange Blüten an der Spitze der Achse (Wiesenklee); BLÜTENKORB, Spitze der Achse gestaucht und scheibenförmig verbreitert oder kolbenförmig erhöht, umgeben von mehreren Reihen von Brakteen, im Korb nur kleine gelbe Röhrenblüten (Unechte Kamille), im Korb Röhren-, am Rand Zungenblüten (Rudbeckie), im Korb nur unterschiedlich lange Zungenblüten (Löwenzahn).

Bodendecker: meist niedrige Pflanzen, die rasch die Bodenoberfläche bedecken und Unkraut unterdrücken.

Bodengare: siehe *Ackerkrume*

Braktee, Deckblatt: ein umgewandeltes, oft schützendes Blatt unter der eigentlichen Blüte. Brakteen können wie normale Blätter aussehen, sie können aber auch klein und schuppenartig oder groß und leuchtend gefärbt sein.

Brassica: Kohlarten; zur Kohl-*Familie* (*Brassicaceae*) gehörig.

Breitsaat: Samen oder Düngemittel gleichmäßig über den Boden ausstreuen, nicht in Furchen oder Rillen geben.

Bromelie: zur *Familie* der *Bromeliaceae* gehörig.

Brutknöllchen: kleine *Sprossknolle*; entwickelt sich außerhalb der Schale der Sprossknolle, wie bei *Gladiolus*.

Brutknospe, Bulbille: kleines zwiebelähnliches oder knollenartiges Organ; entspringt oft einer Blattachsel, gelegentlich einem Stängel oder einem *Blütenstand*, z.B. bei *Dentaria bulbifera*, sie lösen, bewurzeln sich und bilden neue Pflanzen (vgl. *Brutzwiebel*).

Brutzwiebel: kleine *Zwiebel*, die sich aus dem *Zwiebelkuchen* einer Mutterzwiebel außerhalb der *Tunica* bildet, z.B. bei Tulpen und Narzissen (vgl. *Brutknospe; Ausläufer*).

Bulbille: siehe Brutknospe

Busch: kleiner *Strauch*

chinesisches Absenken: anderer Name für Abmoosen (siehe auch *Ableger*)

Compositae: Familie der Köpfchenblütler, z.B. Astern, Gänseblümchen (siehe auch *Blütenstände*).

Corolla: siehe *Krone*

Cultivar: Sorte (aus dem engl. Begriff 'cultivated variety' zusammengezogen, mit cv. abgekürzt (siehe auch *Varietät*).

distales Ende (Stecklinge): das Ende, das ursprünglich am weitesten vom *Wurzelanlauf* der *Mutterpflanze* entfernt war.

Dolde: siehe *Blütenstand*

Doldentraube: *Traube*, die in ihrer Form an eine *Dolde* erinnert.

Domblatt: bei Iris, die 3 inneren Blütenblätter, die meist aufrecht stehen und sich domähnlich zusammenneigen.

Dormanz: Zustand, in dem das Wachstum teilweise aufhört und andere Vorgänge in der ganzen Pflanze verlangsamt sind; in der Regel im Winter.

Durchwurzelungsradius: die Bodenfläche, bis zu der Pflanzenwurzeln sich erstrecken können.

Edelauge: von einem Baum geschnittener *Spross*, der ein *Edelreis* zum *Okulieren* werden soll.

Edelreis: von einer Pflanze geschnittener *Spross* oder eine *Knospe*, die auf die *Unterlage* einer anderen Pflanze aufgepropft wird.

eiförmig (Blattform): mit eiförmigem Umriss; größte Breite im unteren Drittel des Blattes, zur Blattspitze etwas schmäler.

einfach (Blatt): ungeteilt (siehe auch *gefiedert, zusammengesetzt*).

einfach (Blüte): siehe *Blüte*

einhäusig: männliche und weibliche Blüten befinden sich auf derselben Pflanze.

einjährig: eine Pflanze, die ihren Lebenskreislauf (Keimen – Blüten – Samenbildung – Absterben) in einer Wachstumsperiode vollendet.

einkeimblättrig: Blütenpflanze mit nur einem *Kotyledon* im Samen; hat schmale Blätter mit parallelen Adern, Blütenteile zu dreien oder in Vielfachen von 3 Ausnahmen z.B. Einbeere.

Einschlagen: locker in Erde eingeben, bevor die Pflanze an ihren endgültigen Standort gebracht werden kann.

einwärtsgebogen: *Kronblätter* von Blüten und *Einzelblüten*, die sich nach innen biegen und so eine kompakte, abgerundete Form erzeugen. Einwärtsgebogene Blütenköpfchen sind weniger kompakt und haben eher locker angeordnete, aber doch einwärtsgebogene Einzelblüten.

Einzelblüte: kleine *Blüte* in einem vielblütigen *Blütenstand*.

elliptisch (Blattform): in der Mitte der Blatt*spreite* breit, zu den Enden hin schmaler.

Entspitzen: entfernen der Triebspitzen, um die Bildung von Seitentrieben oder Blüten anzuregen (siehe auch *Ausgeizen*).

Entwipfeln: Das radikale Zurückschneiden eines Baums bis auf den Hauptstamm oder ein grobes Astgerüst.

epikormische Sprosse: Sprosse, die sich am Stamm eines Baumes an Blättern, an Wurzeln, nicht an Sprossspitzen oder in Blattwinkeln entwickeln; (bilden sich erst nach Verwundung).

Epiphyt: Pflanze, die auf einer anderen Pflanze lebt, ohne zu schmarotzen; ist nicht in der Erde verwurzelt.

Erica: Pflanzen der Familie *Ericaceae*, in der Regel *kalkfliehend* (nicht *Erica carnea*), benötigen Boden mit *pH-Wert* 6,5 oder weniger.

Erneuerungsschnitt: Schnittmethode, bei der die Seitentriebe ständig zurückgeschnitten werden, um an ihrer Stelle den Wuchs neuer Triebe anzuregen.

Erziehungsschnitt: Schnittmethode an jungen Bäumen und Sträuchern, um die grundlegende Aststruktur der erwünschten Gestalt zu entwickeln.

Explantat: ein kleines Stück einer Pflanze, das

präpariert und zum Zweck der Fortpflanzung durch *Gewebekultur* in ein aseptisches Kulturmedium gegeben wird.

F1-Hybriden: erste Generation aus der Kreuzung von 2 ausgewählten, reinerbigen Elternpflanzen, um einheitliche, kräftige und auch ertragreiche Nachkommen zu erhalten: Samen von F1-Hybriden entwickeln sich nicht *arttypisch*.

F2-Hybriden: Pflanzen, die aus der *Selbst-* oder *Fremdbefruchtung* der F1-Hybriden hervorgehen; sie sind weniger einheitlich als ihre Elternpflanzen.

Fahne: das größte, obere *Kronblatt* einer Blüte der Familie *Papilionaceae* (Erbsen und Bohnen) der Ordnung *Leguminosae*.

Familie: eine Kategorie in der systematischen Einteilung der Pflanzen; Anordnung von verwandten *Gattungen*, z.B. umfasst die Familie *Rosaceae* u.a. die Gattungen *Rosa, Sorbus, Rubus, Prunus* und *Pyracantha*; die Familie *Iridaceae* umfasst u.a. die Gattungen *Iris, Crocus, Dierama, Crocosmia, Freesia, Gladiolus*.

fasrig: *Lehm*, der Fasern aus (toten) Graswurzeln enthält.

Faserwurzeln: dünne, oft verzweigte und dichte *Wurzeln*.

fertil: Pflanze, die lebensfähige Samen hervorbringt; auch blütentragende *Sprosse* werden im Gegensatz zu nichtblühenden (*sterilen*) als fertil bezeichnet.

Feuerbrand: eine Bakterieninfektion, die zuerst die Blüte, dann die Zweige und das Laub befällt und absterben lässt.

Fieder: Teil eines *gefiederten* Blattes.

Fiederblättchen: Teilblatt eines gefiederten Blattes.

Flaum: wachsartiger, weißer oder bläulich weißer Belag auf Stängel, Blatt oder Frucht.

Forma (f.): eine Variante innerhalb einer *Art*, unterscheidet sich von ihr nur durch geringfügige Merkmale: *Clematis montana f. grandiflora* ist eine größerblütige, stärkere Form von *C. montana*; wird auch ungenau für jede *Varietät* einer *Art* verwendet.

Flügelfrucht: ein geflügelter Samen, wie er z.B. von Bergahorn (*Acer pseudoplatanus*) gebildet wird.

Formschnitt: die Kunst, Bäume und Sträucher zu verschiedenen, meist komplizierten, geometrischen oder fantasievollen Formen zu schneiden und zu erziehen.

Fortpflanzung: in Kultur Vermehrung von Pflanzen durch *Samen* (geschlechtlich) oder durch vegetarische Methoden.

Fremdbefruchtung: die *Befruchtung* der Samenanlage einer Blüte als Ergebnis der *Fremdbestäubung*.

Fremdbestäubung: die Übertragung von Blütenstaub (*Pollen*) vom *Staubbeutel* einer Blüte der anderen Pflanze; oft ungenau verwendet für *Fremdbefruchtung*.

Frucht: der befruchtete, reife *Fruchtknoten* einer Pflanze, enthält einen bis viele Samen, z.B. Beeren, Hagebutten, *Kapseln* und Nüsse (siehe auch *Fruchtformen*).

Fruchthülle: Äußere Schicht einer Frucht oder eines Samens.

Fruchtauge, Tragknospe: siehe *Knospe*

Fruchtblatt, Karpell: Teile der Fruchtknotenwand bergen die Samenanlagen.

Fruchtformen: 1. Trockene Einzelfrüchte, die sich meist öffnen: Balgfrucht, aus einem Fruchtblatt, springt an der Spitze auf (Löwenmaul); Hülsenfrucht, aus einem Fruchtblatt, springt an Rücken- und Bauchnaht auf (Erbse, Goldregen); Schote aus 2 Fruchtblättern mit Scheidewand, öffnet sich mit 2 Längsspalten (Goldlack); *Kapsel*, aus mehreren Fruchtblättern, öffnet sich auf verschiedene Weise (Springkraut). 2. Geschlossenbleibende Einzelfrüchte: Nuss, mit harter (Walnuss) oder pergamentener Schale (Buchecker). 3. Sammel- oder Scheinfrüchte: Erdbeere, Fleisch aus verdickter Blütenachse. »Kerne« sind Nüsse; Hagebutte, Fleisch aus krugförmiger Achse; Himbeere, Brombeere, jedes Fruchtblatt wird zu einzelner *Steinfrucht*; Apfel, Sammelfrucht aus 5 ledrigen Einzelfrüchten oder »Spelzen« (bei allem Kernobst).

Fruchtknoten: Der untere Teil des *Stempels*; enthält eine oder mehrere Samenanlagen, kann sich nach der Befruchtung zu einer Frucht entwickeln (siehe auch *Fruchtblatt, Karpell*).

Frühtreiben: Auslösen des Pflanzenwachstums (meist bei Blüten, aber auch bei Früchten) durch Beeinflussung ihrer Umgebung, normalerweise durch Erhöhen der Temperatur.

ganzrandig (Blattrand): mit ungezähnten Rändern.

Gattung (Genus, Genera): eine Kategorie in der systematischen Einteilung der Pflanzen, zwischen *Familie* und *Art*. Eine Gruppe von verwandten Arten, die durch eine Reihe von gemeinsamen Merkmalen verbunden sind: z.B. werden alle Arten der Rosskastanie zur Gattung *Aesculus* gestellt (siehe auch *Familie, Unterfamilie, Varietät, Form* und *Hybride*).

gebändert: *Dianthus*-Sorten, bei denen die *Kronblätter* ein schmales, farbiges Band auf dazu kontrastierender Grundfarbe haben.

gefiedert, zusammengesetzt: In 2 oder mehrere Fiederblättchen eingeteiltes Blatt; paarig oder unpaarig gefiedert, auch nur mit einem Fiederpaar (z.B. *Trifolium*), mit vielen (z.B. *Rhus*); siehe auch *Blattformen*.

gefingert (Blattform): mit 3 oder mehreren von der Mittelachse ausgehenden Blättchen.

geflügelt: mit flügelartigem Saum (bei Früchten).

gefranst: Pflanzenteil mit gefranstem Rand; Pflanzenorgane mit Haarfransen werden als bewimpert bezeichnet.

gefüllt (Blüte): mit mehreren Reihen Blütenblättern.

gegenständig: 2 Blätter oder andere Pflanzenorgane stehen einander auf gleicher Höhe auf entgegengesetzten Seiten des Stängels oder einer anderen Achse gegenüber (vergleiche auch *wechselständig*).

Geröllhalde: Hang mit Felsstücken, die sich durch das Verwittern von Felsen gebildet haben; in Gärten nachgeahmt als Steinbeete für alpine Pflanzen, die gute Dränage brauchen.

geschlechtliche Fortpflanzung: Fortpflanzung durch *Befruchtung*; es entstehen *Samen*.

geschlossen: Blütenstand, bei dem die Achse mit einer Terminalblüte endet, sodass sie sich nicht mehr verlängern kann (siehe auch *Trugdolde*).

Gewächshaus: hausartiger Bau mit lichtdurchlässigem Dach und Wänden, um Pflanzen optimale Wuchsbedingungen zu bieten. Man unterscheidet zwischen Kalthaus (ohne Heizung, nur mit Isolierung, für bedingt winterharte Pflanzen geeignet), kühlem Gewächshaus (Mindesttemperatur 2 °C, etwas beheizt, um Frost zu verhindern), gemäßigtem oder temperiertem Gewächshaus (Mindesttemperatur 7 °C, beheizt) und Warmhaus bzw. Treibhaus (Mindesttemperatur 18 °C, beheizt und isoliert).

Gewebekultur (Pflanzen): das Ziehen von Pflanzen unter sterilen Bedingungen in künstlichen Substraten.

Glasglocke (Frühbeetfenster): kleine, in der Regel tragbare Konstruktion aus durchsichtigem Plastik oder Glas, mit Holz- oder Metallrahmen; zum Schutz von Früherernten im Freien und um den Boden vor dem Anpflanzen zu erwärmen.

Grabenbewässerung: Bewässerung, bei der Erde um die Pflanzen herum ausgegraben oder zu einem Wulst geformt wird, wodurch eine Mulde entsteht, in die hinein bewässert wird.

Granne: scharfe Spitze oder Borste auf der mittleren Spelze (Deckspelze) eines Gras-Blütenstandes, groß in dem Blütenstand des Hafers.

Griffel: Verbindungsglied zwischen *Fruchtknoten* und *Narbe*; nicht immer vorhanden (z.B. nicht bei Mohnblüten).

Griffelsäule: Säule aus verwachsenen Griffeln; oft

bei *Fabacea*, z.B. bei Lupinen, Hornklee, Hauhechel.

Grunddüngung, Krumendüngung: Aufbringen oder Eingraben von Düngemitteln oder *Humus* (Dünger, Kompost etc.) auf oder in den Boden, bevor man sät oder pflanzt.

Gründünger: schnellwüchsige, blattreiche Pflanzen wie Senf werden zur Anreicherung wieder in den Boden eingegraben.

grundständig: an der Basis einer Pflanze entspringend.

Grünsteckling: siehe *Steckling*

Habitus: siehe *Wuchs*

Haftwurzel: Luftwurzel, die an einer Unterlage haftet.

halbausgereifte Stecklinge: *Stecklinge* von diesjährigem Wuchs, die an der Basis verholzt, an der Spitze aber noch *krautig* und weich sind.

halbhart: Pflanzen, die in einer bestimmten Klimazone keinen Frost vertragen; sie halten im allgemeinen tiefere Temperaturen aus als frostempfindliche Pflanzen.

halb-immergrün: siehe *immergrün*

halbreife Stecklinge: siehe *halbausgereifte Stecklinge*

Halbstamm: Baum oder Strauch mit 1–1,5 m Stammlänge zwischen dem Boden und den untersten Ästen.

Halbstrauch: Pflanze, die am Grund *holzig*, oben *krautig* ist; dieser Teil stirbt am Ende der Vegetationsperiode ab.

Hallimasch: eine Infektion durch den Pilz Armillaria, bei der sich ein weißes *Myzel* unter der Borke am Stammgrund bildet.

Halm: Stängel der Gräser, hohl, mit Querwänden bei den Knoten; an diesen sitzen die Blätter als Scheiden, die den Stängel nach oben umschließen.

Hals: unmittelbar unter der Oberfläche liegender Pflanzenteil, aus dem neue *Sprosse* treiben und bis zu dem sie im Herbst einziehen.

handförmig (Blattform): mit 3 oder mehr Blättchen, die an einem Punkt sitzen.

Hängeblätter: die hängenden oder waagrecht liegenden Tepalen oder *Kronblätter* von Iris und einigen verwandten Pflanzen.

Haube: Schutz aus Glas, Plastik oder Folie, der über die Pflanzen gestülpt wird, um sie vor Frost oder Regen zu schützen. Wird auch verwendet, um den Boden vor dem Aussäen oder Pflanzen etwas zu erwärmen.

Heideerde: Komposterde mit dem für *Erica*-Pflanzen geeigneten *pH-Wert*.

heimisch: im Herkunftsgebiet wildwachsend.

Heister: ein junger Baum oder gepfropfter Sämling, der 1–2 m hoch ist.

Hochblatt: ein umgewandeltes Blatt unter der *Blüte* oder dem *Blütenstand*. Es kann wie ein gewöhnliches Blatt aussehen, aber auch klein und schuppenartig oder groß und leuchtend gefärbt sein. Auch Hüllblatt oder Braktee genannt.

Hochstamm: auf einen Stamm veredelte Rose; die Höhe beträgt bis zum Ansatz der Krone meist etwa 80 cm.

Holländern: Methode, bei der Boden bis zur Tiefe von 2 *Spatenstichen* bearbeitet wird.

holzig: ein Ausdruck für Stämme, die nicht weich und biegsam, sondern hart und verdickt sind, z.B. bei Sträuchern; auch der Grund mancher Kräuter ist verholzt.

Holzknospe: siehe *Knospe*

Honigtau: klebrige Substanz auf Blättern, Ausscheidung von Schädlingen, wie z.B. Blattläusen, Weißen Fliegen oder Blattsaugern.

Horst: Büschel dicht nebeneinanderstehender, gleich stark von unten herauswachsender Triebe.

Hülse (Legume): siehe *Fruchtformen*

Humus: die chemisch vielfältigen, organischen Abbauprodukte pflanzlicher Substanzen im Boden. Auch oft für teilweise abgebaute Substanzen wie Blatthumus oder Kompost verwendet.

Hybride: Nachkommen durch Kreuzung genetisch verschiedener Eltern. Hybriden zwischen Arten derselben Gattung heißen interspezifische Hybriden; jene zwischen verschiedenen, aber für gewöhnlich nahe verwandten Gattungen intergenerische Hybriden (siehe auch *F1-Hybriden* und *F2-Hybriden*).

Hybridisierung: der Vorgang, durch den *Hybriden* gebildet werden.

Hydrokultur: die Kultivierung von Pflanzen in mit Nährstoff angereichertem Wasser; manchmal mit sterilem Füllsubstrat (siehe auch *Hydroponik*).

Hydroponik: die Kultivierung von Pflanzen in wässrigen Nährlösungen. Wird ungenau für alle Kulturen ohne Erde verwendet.

Hypokotyl: Keimachse zwischen Wurzelhals und Keimblatt.

immergrüne Pflanzen: Pflanzen, die ihre Blätter über eine Wachstumsperiode hinaus behalten; HALB-IMMERGRÜNE Pflanzen behalten nur einen kleinen Anteil ihrer Blätter über mehr als eine Wachstumsperiode.

Infloreszenz, Blütenstand: Gruppe von Blüten auf einer Achse (Stängel).

Instandhaltungsschnitt, Überwachungsschnitt: das übliche Zurückschneiden von holzigen Pflanzen durch *Auslichten* muss differenziert geschehen, um die Form des Strauches nicht zu verderben; *Kappen* ist meist falsch.

intergenerische Hybriden: siehe *Hybriden*

intermediär: Hybriden, deren Merkmale in der Mitte zwischen denen ihrer Eltern liegen.

Internodium: Teil des Stängels zwischen 2 Knoten, deutlich bei Gräsern.

interspezifische Hybriden: siehe *Hybriden*

Kalk: Kalziumverbindung; der Kalkgehalt im Boden entscheidet darüber, ob er *basisch*, *sauer* oder *neutral* ist.

kalkfliehend: Pflanze, die nicht auf *alkalischem* Boden wächst, z.B. Azaleen, Rhododendron, Ericaceae, außer *Erica carnea* der Alpen.

kalkliebend: Pflanze, die auf *alkalischem* Boden gedeiht.

Kallus: Schutzgewebe, das Pflanzen über einer Wunde bilden; v.a. bei holzigen Pflanzen, aber auch am Grund von Stecklingen (siehe auch *Meristem*).

Kalter Kasten: verglaste, kistenartige Konstruktion aus Ziegeln, Holz oder Glas, mit einem aufklappbaren oder abnehmbaren Deckel (aus Glas oder durchsichtigem Plastik), um die Pflanzen vor zu großer Kälte zu schützen.

Kalthaus: unbeheiztes Gewächshaus zum Überwintern südländischer Pflanzen.

Kambium: gibt nach innen und außen neues Gewebe ab und sorgt so für ein kontinuierliches Dickenwachstum.

Kappen: ein radikaler Verjüngungsschnitt, bei dem Gehölze jedes Jahr bis auf Bodenhöhe zurückgeschnitten werden, um kräftige Triebe hervorzubringen.

Kapsel: trockene Samenhülle; öffnet sich, wenn sie reif ist, um die Samen zu entlassen (siehe auch *Fruchtformen*).

Karpell: siehe *Fruchtblatt*

Kastration: Entfernung der *Staubbeutel*, bevor der Pollen ausgestreut wird, um eine *Selbstbestäubung* und daher Selbstbefruchtung zu verhindern.

Kätzchen: hängender, ährenförmiger Blütenstand, mit auffälligen *Brakteen* in ihren kleinen, oft eingeschlechtlichen Blüten ohne Blütenblätter oder dreiblütige Trugdolden (siehe auch *Blütenformen*).

Keimblatt: siehe *Kotyledon*

Keimling: aus einem *Samen* hervorgegangener Embryo, der zunächst ohne Blattgrün ist und vom Nährgewebe des *Samens* ernährt wird.

Keimruhe: Nichtkeimen von Samen trotz günstiger Bedingungen für die Keimung, bedingt durch physikalische, chemische oder andere innere Faktoren im Samen; DOPPELTE KEIMRUHE: Nichtkeimen von

Samen, bedingt durch 2 innere Faktoren im Samen (siehe auch *Dormanz*).

Keimung: physikalischer und chemischer Prozess, der stattfindet, wenn Samen zu wachsen beginnt und sich zu einer Pflanze entwickelt.

Kelchblätter (Sepalen): der äußere *Wirtel* der *Blütenhülle* einer Pflanze; meist klein und grün, aber manchmal gefärbt und kronblattähnlich.

Kernfrucht: eine feste, fleischige Frucht; entstanden aus der Verwachsung des Fruchtknotens mit dem Hypanthium (Blütenbecher; verschmolzene Basis von Kelch und Krone), z.B. Birne (siehe auch *Fruchtformen*).

Kletterpflanze, Klimmer: Pflanze, die andere Pflanzen oder Gegenstände auf unterschiedliche Weise als Stütze benützt. 1. Die verholzte Achse windet sich empor *(Wisteria)*; 2. die verholzte Achse klammert sich ziemlich locker an mit Stacheln; 3. mit stammbürtigen Wurzeln klettert Efeu; 4. mit Haftscheiben an den verzweigten Sprossen klettert Wilder Wein; 5. mit krautigen Stängeln um die Stützen gewunden (Duftwicke oder Kapuzinerkresse); 6. mit dem modifizierten Endfiederblättchen des 1. Fiederpaares und des Endfiederblättchens rankt sich die Kronwicke empor.

Klon: Gruppe von Pflanzen, die genetisch identisch sind und durch die vegetative Vermehrung eines Individuums gewonnen werden.

Knolle: ein verdicktes, von einem Stängel (bei Kartoffel) oder einer Wurzel (bei Dahlie) stammendes, meist unterirdisches Organ zur Speicherung von Nährstoffen.

Knopfauge: in der Mitte mancher Rosenblüten entsteht durch Krümmung der kleinsten Blütenblätter eine knopfähnliche Erhebung.

Knospe: rudimentärer oder verkürzter Spross, der Anlagen von Blättern oder Blüten beinhaltet: ACHSELKNOSPE: aus einer Blattachsel entspringende Knospe; ADVENTIVKNOSPE: eine an ungewöhnlicher Stelle entspringende Knospe, z.B. aus dem Stängel anstatt aus einer Blattachsel; BLATTKNOSPE: Knospe, aus der sich Blätter entwickeln; HOLZKNOSPE: Knospe, aus der sich ein Trieb entwickelt: TRAGKNOSPE, FRUCHTAUGE: Knospe, aus der sich Blüten (gefolgt von Früchten) entwickeln; SCHEITELKNOSPE, ENDKNOSPE oberste Knospe eines Stängels.

Knoten: Abschnitt des Stängels, an dem Blätter, Sprosse, Zweige oder Blüten entspringen (siehe auch *Halm*).

Kolben: *Blütenstand*, bei dem die *Einzelblüten* meist zahlreich an einer fleischigen Achse angeordnet sind.

Kompost: humusreiches, organisches Material aus zersetzten Pflanzenresten u.a. organischen Substanzen zur Bodenverbesserung und zum Mulchen.

Komposterde: Topferde aus einer Mischung aus *Lehm, Sand, Torf*, Blatthumus u.a. Bestandteilen.

Koniferen (Nadelgehölze, Zapfenträger, Nacktsamer): Gymnospermen, in der Regel immergrüne Bäume und Sträucher (Lärchen, Sumpfzypressen und *Metasequoia* werfen ihre Nadeln ab). Von den Blütenpflanzen (Angiospermen) unterscheiden sie sich durch die freiliegenden *Samenanlagen*, die nicht in einem *Fruchtknoten* eingeschlossen sind; der *Zapfen* ist der vergrößerte, verholzte weibliche Blütenstand.

Kopfbildung: das Stadium, in dem Gemüsepflanzen wie Salat oder Kohl dichte »Herzen« aus den inneren Blättern bilden.

Köpfchen: dichte Infloreszenz; siehe *Blütenstände*.

Kopfdüngung: das Auftragen von löslichen Düngemitteln, frischer Erde oder Kompost auf die Bodenoberfläche um eine Pflanze oder auf dem Rasen, um die Nährstoffe wieder zu ersetzen.

Kopulieren: siehe *Veredeln*

Körbchenblüte: siehe *Blütenkörbchen*

Kotyledon: ein Keimblatt; erstes Blatt oder erste Blätter, die nach dem Keimen aus dem Samen erscheinen, oft ausgesprochen verschieden von den reifen Blättern, Blütenpflanzen (Angiospermen) werden in Monokotyledonen (eins) und Dikotyledonen (zwei) eingeteilt, je nachdem, wie viele Keimblätter im reifen Samen vorhanden sind. Bei den Gymnospermen (*Koniferen*) stehen sie oft in *Wirteln*. Keimblätter haben Nährstoffe für die Keimlinge gespeichert.

Kraut: 1) Wegen ihrer medizinischen und Gewürzeigenschaften oder ihrer duftenden Blätter gezogene Pflanze. 2) Botanisch: eine *krautige* Pflanze.

krautig: nichtholzige Pflanze, bei der die oberen Teile am Ende der Wachstumsperiode bis auf die Wurzeln absterben. V.a. verwendet für ausdauernde Pflanzen, botanisch auch für *einjährige* und *zweijährige* Pflanzen.

Kronblatt, Petalum: ein modifiziertes, oft leuchtend gefärbtes Blatt; Teil der Krone einer meist *zweikeimblättrigen* Blüte (siehe auch *Tepalum*).

Krone, Corolla: innerer *Wirtel* der *Blütenhülle*, besteht aus getrennten oder verwachsenen Blütenblättern (Petalen).

Krümelstruktur: ideales Bodengefüge, bei dem der Boden in kleine Krümel bröckelt; muss gegebenenfalls durch gezielte Maßnahmen wie Bodenlockerung geschaffen werden.

Kurztrieb: kurzer Zweig mit Blütenknospen, wie bei Obstbäumen; mit Blättern bei Laub- und Nadelbäumen.

Lamina: Blattspreite; meist flach, erhält nicht die *Petiole* (den Blattstiel).

Landerde: Erde, die in der freien Natur vorkommt und als oberste Kulturschicht in der Landwirtschaft verwendet wird.

lanzettförmig (Blattform): schmal, an beiden Enden spitz zulaufend.

Lappen: der hervorstehende, größere Bestandteil eines ungeteilten Blattes.

Laubkompost: faseriges bis flockiges Material, das beim Zersetzen von Laub entsteht und als Bestandteil von Topferde, zur Bodenverbesserung und zum *Mulchen* verwendet wird.

Lehm: Boden mittlerer Textur, oft leicht zu bearbeiten, enthält mehr oder weniger gleiche Anteile von Sand, Schluff und Ton; meist reich an Humus. Wenn der Anteil eines Bestandteiles hoch ist, kann man ihn als schluffigen Lehm, tonigen oder sandigen Lehm bezeichnen.

leicht: Boden mit hohem Gehalt an Sand und mit wenig Ton.

Leittrieb: 1) Der meist zentrale, aufrechte Hauptstamm eines Baumes. 2) Der Terminalspross einer Pflanze.

linealisch (Blattform): sehr schmal mit fast parallel laufenden Blatträndern.

Lippenblüten: lippenförmige Blüten.

Lithophyt: Pflanze, die auf Felsen (oder in sehr steinigem Boden) wächst und die meisten ihrer Nährstoffe sowie ihr Wasser in der Regel aus der Atmosphäre bezieht.

löffelförmig: Blüten von Chrysanthemen (und einigen anderen Blumen), bei denen die Einzelblüten an den Spitzen sich löffelförmig erweitern.

Luftablegerverfahren: siehe *Ableger*

Luftwurzel: über dem Boden wachsende Wurzel zur Verankerung der Pflanzen, bei *Epiphythen*, um Luftfeuchtigkeit aufzunehmen. Sie bilden sich u.a. an Zweigen bei *Ficus*-Arten. Haben sie den Boden erreicht, wurzeln sie und bilden Sekundärstämme.

Mark (Stängel): Das weiche pflanzliche Material im Inneren eines Stängels.

Kopfstecklinge: *Stecklinge* von der Spitze unverholzter, nichtblühender Triebe.

Körbchen: *Blütenstand* aus *Strahlenblüten* und *Röhrenblüten*, bei dem die Spitze der Achse gestaucht und scheibenförmig verbreitert ist. Auch Körbchenblüte oder Blütenkörbchen genannt.

margeritenähnlich: Pflanzen mit in *Blütenkörbchen* angeordneten *Einzelblüten*.

Markottage: anderer Name für *Luftablegerverfahren* (siehe auch *Ableger*).

mehrjährig: für Pflanzen verwendet, die mindestens 3 Vegetationsperioden durchlaufen.

Meriklon: genetisch identische Nachkommen, die durch *Meristem*kultur erzielt werden.

Meristem: dauernd teilungsfähiges Gewebe; erzeugt in Vegetationskegeln an Trieb- und Wurzelspitzen Längenwachstum, an den Achsen Verzweigungen und Blätter. Ohne Meristem keine *Okulierung* und *Pfropfung*. Sekundär wird es gebildet, wo Wunden entstanden sind; bildet Wundverschluss.

Mikroklima: das Klima eines eng begrenzten Raums innerhalb eines Großklimas, z.B. in einem Gewächshaus oder im geschützten Teil eines Gartens.

Mischkultur: Nebeneinandersetzen von Pflanzen, von denen man weiß, dass sie eine günstige Wirkung auf die Nachbarpflanzen haben, indem sie Krankheiten und Schädlinge abhalten und das Wachstum verbessern.

Mittelrippe: die wichtigste, meist zentrale Ader eines Blattes.

mittelschwer (Boden): zwischen schwer und leicht (siehe auch *Lehm*).

monokarpisch: Pflanzen, die nur einmal blühen und fruchten, bevor sie absterben; brauchen mehrere Jahre, bis sie Blühgröße erreichen.

monopodial: die Spitze der Hauptachse wächst weiter, die Seitensprossen bleiben zurück (siehe auch *sympodial*).

Moorpflanze: Pflanze, deren natürlicher Standort dauernd feucht ist oder die unter solchen Bedingungen gedeiht.

Mulch: Schicht aus organischem Material; wird auf die Bodenoberfläche aufgetragen, um das Unkrautwachstum zu vermindern, die Feuchtigkeit zu bewahren und eine kühle, gleichmäßige Wurzeltemperatur beizubehalten. Zusätzlich zu organischen Materialien wie Stallmist, Rinden- und Gartenkompost können auch Polyäthylen, Folien und Kiesel verwendet werden.

Mutation: absichtlich herbeigeführte oder spontane genetische Veränderung von Eigenschaften, ergibt u.a. Blüten, die anders gefärbt sind als die der *Mutterpflanze*. Eine Mutation wird auch als *Sport* bezeichnet.

Mutterpflanze: Pflanze, von der Fortpflanzungsmaterial, sowohl *Samen* als auch *vegetatives* Material, gewonnen wird.

Mykorrhiza: Bodenpilze, die mit Pflanzenwurzeln zum beiderseitigen Vorteil zusammenleben, v.a. bei Waldbäumen (siehe auch *Wurzelknöllchen*).

Myzel: der vegetative Teil eines Pilzes, bestehend aus mikroskopisch kleinen Fäden. Auch Pilzgeflecht genannt.

Nagel: stielartiger unterer Teil eines Kronblattes.

Nährstoffe: Mineralien (Mineralionen), um Proteine u.a. Verbindungen zu bilden, die für das Pflanzenwachstum nötig sind.

Narbe: apikaler Teil eines *Fruchtblattes* oder mehrerer Fruchtblätter, meist an der Spitze eines *Griffels*; nimmt den *Pollen* vor der *Befruchtung* auf.

Naturalisieren: Einbürgern und Gedeihen wie wildwachsende Pflanzen.

Nebenknolle: siehe *Nebenzwiebel*

Nebenkrone: zentraler, meist becherartiger Teil einer *Perigonblüte*, besonders typisch für Narzissen. Auch Trompete oder Schale genannt.

Nebenzwiebel: von der Mutterzwiebel zur vegetativen Vermehrung entwickelt. Man spricht von *Tochterzwiebeln*, wenn nur 1–2 größere Exemplare gebildet werden, wie bei Tulpen und Narzissen der Fall. Sind sie zahlreicher, aber kleiner, werden sie häufig als *Brutzwiebeln* bezeichnet. Allerdings sind die Begriffe in der Literatur nicht eindeutig voneinander abgegrenzt. Entsprechend kennt man bei Knollenpflanzen *Nebenknollen* bzw. *Brutknollen*.

Nektar: zuckerige Flüssigkeit, die von einem *Nektarium* abgesondert wird; wirkt stark anziehend auf bestäubende Insekten.

Nektarium: drüsiges Gewebe, das meist in Blüten vorkommt, v.a. im *Sporn* von Blüten (z.B. bei Veilchen), aber manchmal auch auf Blättern oder Stängeln; sondert *Nektar* ab.

neutral (Boden): mit *pH-Wert 7*, d.h. weder *sauer* noch *basisch*.

nichtremontierend: nur einmal während der Wachstumsperiode blühend oder fruchtend (siehe auch *remontierend*); beides bei Rosen.

Niederstamm, Busch: Obstbaum mit einem Stamm von 90 cm oder weniger; bei Obststräuchern wie Johannisbeeren oder Stachelbeeren.

niederliegend: flach auf dem Boden ausgebreitet.

Nuss: siehe *Fruchtformen*

Oberboden; Ackerkrume: die oberste, meist fruchtbare Bodenschicht.

Oberflächendüngung: Dünger, der auf die Erdoberfläche um eine Pflanze herum aufgetragen wird (siehe auch *Kopfdüngung*).

offen: *Blütenstand*, der nicht durch eine einzelne Blüte abgeschlossen wird und in der Hauptsache weiterwächst, wenn sich die unteren Blüten öffnen (z.B. eine Traube wie etwa bei Rittersporn).

Öffnungsfrucht: siehe *Fruchtformen*

Okulieren, Augenveredlung: eine Methode des Veredelns (siehe auch *Veredeln*).

Okulation: Einsetzen einer Knospe in die Rinde der *Unterlage*. Eine Form der Veredlung.

organisch: 1) Chemische Verbindungen, die Kohlenstoff enthalten; dieser stammt aus abgebauten Organismen von Pflanzen oder Tieren.

2) Ungenauer Begriff für Mulch, Kompost oder ähnliche, von Pflanzen stammende Materialien.

3) Auch verwendet für Land- und Gartenbau ohne künstliche oder anorganische Stoffe.

Parthenokarpie: das Hervorbringen von Früchten, ohne dass eine *Befruchtung* stattgefunden hat.

Parterre: ebene Fläche mit Zierbeeten, oft mit niedrigwüchsigen Pflanzen und von Einfassungen umgeben.

Pathogene: Mikroorganismen, die Krankheiten verursachen.

Pedunculus: der *Stiel* einer Blüte.

perennierend: genaugenommen jede Pflanze, die mindestens 3 Wachstumsperioden lebt; allgemein für krautige Pflanzen und holzige perennierende (d.h. Bäume und Sträucher) verwendet.

Perianth: siehe *Blütenhülle*

Perigon: aus (meist) gleichgeformten und gleichfarbigen Blütenhüllblättern (Kelch nicht vorhanden), bei Mono-*Kotyledonen*.

Perlit: kleine Körnchen vulkanischer Minerale, die man dem Substrat beifügt, um die Belüftung zu verbessern.

Pestizid: meist künstlich hergestellte chemische Substanz zum Vertilgen von Schädlingen wie Insekten (*Insektizide*), Milben (*Acarizide*) und Nematoden (*Nematizide*).

Petalum: siehe *Kronblatt*

Petiole: der *Stiel* eines Blattes.

Pfahlwurzel: die größte und wichtigste, senkrecht nach unten wachsende Wurzel einer Pflanze (v.a. eines Baumes), auch allgemein für jede starke, abwärts wachsende *Wurzel* verwendet.

Pflanzbeet: siehe *Anzuchtbeet*

Pflanzgut: eine kleine Zwiebel, Schalotte oder Kartoffelknolle, die zum Anpflanzen ausgewählt wurde.

Pfropfen: eine Art Veredlung, bei der ein schmales *Reis* mit einer dickeren Unterlage verbunden wird, siehe *Veredeln*

Pfropfkopf: wo die Pfropfreisknospe mit der Unterlage verbunden ist (siehe auch *Veredlungsstelle*).

Pfropfstelle: siehe *Veredlungsstelle*

Pfropfunterlage: siehe *Unterlage*

Photosynthese: die Erzeugung der für das Pflanzenwachstum nötigen organischen Verbindungen. Entsteht durch einen komplizierten Vorgang unter Mitwirkung von Chlorophyll, Lichtenergie, Kohlendioxid und Wasser.

pH-Wert: Maß für den Gehalt an Säuren oder Basen (bezieht sich im Gartenbau auf den Boden). Die Skala reicht von 1 bis 14; pH 7 ist neutral, über

7 ist basisch und unter 7 sauer (siehe auch *sauer*, *basisch* und *neutral*).

Phyllodium: blattartig verbreiteter Blattstiel, der bei gleichzeitig rückgebildetem Blatt die Blattfunktion übernimmt.

Pikieren, Vereinzeln: junge Sämlinge von dort, wo sie gekeimt haben, in Beete oder Töpfe übertragen, wo sie genug Platz zum Weiterwachsen haben.

Pinzieren: Zurückschneiden, Einkürzen der wachsenden Sprossspitze, um Seitentriebe anzuregen oder um beschädigte Zweige zu entfernen.

Pollen: die männlichen Zellen einer Pflanze; sie bilden sich im *Staubbeutel*.

Polyembryonie: mehr als einen Embryo in einer Samenanlage oder einem Samen enthaltend.

Pompon: kleine, meist kugelförmige Blütenstände aus zahlreichen Einzelblüten.

proximales Ende: (Stecklinge): das Ende, das ursprünglich am nächsten zum Wurzelanlauf der Mutterpflanze gelegt war (vgl. *distales* Ende).

Pseudobulben, Scheinknollen: verdickte, zwiebelartige Stängel einer *sympodilaen* Orchidee; entspringt von einem (manchmal sehr kurzen) *Rhizom*.

Quirl: siehe *Wirtel*

quirlständig (Blattstellung): Anordnung, bei der mindestens 3 Blätter an jedem Knoten wachsen.

Radicula: *Wurzel* des Keimlings, wird bei Nacktsamen und *Zweikeimblättrigen* zur *Pfahlwurzel*; bei *Einkeimblättrigen* stirbt sie ab und wird durch Nebenwurzeln ersetzt.

Ranke: modifizierter Zweig, *Stängel* oder *Blatt*, in der Regel fadenförmig (lang und schlank) und in der Lage, sich an einer Stütze festzuhalten (siehe auch *Kletterpflanze*).

Regenschatten: Fläche in der Nähe einer Mauer oder eines Zaunes, die vor den vorherrschenden Winden geschützt ist und daher weniger Regen bekommt als das offene Gelände.

Reihensaat, Rillensaat: *Samen* einzeln oder in kleinen Gruppen in bestimmten Abständen in Reihen oder Saatrillen aussäen.

Reis: von einer Edelsorte geschnittener Trieb oder eine Knospe, die bei der Veredlung auf eine Unterlage aufgepfropft wird.

remontierend: Pflanze, die mehr als einmal während der Wachstumsperiode blüht (oft bei Rosen oder Erdbeeren; siehe auch *nichtremontierend*).

Respiration: die Freigabe von Energie aus zusammengesetzten organischen Molekülen als Ergebnis chemischer Veränderungen.

Rhizom: ein spezialisierter, in der Regel horizontal kriechender, verdickter oder schlanker, unterirdi-scher *Stängel*; wirkt als Speicherorgan und bringt an seiner Spitze und entlang des Sprosses oberirdische Triebe hervor.

Rille, Saatrille: schmale, gerade Furche im Boden, in die Samen gesät und *Sämlinge* gesetzt werden.

Rillensaat: siehe *Reihensaat*

Rinde: die äußere Schicht eines Baumes oder Strauches außerhalb des *Kambiums*.

Ringelung: ringförmiges Entfernen der Rinde vom Stamm oder von den Ästen bestimmter Obstbäume, um starkes Wachstum zu reduzieren und den Obstertrag zu steigern.

Rispe: offener, verzweigter *Blütenstand*, besteht oft aus mehreren traubigen Zweigen.

Röhrenblüte: röhrenförmige Blüte in einem *Blütenkörbchen*, auch Scheibenblüte genannt.

Rosette: Büschel von *Blättern*, die von etwa demselben Punkt ausstrahlen, oft in Bodennähe auf einem sehr kurzen *Stängel*.

Rote Spinnmilbe: ein winziges Insekt, das den Blättern Saft absaugt, sodass sie vorzeitig welk werden und abfallen.

Rückschnitt: die wichtigsten Zweige von Bäumen oder Sträuchern um mehr als die Hälfte zurückschneiden.

Saatbeet: verschiedene Typen von Containern, v.a. solche für das Aussäen von Samen und das *Pikieren* von *Sämlingen*.

Saatschale (Multitopfplatte): unterteiliges Kästchen, in dem einzelne Samen und Sämlinge gezogen werden.

Samen: reife, befruchtete Samenanlage; enthält einen ruhenden Embryo, der imstande ist, sich zu einer Pflanze zu entwickeln.

Samenanlage: Teil des Fruchtknotens, der sich nach Bestäubung und Befruchtung zum *Samen* entwickelt.

Samenecht: die charakteristischen Eigenschaften der Elternpflanzen bei Auszucht aus *Samen* nicht verlierend.

Samenritzung: siehe *Anritzen*

Samentreu: siehe *Samenecht*

Sämling: eine aus einem Samen entstandene junge Pflanze.

sauer (Boden): mit *pH-Wert* unter 7 (siehe auch *basisch* und *neutral*).

Schaupflanze: eine auffallende Pflanze, in der Regel ein Baum oder Strauch in hervorragendem Zustand, die an einem Standort steht, wo sie gut gesehen werden kann.

Scheibenblüte: kleine, für sich genommen unauffällige, meist röhrenförmige *Blüte*, die die Mitte einer *Körbchenblüte* bildet. Auch Röhrenblüte genannt.

Schießen: vorzeitiges Hervorbringen von Blüten und Samen.

Schiffchen: unterer Teil der *Schmetterlingsblüte*, der aus 2 verwachsenen *Kronblättern* besteht.

Schild (Keil): ein kleines Stück Rinde oder Holz, das am Grund eines *Stecklings* bleibt, wenn er vom Stamm weggenommen wird (*Ansatzsteckling*).

schildförmig (Blätter): der Blattstiel mündet unterhalb der Mitte der Blattspreite, manchmal auch außerhalb der Mitte, z.B. bei Kapuzinerkresse.

Schließfrucht: Frucht, die sich nicht öffnet, um ihre Samen zu entleeren (siehe auch *Fruchtformen*).

Schmetterlingsblüten: Blüten, deren Form an einen Schmetterling erinnert, der seine Flügel zusammengelegt hat.

Schnitt, Entwipfeln: das regelmäßige Zurückschneiden der Hauptäste bis auf den Hauptstamm oder ein *Astgerüst*, meist bis zu einer Höhe von 2 m.

Schossen: zu schnell in die Höhe wachsen und dabei vorzeitig *Blüten* und *Samen* tragen.

Schössling: ein junger Baum; ein *Sämling* oder jeder junge Baum, bevor das Holz hart wird.

Schote: siehe *Fruchtformen*

Schuppe: ein reduziertes oder modifiziertes Blatt.

schwer (Boden): mit einem hohen Anteil an Ton.

Seitenpfropfen: siehe *Veredeln*

Seitenspross: Trieb, der an einem Hauptspross seitlich entspringt.

Seitentrieb: seitlich aus einem Spross oder einer *Wurzel* wachsender Trieb.

seitliches Keilpfropfen: siehe *Veredeln*

Selbstableger: siehe *Ableger*

Selbstaussaat: Verbreiten fertiler Samen, die um die Mutterpflanze herum *Sämlinge* hervorbringen.

Selbstbestäubung: die Übertragung von Pollen von den Staubbeuteln auf die *Narbe* derselben Blüte oder einer anderen Blüte derselben Pflanze (siehe auch *Fremdbestäubung*).

selbstfertil: Pflanze, die nach Befruchtung mit ihrem eigenen Pollen lebensfähige Samen hervorbringt (siehe auch *Befruchtung*, *Bestäubung*, *Selbstbestäubung* und *selbststeril*).

selbststeril: Pflanze, die nach Selbstbefruchtung keine lebensfähigen Samen bilden kann; sie braucht einen anderen *Bestäuber*, damit Befruchtung stattfinden kann. Auch als »selbstinkompatibel« bekannt – unfähig zur Selbstbefruchtung.

Selektion: Pflanze, die aufgrund besonderer Merkmale ausgewählt wird; wird normalerweise vermehrt, um diese Merkmale zu bewahren.

Sepalum: Teil der *Blütenhülle* einer Pflanze, für gewöhnlich grün. Meistens unterscheidbar, zuweilen jedoch kronblattähnlich (siehe auch *Kelchblätter*).

Serie: Gruppe von Sommerblumensorten, die sich in der Regel in einem einzigen Merkmal (meist der Farbe) unterscheiden. Im Handel in Einzelfarben oder meist als Mischung erhältlich.

Solitär: auffällige Pflanze, meist ein Baum oder Strauch, als Blickfang einzeln an exponierter Stelle kultiviert.

Sommergrün: mit Blättern, die jedes Jahr zum Ende der Vegetationsperiode abfallen.

Sorte: Gruppe von Pflanzen (oder eine Pflanze in so einer Gruppe), die sich durch ein oder mehrere Merkmale unterscheiden lassen und deren Unterscheidungsmerkmale nach *geschlechtlicher* oder *ungeschlechtlicher* Vermehrung beibehalten werden; gebräuchlich vor allem im Zierpflanzenbau.

Spalier: Rankgerüst für Klettergewächse und Obstgehölze, bestehend aus Stäben und mitunter – als Querverspannung – auch aus Drähten.

Spaltpfropfen: siehe *Veredeln*

Spatenstich: die Tiefe eines Spatenblattes, meist 25–30 cm.

Spelze: spreuartige, trockenhäutige Braktee in den Blütenständen von Gräsern und Seggen.

Sphagnum: wasserspeichernde Moose als Bestandteil von Kultursubstraten.

Sporangium (Farn): Behälter, in dem Sporen entstehen.

Spore: winzige Fortpflanzungsstruktur blütenloser Pflanzen, wie Farne, Pilze und Moose. Bei Farnen entstehen sie auf den Unterseiten der Wedel in den Sporangien; reife Sporen fallen auf den Boden, bilden zweierlei blattartige Gewebe, die einen mit weiblichen, die anderen mit männlichen Zellen. Nach der Befruchtung entsteht der Wedel (*vegetative* Generation).

Sporn: hohler Fortsatz eines *Kronblattes*, z.B. bei Veilchen, Akelei, Leinkraut; erzeugt oft Nektar.

Sport: Gärtnerbegriff für eine Mutation infolge einer herbeigeführten oder spontanen genetischen Veränderung. Die Triebe können andersartige Merkmale aufweisen bzw. die Blumen anders gefärbt sein als die der Eltern.

Spreite: der flächige Hauptteil des Blattes.

Spross: ein Ast, *Stängel* oder Zweig.

Sprossknolle: zwiebelähnlicher, unterirdischer, verdickter Stängel oder eine Basis, oft von einer papierartigen Hülle umgeben. Eine Sprossknolle wird jedes Jahr durch eine neue Sprossknolle ersetzt, die sich aus einer End- bzw. Seitenknospe entwickelt, z.B. bei Narzissen.

Sprossranke: siehe *Kletterpflanze*

Stammanlauf: siehe *Wurzelanlauf*

Stammbasis: der Teil einer Pflanze, wo *Wurzeln* und *Stängel* sich treffen.

Staubbeutel, Anthere: pollenproduzierender Teil eines *Staubblattes*; entspringt normalerweise einem *Staubfaden*.

Staubblatt: das männliche Fortpflanzungsorgan einer Pflanze, mit pollenerzeugendem *Staubbeutel*, der normalerweise vom Filament oder *Stiel* getragen wird.

Staubfaden: Stiel eines Staubblattes, trägt den *Staubbeutel*.

Staude: krautige oder überwiegend krautige Pflanze, die mindestens 3 Vegetationsperioden überdauert. Am Grund verholzende Stauden sterben im Herbst nur teilweise ab; an der Basis bleibt ein holziger Stängel zurück.

Stecken: *Stecklinge* in ein Nährmedium geben.

Steckenbleiben: bei einer Blüte, die sich nicht richtig öffnet und schon als Knospe verfault.

Steckholz: ein verholzter *Steckling*, der am Ende der Wachstumsperiode zur Vermehrung von einer Pflanze genommen wird.

Steckling: von einer Pflanze abgetrennter Teil (*Blatt, Spross, Wurzel* oder *Knospe*), aus dem eine neue Pflanze herangezogen werden soll; Ansatzsteckling: mit einem Stückchen Rinde (Keil) oder reifen Holz an der Basis; Augensteckling; von knapp unterhalb eines Auges oder eines Knotens geschnitten; Blattknospensteckling: besteht aus einem kleinen Stückchen Stängel und einem oder 2 Paaren von Knospen oder Blättern; Blattsteckling: aus einem abgetrennten Blatt oder Teil eines Blattes; Grünsteckling laubabwerfender Gehölze: aus jungen, unreifen Trieben während der Wachstumsperiode; Grünsteckling von immergrünen Laubgehölzen: von den weichen Spitzen junger Zweige, nachdem das Frühjahrswachstum abgeflaut ist (etwas härter und holziger als Grünstecklinge laubabwerfender Gehölze); Kopfsteckling: von der Spitze eines Sprosses (manchmal auch für Grünstecklinge verwendet); Stammsteckling: aus einem beliebigen Teil des Stammes; Steckholz: aus dem reifen Holz sowohl laubabwerfender als auch immergrüner Pflanzen am Ende der Wachstumsperiode; Wurzelsteckling: aus einem Teil der halbreifen oder reifen Wurzel.

Steinfrüchte: Früchte mit einem oder mehreren Samen (»Steine«), die von fleischigem, meist essbarem Gewebe umgeben sind; auch als »Drupa« bekannt; bei der Gattung *Prunus* (Aprikose, Pflaume, Kirsche) und einigen anderen Pflanzen wie Mangos, welche holzige *Schließfrüchte* hervorbringen (siehe auch *Fruchtformen*).

Stempel: das weibliche Fortpflanzungsorgan der Blütenpflanzen, bestehend aus Fruchtknoten, Griffel und Narbe.

Stängel: krautige Hauptachse einer Pflanze, meist über dem Boden; trägt Blätter, Blüten und Früchte.

Stelzwurzeln: große, oberirdische *Wurzeln*, die dazu beitragen, den Baum zu stützen.

steril: 1) Bringt keine Blüten oder lebensfähigen Samen hervor (vgl. auch *fertil*). 2) Blüten ohne funktionsfähige *Staubbeutel* und *Stempel* (siehe auch *Fruchtblatt*).

Stiel: allgemeiner Ausdruck für den Stängel eines Blattes oder einer Blüte (*Petiole, Pedunculus*).

Stolon, Ausläufer: sich waagerecht ausbreitender Stängel; wurzelt an den Enden und bildet neue Pflanzen. Oft mit *Wurzelausläufer* verwechselt.

Strahlenblüte: eine Blüte im äußersten Ring eines *Blütenkörbchens*; auch Zungenblüte genannt.

Stratifizieren: Lagern von Samen unter warmen oder kalten Bedingungen, um die *Keimruhe* zu überwinden und die *Keimung* zu unterstützen.

Strauch: nur wenige Meter hohes Holzgewächs, vom Boden an verzweigt in gleichwertige Achsen.

Stutz: der auffallende, kompakte Blütenstand des Rhododendrons.

sublateral: Seitentrieb aus einem lateralen Trieb oder Zweig.

Substrat: *Kompost*, Erdmischung oder ein anderes Material, in dem Pflanzen gezogen oder fortgepflanzt werden können.

Sukkulent: Pflanze mit dicken, fleischigen Stämmen oder Blättern, zur Speicherung von Wasser.

sympodial: festgelegtes Wachstum eines *Sprosses*, der in einem Blütenstand endet oder abstirbt; das Wachstum wird durch laterale Knospen fortgesetzt (vgl. auch *monopodial*).

systemisch: bezeichnet Dünger, Unkrautvernichtungsmittel und dergleichen, die über das Gießwasser in das Gefäßsystem der Pflanze eindringen, also von innen heraus wirken.

taub: eine Pflanze, die keine Blüten hervorbringt; oder ein Stängel, an dem der Vegetationspunkt beschädigt wurde.

Taxon (Mz. Taxa): eine Gruppe von Organismen beliebiger Rangstufe; wird verwendet für Pflanzen oder Gruppen, die bestimmte, deutliche Merkmale gemeinsam haben.

Teilung: Vermehrungsart für Pflanzen; man teilt sie in Stücke, von denen jedes ein Wurzelsystem und einen oder mehrere *Sprosse* (oder Ruheknospen) hat.

Tepalum: einzelner Abschnitt eines *Perigons*, kann nicht klar als Kelch- oder Kronblatt charakterisiert werden wie bei allen *Einkeimblättrigen* (d.h. *Monocotyledonen*).

terminal: an der Spitze eines *Stängels* oder Zweigs; bezieht sich meist auf eine *Knospe* oder Blüte.

Tonscherben: man zerschlägt ausgediente Tontöpfe und deckt mit den Scherben die Ablauflöcher in Pflanzengefäßen ab. So wird die Erde nicht ausgeschwemmt und kann auch nicht die Löcher verstopfen. Das Wasser fließt gut ab, und die Wurzeln werden ausreichend belüftet.

Topferde: eine Mischung aus *Lehm*, *Torfersatz* (oder *Torf*), Sand und Nährstoffen in verschiedenem Verhältnis. Erdlose Komposte enthalten keinen Lehm, sondern v.a. Torf mit beigefügten Nährstoffen.

Torf: teilweise zersetzte Pflanzenteile auf mit Wasser vollgesogenem Boden, sehr humusreich. BRAUNMOOSTORF oder SPHAGNUMTORF stammt v.a. von teilweise zersetztem Sphagnummoos und wird für Torfkompost verwendet. SEGGENTORF stammt von Seggen, Moosen und Heidekraut; er ist größer als Braunmoostorf und weniger für Torfkompost geeignet.

Torfbeet: aus Torfstücken gebaute und mit sehr torfhaltiger Erde gefüllte Beete; für säureliebende Pflanzen, v.a. in Böden mit hohem *pH-Wert*.

Torfersatz: eine Vielzahl von verschiedenen organischen Materialien, z.B. Kokosfasern, die anstelle von *Torf* für Torfkomposte und zur Bodenverbesserung verwendet werden.

Torftopf: Topf aus abbaubarem Material wie zusammengedrücktem Torf.

Tragknospe, Fruchtauge: siehe auch *Knospe*

translozierend (gelöste Nährstoffe oder Unkrautvernichtungsmittel): sich innerhalb des Gefäßsystems (Leitgewebe) einer Pflanze bewegend.

Transpiration: Wasserverlust durch Verdunsten aus den Blättern und Stängeln der Pflanzen.

Traube: unverzweigter *Blütenstand* mit mehreren oder vielen gestielten *Blüten*. die einzeln an einer Hauptachse stehen.

Treiberei: künstliche Anregung der Blütenbildung während der eigentlichen Winterruhe.

triploid: mit 3 Chromosomensätzen; solche Pflanzen sind normalerweise *steril*.

Trugdolde: ein für gewöhnlich oben flacher, geschlossener Blütenstand, in dem sich die Terminalblüte zuerst öffnet (siehe auch *Blütenstand*).

T-Schnitt: siehe *Veredeln*

Tuffstein: poröser Kalkstein, der Feuchtigkeit aufnimmt und behält; wird zum Kultivieren alpiner Pflanzen verwendet, die in Gartenerde nicht gedeihen.

Tunica: die faserigen Membranen oder die papierartige äußere Haut von *Zwiebeln* und *Sprossknollen*.

umgraben: Grabungsmethode, bei der die Bodenkrume bis zur Tiefe eines *Spatenstichs* gewendet wird.

ungefüllt: mit nur einer Reihe Kronblätter. Auch einfach genannt.

ungeschlechtliche Vermehrung: Form der Vermehrung ohne Befruchtung; benötigt zur Fortpflanzung oft mechanische Methoden (siehe auch *vegetative Fortpflanzung*).

Unterart: die Unterteilung einer Art, auf höherer Rangstufe als *Varietät* oder *Form*.

Unterfamilie: eine Kategorie in der systematischen Einteilung der Pflanzen; Gruppe innerhalb der *Familie*.

Untergrund, Unterboden: die Bodenschichten unterhalb der Ackerkrume; sie sind meist weniger fruchtbar und von schlechterer Struktur und Textur als die Ackerkrume.

Unterlage: eine Pflanze, die verwendet wird, um das Wurzelsystem für ein *Edelreis* zu liefern.

Unterpflanzung: niedrigwüchsige Pflanzen werden unter hochwüchsigen gepflanzt.

variabel: unterscheidet sich in seinen Merkmalen vom Typus; v.a. bei aus Samen gezogenen Pflanzen, deren Merkmale sich von denen der *Mutterpflanze* unterscheiden.

Varietät: 1) Botanisch: eine natürlich vorkommende Variante (Varietas = var.) einer wildwachsenden *Art* (Species = sp.), zwischen den Rangstufen *Unterart* (Subspecies = ssp.) und *Form* (Forma = f.). 2) Allgemein, aber ungenau verwendet für jede Variante einer Pflanze (siehe auch *Sorte*).

vegetative Fortpflanzung: die Vermehrung von Pflanzen durch ungeschlechtliche Methoden, wobei fast immer genetisch identische Individuen entstehen.

vegetatives Wachstum: nicht blühend, meist Blattwuchs.

Vegetationsruhe: Phase, meist in der kalten Jahreszeit, in der das Wachstum vorübergehend eingestellt wird und andere Vorgänge in der gesamten Pflanze verlangsamen.

Verbräunen: durch übermäßig hohe Lichteinstrahlung oder Hitze verwelken, versengen oder verfärben.

Veredeln, Pfropfen: Vermehrungsmethode, bei der ein *Edelreis* von einer Pflanze mit der *Unterlage* von einer anderen künstlich verbunden wird, sodass sie schließlich als eine Pflanze fungieren. Es gibt verschiedene Methoden, z.B. Spaltpfropfen, Kopulieren, Okulieren (einschließl.

Okulieren in T-Form), Anplatten, Sattelschäften, Seitenpfropfen und Veredeln mit Gegenzungen.

Veredlungsstelle: die Stelle, an der *Edelreis* und *Unterlage* miteinander verbunden sind.

Vereinzeln: siehe *Pikieren*

Verjüngungsschnitt: Verfahren, bei dem die Seitentriebe regelmäßig zurückgeschnitten werden, um durch die dadurch angeregten jungen Seitentriebe ersetzt zu werden; nicht immer anwendbar, kann die Struktur des Individuums verderben.

Verkrustung: Kruste, die sich auf der Erdoberfläche nach Beschädigung durch Verdichtung, starken Regen oder zu starke Bewässerung bildet.

Vermehrungsbeet: Konstruktion, die eine feuchte Atmosphäre für die Aufzucht von Samen, das Bewurzeln von Stecklingen oder sonstige Vermehrung von Pflanzen ermöglicht.

verholzt: mit Zweigen aus harten, holzigen Fasern, die im Gegensatz zu krautigen, weichen Trieben dauerhaft sind. Ein halbverholzter Trieb enthält auch weicheres Gewebe und ist unter Umständen nicht von dauerhaftem Bestand.

Verkleben der Blüten: kommt besonders bei Nässe vor. Die Blüten öffnen sich nicht richtig und verfaulen noch im Knospenstadium.

Vermehrungsbeet: abgeschlossener Kasten, in dem *Sämlinge*, *Stecklinge* und andere Jungpflanzen die zur Anzucht erforderliche erhöhte Luftfeuchtigkeit bekommen.

Vermiculit: ein leichtes, glimmerähnliches Material, das Topferde beigemischt wird, um die Wasserspeicherung und Durchlüftung zu verbessern.

verwachsen (Blattstellung): mit gegenständigen Blättern, die am Blattgrund zusammengewachsen sind und den Stiel umgeben.

Viertelstamm: Strauch, der so gezogen wird, dass er unter den ersten Zweigen 1–1,2 m Stammlänge hat.

Warmhaus: beheizbares Gewächshaus.

Wassertrieb: Spross, der direkt aus einem Stamm entspringt, oft um eine Wunde.

wechselständig (Blätter an Stängeln, Zweigen, Ästen): nacheinander auf verschiedenen Höhen auf den entgegengesetzten Seiten des Stängels wachsend, meist spiralig stehend.

Wedel: 1) Blattähnliches Organ eines Farns. Einige Farne bilden sowohl sterile als auch *fertile* Wedel, letztere tragen Sporen (z.B. Straußfarn). 2) Auch verwendet für große, fächerförmige Blätter einer Gruppe der Palmen.

Wickel: Blütenstand, bei dem jeweils ein *Seitentrieb* mit endständiger *Blüte* das Wachstum fortsetzt.

Wildling: bei veredelten Pflanzen jeder *Spross*, der unterhalb der *Veredlungsstelle* entspringt.

Wildtrieb: Spross, der direkt aus dem Stamm oder unterirdisch aus einer Wurzel entspringt.

Windschutz: Struktur, die Pflanzen schützt und starken Wind abbremst; meist eine Hecke, Galerie von Bäumen, Zaun oder Mauer.

Windwurf: das Destabilisieren von Pflanzenwurzeln durch starken Wind.

Winterfeuchtigkeit: übermäßig hohe Wassermengen, die sich im Boden während der Wintermonate ansammeln.

winterhart: erträgt die klimatischen Bedingungen des ganzen Jahres, einschließlich Frost, ohne Schutz.

Wirtel, Quirl: Anordnung von 3 oder mehr Pflanzenorganen, die aus demselben Punkt entspringen.

Wuchs: die charakteristische Form oder allgemeine Erscheinungsmerkmale.

Wurzel: der in der Regel unterirdische Teil der höheren Pflanzen; verankert die Pflanze und nimmt Wasser und in ihm gelöste Nährstoffe auf (vergleiche auch *Luftwurzel*).

Wurzelanlauf, Stammanlauf: Teil einer krautigen Pflanze auf Bodenniveau, wo Wurzel und Stängel aneinandergrenzen und von wo neue *Sprosse* gebildet werden.

Wurzelausläufer: sich horizontal ausbreitender, normalerweise schlanker *Spross*, der über dem Boden verläuft; bildet an jedem Knoten Wurzeln für die Bildung neuer Pflanzen. Oft mit *Ausläufer* verwechselt.

Wurzelballen: Wurzeln und damit verbundene Erde oder Kompost, die beim Herausnehmen der Pflanze sichtbar werden.

Wurzelecht: eine Rose, die auf eigener Wurzel wächst, also nicht auf einer *Unterlage* veredelt ist.

Wurzelknollen: ruhende, alte *Pseudobulben* ohne Blätter (bei Orchideen).

Wurzelknöllchen: durch Bakterien erzeugte Knollen, die Luftstickstoff binden. Wenn die Bakterien sich auflösen, entsteht Pflanzennahrung (viel bei Leguminosen).

Wurzelnackt: Handelsform von Pflanzen, bei der an den Wurzeln keinerlei Erde haftet, im Gegensatz zu Containerrosen.

Wurzelschössling: eine Anzahl von mehr oder weniger gleichförmigen *Sprossen*, die an der Basis der Pflanze entspringen, z.B. bei einigen Sträuchern, die regelmäßig zurückgeschnitten werden, um Fortpflanzungsmaterial zu bekommen.

Wurzelspross: *Adventivspross*, der unterirdisch aus Wurzeln oder aus einem unterirdischen Spross entspringt.

Wurzelsteckling: siehe *Steckling*

Zahn: kleine, oft spitze Ausbuchtung am Rand eines Blatts, eines *Kelchs* oder einer *Krone*.

Zapfen: 1) Die in dichten Ähren mit *Brakteen* an der Basis stehenden Blüten und Früchte von *Koniferen* und einiger Blütenpflanzen (z.B. bei *Liriodendron*); oft als verholzte, samentragende Strukturen bei Koniferen; 2) Kleiner Stumpf oder ausgeschließtes Ende nach fehlerhaftem Schnitt.

Zellsaft: wässriger Inhalt der zentralen Vakuole einer Zelle. Saft einer Pflanze, der in den Zellen und im Stranggewebe enthalten ist (Zytoplasma).

Zungenblüte: Blüte im äußersten Ring eines Blütenkörbchens der Korbblütler.

zurückgebogen: Kronblätter, die in einem Winkel von über 90° scharf zurückgebogen sind. Ungenau auch für alle Blüten, bei denen die *Kronblätter* zurückgekrümmt sind.

zurückschlagen: zum ursprünglichen Zustand zurückkehren, z.B. wenn eine buntblättrige Pflanze ein rein grünes Blatt hervorbringen.

zusammengesetzt: gefingert und handförmig bei Rosskastanie, bei Azaleen (siehe auch *gefiedert*).

zweihäusig: männliche und weibliche Fortpflanzungsorgane sitzen auf verschiedenen Pflanzen.

zweijährig: eine Pflanze, die in der zweiten Wachstumsperiode nach der Entwicklung abstirbt.

zweikeimblättrig: Blütenpflanzen mit 2 Keimblättern im Samen; gekennzeichnet auch durch die (meist) netznervigen Blätter, durch Kambium und dadurch, dass die Blütenblätter und *Kronblätter* in Vielfachen von 2, 4 oder 5 stehen (siehe auch *einkeimblättrig*).

Zwergstrauch: niedrigwüchsige, zur Gänze holzige Pflanze, unter einem halben Meter; Heidel-, Preisel-, Moosbeere, *Erica*-Arten.

Zwiebel: umgewandelter Stängel, der als Speicherorgan fungiert; besteht vor allem aus fleischigen, mehr oder weniger getrennten oder eng gepackten Schuppenblättern (modifizierte Knospe) auf einem sehr verkürzten Stängel (*Zwiebelkuchen*).

Zwiebelknolle: unterirdisches, zwiebelartiges Speicherorgan, vornehmlich aus einer verdickten Sprossbasis bestehend und oft von einer trockenen Haut umgeben.

Zwiebelkuchen: komprimierter Stängel, Teil der Zwiebel.

zwittrig: mit sowohl männlichen als auch weiblichen Geschlechtsorganen.

Register

Abendländischer Lebensbaum 359

Acacia pulchella 300

Acanthus spinosus 120

Acer palmatum 300

Achillea filipendulina 120

Achillea millefolium 121

Achillea ptarmica 122

Ackerdill 234

Aconitum carmichaelii 'Arendsii' 122

Actinidia Kolomikta 364

Adiantum pedatum 123

Adlerfarn 216

Agapanthus praecox ssp. orientalis 80

Ähriger Blauweiderich 216

Ajuga reptans 232

Akazie 300

Akelei 128

Alba-Rosa 273, 283

Alcea rosea 80

Alchemilla mollis 124

Alisma plantago-aquatica 125

Allium giganteum 10

Allium sativum 232

Allium schoenoprasum 233

Alpen-Aster 132

Alpenrose 349, 350

Alpenveilchen 18

Alpen-Veilchen-Narzisse 64

Alpenwaldrebe 368

Amaranthus caudatus 81

Amelanchier laevis 301

Amerikanische Flockenblume 87

Amerikanische Winterbeere 337

Amur-Strahlengriffel 364

Anemone 10

Anemone coronaria 'De Caen' 10

Anemone hupehensis 125

Anemone sylvestris 126

Anemone x hybrida 'Honorine Jobert' 126

Anemonopsis macrophylla 127

Anethum graveolens 234

Anthriscus cerefolium 234

Antirrhinum majus 81

Apfelminze 249

Aquilegia canadensis 128

Aquilegia vulgaris 128

Argyranthemum frutescens 82

Armeria maritima 129

Arnica montana 235

Aronstab 11

Artemisia alba 'Canescens' 130

Artemisia ludoviciana 235

Arum 11

Aruncus dioicus 131

Arundinaria 302

Asplenium trichomanes 131

Aster alpinus 132

Aster novi-belgii 133

Aster pringlei 'Monte Cassino' 133

Astrantia major 135

Aubrieta x cultorum 135

Aucuba jaonica 303

Aufrechte Pelargonie 107

Aurikeln 212

Aurinia saxatilis 136

Authemis tinctoria 127

Ayssum saxatile 136

Azalee 349, 350

Ball-Dahlie 25

Bartfaden 204

Bartiris 46

Bart-Nelke 92

Basilienkraut 250

Basilikum 250

Baum-Zwergmispel 315

Becher-Malve 100

Bechernarzisse 63

Begonia-Semperflorens 83

Begonia-Tuberybrida 83

Bellis perennis 84

Berberis julianae 304

Berberis linearifolia 304

Berberis thunbergii 305

Bergarnika 235

Bergenia cordifolia 136

Bergenie 136

Berg-Flockenblume 140

Bergkiefer 346

Bergwaldrebe 368

Besenheide 309

Bistorta officinalis 'Superba' 137

Blaublatt-Funkie 181

Blaue Lobelie 101

Blauglöckchen 193

Blaukissen 135

Blausternchen 69

Blumenrohr 11

Blutroter Storchschnabel 168

Bodendeckender Bambus 302

Bodendecker-Rose 280, 290, 295, 296

Borago officinalis 236

Borretsch 236

Bougainvillea 365

Bourbon-Rose 296, 297

Brandkraut 205

Brassica nigra 237

Brauner Streifenfarn 131

Braunrote Taglilie 176

Brautmyrte 344

Breitblättrige Traubenhyazinthe 58

Buddleja davidii 306

Buddleja globosa 306

Bunt-Nessel 113

Busch-Malve 100

Busch-Malve 99

Buxus sempervirens 308

Calceolaria intetgrifolia 85

Calendula officinalis 237

Callicarpa bodinieri 309

Callistephus chinensis 85

Calluna 309

Caltha palustris 138

Camellia 311

Camellia japonica 312

Camellia reticulata 312

Camellia x williamsii 313

Campanula carpatica 138

Campanula persicifolia 139

Canna 11

Carex hachijoensis 'Evergold' 139

Carthamus tinctorius 86

Celosia-Plumosa 87

Celosie 87

Centaurea americana 87

Centaurea cyanus 88

Centaurea montana 140

Centranthus ruber 141

Chamaecyparis lawsoniana 314

China-Rose 270, 271

China-Schilf 194

Chincherinchee 66

Chinesische Stockrose 80

Chinesische Trollblume 228

Chinesische Zaubernuss 330

Christrose 174

Chrysanthemum leucanthemum 184

Chrysanthemum-Indicum-Hybriden 150, 151

Cimicifuga simplex 141

Clematis 367

Clematis alpina 368

Clematis montana 368

Clematsi viticella 369

Colchicum autumnale 12

Coleus blumei 113

Consolida ajacis 88

Convallaria majalis 142

Coreapsis lanceolata 142

Coriandrum sativum 238

Cornus mas 314

Cortaderia selloana 143

Corydalis lutea 215

Cosmos bipinnatus 89

Cotoneaster frigidus 315

Cotoneaster horizontalis 315

Cotoneaster sternianus 316

Crocosmia masoniorum 'Lucifer' 13

Crocosmia masoniorum 12

Crocus 14

Crocus chrysanthus 16

Crocus tommasinianus 17

Crocus vernus 17

Cyclamen 18

Cyclamen mirabile 18

Cyclamen persicum 19

Cynara scolymus 238

Cytisus nigricans 'Cyni' 317
Cytisus x praecox 318
Daboecia 318
Dahlia 'Akita' 22
Dahlia 'Bantling'
Dahlia 'Brandaris' 24
Dahlia 'Charles Dickens' 25
Dahlia 'Don Lorenzo' 25
Dahlia 'Gay Princess' 26
Dahlia 'Horido' 27
Dahlia 'Jescot Julie' 27
Dahlia 'Loki Schmidt' 28
Dahlia 'Tsuki yori no shisha' 29
Dahlia 21
Dalmatiner-Krokus 17
Damaszener-Rose 273, 282, 285
Darwin Hybrid Tulpe 74
Dekorative Dahlie 22
Delphinium 'Berghimmel' 146
Delphinium 'Black Knight' 146
Delphinium 'Fanfare' 147
Delphinium 'Völkerfrieden' 147
Delphinium-Hybriden 145
Dendranthema x grandiflorum
    'Ritter Tom Pears' 151
Dendranthema x grandiflorum 150
Dendranthema-Hybriden 149
Deutzia gracilis 319
Dianthus 91
Dianthus caryphyllus 153
Dianthus deltoides 154
Dianthus plumarius 154
Diantuhs barbatus 92
Diascia 92
Dicentra spectabilis 155
Digitalis grandiflora 93
Digitalis purpurea 93
Dimorphotheca pluvialis 94
Doldenlilie 80
Doronicum pardalianches 156
Dryopteris filix-mas 156
Duftender Zierschneeball 361
Echinacea purpurea 239
Echinops bannaticus 157
Echinops ritro 157
Echte Artischocke 238
Echte Kamille 245
Echte Petersilie 254

Echte Pfefferminze 248
Echte Pfingstrose 202
Echter Baldrian 263
Echter Fenchel 240
Echter Lavendel 244
Echter Lorbeerbaum 243
Echter Rosmarin 255
Echter Salbei 257
Echter Thymian 259
Echter Ysop 243
Edeldistel 159
Edel-Lieschen 98
Efeuwein 382
Einfache Dahlie 28
Einfache frühe Tulpe 75
Einfache späte Tulpe 76
Eis-Begonie 83
Elfenbeinginster 318
Elfensporn 92
Englische Rose 269, 270, 272, 277,
    282,
Entenschnabel-Felberich 188
Eremurus robustus 158
Erica 321
Erica arborea 'Alpina' 322
Erica carnea 322
Erica ciliaris 323
Erica cinerea 323
Erigeron 'Dunkelste Aller' 158
Eruca sativa ssp. Sativa 240
Eryngium x oliverianum 159
Erysimum cheiri 94
Eschscholzia californica 95
Essig-Rose 271, 274, 276
Etagen-Primel 213
Euonymus fortunei 324
Eupatorium purpureum 160
Euphorbia characias ssp. wulfenii
    160
Euphorbia cyparissias 161
Euphorbia polychroma 161
Europäischer Straußfarn 192
Fächer-Ahorn 300
Fächer-Zwergmispel 315
Fackellilie 183
Fallopia baldschuanica 370
Färber-Distel 86
Färber-Hundskamille 127

Federborstengras 204
Federbusch-Celosie 87
Feder-Nelke 154
Felsen-Fetthenne 224
Felsen-Steinkraut 136
Feuergeißschlinge 381
Fiederblättrige Schmuckblume 89
Filipendula palmata 162
Flammenlilie 371
Fleißige Lieschen 98
Flockenblume 88
Floribunda-Rose (kompakt) 269,276
Floribunda-Rose 290, 293
Flügel-Tabak 104
Foeniculum vulgare 240
Forrests Rhododendron 350
Forsythia suspensa 325
Forsythia x intermedia 324
Freesia 30
Freesien-Arten 30
Freesien-Sorten 30
Fritillaria 32
Fritillaria imperialis 32
Fritillaria meleagris 33
Fritillaria-Arten 32
Frühlings-Krokus 17
Frühlings-Schneerose 175
Fuchsia 327
Fuchsia boliviana 328
Fuchsia fulgens 328
Fuchsia magellanica 329
Fuchsia procumbens 329
Fuchsie 327, 328, 329
Funkien 179, 180
Gaillardia x grandiflora 'Kobold'
    162
Galanthus 35
Galium odoratum 241
Gallica-Rose 271, 274, 276
Gänseblümchen 84
Gartenbambus 302
Gartenchrysanthemen 149
Garten-Chrysanthemen 150, 151
Garten-Fuchsschwanz 81
Garten-Hortensie 332
Gartenkerbel 234
Gartenkoriander 238
Garten-Levkoje 102

Garten-Löwenmaul 81
Garten-Lupine 187
Garten-Nelke 153
Garten-Pfingstrose 200
Gartenringelblume 237
Garten-Sonnenauge 173
Garten-Stiefmütterchen 117
Garten-Strohblume 97
Garten-Verbene 115
Gaultheria mucronata 345
Gaultheria procumbens 241
Gazania 95
Gedenkemein 197
Gefleckte Taubnessel 184
Gefüllte frühe Tulpe 76
Gelbe Pfingstrose 201
Gelbe Taglilie 176
Gelbe Teichrose 195
Gelber Hartriegel 314
Gelber Lerchensporn 215
Gelenkblume 210
Gemeine Nachtkerze 251
Gemeiner Efeu 372
Genista hispanica 330
Gentiana sino-ornata 163
Geranie 107
Geranien 165
Geranium 165
Geranium grandiflorum 166
Geranium himalayense 166
Geranium renardii 167
Geranium sanguineum 168
Geranium sylvaticum 168
Geranium x magnificum 166
Geum coccineum 169
Gewöhnliche Akelei 128
Gewöhnliche Eibe 357
Gewöhnliche Goldrute 226
Gewöhnliche Katzenminze 250
Gewöhnliche Küchenschelle 218
Gewöhnliche Mahonie 344
Gewöhnliche Schachblume 33
Gewöhnliche Schafgarbe 121
Gewöhnliche Stechpalme 336
Gewöhnlicher Buchsbaum 308
Gewöhnlicher Dost 252
Gewöhnlicher Flieder 356
Gewöhnlicher Froschlöffel 125

Gewöhnlicher Gundermann 169
Gewöhnlicher Sommerflieder 306
Gewöhnlicher Wurmfarn 156
Gewöhnliches Maiglöckchen 142
Gewöhnliches Pfeilkraut 221
Gewöhnliches Scharbockskraut 254
Gladiole 37, 39, 40
Gladiolus 'Peter Pears' 38
Gladiolus 'Rose Supreme' 38
Gladiolus 37
Gladiolus callianthus 39
Gladiolus cardinalis 39
Gladiolus papilio (syn. purpureoau-
    ratus) 40
Gladiolus tristis 40
Glattblatt-Aster 133
Glechoma hederacea 169
Glocken von Irland 103
Gloriosa Superba 371
Glyceria maxima 170
Glycyrrhiza glabra 242
Goldbandlilie 54
Gold-Felberich 189
Gold-Fingerkraut 211
Gold-Garbe 120
Goldlack 94
Goldmohn 95
Graue Heide 323
Graue Heiligenblume 222
Grauer Spierstrauch 354
Greiskraut 112
Gretel im Busch 105
Großblättrige Berberitze 304
Großblütige Gartengladiole 38
Großblütige Kokardenblume 162
Großblütiger Fingerhut 93
Großblütiger Storchschnabel 166
Große Kapuzinerkresse 262
Große Sterndolde 135
Großer Scheinmohn 192
Großes Windröschen 126
Großkronige Narzisse 63
Guemseylilie 65
Gurkenkraut 236
Gypsophila elegans 96
Gypsophila paniculata 170
Hahnenfuß 254
Halskrausen-Dahlie 25

Hamamelis mollis 330
Hamamelis virginiana 331
Hänge-Forsythie 325
Hängende Felsenbirne 301
Hänge-Pelargonie 107
Hänge-Petunie 108
Hänge-Verbene 115
Hasenschwanzgras 99
Hauswurz 225
Hechtrose 277
Heckenberberitze 305
Hedera helix 372
Hedera hibernica 373
Heide 321
Heidekraut 309
Heide-Nelke 154
Helenium 'Moerheim Beauty' 172
Helianthus annuus 96
Helianthus x multiflorus 173
Helichrysum bracteatum 97
Heliopsis helianthoides var. Scabra
    173
Heliotrop 98
Heliotropium arborescens 98
Helleborus niger 174
Helleborus orientalis 175
Hemerocallis 'Marion Vaughn' 177
Hemerocallis flava 176
Hemerocallis fulva 176
Hemerocallis lilioasphodelus 176
Herbst-Anemone 126
Herbst-Aster 133
Herbst-Eisenhut 122
Herbst-Enzian 163
Herbstzeitlose 12
Heuchera micrantha var.
    Diversifolia 'Palace Purple' 177
Himalaja-Alant 182
Hippeastrum 41
Hirschgeweih-Dahlie 29
Hohe Studentenblume 113
Holländische Iris 47
Horn-Veilchen 116
Hosta 'Hadspen Blue' 180
Hosta sieboldiana 181
Hosta-Arten und Hybriden 179
Humulus japonicus 373
Hyacinthoides hispania 41

Hyacinthus orientalis 42
Hyazinthe 42
Hyazinthenblütiger Sommer-
    Rittersporn 88
Hybrid-Forsythie 324
Hydrangea arborescens 334
Hydrangea aspera ssp. sargentiana
    335
Hydrangea macrophylla 332
Hydrangea macrophylla 334
Hydrangea paniculata 335
Hymenocallis calathina 42
Hymenocallis narcissiflora 42
Hypericum 242
Hyssopus officinalis 243
Iberis sempervirens 182
Ilex apuifolium 336
Ilex serrata 337
Ilex sieboldii 337
Ilex verticillata 337
Immergrüne Schleifenblume 182
Impatiens 98
Indianernessel 249
Indische Azalee 351
Inula hookeri 182
Ipomoea 375
Ipomoea hederacea 376
Ipomoea indica 377
Ipomoea tricolor 377
Iris 45, 49
Iris barbeta 46
Iris chryographes 47
Iris histrioides 48
Iris magnifica 48
Iris reticulata 49
Iris x Hollandia 47
Irische heide 318
Irischer Efeu 373
Island-Mohn 202
Ismene calathina 42
Italienische Waldrebe 369
Japan-Anemone 125
Japanische Aprikose 347
Japanische Aukube 303
Japanische Kamelie 312
Japanische Skimmie 353
Japanische Winterbeere 337
Japanischer Hopfen 373

Japanischer Kriech-Wacholder 338
Japanischer Spierstrauch 355
Jasminähnlicher Nachtschatten 383
Jasminum humile 338
Jasminum mesnyi 378
Johanniskraut 242
Jungfernrebe 382
Juniperus procumbens 338
Kahle Felsenbirne 301
Kahles Süßholz 242
Kaiserkrone 32
Kaktus-Dahlie 27
Kalifornischer Kappenmohn 95
Kamelie 311, 312
Kampfer-Wermut 130
Kandelaber-Königskerze 229
Kapkörbchen 94
Karpaten-Glockenblume 138
Kaukasus-Skabiose 222
Kaukasus-Storchschnabel 167
Kissen-Primel 109
Kleiner Krokus 16
Kletterrose 275, 284, 286
Kniphofia caulescens 183
Knoblauch 232
Knollen-Begonie 83
Königsfarn 197
Königslilie 56
Kornblume 88
Kreuzkraut 112
Kriechende Gämswurz 156
Kriechender Günzel 232
Kriechspindel 324
Krokus 14
Kronen-Anemone 10
Kronen-Lichtnelke 188
Krummholz-Kiefer 346
Kugeldistel 157
Lagurus ovatus 99
Lakritze 242
Lamrum maculatum 184
Langblättriger Blauweiderich 215
Latherus odoratus 379
Lathyrus 379
Lathyrus grandiflorus 380
Lathyrus latiflorus 380
Latsche 346
Laurus nobilis 243

Lavandula angustifolia 244
Lavatera cachemiriana 99
Lavatera trimestris 100
Lawsons Scheinzypresse 314
Leucanthemum vulgare 184
Leucojum aestivum 50
Leucojum Vernum 50
Levisticum officinale 244
Liatris spicata 185
Liebesperlenstrauch 309
Liebstöckel 244
Lilien 53
Lilienblütige Tulpen 72
Lilium 'Black Beauty' 57
Lilium 'Bright Star' 57
Lilium auratum 54
Lilium candidum 54
Lilium longiflorum 55
Lilium regale 56
Limonium latifolium 186
Limonium platyphyllum 186
Limonium sinuatum 100
Lobelia erinus 101
Lobelia x speciosa 186
Lobelie 186
Lobularia maritima 102
Lonicera x heckrottii 381
Lupinus-Hybriden 187
Lychnis coronaria 188
Lysimachia clethroides 188
Lysimachia punctata 189
Lythrum virgatum 190
Macleaya cordata 190
Mädchenauge 142
Mädesüß 162
Madonnenlilie 54
Maggikraut 244
Magnolia 341
Magnolia liliiflora 'Nigra' 342
Magnolia stellata 343
Magnolie 341
Mahonia aquifolium 344
Maiblumenstrauch 319
Majoran 252
Malva moschata 191
Männertreu 101
Märzenbecher 50
Maßliebchen 84

Matricaria recutita 245
Matteuccia struthiopteris 192
Matthiola incana 102
Meconopsis grandis 192
Meerlavendel 100
Meerlavendel 186
Melissa officinalis 245
Mentha 247
Mentha suaveolens 249
Mentha x piperita 248
Mentha x smithiana 248
Mertensia simplicissima 193
Mini-Stiefmütterchen 116
Minze 247
Miscanthus sinensis 'Silberfeder' 194
Mittagsgold 95
Moderne Strauchrose (büschelblütig) 288
Moderne Strauchrose 280, 281, 284, 289,
Mohn 106
Moluccella laevis 103
Monarda 249
Montbretie 12, 13
Moos-Phlox 209
Moosrose 281, 287
Morgenländischer Lebensbaum 359
Moschus-Malve 191
Muscari latiflorum 58
Muschelblume 103
Myosotis palustris 195
Myosotis sylvatica 103
Myrtus communis 344
Narcissus 'Tête-a-Tête' 64
Narcissus 61, 62, 63
Narcissus pseudonarcissus 64
Narzisse 61
Nelke 91
Nepeta cataria 250
Nerine samiensis 65
Nicotiana alata 104
Nicotiana x sanderae 104
Niederliegende Scheinbeere 241
Niedrige Jasmin 338
Niedrige Studentenblume 114
Nigella damascena 105
Noisette-Rose 279

Nuphar lutea 195
Nymphaea alba 196
Ocimum basilicum 250
Oenothera biennis 251
Oktober-Silberkerze 141
Ölrauke 240
Omphalodes verna 197
Orchideen-Dahlie 27
Orienthybride 57
Origanum majorana 252
Origanum vulgare 252
Ornithogalum thyrsoides 66
Osmunda regalis 197
Osterglocke 64
Osterlilie 55
Paeonia 'Kamada-nishiki' 201
Paeonia lutea 201
Paeonia officinalis 202
Paeonia-Arten und Hybriden 199
Paeonia-Lactiflora 'Globe of Light' 200
Palma Christi 110
Pampasgras 143
Pantoffelblume 85
Papagei-Tulpe 72
Papaver 106
Papaver nudicaule 202
Papaver orientale 203
Parthenocissus tricuspidata 382
Passiflora 383
Passionsblume 383
Pelargonie 253
Pelargonium 253
Pelargonium peltatum 107
Pelargonium zonale 107
Pennisetum alopecuroides 204
Pennisetum compressum 204
Penstemon barbatus 204
Pernettya mucronata 345
Petroselinum crispum 254
Petunia 108
Petunia 109
Petunie 109
Pfauenrad-Farn 123
Pfingstrosen 199
Pfirsichblättrige Glockenblume 139
Phlomis russeliana 205
Phlomis samia 205

Phlox 207
Phlox maculata 208
Phlox paniculata 208
Phlox subulata 209
Phlox-Arten und Hybride 207
Physostegia virginiana 210
Pinus mugo 346
Platterbse 379, 380
Polyantha-Primeln 212
Polygonatum x hybridum 210
Polygonum/Persicaria 137
Polystichum luctuosum 211
Polystichum tsus-simense 211
Pompon-Dahlie 22
Potentilla aurea 211
Potentilla fruticosa 346
Pracht speciosus 16
Pracht-Scharte 185
Pracht-Storchschnabel 166
Primeljasmin 378
Primula officinalis 214
Primula pulverulenta 213
Primula veris 214
Primula vulgaris 109
Primula-Auricula-Gruppe 212
Primula-Polyantha-Gruppe 212
Prunkwinde 377
Prunus mume 347
Pseudofumaria luea 215
Pseudolysimachion longifolium 215
Pseudolysimachion spicatum 216
Pteridium aquilinum 216
Pulmonaria saccharata 217
Pulsatilla vulgaris 218
Purpurglöckchen 177
Purpur-Magnolie 342
Purpur-Skabiose 111
Purpursonnenhut 239
Puschkinia scilloides var. libanotica 66
Puschkinie 66
Rainfarn 258
Rambler-Rose 268, 293
Ranunculus acris 219
Ranunculus asiaticus 68
Ranunculus ficaria 254
Ranunkel 68
Rauer Sonnenhut 110

Rhododendrom 349
Rhododendron auriculatum 350
Rhododendron forrestii var. Repens 350
Rhododendron occidentale 351
Rhododendron simsii 351
Ricinus communis 110
Ricinus communis 255
Riesen-Lauch 10
Riesen-Schleierkraut 170
Rispen-Hortensie 335
Rittersporn 145, 146, 147
Ritterstern 41
Rodgersia aesculifolia 219
Rosa 'Albertine' 268
Rosa 'Alexander' 268
Rosa 'Anna Ford' 269
Rosa 'Charles Austin' 269
Rosa 'Charles de Mills' 270
Rosa 'Complicata' 271
Rosa 'Constance Spry' 272
Rosa 'Cuisse de Nymphe' 273
Rosa 'Duc de Cambridge' 273
Rosa 'Duchesse de Montebello' 274
Rosa 'Duftzauber 84' 274
Rosa 'Félicité et Perpétue' 275
Rosa 'Gertrude Jekyll' 277
Rosa 'Gloire de Dijon' 279
Rosa 'Gloria Dei' 279
Rosa 'Graham Thomas' 280
Rosa 'Heidetraum' 280
Rosa 'Heritage' 281
Rosa 'Ispahan' 282
Rosa 'Jayne Austin' 282
Rosa 'Königin von Dänemark' 283
Rosa 'Magenta' 284
Rosa 'Maigold' 284
Rosa 'Mme Hardy' 285
Rosa 'New Dawn' 286
Rosa 'Nuits de Young' 287
Rosa 'Penelope' 288
Rosa 'Pink Grootendorst' 289
Rosa 'Queen Elizabeth' 290
Rosa 'Rosy Cushion' 290
Rosa 'Schneewittchen' 293
Rosa 'Seagull' 293
Rosa 'Sheri Anne' 294
Rosa 'Snow Carpet' 295

Rosa 'Sommerwind' 295
Rosa 'Sonnenschirm' 296
Rosa chinensis 'Cécile Brunner' 270
Rosa chinensis 'Old Blush' 271
Rosa gallica 'Versicolor' 276
Rosa Gentle Touch' 276
Rosa glauca 277
Rosa pimpinellifolia 284
Rosa primula 289
Rosa rubiginosa 292
Rosa x borboniana 'Mme Isaac Pereire' 296
Rosa x borboniana 'Variegata di Bologna' 297
Rosa x centifolia 'Muscosa' 281
Rosmarinus officinalis 255
Rotblättrige Rose 277
Rote Minze 248
Rote Nelkenwurz 169
Rote Spornblume 141
Rote Winterbeere 337
Roter Fingerhut 93
Rudbeckia fulgida 220
Rudbeckia hirta 110
Rudbeckia purpurea 239
Ruta graveolens 256
Ruten-Blutweiderich 190
Saflor 86
Sagittaria sagittifolia 221
Salbei 257
Salix babylonica 352
Salix hastata 352
Salomonssiegel 210
Salvia officinalis 257
Salvia x sylvestris 221
Sambucus nigra 258
Sammetgras 99
Samtflieder 356
Samt-Hortensie 335
Samt-Skabiose 111
Sandthymian 261
Santolina chamaecyparissus 222
Scabiosa atropurpurea 111
Scabiosa caucasica 222
Scabiosa stellata 112
Schalennarzisse 63
Scharfer Hahnenfuß 219
Scharlach-Fuchsie 329

Schaublatt 219
Scheinanemone 127
Schildfarn 211
Schlafmützchen 95
Schlangen-Knöterich 137
Schlingenknöterich 370
Schmetterlingsstrauch 306
Schmuck-Dahlien 22
Schmuckkörbchen 89
Schmucklilie 80
Schneeglöckchen 35
Schnee-Heide 322
Schnittlauch 233
Schöne Fetthenne 224
Schönhäutchen 42
Schwarzäugige Susanne 114
Schwarzer Holunder 258
Schwarzer Senf 237
Schwarzwerdender Geißklee 317
Schwertlilie 47, 48
Scilla siberica 69
Sedum 223
Sedum reflexum 224
Sedum rupestre 224
Sedum spectabile 224
Sedum-Arten 223
Seerosen-Dahlie 26
Segge 139
Semi-Kaktus-Dahlie 24
Sempervivum-Arten und Hybriden 225
Senecio cineraria 112
Senfrauke 240
Siebold Stechpalme 337
Skimmia japonica 353
Solenostemon scutallerioides 113
Solidago virgaurea 226
Sommer-Aster 85
Sommer-Knotenblume 50
Sommer-Salbei 221
Sommer-Schleierkraut 96
Sonnenblume 96
Sonnenbraut 172
Sonnenhut 220
Spanische Baum.Heide 322
Spanischer Ginster 330
Spanisches Hasenglöckchen 41
Spanisches Lungenkraut 217

Spieß-Weide 352
Spirea canecenc 354
Spirea japonica 355
Springkraut 98
Stacheliger Bärenklau 120
Stachys byzantina 227
Stachys lantana 227
Statice 100
Stauden-Phlox 208
Stauden-Sonnenblume 173
Staudenwermut 235
Staudenwicke 380
Stern-Gladiole 39
Stern-Magnolie 343
Stern-Skabiose 112
Stiefmütterchen 117
Stockmalve 80
Strandflieder 100
Strand-Grasnelke 129
Strand-Silberkraut 102
Strauch-Fingerstrauch 346
Strauchmargerite 82
Strauchpappel 100
Strauch-Pfingstrose 201
Straußnarzisse 63
Sumpfdotterblume 138
Sumpf-Schafgarbe 122
Sumpf-Vergissmeinnicht 195
Surfinia-Petunien 108
Syringa meyeri 356
Syringa vulgaris 356
Tagetes erecta 113
Tagetes patula 114
Taglilie 177
Tanacetum 258
Tausendschön 84
Taxus baccata 357
Tazetten Narzisse 63
Teehybride 268, 274, 279
Teller-Hortensie 334
Thuja occidentalis 359
Thuja orientalis 359
Thunbergia alata 114
Thymus serpyllum 261
Thymus vulgaris 259
Thymus x citriodorus 261
Torfmyrte 345
Tränendes Herz 155

Trauer-Weide 352
Trichtermelisse 103
Trichterwinde 376
Triumph-Tulpe 73
Trollius chinensis 228
Trompetenhybride 57
Trompetennarzisse 62
Tropaeolum majus 262
Tulipa 'Apeldoorn' 74
Tulipa 'Apricot Beauty' 75
Tulipa 'Königin der Nacht' 76
Tulipa 'Prof. Röntgen' 72
Tulipa 71, 72, 73, 76
Tulipa praestans 'Unicum' 77
Tulpe 71, 77
Türken-Mohn 203
Turkestan-Lilienschweif 158
Valeriana officinalis 263

Vanilleblume 98
Verascum olympicum 229
Verbena 115
Vergissmeinnicht 103
Veronica longifolia 215
Veronica spicata 216
Vhelone barbata 204
Viburnum lantana 361
Viburnum x carlcephalum 361
Vielfarbige Wolfsmilch 161
Viola cornuta 116
Viola x wittrockiana 117
Virginische Zaubernuss 331
Wald-Geißbart 131
Wald-Hortensie 334
Waldmeister 241
Waldrebe 367
Wald-Storchschnabel 168

Wasserdost 160
Wasser-Schwaden 170
Weicher Frauenmantel 124
Weihrauch-Rose 289
Weinraute 256
Wein-Rose 292
Weiße Seerose 196
Weißer Beifuß 235
Weißer Federmohn 190
Westliche Azalee 351
Wicke 379, 380
Wiesen-Margerite 184
Wiesen-Phlox 208
Wiesen-Schlüsselblume 214
Williamsii-Hybriden 313
Wimper-Heide 323
Winde 375, 377
Wintergrüne Berberitze 304

Wintergrüne Zwergmispel 316
Wolfsmilch 160
Wolliger Schneeball 361
Woll-Ziest 227
Wunderbaum 110
Wunderbaum 255
Zantedeschia aethiopica 77
Zaunrose 292
Zier-Tabak 104
Zimmer-Alpenveilchen 19
Zimmerkalla 77
Zinnia elegans 117
Zinnie 117
Zitronenmelisse 245
Zitronenthymian 261
Zwergrose 294, 295
Zypressen-Wolfsmilch 161